VOYAGES

DE

MONTESQUIEU

PUBLIÉS PAR

LE BARON ALBERT DE MONTESQUIEU

I

BORDEAUX
G. GOUNOUILHOU, IMPRIMEUR-ÉDITEUR

PARIS
J. ROUAM & Cie, LIBRAIRES-ÉDITEURS
14, rue du Helder, 14

M.DCCC.XCIV.

COLLECTION BORDELAISE

VOYAGES

DE

MONTESQUIEU

TOME I

VOYAGES

DE

MONTESQUIEU

PUBLIES PAR

LE BARON ALBERT DE MONTESQUIEU

I

BORDEAUX

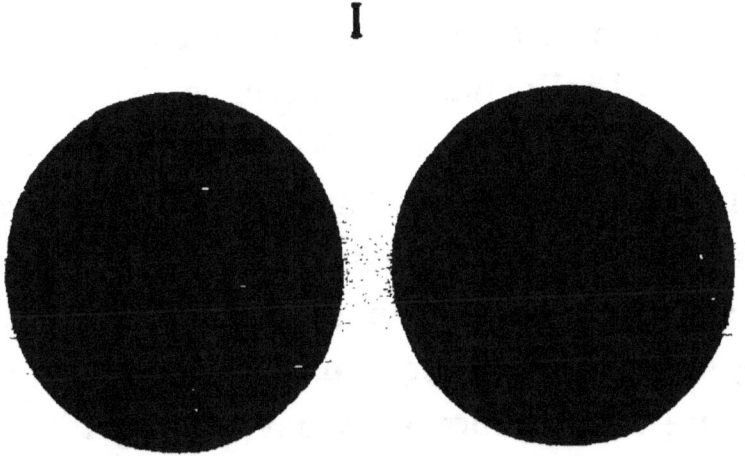

IMPRIMERIE G. GOUNOUILHOU

11, rue Guiraude, 11

M.DCCC.XCIV.

AVANT-PROPOS

Il y a deux ans, le baron de Montesquieu, mon frère, a publié *Deux Opuscules* et des *Mélanges inédits* de notre aïeul, avec le concours de la Société des Bibliophiles de Guyenne.

Les autres œuvres du Président, qui se trouvent dans les archives du Château de La Brède, et qui n'ont pas encore paru, se répartissent en deux groupes : les unes nous renseignent sur les voyages que fit Montesquieu et sur ce qu'il put apprendre en parcourant les pays étrangers; les autres nous permettent de suivre son travail intérieur et le développement de ses idées scientifiques, historiques et politiques.

Le présent volume se rapporte à la première série et sera suivi bientôt d'un second, qui la complétera.

Le texte des *Voyages* est accompagné d'une préface et d'explications que nous avons jugées nécessaires. Jetées par Montesquieu sur le papier, pour lui-même, ses notes, prises au jour le jour, n'étaient destinées qu'à lui rappeler le souvenir de ce qu'il avait vu et entendu sur sa route. Sans commentaire aucun, elles risqueraient de présenter, pour les lecteurs de notre temps et des temps à venir surtout, bien des passages difficiles à comprendre.

Le travail d'annotation a donc été l'objet tout particulier des soins de mes collègues, les membres de la Commission de publication de la Société des Bibliophiles de Guyenne.

Je tiens à les remercier ici de leur concours, en mon nom personnel et au nom de ma famille.

La transcription du manuscrit a été l'œuvre de M. Raymond Céleste, conservateur de la Bibliothèque de la Ville de Bordeaux. M. Henri Barckhausen, professeur à la Faculté de Droit et correspondant de l'Institut, a rédigé la Préface. Il s'est aussi spécialement occupé de la correction des épreuves avec M. Reinhold Dezeimeris, correspondant de l'Institut, et de la préparation des Notes explicatives avec MM. Dezeimeris et Céleste.

PRÉFACE

ET

DESCRIPTION DES MANUSCRITS

PUBLIÉS DANS CE VOLUME

PRÉFACE

Nous nous proposons d'indiquer sommairement, en tête des *Voyages* de Montesquieu, quels mobiles déterminèrent le Président à visiter des pays étrangers; dans quel état flottant et précaire se trouvait l'Europe au moment de son départ; quel itinéraire il suivit; les impressions dominantes qu'il rapporta de ses pérégrinations lointaines; enfin, ce qui subsiste des notes et des mémoires où il consigna les souvenirs qu'il avait recueillis en traversant les états des Habsbourgs, puis, l'Italie, l'Allemagne du sud, de l'ouest et du nord, et, en dernier lieu, la Hollande.

Nous n'aurons point à parler de son séjour en Angleterre. Il ne semble pas qu'il ait continué à Londres l'espèce de journal qu'il avait tenu sur le Continent. En dehors des *Notes* publiées en 1818, pour la première fois [1], c'est à peine si l'on trouve dans ses œuvres, même inédites, quelques renseignements, trop rares, sur ce qu'il put faire ou observer au milieu des Anglais [2].

1. Les *Notes sur l'Angleterre* ont paru, pour la première fois, dans le tome V de l'édition des *Œuvres complètes* de Montesquieu publiée, en 1818, chez Lefèvre. Elles ont été réimprimées plusieurs fois depuis. On les trouve dans le tome VII (pages 183 à 196) de l'édition de Montesquieu publiée par Édouard Laboulaye (Paris, Garnier frères, 1875-1879), édition à laquelle nous renverrons toujours le lecteur.

2. Peut-être Montesquieu en avait-il laissé davantage. Une partie importante de ses papiers ne sont pas revenus d'Angleterre, où ils avaient été transportés au commencement de ce siècle. Dans une lettre que Joseph-Cyrille de Secondat écrivait, le 12 août 1825, à M. Lainé, ministre d'État, et que l'on conserve aux archives de La Brède, on lit :

« Les manuscrits restants, en très petit nombre (m'a dit mon fils), sont

Quant à la question de savoir quelle influence les voyages de Montesquieu exercèrent sur la direction générale et sur le développement de son génie, nous nous bornerons à la poser. Il est à croire que, même avant 1728, l'auteur des *Lettres Persanes*, se détachant peu à peu des sciences physiques et naturelles, qui faillirent l'absorber, avait voué, sans retour, le meilleur de ses forces aux études morales et politiques. Mais, lorsqu'il eut comparé, ailleurs que dans les livres, les mœurs et les lois de quatre ou cinq peuples civilisés, ne dut-il pas envisager les hommes et les choses humaines à un point de vue plus large et plus haut qu'à l'époque où son expérience était restreinte à la France et aux Français?

I

Les livres ne suffisent point aux intelligences curieuses et critiques à la fois : elles tiennent à voir, entendre et toucher les choses par elles-mêmes. Or, Montesquieu avait, au plus haut degré, l'esprit curieux et critique. Toute manifestation de force, de vie, d'activité individuelle ou collective, l'intéressait et l'induisait aussitôt à tenter des généralisations plus ou moins hardies. Il était donc trop heureux de recueillir le témoignage de quiconque pouvait l'édifier sur quelque fait inconnu. Seulement, il n'admettait les allégations de personne que sous bénéfice d'inventaire, dès qu'il avait le moyen d'en contrôler l'exactitude.

Lorsqu'il s'agissait de l'Orient, de la Perse et de la Chine, il était réduit à croire les explorateurs sur parole.

en sûreté et sous cachets chez l'exécuteur testamentaire [de Charles-Louis, baron de Montesquieu], qui les lui renverra à la première occasion favorable, ainsi qu'il en a été convenu respectivement.

» Mon fils est peiné de *la quantité de papiers brûlés*, et, suivant ses intentions (me disait-il encor ce matin), vous serez le seul juge du sort de ceux qui restent. »

Mais il lui était plus facile de visiter l'Europe, et il n'y manqua point. Certains passages de son premier chef-d'œuvre font penser qu'il songea à ses voyages bien avant de les entreprendre.

Dans la *XXXIe Lettre Persane,* Rhédi écrit à Usbek qu'il est à Venise, et qu'il se plaît à vivre dans une ville où son esprit se forme tous les jours. « Je m'instruis, dit-il, des secrets du commerce, des intérêts des princes, de la forme de leur gouvernement; je ne néglige pas même les superstitions européennes; je m'applique à la médecine, à la physique, à l'astronomie; j'étudie les arts : enfin, je sors des nuages qui couvraient mes yeux dans le pays de ma naissance. » Si l'on ignorait à quelle date cette lettre fut imprimée la première fois (c'est-à-dire en 1721), qui n'y verrait un souvenir personnel de l'auteur? Cependant, il ne faisait qu'y résumer à l'avance un programme qu'il devait suivre rigoureusement plus de sept ans après. Mais il est clair qu'il avait réfléchi déjà sur le profit qu'il pourrait tirer d'un séjour hors de la France. Peu importe qu'il méditât dès lors les *Considérations sur... la Grandeur des Romains,* ou cette *Histoire de Louis XIV* dont la préface nous a été conservée, ou bien quelques-unes de ces dissertations dont il fit plus tard des chapitres de son *Esprit des Lois!* Il ne pouvait point n'être pas sollicité par le désir de voir l'Italie, d'abord; mais, de plus, l'Empire d'Allemagne, la Hollande et l'Angleterre. Qu'il étudiât, en philosophe, les vicissitudes ou le droit des peuples anciens et modernes, ces pays devaient également l'attirer. C'est, en effet, là que s'étaient passés tant de grands événements dont il avait à rechercher la suite ou les causes, et là où s'appliquaient encore une foule d'institutions dont il entendait découvrir la raison d'être profonde.

A ces mobiles scientifiques s'en ajoutaient d'autres d'une nature moins spéculative.

Montesquieu n'avait qu'un goût très médiocre pour les fonctions judiciaires qu'il remplit dans sa jeunesse. Il abhorrait la chicane. La pratique des lois criminelles de son temps devait répugner à cette bienveillance générale qui le caractérisait. Nous soupçonnons même que les questions litigieuses soulevées par ses justiciables le passionnèrent toujours moins que les querelles antiques de Pompée et de César, surtout de Carthage et de Rome. Aussi vendit-il sa charge de président à mortier au Parlement de Bordeaux dès qu'il se fut créé à Paris, grâce à son mérite littéraire, une situation plus conforme à ses goûts.

Ses relations lui ouvrirent les portes de l'Académie française, le 5 janvier 1728. Mais alors il ne bornait point son ambition à l'acquisition du titre de membre de l'illustre compagnie. Il songeait à la carrière diplomatique, où plus d'un magistrat s'était distingué sous les règnes précédents[1].

Or, pour compléter ce qu'on apprend dans les livres sur le droit des gens, idéal ou positif, rien ne vaut un voyage qui vous donne l'expérience des cours, des ministres et des princes étrangers. Aussi, quand l'occasion d'en faire un semblable fut offerte à Montesquieu, la saisit-il avidement. C'est ce qui se produisit lorsque lord Waldegrave fut choisi pour représenter le roi Georges II à la cour de l'empereur Charles VI.

Le nouvel ambassadeur d'Angleterre à Vienne appartenait à la descendance de Jacques II et d'Anna Churchill. Son oncle, le maréchal de Berwick, avait habité Bordeaux pendant la Régence, à titre de gouverneur de la Guyenne. Un commerce suivi et même intime s'était établi alors entre le Maréchal et le baron de La Brède. Quand Berwick quitta la province, ces rapports ne cessèrent point[2].

1. Ce fait ressort du brouillon d'une lettre écrite par Montesquieu au duc de Richelieu (brouillon conservé aux archives de La Brède), aussi bien que de la lettre à l'abbé d'Olivet (du 10 mai 1728) imprimée dans le tome VII (page 220) des *Œuvres complètes* de notre auteur.

2. D'après un brouillon de lettre, du 27 juillet 1726, quand Montesquieu vendit sa charge, il écrivit au maréchal de Berwick, qui se félicitait à l'idée de le voir plus souvent chez lui : « ... et n'étant plus président, je serai, au moins, concierge de Fitz-James » (Archives de La Brède).

Montesquieu put ainsi connaître, dans la famille des Fitz-James, leur parent lord Waldegrave, et se lier avec lui.

Il n'était guère possible de trouver un plus séduisant introducteur dans le monde politique et diplomatique. L'idée de l'accompagner en Autriche dut venir naturellement à celui qu'il honorait de son amitié. L'ancien président au Parlement de Bordeaux était, d'ailleurs, certain que sa qualité officielle de membre de l'Académie française et sa qualité officieuse d'auteur des *Lettres Persanes* lui assureraient à la Cour impériale une réception personnelle, digne de son caractère et flatteuse pour son amour-propre.

II

Au moment où Montesquieu se mit en route, les états qu'il devait visiter traversaient une crise dont peu de contemporains semblent avoir deviné l'importance. L'ancien état de choses était ébranlé profondément en Europe. Des puissances qui, depuis un, deux ou trois siècles, jouaient les premiers rôles, allaient s'effacer devant d'autres, qu'elles dédaignaient naguère. Et, comme s'il fallait des acteurs nouveaux à une pièce nouvelle, les plus glorieuses dynasties s'éteignaient, l'une après l'autre, sur leurs trônes, quand ce n'était pas dans l'exil. La même fatalité semblait s'acharner, du reste, sur les monarchies et sur les républiques. Si la décadence de Gênes et de Venise était évidente dans le sud, celle des Provinces-Unies, que la Hollande groupait autour d'elle, n'était guère moins visible au nord. On eût même vu, sans la bienveillance d'un pape, disparaître vers cette époque l'innocente république de Saint-Marin !

La guerre de la Succession d'Espagne contribua pour beaucoup à l'ébranlement général dont nous rappelons les conséquences. Elle avait abouti, sans doute, à des partages solennels. Mais aucun des héritiers du roi Charles II n'avait renoncé franchement à ses prétentions exclusives. Peu satisfaits de leurs lots, ils n'attendaient tous qu'une occasion pour réclamer ce qu'ils ne possédaient point. Les attributions des traités de 1713 et de 1714 furent modifiées dès 1718, en attendant qu'on les modifiât encore.

Les grandes puissances s'étaient fait, d'ailleurs, une habitude de disposer à leur gré des petits états. Villes, provinces ou royaumes changeaient de maîtres sans qu'on daignât consulter les habitants, ni même les autorités publiques. L'instabilité qui naissait de cet usage familiarisait les esprits avec l'idée d'un changement quelconque. Au reste, il semble que, dans leurs combinaisons, les gouvernements n'eussent pas alors à tenir grand compte du sentiment patriotique. N'était-il pas affaibli singulièrement dans un temps où les hommes les mieux doués mettaient sans scrupule leurs talents, même leur génie politique ou militaire, au service de pays qui n'étaient pas le leur?

Sans insister davantage sur ces considérations d'ensemble, passons en revue les contrées où Montesquieu s'arrêta pendant son grand voyage sur le Continent.

A Vienne, c'était un Habsbourg qui régnait encore, mais ce devait être le dernier. La descendance masculine de l'archiduc Philippe-le-Beau s'était divisée, au XVIe siècle, en deux branches destinées à finir de même, coup sur coup. L'espagnole était morte en 1700, avec le roi Charles II, comme l'autrichienne allait disparaître en 1740, avec l'empereur Charles VI. Ces deux souverains n'eurent, en effet, ni l'un, ni l'autre, de fils pour leur succéder. Plus heureux, cependant, que son cousin, l'Empereur devait laisser tous ses états à quelqu'un de son sang, à l'aînée de ses trois filles, à l'illustre Marie-Thérèse. Parvenir à lui transmettre l'ensemble de ses duchés et de ses royaumes fut même l'objet capital de sa politique, aussitôt qu'il n'espéra plus d'héritier mâle et direct.

Par les traités de Radstadt et de Londres, d'une part, et

le traité de Passarowitz, de l'autre, le dernier des Habsbourgs avait étendu les possessions de ses ancêtres. Mais l'Autriche ne put conserver définitivement aucune de ses acquisitions. Lui-même eut la douleur de rétrocéder, par le traité de Vienne de 1735, une de ses conquêtes les plus importantes, le royaume de Sicile, sans parler des districts que lui enleva, dans le bassin du Danube, le traité de Belgrade de 1739.

Ces pertes, qui devaient être suivies de bien d'autres, étaient d'autant plus fâcheuses pour l'état qui les subissait, qu'il voyait s'élever alors des puissances rivales même au sein de cet Empire germanique où il dominait depuis la fin du moyen âge. En moins de vingt ans, trois électeurs d'Allemagne étaient devenus rois. C'étaient celui de Saxe, roi de Pologne (1697), celui de Brandenbourg, roi de Prusse (1701), et celui de Hanovre, roi de la Grande-Bretagne (1714). Des trois, le plus dangereux ne paraissait pas encore être celui dont l'agrandissement avait été le moins brusque, le moins avantageux en apparence. Mais un esprit supérieur ne pouvait point méconnaître combien la suprématie de l'Autriche catholique était menacée par la création de deux monarchies redoutables et protestantes au nord de l'Empire. Ce n'étaient plus les rois de Suède qui étaient à craindre pour la cour de Vienne. Les successeurs de Charles XII ne gardaient au sud de la mer Baltique que quelques débris des conquêtes de Gustave-Adolphe. Seulement le rôle de ce dernier prince pouvait être repris avec avantage. Il était de nature à tenter un de ces deux rois nouveaux, allemands, non plus étrangers, qui venaient précisément d'obtenir à Stockholm des cessions de territoires : l'un, les duchés de Brême et de Verden (1719); et, l'autre, Stettin, une partie de la Poméranie et deux îles (1720). Les dissensions qu'un article du traité de Ryswick provoquaient dans l'Empire ne prouvaient que trop la persistance des haines religieuses.

Pour découvrir, vers le milieu du règne de Charles VI,

ce qu'avait de précaire la grandeur de la maison d'Autriche, il suffisait (semble-t-il) d'une intelligence peu ordinaire. Mais une inspiration prophétique eût seule permis d'annoncer alors que l'Italie n'était pas vouée à une éternelle servitude. Elle paraissait n'avoir que la chance très équivoque de changer, tôt ou tard, de maître.

Jusqu'à nouvel ordre, elle obéissait à l'empereur d'Allemagne.

Celui-ci la tenait par les deux bouts, occupant, au nord, Mantoue et Milan, et, au sud, Naples et Palerme. Les états de la Péninsule se voyaient ainsi réduits au rôle d'humbles satellites. Du reste, Venise était obligée par sa position de cultiver l'alliance du prince qui pouvait le mieux la secourir contre le péril du Turc. Mais Gênes aussi sollicitait volontiers son intervention lorsqu'elle s'était, par son imprudence, attiré quelque méchante affaire. Bien entendu, le duc de Modène n'agissait qu'en fidèle vassal du suzerain qui, naguère, l'avait investi de La Mirandole en récompense de ses bons services. Quant au roi de Sardaigne, moins sûr, il se soumettait provisoirement (et sauf à méditer une défection prochaine) aux injonctions plus ou moins discrètes qu'il recevait de Vienne. Enfin, il n'y avait pas jusqu'aux États du Saint-Siège qui ne fussent exposés à une occupation des troupes impériales, quand le Pape résistait aux exigences de leur maître.

Pourtant Charles VI n'était pas encore satisfait. Il eût voulu disposer à sa guise des successions qui devaient sous peu s'ouvrir à Parme et à Florence, par la mort du dernier des Farnèses et du dernier des Médicis. Mais l'Angleterre, la France et l'Espagne surtout ne l'entendaient pas ainsi. De là, des négociations, des intrigues diplomatiques, des menaces de guerre : tout un ensemble de symptômes peu rassurants. Qu'adviendrait-il, en effet, si la paix était rompue, de l'autorité, directe ou indirecte, que l'Autriche exerçait en Italie depuis vingt ans, mais qu'on n'y supportait qu'avec répugnance, à Naples comme à Turin et à Venise?

Pour les Provinces-Unies, il est facile de résumer en quelques lignes la situation que leur avait faite le traité d'Utrecht.

Elles payaient cher l'honneur d'avoir une fois humilié Louis XIV. C'était, en somme, au profit de leurs alliés qu'elles avaient remporté des victoires brillantes, mais ruineuses. Épuisées, à bout de ressources, accablées du poids de leurs dettes, elles semblaient résignées maintenant à une décadence irrémédiable, à la fois politique, financière et commerciale.

Même à part toute autre cause, l'état instable et critique où se trouvait une si grande partie de l'Europe expliquerait, sans l'excuser, le spectacle étrange que donna le monde diplomatique à la suite des traités de 1713 et de 1714. Il inspira sûrement à Montesquieu le jugement si sévère qu'il porte sur les politiques dans certains de ses ouvrages [1]. Jamais, en effet, on ne vit plus d'incertitude et d'inconstance dans les desseins des gouvernements. Il n'est pas facile de suivre, encore moins de comprendre les agissements de leurs ministres à cette époque. On les voit signer traités sur traités, s'assembler en congrès impuissants, conclure et rompre des alliances passagères : d'année en année, sinon de mois en mois, le groupement des états varie.

Il s'en fallut même de bien peu qu'une guerre générale n'éclatât dès 1727. Le Pape intervint, par bonheur, et ménagea un rapprochement entre les signataires des traités conclus en 1725, à Vienne, d'une part, et à Hanovre, de l'autre. Les ministres d'Angleterre et de France s'entendirent avec les représentants de l'empereur Charles VI et du roi Philippe V, surpris de se voir, depuis peu, alliés l'un de l'autre. Des articles préliminaires d'engagements qu'on devait prendre, ensuite, à titre définitif arrêtèrent les hostilités partielles. A la mort de Georges Ier, tout, il

1. *Mélanges inédits de Montesquieu*, publiés par le baron de Montesquieu (Bordeaux, G. Gounouilhou, 1892), pages 157 et suivantes.

est vrai, faillit être remis en question. On finit, néanmoins, par éviter une guerre immédiate, qu'il n'y avait, d'ailleurs, aucune raison sérieuse d'entreprendre; pas de quoi « faire tuer un poulet », devait dire le prince Eugène, en 1730, à lord Waldegrave lui-même[1].

III

C'est (paraît-il) le 5 avril 1728[2], que lord Waldegrave et son compagnon de route quittèrent Paris. Nous ne connaissons qu'un incident de leur voyage jusqu'à Vienne. Une voiture versée ou cassée les obligea à faire à cheval une de ces longues traites qui laissent de douloureux souvenirs aux écuyers novices[3].

Ils n'en arrivèrent pas moins à destination avant le 2 mai. En effet, à cette date, le représentant de Georges II échangea des instruments diplomatiques avec un représentant de Charles VI[4]. Le noble lord s'empressa, ensuite, avec son ami, de faire sa cour à l'Empereur et à l'Impératrice, ainsi qu'aux ministres de la Conférence[5] et aux autres grands personnages de l'État.

Dans ses notes et dans ses lettres, Montesquieu a consigné le souvenir de l'accueil gracieux qu'il reçut. Bien des

1. W. Coxe, *History of the House of Austria*, 3e édition (Londres, G. Bell et fils, 1889), tome III, page 151.

2. *Mémoire pour servir à l'Éloge de M. de Montesquieu*, par M. de Secondat, publié dans l'*Histoire de Montesquieu*, par L. Vian (Paris, Didier et Ce, 1878), page 399.

3. Lettre (inédite) de M. de Bulckley à Montesquieu, du 25 mai 1728 (Archives de La Brède).

4. *Recueil des Instructions données aux Ambassadeurs... de France, Autriche*, avec... notes par M. Alb. Sorel (Paris, F. Alcan, 1884), page 238, note 3.

5. On appelait, à Vienne, *ministres de la Conférence* les membres du Conseil privé, qui délibérait avec l'Empereur sur la direction générale des affaires intérieures et extérieures de l'État.

années après, il se rappelait avec émotion les noms des Lichtenstein, des Kinski et des Harrach [1]. Nous ne disons rien du prince Eugène et du feld-maréchal de Starhemberg, qui firent connaître au futur auteur de *l'Esprit des Lois* la joie ineffable qu'éprouve un grand penseur en feuilletant l'âme d'un grand homme d'action.

C'est à Vienne encore que Montesquieu s'initia à la théorie des arts plastiques. Un certain chevalier Jacob, artiste sans doute lui-même, fut le premier maître qui lui exposa les principes de l'architecture, de la sculpture et de la peinture [2]. L'élève se passionna pour cette étude nouvelle. Son *Voyage en Italie* le prouve et contraste (par parenthèse), à cet égard, avec le *Journal de Voyage* de son compatriote Montaigne. Il suffit, du reste, de prendre les *Lettres Persanes,* d'analyser les termes et les figures dont l'auteur se sert, pour en induire qu'une affinité étroite existait entre son génie et le génie d'un peintre.

Mais l'Autriche n'était pas le seul des états héréditaires des Habsbourgs que le Président fût curieux de voir. La Hongrie l'attirait par ses mœurs antiques, remontant au moyen âge [3]. Il résolut de s'y rendre dans les circonstances qu'il expose ainsi lui-même :

« L'Empereur doit partir le 20 pour Gratz et Trieste. On compte que ce voyage sera d'environ trois mois et demi. Cela m'a déterminé à aller voir une partie de la Hongrie,

1. *Œuvres complètes,* tome VII, page 402.

2. *Spicilegium* de Montesquieu, page 389. — Ce *Spicilegium* est un gros volume relié, d'environ 870 pages, dont une partie est restée en blanc. Montesquieu y a inséré ou fait insérer des renseignements de toute sorte, dont la plupart sont manuscrits, mais dont quelques-uns sont imprimés. Ce volume est paginé au commencement et folioté ensuite, d'une façon irrégulière et incomplète. Certaines séries de chiffres manquent, tandis que d'autres se répètent, même deux fois. Aussi nous est-il arrivé de faire, dans nos notes, des renvois inexacts. Il faut lire, à la page 281, ligne 4 : *375 ter*, au lieu de : *375;* et ligne 13 : *à la page 373 ter*, au lieu de : *au folio 373 bis*; et, plus loin, à la page 287, lignes 12 et 13 : *386 bis à 388 bis et aux feuilles 429, v°,* au lieu de : *386 à 388 et aux feuilles 430.*

3. *Pensées* (manuscrites), tome Ier, page 338.

et je partirai au commencement de la semaine prochaine pour Presbourg, pour voir la Diète[1]. »

Outre la Diète, il vit les mines de Kremnitz et de Schemnitz et celles de Neu-Sohl. Il emporta même de ces dernières une bouteille d'une eau merveilleuse qu'il analysa plus tard à Venise. De retour en France, il devait rédiger, sur les mine. de Hongrie et du Hartz, plusieurs mémoires, qui montrent à quel point il s'intéressait encore aux sciences naturelles[2].

Le 26 juin 1728, il était de nouveau à Vienne, d'où il partit pour Gratz (une fois de plus avec lord Waldegrave) le 9 du mois suivant. Ce n'était pas, du reste, sans esprit de retour qu'il quittait la capitale de l'Autriche. Il emportait le meilleur souvenir de l'aimable ville qui lui inspira cette réflexion galante :

« Les Grecs disoient : « Il n'est beau de vieillir qu'à » Sparte. » — Moi, je disois : « Il n'est beau de vieillir qu'à » Vienne. » — Les femmes de soixante ans y avoient des amants; les laides y avoient des amants. Enfin, on meurt à Vienne; mais on n'y vieillit jamais[3]. »

Montesquieu fit un séjour d'un mois environ à Gratz. La cour d'Autriche s'y était transportée. Aussi eut-il occasion d'avoir là avec le comte de Wurmbrand, président du Conseil aulique, des entretiens sur le droit public de l'Empire, entretiens qu'il devait poursuivre plus tard, dans le nord de l'Allemagne, avec le baron de Stein, président des finances du duc de Brunswick. Mais il ne négligea point, pour cela, de recueillir des notes sur l'histoire et sur les services administratifs de la Styrie, où il se trouvait. L'état des voies nouvelles de communication le frappa tout particulièrement.

Ce ne fut que le 12 août qu'il partit, avec le chevalier

1. Brouillon de lettre de Montesquieu au duc de Richelieu (Archives de La Brède).

2. *Mémoires* (inédits) *sur les Mines* (Archives de La Brède).

3. *Pensées* (manuscrites), tome III, folio 351.

Jacob, de Gratz pour Venise. Un diplomate l'avait amené en Autriche; son professeur d'esthétique l'introduisit en Italie. Arrivé, au bout de quatre jours, dans la Ville des Doges, l'auteur des *Lettres Persanes* réalisa, point par point, le programme de son Rhédi. Il étudia la situation topographique et politique, le gouvernement, les mœurs, l'industrie et le commerce, les œuvres d'art, etc., de la République, jadis si puissante. Mais, de plus, il recueillit de précieux renseignements sur des faits contemporains, qui s'étaient passés dans le reste de l'Europe, et qui lui furent racontés par deux aventuriers célèbres, pour lors échoués au bord de l'Adriatique : le financier Law et le comte de Bonneval. Une rencontre moins singulière qu'il fit, dans la même ville, est celle de l'abbé Conti, savant, poète et philosophe italien, dont il enregistra, dans son *Spicilegium* [1], quelques théories littéraires. C'est probablement cet abbé qui lui révéla l'existence d'une œuvre célèbre, dont il nota le titre, mais dont il ne semble point s'être inspiré : *La Science nouvelle,* par Jean-Baptiste Vico.

Une anecdote, plus que suspecte, se rattache au séjour de Montesquieu à Venise.

Lord Chesterfield s'y serait trouvé en même temps que lui. Une discussion se serait élevée entre les deux voyageurs sur les mérites respectifs des Anglais et des Français. Pour prouver que le sang-froid des uns est bien supérieur à l'esprit des autres, Chesterfield aurait détaché à Montesquieu un inconnu chargé de lui dire que les Inquisiteurs d'État avaient l'œil sur lui et allaient faire saisir les notes, plus ou moins compromettantes, qu'il prenait sur le gouvernement de la République. Aussitôt le Président aurait supprimé tout ce qu'il avait écrit. Sur quoi, lord Chesterfield se serait fait un malin plaisir de lui démontrer logiquement qu'il avait agi à la française, c'est-à-dire à la légère.

1. *Spicilegium*, page 387 *ter*.

L'auteur des *Lettres à son Fils* a-t-il jamais débité cette histoire, qu'on lui prête[1]? S'il l'a fait, il n'a démontré qu'une chose, c'est qu'un Anglais peut être plus gascon qu'un enfant de La Brède, et *gascon* dans la pire acception d'un terme qui en a tant d'excellentes! En voici la preuve :

D'abord, les notes de Montesquieu sur Venise subsistent et remplissent plus de cinquante pages de ce volume. — Supposera-t-on qu'elles ont été récrites de mémoire? — Rien ne l'indique, bien au contraire! Témoin les commencements de divers alinéas, tels que : « J'ai été aujourd'hui... J'ai fait hier... », et autres semblables.

De plus, le Président ne cite point lord Chesterfield parmi les personnes qu'il a fréquentées à Venise. — On dira peut-être qu'il omit son nom par honte ou par rancune. — Mais il ne le connut que l'année suivante, ainsi qu'il nous l'apprend lui-même dans son *Voyage en Hollande!*

Nous y lisons, en effet : « J'ai vu à La Haye M. Saurin... Le général des Brosses, envoyé de Pologne, m'a cherché, et je l'ai cherché. J'ai, de plus, connu milord Chesterfield, ambassadeur d'Angleterre : je lui rendis une lettre de milord Waldegrave. »

Ce passage suffirait pour détruire une légende que les biographes de Montesquieu ont accueillie bien légèrement.

Mais reprenons son itinéraire.

Du 14 au 24 septembre 1728, il se rendit de Venise à Milan, s'arrêtant un ou deux jours à Padoue, puis à Vicence, et puis à Vérone. En passant, il visita les collections d'histoire naturelle et les galeries d'œuvres d'art et contempla les édifices, anciens et modernes, les plus remarquables de ces villes. Mais il fit aussi et consigna dans ses notes des remarques sur les cultures, les mœurs et les institutions des pays qu'il traversait.

Pendant les trois semaines qu'il resta en Lombardie, il

1. *Histoire de Montesquieu*, par L. Vian, page 118.

put apprécier l'hospitalité de l'aristocratie milanaise, surtout celle des Borromées et des Trivulces. Les nobles Vénitiens, auxquels un gouvernement soupçonneux imposait une réserve absolue, ne l'avaient pas gâté à cet égard. Aussi le charme d'une société avenante et instruite s'ajouta-t-il pour lui au plaisir qu'il éprouva en voyant les belles choses dont Milan était justement fière. Il visita soigneusement jusqu'à l'Hôpital et à la Citadelle. Est-ce pour mieux apprécier cette dernière qu'il emprunta au prince Trivulce et analysa par écrit un traité sur les fortifications[1]?

Le 16 octobre, il partit pour le Piémont, en faisant un détour par le Lac Majeur et les Iles Borromées.

A Turin, il obtint audience du roi Victor-Amédée II et de son héritier présomptif. Mais il jugea bien sérieuse et bien froide cette capitale d'un royaume où la vie était en quelque sorte tendue par un effort continuel. Un politique, qui aspirait aux fonctions de diplomate, n'en devait pas moins trouver bien des observations à faire dans un état qui, à cheval sur les Alpes, n'avait pas cessé, depuis des siècles, d'être mêlé à l'histoire de la France, comme à celle de l'Italie.

C'est, probablement, sur la recommandation de deux amis qu'il s'était faits à Vienne, le marquis de Breil et le commandeur de Solar, son frère, que Montesquieu dut les politesses qu'il reçut à Turin de leur parent, le marquis de Dogliani[2]. En général, les Piémontais n'étaient guère plus accessibles que les Vénitiens. L'usage imposait, surtout aux hauts fonctionnaires, la réserve la plus grande envers les étrangers notables. De là vient peut-être que le Président ne nous dit rien des rapports qu'il eut, sans doute, avec le père du marquis de Breil, avec le comte de Govone, ministre d'état à l'époque. Bien qu'il n'en parle pas, nous voulons croire qu'il lui porta quelques lettres de ses fils,

1. *Spicilegium*, page 390 *bis*.

2. Lettre de Charles Solar, marquis de Dogliani, à Montesquieu, du 17 novembre 1728 (Archives de La Brède).

et qu'il pénétra dans sa demeure, où un autre des plus illustres écrivains à venir de la France vivait déjà ou allait vivre. C'est, en effet, chez le comte de Govone que Jean-Jacques Rousseau entra comme domestique, après sa conversion, c'est-à-dire vers la fin de 1728[1]. Il ne semble donc pas impossible que l'auteur futur de *l'Esprit des Lois* ait rencontré le futur auteur du *Contrat social* dans l'antichambre du ministre de Victor-Amédée II.

Si Turin, qu'il quitta le 5 novembre, laissa à Montesquieu l'impression « d'une ville assez ennuyeuse », Gênes lui parut absolument maussade. La prose ne lui suffit même point pour exhaler son humeur. Il eut recours à la poésie, ou plutôt à des stances rimées[2]. Au bout de dix jours, il abandonna la Ville, en se promettant de ne plus y revenir. L'avarice de ses habitants l'avait offusqué, non moins que leurs manières arrogantes et peu courtoises.

Il eut, cependant, l'occasion de faire à Gênes quelques connaissances illustres : le prince de Modène ; sa femme, qui était fille du Régent ; et le prince de Portugal, qui devait être un jour le roi Joseph.

Rapidement, il visita Lucques, Pise et Livourne.

Mais Florence, où il arriva le 1er décembre, le garda six semaines et l'enchanta par ses mœurs simples, par la sociabilité de ses habitants et même par le régime peu tracassier dont l'indolence du dernier des Médicis laissait jouir le pays. Il s'y fit, d'ailleurs, un ami nouveau : l'abbé Niccolini, avec lequel il resta depuis en rapports affectueux. Mais il consacra le meilleur de son temps à l'étude des antiquités et des œuvres d'art que renfermaient la Galerie du Grand-Duc, le Palais Pitti et les autres édifices publics ou privés de la Ville. Les notes relatives à Florence, insérées dans le *Voyage en Italie,* ne sont qu'une très faible partie de celles qu'il recueillit là, pendant son séjour. D'autres se trouvent dans deux cahiers que possèdent les

1. *Les Confessions* de J.-J. Rousseau, première partie, livre III.
2. *Œuvres complètes,* tome VII, page 198.

archives de La Brède, et dont plus de soixante-dix pages sont couvertes d'écriture. Ils montrent avec quelle ardeur et quelle minutie Montesquieu étudia surtout les bustes, les statues, les bas-reliefs qu'il put voir dans la capitale de la Toscane. Un amateur et un artiste, Bianchi [1] et Piemontini, lui servirent de *cicerone;* mais de *cicerone* dont il contrôlait les dires avec sa critique ordinaire.

C'est aussi à Florence que le Président prit goût à la musique italienne.

Le 15 janvier 1729, il se mit en route pour Rome, où il ne parvint que le quatrième jour, mais après avoir visité Sienne et Viterbe.

Son confrère à l'Académie française, le cardinal de Polignac, représentait alors notre pays auprès du Saint-Siège. Il fut on ne peut mieux accueilli par lui. Le cardinal, diplomate, philosophe et de plus poète latin, lui apprit une foule d'anecdotes sur l'histoire du temps, lui exposa des idées générales avec une aisance et une abondance qui le surprirent, et, bien entendu, lui lut un livre de *L'Anti-Lucrèce,* qu'il admira.

Montesquieu fit, d'ailleurs, à l'Ambassade de France des connaissances précieuses; par exemple, celle du père Cerati, auquel il s'attacha si fidèlement qu'il lui écrivait vingt-cinq ans plus tard, presque à la veille de sa mort : « Je commence par vous embrasser, bras dessus et bras dessous [2]. »

Mentionnons aussi Mgr. Fouquet, ancien missionnaire, devenu évêque *in partibus,* lequel fut mêlé à la trop célèbre affaire des cérémonies chinoises. Il était mieux à même que personne de fournir des renseignements sur le Céleste Empire. Un des registres manuscrits de notre

1. Ce Bianchi est-il Jean Bianchi, qui fut nommé conservateur des Antiques à Florence, en 1758, et que Ch. Justi juge si sévèrement dans son *Winckelmann*,... (Leipsig, C.-W. Vogel, 1872), tome II, 1re partie, page 240?

2. *Œuvres complètes*, tome VII, page 438.

voyageur prouve que ce dernier ne négligea point cette source d'informations directes[1].

Il retrouva à Rome son ami de Florence, l'abbé Niccolini, qui le présenta aux Corsini, ses parents. C'est ainsi qu'il fut mis en relations avec le cardinal qui allait être élu pape (en 1730) et régner dix ans, sous le nom de Clément XII. Il ne prévit point, du reste, l'exaltation si prochaine du successeur de Benoît XIII.

Quant à ce pontife, rien n'indique que Montesquieu l'ait connu personnellement. On raconte, il est vrai, qu'il fut admis auprès du Saint-Père, et l'on cite même un mot trop spirituel qu'il aurait dit à l'occasion d'une grâce dispendieuse à lui accordée en cours d'audience[2]. Mais, comme le *Voyage en Italie* se tait sur cet incident, nous le tiendrons pour douteux jusqu'à preuve contraire.

Le Président ne semble point avoir fréquenté plus que leur maître les favoris du pieux Benoît XIII, favoris qu'il juge sévèrement, pour la plupart.

En revanche, il eut l'occasion d'entretenir quelques cardinaux qui jadis avaient joué à Rome ou hors de l'Italie un rôle plus ou moins notable. Tels étaient les neveux de Clément XI, les deux Albani : l'un, politique avisé ; l'autre, amateur fanatique d'œuvres d'art. Il vit plusieurs fois également cet aventurier célèbre, qui eut du génie peut-être et fut premier ministre d'un roi d'Espagne, cet Albéroni, dont il n'emporta, d'ailleurs, qu'une impression médiocre.

Mais il va de soi que l'attrait capital du séjour de Rome fut pour lui Rome elle-même ; Rome aux ruines imposantes et aux chefs-d'œuvre innombrables : les ruines parlaient à son esprit de la majesté du Peuple-Roi, dont il allait raconter dignement la grandeur et la décadence ; tandis que les chefs-d'œuvre dévoilaient à ses yeux, sous mille formes diverses, les éternelles splendeurs de la Beauté plastique.

1. *Spicilegium*, folio 397 *bis*.
2. *Histoire de Montesquieu*, par L. Vian, page 119.

Dans ses études sur l'architecture, la sculpture et la peinture anciennes et modernes, il recourut aux avis des hommes les plus compétents, entre lesquels il cite deux Français : Bouchardon et Adam l'aîné.

Il ne se lassa point d'admirer pendant trois mois! Puis il prit le chemin de Naples. Mais il se promit de s'arrêter une seconde fois à Rome, au retour.

C'est le 23 avril 1729 qu'il arriva dans la capitale du sud de l'Italie, encore ébloui de tout ce qu'il venait de voir. Aussi ne fut-il guère séduit au point de vue artistique. Il écrivit même dans son *Voyage* ces lignes paradoxales : « On peut voir Naples dans deux minutes; il faut six mois pour voir Rome. »

Huit à dix jours lui suffirent pour visiter la Ville et, de plus, les environs, qui semblent l'avoir intéressé davantage. Il eût fallu être bien étranger à l'histoire de la nature et des hommes pour voir d'un œil indifférent cette terre, aux phénomènes merveilleux et aux souvenirs classiques, qui s'étend du Vésuve au cap Misène. Mais, de quelle joie n'eût-il pas été comblé si l'on eût repris dès lors les fouilles d'Herculanum, à la recherche de ces trésors d'archéologie qu'on ne devait mettre à découvert qu'à partir de 1738 et 1739!

Montesquieu retrouva au fond de l'Italie une de ses connaissances de Vienne : le comte de Harrach, qui y remplissait les fonctions de vice-roi, et qui le reçut fort bien.

Il paraît n'en avoir pas moins deviné ce qu'avait de précaire la domination autrichienne dans le royaume des Deux-Siciles, témoin cette note significative : « Pendant que j'ai été à Naples, je n'ai pas vu un Allemand qui connût un Napolitain, ni un Napolitain qui connût un Allemand. »

Il repartit le 6 mai pour Rome. En allant, il avait vu Capoue. Il vit Gaëte, en revenant.

Son second séjour dans la Ville éternelle fut plus court que le premier : il n'y resta que deux mois environ.

Pendant ce temps, il reprit ses études d'esthétique, qu'il semble avoir cette fois dirigées plutôt vers l'architecture; mais, en outre, il recueillit des notes historiques, politiques et statistiques, et parcourut les sites les plus célèbres de la campagne voisine : Frascati et Tivoli, par exemple.

Notons qu'il se fit aussi présenter alors aux Stuart qui se trouvaient dans la Ville: la Prétendante et ses fils. Triste spectacle que celui de cette cour d'exilés! Par leurs dissensions publiques et scandaleuses, Jacques III et sa femme ajoutaient encore « aux malheurs que la Providence leur avait envoyés »[1].

Le moment de quitter Rome finit par arriver cependant. Montesquieu se décida à partir le 4 juillet 1729, après avoir pris congé des personnes qu'il avait le plus fréquentées pendant son séjour. Plusieurs d'entre elles lui remirent des lettres de recommandation, dont il profita tant en Italie qu'en Allemagne.

Nous ne le suivrons pas dans sa course, relativement rapide, à travers l'Ombrie, les Marches et la Romagne, les duchés de Modène et de Parme et le Mantouan. En vingt et quelques jours, il se rendit à Vérone, qu'il revit ainsi au bout de dix mois. De tous les détails qu'il donne sur les villes où il s'arrêta, nous n'en relèverons que deux. A Bologne, il admira l'Institut de cette ville, tant pour la richesse des collections que pour le zèle des professeurs. A Modène, il vit le duc régnant et son bibliothécaire, le savant Muratori, «un habile homme», plus connu aujourd'hui que son maître Renaud d'Este.

Maintenant, ce n'était plus Rome, c'était l'Italie elle-même dont il fallait se séparer! Notre voyageur en franchit la frontière dans la nuit du 29 au 30 juillet. Mais il emportait, dans l'esprit et dans le cœur, les plus précieux souvenirs de la Péninsule, qu'il parcourait depuis près d'un an.

C'est par le Tyrol, et non par la Suisse (comme le disent

1. Toutes les citations dont nous n'indiquons pas la source sont tirées du *Voyage en Italie, en Allemagne ou en Hollande.*

ses biographes [1]), qu'il pénétra en Allemagne. Le spectacle des Alpes lui fit une impression pénible plutôt qu'agréable. « On ne voit jamais, écrit-il, qu'un petit morceau du ciel, et on est au désespoir de voir cela durer si longtemps. » Il est vrai qu'il mit quatre à cinq jours pour aller de Vérone à Munich. Ajoutez qu'il souffrit du froid dans la montagne, malgré la saison, et bien qu'il eût mis ses habits d'hiver.

A Munich, il fut reçu par l'électeur de Bavière. Pendant une douzaine de jours, il étudia la cour de ce prince, ses ressources et ses inclinations politiques. La France pouvait-elle encore compter sur un allié si lointain et placé « sous la patte de l'Empereur »?

En quittant la capitale de Charles-Albert, Montesquieu se rendit à Augsbourg, où il s'arrêta plus longtemps qu'il n'aurait voulu : car il y fut malade, lui et son valet. Ce retard lui fournit l'occasion d'apprécier le régime très compliqué auquel obéissait la Ville. Il y releva un effet curieux du principe de la séparation des pouvoirs entre magistrats de religions diverses. Quant à la médecine allemande, dont il dut faire l'essai, elle ne lui inspira que des réflexions irrévérencieuses. C'était de l'ingratitude, puisque l'ipécacuana que lui prescrivit son docteur le mit en état de continuer sa route, au bout d'une semaine.

Il ne fit, pour ainsi dire, que traverser le Wurtemberg, le Palatinat, Francfort, Mayence et Coblence.

Les bords du Rhin parurent « charmants » au propriétaire de La Brède; « la plupart (dit-il) couverts de vignobles qui valent beaucoup : car le vin du Rhin est cher dans le pays et vaut — me semble — le double qu'il ne se vend dans la Guyenne. »

Notre voyageur ne s'arrêta quelques jours que lorsqu'il fut arrivé à Bonn, résidence de l'électeur et archevêque de Cologne. Ce dernier, propre frère de l'électeur de Bavière,

1. *Histoire de Montesquieu*, par L. Vian, page 401.

se trouvait pour l'heure dans un autre de ses cinq diocèses. Montesquieu n'en resta pas moins à sa cour du 3 au 8 septembre 1729. Il y prit une foule de notes sur les ressources militaires et financières de Clément-Auguste. Le rôle que le prédécesseur de ce prince avait joué sous Louis XIV, en tant qu'allié de la France, explique la place que cette statistique occupe dans le *Voyage en Allemagne.*

Nous ferons, du reste, observer que ce n'est plus l'art, comme dans les notes rédigées à Rome, mais bien la politique qui domine dans les réflexions que le Président consigna par écrit en parcourant les états de l'Empire, du sud au nord. Il s'enquit particulièrement des affaires qui intéressaient les différentes églises du pays. Convaincu de l'importance que les questions religieuses avaient au point de vue international, il relevait avec soin, partout, la situation respective des Catholiques et des Protestants, ou des sectes protestantes entre elles.

Mais ce ne fut pas seulement pour parfaire ses études diplomatiques qu'après avoir descendu le Rhin jusqu'à Dusseldorf et Duisbourg, il tourna, le 11 septembre, vers l'est. Un mobile d'un ordre plus doux l'entraînait vers Hanovre, où il se rendit par Münster et Osnabrück. Il était attendu à la cour de l'Électeur, roi de la Grande-Bretagne, par lord Waldegrave.

Ce dernier le présenta à Georges II, dont l'accueil fut des plus aimables.

Au bout de quelques jours, les deux amis firent en commun un nouveau voyage. Ils allèrent à Brunswick, où Montesquieu fut reçu par le vieux duc Auguste-Guillaume et se lia avec le premier ministre du Prince. C'était un baron de Stein, qui paraît avoir uni l'intelligence la plus haute à une science des plus variées.

Grâce à lui, notre voyageur put visiter commodément les mines du Hartz, qu'il désirait connaître, et dont il put comparer l'exploitation à celle des mines de la Hongrie.

Ce fut là, d'ailleurs, le dernier incident de son voyage

en Allemagne : car, le 8 octobre, il partit de Zellerfeld pour Utrecht, où il arriva le 12, sans avoir quitté sa chaise de poste pendant quatre jours et quatre nuits.

Lorsqu'il entra « dans les terres des États-Généraux », il y avait neuf à dix semaines qu'il était en pays allemand. Il ne devait rester qu'une vingtaine de jours à Utrecht, Amsterdam et La Haye. L'impression qu'il reçut en Hollande ne fut pas bonne. Il amassa des renseignements sur la situation commerciale, financière et politique de la République. Puis, il se disposa à passer en Angleterre.

Ce fut le 31 octobre 1729 qu'il quitta La Haye, dans le yacht de lord Chesterfield[1], auquel lord Waldegrave l'avait adressé, ainsi que nous avons eu déjà l'occasion de le dire.

IV

Montesquieu rapporta de son voyage à travers l'Autriche, la Hongrie, l'Italie, l'Allemagne et la Hollande, une foule de notions sur les sujets les plus variés. Rien n'était étranger à cet esprit curieux, sinon les spéculations mathématiques. Agriculture, commerce et industrie, travaux publics et constructions navales, hygiène et finances, stratégie même, sciences physiques et naturelles, beaux-arts, tout l'intéressait. Sur tout, il s'efforçait d'obtenir des renseignements exacts et précis. Pour mieux se rendre compte des choses, il traçait, au besoin, des croquis rapides, qu'il dessinait d'une main inhabile, mais intelligente.

La diversité des notes que le Président recueillit ainsi au passage témoigne à quel point il avait le désir de tout connaître et le don de tout comprendre. Il possédait à un degré supérieur, éminent, ces deux qualités précieuses, nécessaires à l'historien, plus encore qu'au philosophe

1. *Œuvres complètes*, tome VII, page 183.

peut-être. Et, chez lui, elles s'alliaient à l'art essentiel de contrôler les renseignements de détail au moyen de vues d'ensemble, qui en fixent la valeur relative et absolue.

Ce n'était pas seulement ses souvenirs personnels qu'il consignait par écrit. Il ne négligeait point ceux des personnes qu'il rencontrait, lorsqu'elles pouvaient l'éclairer sur des faits ou sur des pays inconnus de lui. Dans la préface d'un livre qu'il n'a jamais achevé [1], il se vante d'avoir « recueilli de bons mémoires » en visitant les peuples étrangers.

Mais ce qui nous touche le plus dans la série bigarrée des observations que les voyages du Président lui inspirèrent, ce sont celles qui nous instruisent sur les impressions générales qu'il reçut dans ses pérégrinations et qui modifièrent son génie ou fixèrent ses conceptions dominantes.

Et d'abord, il est certain que les beaux-arts, les arts plastiques surtout, lui furent en quelque sorte révélés à Vienne, à Florence et à Rome. Quelques-uns des jugements qu'il formule sur les chefs-d'œuvre devant lesquels il s'arrêta nous étonnent, tant ils nous paraissent raisonnés et raisonnables. Gardons-nous de croire, cependant, que Montesquieu ne sentît rien, parce qu'il analysait tout. Pour être exprimées en phrases concises, ou même sous une forme ironique, ses émotions n'en étaient pas moins sincères et durables. Mais il répugnait à sa nature d'étaler avec complaisance ce qu'il éprouvait dans l'âme.

Il n'en a pas moins trahi, dans ses *Voyages*, l'effet pénétrant que fit sur lui cet ensemble de grandes et belles choses qu'il avait contemplées, notamment sur les bords du Tibre : ce ne furent point simplement des impressions esthétiques qu'il en emporta : « Je sens, dit-il, que je suis plus attaché à ma religion depuis que j'ai vu Rome et les chefs-d'œuvre de l'art qui sont dans ses églises. Je suis comme ces chefs de Lacédémone qui ne voulurent pas

1. *Pensées* (manuscrites), tome II, folio 83.

qu'Athènes périt, parce qu'elle avait produit Sophocle et Euripide, et qu'elle était la mère de tant de beaux esprits. »

Ces lignes, qui font songer au *Génie du Christianisme*, ne se trouvent point (remarquons-le en passant) dans le *Voyage en Italie*, mais bien dans le *Voyage en Hollande*. Le copiste aurait-il transposé le feuillet où elles étaient écrites? Nous ne le croyons pas. Le Président dut les rédiger à Utrecht, sous l'empire d'un sentiment double : l'un agréable et l'autre pénible. Le souvenir des chefs-d'œuvre qu'il avait contemplés naguère l'enchantait encore. Mais il était affecté tout autrement par le spectacle des dissensions religieuses dont il avait constaté en Allemagne les conséquences regrettables. De là, sans doute, le retour qu'il fit sur Rome et sur l'Église romaine.

Son éducation classique et catholique à la fois lui inspirait, d'ailleurs, le goût de l'unité ecclésiastique, et son esprit, que préoccupaient sans cesse les causes de la grandeur et de la décadence des empires, devait être frappé des inconvénients pour l'État de la coexistence de sectes hostiles [1].

Mais relevons à présent les observations capitales que l'auteur de *l'Esprit des Lois* recueillit sur la puissance des pays qu'il visita, alors qu'il rêvait encore de quelque mission diplomatique.

La grandeur apparente de la maison d'Autriche ne lui en imposa point. Il devina même combien peu les acquisitions récentes des Habsbourgs ajoutaient à leurs forces réelles. Nous avons cité tout à l'heure une note bien curieuse sur la situation des Allemands à Naples. En voici une autre, non moins topique, sur les Pays-Bas :

« L'Empereur seroit un des grands princes du Monde, si les Pays-Bas étoient abîmés par un tremblement de terre : c'est son foible que les Pays-Bas [2]. »

1. Il est curieux de rapprocher sur cette question la *LXXXVI*e *Lettre Persane* et le chapitre x du livre XXV de *l'Esprit des Lois*.

2. *Pensées* (manuscrites), tome I, page 344.

Symptôme plus grave encore! Dès 1729, Montesquieu voyait que le prestige de Charles VI baissait là où ce prince devait tenir davantage à le conserver intact. « Depuis un an, écrit-il dans ses *Voyages*, l'Empereur a perdu son crédit dans l'Empire. »

A quoi, il ajoutait ces conclusions pratiques relativement aux rapports que la France pouvait entretenir avec les princes protestants de Germanie :

« Pour moi, je crois que cette politique de s'unir avec les princes protestants est une vieille politique, qui n'est plus bonne dans ce temps-ci; que la France n'a et n'aura jamais de plus mortels ennemis que les Protestants : témoin les guerres passées; qu'elle est en état de faire des alliances avec les princes catholiques, comme avec les princes protestants, toutes les fois qu'il s'agira d'abaisser la maison d'Autriche; qu'il ne faut pas en revenir aux vieilles maximes du cardinal de Richelieu, parce qu'elles ne sont plus admissibles; que les Protestants d'Allemagne seront toujours joints avec les Anglois et les Hollandois; que c'est un lien de tous les temps que celui de la Religion; que la maison d'Autriche n'est plus, comme elle étoit, à la tête du monde catholique; que ce qui nous a pensé perdre en France, c'est l'invasion de l'Angleterre par un prince protestant. »

De ce long passage, qu'un ardent patriotisme inspirait à Montesquieu, il ne faudrait point induire que ce dernier s'exagérât la puissance de tous les états protestants d'Europe. Le jugement qu'il porte sur les Provinces-Unies, par exemple, est des plus sévères. « Cette république, écrit-il à Amsterdam, ne se relèvera jamais sans un stathouder. »

Quant aux monarchies et aux républiques italiennes, ses impressions furent encore moins favorables. C'est dans le tome Ier de ses *Pensées* manuscrites qu'il s'exprime sur leur compte de la manière la plus nette. Il s'y fonde même sur l'influence politique de moins en moins grande du

Saint-Siège pour démontrer qu'« il faut changer de maximes d'État tous les vingt ans, parce que le Monde change »[1].

Dans le même volume, il est une page étonnante, où l'auteur a consigné ses opinions successives sur le rôle possible de la maison de Savoie. Il serait inutile de commenter les trois notes qu'on va lire. La première remonte évidemment à l'époque où Montesquieu était encore sous l'impression de son voyage en Italie, tandis que la seconde peut être datée de 1737 environ, et la dernière, de 1748.

[1731 (?)]. « On dit : Une ligue avec les princes d'Italie. Mais comment se liguer avec rien? C'est une ligue sur le papier. Il n'y a que le roi de Sardaigne qui ait conservé la puissance militaire, et il la perdra encore si la neutralité de l'Italie et notre dégoût pour y faire des conquêtes subsistent longtemps. »

[1737 (?)]. « Depuis ceci, notre dernière guerre en Italie a mis le roi de Sardaigne en état de maintenir plus que jamais sa puissance militaire*. »

[1748 (?)]. « *C'étoit la guerre de 1733. Celle de 1741 a rendu la sottise paumée. Encore un coup de collier, nous le rendrons maître de l'Italie, et il sera notre égal[2]. »

En lisant ces lignes, on déplore que Montesquieu ne soit pas entré dans la carrière diplomatique, où il eût pu être si utile, grâce à une sagacité exceptionnelle. Quand il vit les suites de la politique anti-autrichienne, dont il reconnaissait les périls dès 1729, il le regretta lui-même. On trouve, en effet, la note suivante dans le tome II de ses *Pensées* manuscrites :

« Je me repentirai toujours de n'avoir pas sollicité, après le retour de mes voyages, quelque place dans les affaires étrangères. Il est sûr que, pensant comme je pensois, j'au-

1. *Pensées* (manuscrites), tome Ier, page 354.

2. *Pensées* (manuscrites), tome Ier, page 342. — Les deux premières notes sont autographes; mais la seconde a été intercalée entre la première et une note sur *les pêches hollandoises*..., visiblement après coup. La troisième est écrite en marge, de la main d'un secrétaire. Il y a un renvoi à la fin de la seconde, pour marquer que la troisième se rattache à elle.

rois croisé les projets de ce fou de Belle-Isle, et j'aurois rendu par là le plus grand service qu'un citoyen pût rendre à sa patrie. Il y a des sots qui ont de la pesanteur et des sots qui ont de la vivacité ; mais ce sont les sots qui ont de la vivacité qui accouchent des projets les plus stupides[1]. »

Ce fragment prouve, entre autres choses, que Montesquieu ne persista point dans les velléités diplomatiques qui le prirent certainement vers 1728. Nous ne nous en étonnons guère. Les esprits spéculatifs peuvent se laisser tenter un instant par l'action, où ils comptent trouver un moyen nouveau de s'instruire ; mais ils y renoncent sans peine, au premier obstacle, heureux de rentrer dans ces régions plus sereines qui sont leur milieu véritable et comme leur atmosphère naturelle.

V

Montesquieu écrivit beaucoup depuis son arrivée en Autriche, jusqu'à son départ des Provinces-Unies. Mais il s'en faut que toutes les notes qu'il jeta sur le papier, en voyageant, nous soient parvenues. La partie la plus importante de celles que nous possédons, nous ne l'avons même qu'à l'état de copie, et de copie très médiocre.

Deux petits cahiers et deux feuilles volantes nous renseignent sur son séjour à Vienne et à Gratz, mais très incomplètement.

Pour ce qu'il put voir en Hongrie, nous n'avons d'autres documents que quelques paragraphes insérés par erreur dans le *Voyage en Italie* ou *en Allemagne,* et les *Mémoires* qu'il rédigea, de retour en France, sur certaines mines et sur les machines dont on y faisait usage.

Nous ne connaissons bien que les incidents de son trajet

1. *Pensées* (manuscrites), tome II, folio 216.

de Gratz à La Haye. Le manuscrit où ils sont consignés n'a pas moins de 603 pages. Il commence par le titre : *Voyage en Italie,* et se termine par les mots : *Fin du Voyage en Hollande,* sans que rien indique dans le texte au lecteur l'endroit où il passe d'Italie en Allemagne et d'Allemagne aux Provinces-Unies.

Ce manuscrit est entièrement de la main de secrétaires du Président. Il ne subsiste qu'un feuillet des notes originales et autographes. Il a été conservé, sans doute, parce que le copiste avait négligé d'en transcrire le verso.

On peut donc se demander si le manuscrit des *Voyages* est une copie pure et simple des notes que Montesquieu avait prises de ville en ville et au jour le jour. Il est incontestable qu'à certains endroits des phrases ont été insérées après coup dans le texte primitif. Pendant son second séjour à Rome, par exemple, notre voyageur s'était convaincu que le cardinal Corsini ne serait jamais pape, et en avait consigné les raisons dans ses papiers. C'est évidemment plus tard, après l'élection de Clément XII, qu'il a ajouté, à la fin d'un paragraphe, cette exclamation ironique : « J'ai fait là une belle conjecture! » Mais nous estimons que les modifications de ce genre sont rares et non déguisées. Le caractère général des articles est bien celui des notes improvisées ; témoin les confusions de mots, les fautes de syntaxe, les phrases interrompues, l'inexactitude de certaines dates, la violence de quelques expressions.

Au *Voyage en Italie* et au *Voyage en Allemagne* se rattachent deux manuscrits complémentaires : l'un, sur les objets d'art de Florence; et, l'autre, sur les mines du Hartz. Tous les deux sont autographes [1]. Le dernier surtout montre à quel labeur Montesquieu se soumettait pour ne rien perdre des observations qu'il pouvait faire!

Ce n'est pas tout! — Dans le volume relié, intitulé *Spi-*

1. Pour les mines du Hartz, outre les notes originales de Montesquieu, on possède un mémoire qui est écrit de la main d'un de ses secrétaires.

cilegium, où l'on trouve pêle-mêle des extraits de lecture, des réflexions personnelles et même des fragments de gazettes, le Président a noté bon nombre de renseignements, très variés, qu'il devait à des hommes d'État ou d'Église avec lesquels il s'était entretenu à Vienne ou à Rome. Mais ces renseignements, pour la plupart, n'ont pas trait aux pays qu'il visita en 1728 et 1729. Quelques-uns seulement font exception à cette règle.

Lorsqu'il fut revenu en France, Montesquieu reprit une partie des observations qu'il avait faites à l'étranger, pour leur donner une forme nouvelle.

C'est ainsi qu'il composa ces *Mémoires sur les Mines de Hongrie et du Hartz* que nous avons mentionnés plusieurs fois, et qu'il entreprit deux dissertations spéciales : l'une, sur « la manière gothique », et, l'autre, sur « les habitants de Rome ».

En outre, vers 1754, il songea à communiquer au public les impressions et les souvenirs qu'il avait jadis rapportés d'Italie et d'Allemagne. Mais il hésita sur la forme à adopter [1]. Devait-il écrire des récits ou des lettres? Une *Lettre sur Gênes* nous montre comment il entendait mettre ses notes en œuvre sous forme épistolaire. Quant aux récits qu'il eût faits, peut-être en existe-t-il un spécimen dans les quatre pages qu'on lira plus loin sur la Styrie, pages qui nous semblent être une refonte d'une rédaction première et hâtive.

Au reste, la mort empêcha l'achèvement d'un travail, qui eût été considérable, à quelque parti que l'auteur se fût arrêté.

Nous n'avons rien à dire ici des pensées et des notes éparses où le Président s'est exprimé sur le compte de l'Angleterre.

Mais nous ne terminerons point cette préface sans y signaler quelques pages relatives au voyage qu'il fit en

1. Lettre de Montesquieu à l'abbé de Guasco, du 8 décembre 1754. — Voyez *Œuvres complètes*, tome VII, page 445, note 2.

Lorraine. On sait qu'au mois de juin 1747 il se rendit auprès du duc Stanislas. Il eut soin de noter ce qu'il entendit et ce qu'il vit de plus remarquable à la cour de l'ancien roi de Pologne, qui le reçut avec sa grâce ordinaire.

Un dernier mot sur notre publication même.

Des raisons chronologiques nous ont décidé à mettre en tête de ce volume toutes les notes qui se rapportent au séjour de Montesquieu en Autriche.

A la suite, nous imprimons le manuscrit dont le titre exact serait : *Voyage de Gratz à La Haye*. Bien qu'il ne forme qu'un tout indivis, nous l'avons coupé en trois parties principales, consacrées : la première, à l'Italie; la seconde, à l'Allemagne; et, la troisième, à la Hollande. Deux de ces parties ont été sectionnées, à leur tour, en chapitres, pour en rendre la lecture plus commode. Enfin, des blancs ont été jetés entre les paragraphes qui traitent de sujets divers. Mais nous avons respecté scrupuleusement (sauf indication contraire de la copie) l'ordre, parfois critiquable, dans lequel se présentent les phrases et les alinéas du texte.

Quant à la *Lettre sur Gênes,* aux deux cahiers en tête desquels on lit *Florence,* aux dissertations et aux mémoires que nous avons mentionnés plus haut, etc., ils formeront comme un appendice aux notes de voyage proprement dites.

Bien entendu, nous reproduisons sans changement le texte du manuscrit, alors même qu'il nous semble altéré par l'ignorance ou l'inadvertance de l'écrivain.

Nous nous permettons simplement de corriger l'orthographe de la copie dont nous nous servons, orthographe plus qu'originale, surtout en ce qui concerne les mots étrangers et les noms propres[1]. Tout le monde ne devine-

1. On trouvera dans les *Notes* que nous imprimons à la fin du volume un certain nombre de rectifications complémentaires pour les mots étrangers et pour les noms propres.

rait peut-être pas que *fraisles* signifie *frœlein,* et que *Taon* veut dire *Daun*. Nous signalerons, d'ailleurs, à la fin de chaque tome les rectifications qui modifieraient sensiblement le son des vocables.

En publiant les *Mélanges inédits,* nous avons pu être sobre de notes. Nous le serons moins pour les volumes des *Voyages*. Écrits par l'auteur pour lui-même, ils sont remplis d'allusions à des personnes ou bien à des faits qui ne sont point indiqués nettement. Peu de lecteurs de nos jours sont assez familiers avec l'histoire du XVIIIe siècle et des siècles antérieurs, pour deviner sans effort de qui ou de quoi Montesquieu parle ainsi à demi-mot. Nous confesserons même humblement qu'il est encore des points que nous avons dû laisser dans l'ombre, malgré les recherches les plus actives.

Dans nos éclaircissements, nous avons inséré les fragments des œuvres inédites du Président qui expliquent ou complètent les *Voyages*. C'est surtout au *Spicilegium* et aux trois volumes des *Pensées* manuscrites que nous avons fait ces emprunts. Ils forment le commentaire le plus autorisé du texte que nous publions.

Pour la rédaction des autres notes, il nous a fallu consulter bien des livres. Inutile de citer les dictionnaires historiques et biographiques, anciens et modernes, français, allemands ou anglais! Parmi les ouvrages spéciaux, nous croyons, au contraire, devoir mentionner ici la vie du *Prince Eugène de Savoie,* par M. le chevalier d'Arneth [1], et les *Mémoires* de Saint-Simon, dans l'édition de M. Chéruel [2] et surtout dans celle de M. de Boislisle [3].

Mais il est aussi des personnes auxquelles nous sommes

1. *Prinz Eugen von Savoyen,* par M. Alfred, chevalier d'Arneth (Vienne, W. Braumüller, 1864), 3 volumes in-8°.

2. *Mémoires... du duc de Saint-Simon,* édités par M. Chéruel (Paris, L. Hachette et Ce, 1864-1865), 13 volumes in-12.

3. *Mémoires de Saint-Simon,* édités par M. de Boislisle (Paris, Hachette et Ce, 1879-1893), 10 volumes in-8°. — On sait que cette édition est encore et malheureusement incomplète.

redevable d'indications précieuses, et auxquelles nous tenons à exprimer toute notre gratitude.

Nous avons eu recours, à Bordeaux, aux lumières de MM. les abbés Allain et Bertrand (pour ce qui touche les institutions de l'Église), de M. le colonel Plazanet (pour des faits d'histoire militaire), de MM. Eugène Bouvy et Henri Monnier (pour ce qui relève de la langue et de la littérature italiennes), de MM. Charles Braquehaye et Jacques Valleton (pour ce qui intéresse l'histoire de l'art).

A Paris, nous avons réclamé et obtenu le concours obligeant de MM. Eugène Müntz (de l'Institut), Paul Bonnefon et Frantz Schrader, qui nous ont édifié sur quelques points spéciaux.

Enfin, à l'étranger même, le biographe du prince Eugène, M. le chevalier d'Arneth, et M. le professeur Alexandre d'Ancona, l'éditeur des *Voyages* de Montaigne, n'ont pas refusé de répondre à nos questions. Ils ont pardonné à un indiscret qui s'adressait à eux en leur annonçant une œuvre inédite de Montesquieu. Les grands noms ont le privilège d'unir les hommes, par-dessus les frontières, dans un sentiment de bienveillance et de sympathie mutuelles.

Malgré tout, notre édition des *Voyages* est et reste une première édition, c'est-à-dire un essai. Que le lecteur veuille donc excuser les omissions ou les méprises qu'il découvrira dans notre travail[1]. Il jouira toujours d'un plaisir qu'un critique illustre lui eût envié. Sur un exemplaire des

1. L'organisation de ce que nous appelons *l'état civil* étant plus que défectueuse à la fin du XVIIe siècle et au commencement du XVIIIe, les auteurs spéciaux, les plus sérieux, sont loin de s'accorder sur la date de la naissance et de la mort des personnages historiques. Ils ne s'entendent pas même toujours lorsqu'il s'agit des Empereurs d'Allemagne. On voudra donc bien ne pas s'étonner si les dates que nous donnons dans nos notes diffèrent parfois de celles que l'on rencontre ailleurs; surtout en songeant que les pays civilisés de l'Europe n'avaient pas tous adopté le même style à l'époque dont nous nous occupons : témoin la Grande-Bretagne, qui ne renonça qu'en 1751 au calendrier julien.

Œuvres de Montesquieu, Sainte-Beuve a crayonné la phrase suivante (quelque peu blasphématoire aux yeux d'un légiste) : « Je disais que j'aimerais mieux un *Journal de Voyage complet*, contenant les observations directes de Montesquieu, que tout *l'Esprit des Lois*[1]. »

1. L'exemplaire où se trouve cette note appartient à M. Reinhold Dezeimeris. Sainte-Beuve a repris et développé son idée dans un de ses articles. Voyez les *Causeries du Lundi* (Paris, Garnier frères, 1854), tome VII, page 48.

DESCRIPTION DES MANUSCRITS

PUBLIÉS

DANS CE VOLUME

I

Les notes que nous réunissons sous le titre de *Voyage en Autriche (Fragments)* sont toutes autographes : elles ont été écrites par Montesquieu lui-même sur deux cahiers non cousus et sur deux feuilles de papier, l'une double et l'autre simple.

Examinons ces pièces dans l'ordre où nous les avons imprimées.

1° Le cahier où se trouvent les notes sur la cour de l'empereur Charles VI est composé de quatre feuilles doubles. Il a vingt-trois centimètres de haut sur dix-sept de large. Les cinq dernières pages en sont restées en blanc, et il n'y a même que treize lignes d'écriture sur celle qui est la quatrième, et six, sur la onzième.

Toutes les pages sont numérotées, mais de 245 à 260. Le cahier a donc dû faire partie d'un ensemble plus considérable. Les sept premières pages ont même de seconds numéros formant la série 253 à 259.

Une marge de quatre centimètres et demi a été ménagée du côté du pli des feuilles, sauf à la sixième page. Montesquieu a fait des calculs dans la marge de la première. Il y a une note dans celle de la cinquième.

L'écriture, d'une encre jaunâtre, monte un peu de gauche à droite. Elle est rapide ; assez régulière, d'abord ; plus négligée, ensuite. On remarque, par endroits, quelques corrections d'une encre plus noire, avec des mots ajoutés entre les lignes.

Les lignes, dans les pages pleines, sont au nombre de vingt à vingt-quatre.

Un grand nombre de passages sont marqués en marge d'un trait unique ou d'une série de petits traits.

2° Les observations sur les péages de l'Empire ont été jetées sur une feuille de papier double, semblable à celles du cahier dont nous venons de parler. Les deux dernières pages sont restées en blanc, à part de petits calculs faits au haut de la dernière. Les deux premières qui ne sont pas numérotées, ont, chacune, vingt et une lignes, avec des marges de six centimètres.

3° Quant à la note sur *L'Affaire du D. D.*, elle est écrite en long sur une feuille simple, ayant vingt et un centimètres et demi de long et quatorze centimètres et demi de large. Elle n'a que treize lignes assez serrées. Les caractères en sont petits et fins. On y remarque des abréviations, relativement nombreuses. Quelques-unes ont été complétées avec une encre différente.

4° Enfin, le cahier où il est question du voyage de Montesquieu en Styrie mesure vingt-cinq centimètres de haut sur dix-neuf de large. Il a également quatre feuilles doubles. Elles sont retenues ensemble par une épingle. Les six dernières pages sont restées blanches, et il n'y a que quatre lignes sur la dixième.

Les pages 1 à 10 sont seules numérotées.

Une marge de sept centimètres a été ménagée du côté du pli des feuilles. Les pages pleines n'ont qu'une quinzaine de lignes. Plusieurs passages ont été corrigés, mais avec la même encre, à ce qu'il nous semble. Deux alinéas ont été biffés et transportés ailleurs; l'un, avec des modifications de détail. Dans la marge de la page 8 se trouve une note.

II

Le titre de *Voyage d'Italie* se trouve en tête d'un gros manuscrit qui se termine par ces mots : *Fin du Voyage d'Hollande*, sans qu'aucune division indique matériellement quand Montesquieu quitte la Péninsule ou entre dans les Provinces-Unies.

Le manuscrit a été écrit d'un bout à l'autre par les secrétaires de l'auteur.

Il se compose de trente-sept cahiers indépendants, qui ne sont même pas cousus; mais il en est quatre dont les feuilles sont retenues ensemble par des épingles. Sur ces trente-sept cahiers, vingt-neuf sont composés de quatre feuilles doubles; trois, de trois et demie; deux, de cinq et demie; un, de sept; un, de cinq; et un, de trois: ce qui fait, en tout, six cent dix pages. Les feuilles ont vingt-cinq centimètres de haut sur dix-neuf de large.

La 358e page, la 446e et les pages 604 à 610 sont restées en blanc, et il n'y a que six lignes sur la page 603.

On remarque aussi des blancs laissés dans le texte, aux pages 374 et 429, pour y dessiner des cartes ou des plans que le copiste n'a pas reproduits.

Le premier cahier seul a été numéroté à l'origine, et encore mal: car il porte les chiffres 1 à 11 et 13 à 23.

Une marge de quelques centimètres a été ménagée tantôt du côté du pli des feuilles et tantôt à la gauche des pages.

L'écriture est très variée. On distingue la main de deux copistes, au moins: l'un avait une écriture lâche et arrondie, tandis que l'autre l'avait serrée et pointue. Aussi certaines pages n'ont-elles qu'une quinzaine de lignes et une trentaine de lettres à la ligne; alors que d'autres ont plus de soixante lignes, dont chacune compte plus de soixante lettres. Un des secrétaires a, d'ailleurs, tantôt rapproché et tantôt espacé les caractères, sans que nous puissions deviner pourquoi. Ce même secrétaire a inséré dans le texte, à la place qui leur convient, des cartes, des plans et même des croquis d'appareils mécaniques, reproduisant sans aucun doute des dessins de Montesquieu lui-même.

Le onzième cahier est dans une sorte de chemise, c'est-à-dire dans une feuille double de vingt centimètres de haut sur quinze de large, feuille sur laquelle une main italienne a écrit le texte d'une loi de Venise.

Dans ce cahier se trouve, en outre, une feuille simple, unique fragment autographe qui ait été conservé de l'original du *Voyage en Italie*[1]. Le copiste avait négligé d'en transcrire un côté. Cette omission nous explique qu'on ne l'ait pas détruite.

Au vingt-troisième cahier se rattachent deux demi-feuilles, réunies par une épingle, en tête desquelles on lit *Mes Voyages* (bien que l'écriture ne soit pas de Montesquieu), et sur lesquelles se trouvent des notes relatives au Vésuve.

Enfin, dans le trente-cinquième cahier, sont intercalés et fixés par une épingle: 1° un plan gravé de la ville de Brunswick et des environs; 2° l'ordre de bataille manuscrit des troupes hessoises passées en revue à Bettenhausen, le samedi 30 juillet 1729, par

1. Nous donnons, à la suite de la *Description des Manuscrits*, une reproduction photographique de cette feuille.

Georges II, roi de la Grande-Bretagne; et 3° deux états des troupes prussiennes et des troupes hanovriennes, écrits au recto et au verso d'une même feuille. Ces états et l'ordre de bataille sont d'une main allemande.

Ajoutons qu'il existe douze pages d'une seconde transcription du *Voyage en Italie.* Le texte en est identique à celui du manuscrit complet. Les pages portent les numéros 5 à 10 et 14 à 19.

Le contenu de ces douze pages correspond aux morceaux qui sont imprimés, dans ce volume, de la page 20, ligne 26 *(assez jolies petites villes...)*, à la page 24, ligne 14 *(... du côté des mœurs)*, et de la page 26, ligne 10 *(cette situation qui est...)*, à la page 30, ligne 16 *(Mais lui avoit outré)*.

Et maintenant nous terminerons en indiquant que la partie du *Voyage en Italie* que renferme ce premier tome comprend les 358 premières pages du manuscrit, plus quelques lignes de la 359e.

FAC-SIMILÉ

d'un

FRAGMENT AUTOGRAPHE DES "VOYAGES"

DE MONTESQUIEU

barcelonnes

florence: on lon peur cent mille pistoles d'église de-

yp de piemont le double

eut a lors milord du florin le revenu de piemont

us de florence en bas moins

voanne il y a 20 ans 25 mille ames aujourd'hui

e.s lubilite est que les etrangers qui y abondent

consomment beaucoup

nit les loys ne sortent point des etats de florence

quys au contraire on en tire de l'etranger excellents

en petites tables legers pour les doubliers

portes terrage aussi d'espagne.

illons de se sauver dans les montagnes

ligourne trop grande place et faudroit dix-

a douze mile homes pour la garder

cela vous y auroit du bogne les monnoie

des princes neant pas comme celle des particuliers

lorsque pendant une veille disposer de leur

succession en faveur d'un bourbon le [illegible]

a lempereur qui sy opposa puis fit leur

quadruple alliance. le vieillart Cosme

ne la jamais pardonné a lempereur de

lavoir signé

Manufactures depuis 15 ans dans les pais autrichiens

car de deux a six millions de florins, le r de sardaigne a par

an . vingt deux a vingt mille homes de troupes le revenu

net raporte cinq mille pistoles de la sardaigne trois cens

miles cinq il en faut douze cens mille pour la nation

on pourra la faire aller a cinq cens les troupes raporte-

raient deux millions de livres de piemont

beaucoup lors quil eu .. le voyage parcelle d allor le comette

f. f. il fait otta les fraudes des douanes [illegible] a payer

[illegible] le s'a payé pour les transports des bleds

cela les fraudes tardives sans observer les lois qui

concernent la santé publique [illegible]

disgrace responsables des maladies qui se [illegible]

il en se met rien en faveur pour ces pauvres

qui y on reste jusqu'a la revolution en seul exemple

entre toutes les autres obligea les gentilshommes de

payer leurs dettes afin de se rendre quitte il avoit

revenu le pais de quatre cens mille ames en

sardaigne.

VOYAGE
EN AUTRICHE
(FRAGMENTS)

VOYAGE EN AUTRICHE

(FRAGMENTS)

Le 20 mai 1728, j'allai à Laxembourg; j'eus l'honneur de baiser la main de l'Empereur et de l'Impératrice. Je les vis dîner. Après quoi, j'allai dîner chez la princesse de Schwarzenberg. L'Empereur alla voir voler le héron; ce qu'il fait ordinairement deux fois par jour. C'est dans une prairie, à un petit demi-quart de lieue de Laxembourg, où il a fait bâtir une espèce de petite tour, en forme de pigeonnier. L'Impératrice et ses dames se tiennent en haut; l'Empereur (et sa suite) se tient en bas; et l'on joue dans les deux étages jusques à ce que quelque héron paroisse. L'Empereur joue ordinairement avec les Espagnols, qu'il aime par-dessus tout. Il a la physionomie et toutes les manières d'un bon prince, et l'Impératrice, le reste des agréments de la plus belle princesse du monde. Il est vêtu très simplement.

Laxembourg est une maison de chasse, et telle qu'un particulier y seroit très mal logé. Mais il ne se soucie pas d'être mieux.

Il y a à la Cour le prince héréditaire de Lorraine. Il étoit destiné pour être le gendre de l'Empereur; mais on dit qu'il a baissé beaucoup dans la faveur de l'Empereur et l'Impératrice par la raison que, lorsque l'Impératrice accoucha d'une fille, il ne put s'empêcher de faire paroître une joye secrète; ce qui a, dit-on, été rapporté.

La ville de Vienne est petite, gênée par les fortifications. Il y a pourtant d'assez belles maisons et de très beaux appartements. L'incommodité est que rarement loge-t-on seul dans une maison, et même la Cour prend les seconds étages pour les officiers: ce qui fait que les loyers y sont prodigieusement chers. La maison du prince Eugène, dans la Ville, est très belle; celle du prince de Lichtenstein, aussi.

Vienne paroît surtout avoir de la beauté lorsque l'on le regarde du dehors. C'est, en vérité, un très bel objet, et on voit une petite ville fortifiée et de beaux bâtiments dans le dedans. On compte qu'il y a 180,000 habitants; mais je ne crois pas qu'il y en ait plus de 120,000. La petitesse de la Ville, la poussière, qui vient surtout d'un grand terrain vide entre la Ville et les faubourgs, fait que l'on est mieux l'été dans des maisons du faubourg ou jardins, que dans la Ville. Ce qu'il y a de mieux est le jardin du prince Eugène, celui du prince de Schwarzenberg, et la maison de la marquise de Tofiano.

Ce jardin du prince Eugène est dans un très petit terrain. Cependant on dit qu'il coûte 15 à 16,000 florins d'entretien : ce qui est les trois quarts de plus qu'il n'y en a *(sic)*. Il est masqué par une église que l'impératrice Amélie a fait bâtir au-devant; à mon avis, très mal à propos. La maison est belle, et il y a deux très beaux appartements. Il y a des pièces, dans ces appartements, si ornées et si finies qu'il est impossible d'y rien ajouter de mieux. Peut-être le sont-elles trop. D'ailleurs, la façade de cette maison est de mauvais goût : pleine de petites choses et de colifichets. — Voyez où j'en parle, p. *(sic)*.

Il n'y a à la cour de l'Empereur que trois princes à qui on donne l'« Altesse » ou le *Durchlaucht :* le prince Eugène, le prince de Beveren et le prince de Lorraine[1]. On ne l'y appelle point « Altesse royale », parce que les archiduchesses n'ont point ce titre.

Il n'y a que les électeurs qui ayent droit de manger à la table de l'Empereur.

Les autres princes, comme ceux de Lichtenstein, Schwarzenberg,....... n'ont point l'« Altesse », mais un autre titre allemand : *Fürstengnaden*, qui n'a point d'expression françoise. Ainsi on ne les traite d'« Altesse », ni d'« Excellence » ; mais : « le Prince » et « Elle ».....

Après les princes vont les conseillers d'État, lesquels ont le titre d'« Excellence ». Ils sont en très grand nombre. On donne ce titre à de très jeunes gens. Aussi ne sont-ils que pour la forme, et les conseils où on les assemble se tiennent-ils très rarement et pour des affaires peu importantes.

1. [EN MARGE :] Beveren; Harrach (?), le gouverneur de.....; Schwarzenberg : trois.

Ce 20 mai 1728.

Les principales personnes que j'ai connues à Vienne sont :

Le prince Eugène est assez connu.

Le maréchal Starhemberg : c'est un philosophe ; homme sans façon, un peu caustique ; conteur : il aime à parler, et qu'on lui parle de lui ; ne fait point sa cour ; a des belles-lettres.

Le comte de Kinsky, qui a été en Moscovie et a été nommé pour l'ambassade de France. On ne sait pas s'il y ira ; a eu une grande querelle avec Windischgrætz, à table, chez le duc de Richelieu : ce qui leur a fait tort dans l'esprit de l'Empereur. Son frère, le comte de Kinsky, a été nommé à l'ambassade d'Angleterre, mais n'a pas pris rang. Ils sont très riches : celui d'Angleterre a 50,000 florins, et les autres, autant *(sic)* (l'aîné en a bien plus) : car ils sont trois ou quatre branches. Les terres en Bohême sont très bonnes : car ils ont tout, et les paysans se vendent et sont esclaves, et le plus petit seigneur de Bohême est l'Empereur.

Le comte de Collalto : assez instruit ; conseiller d'État de l'Empereur ; Italien. Sa femme est Starhemberg.

Le prince de Beveren : cousin germain de l'Impératrice ; bon prince ; poli ; d'une humeur douce.

Le comte d'Harrach : vice-roi de Naples. Ce vice-roi, homme de mérite et mettable par tout pays. Son fils aussi, qui a été ministre à Turin.

Le comte de Windischgrætz est conseiller d'État ; fils du comte de Windischgrætz, président du Conseil aulique; a été plénipotentiaire à Cambrai, et nommé à Soissons; il a une charge héréditaire dans le duché de Styrie.

Il n'y a rien de si ridicule que le duel du feu comte de Windischgrætz, président du Conseil aulique, avec le vice-chancelier: ils furent séparés par le comte Ottocar Starhemberg, conseiller de la Conférence, et le comte de Zinzendorf, chancelier de la Cour.

Le comte de Wurmbrand: président du Conseil aulique; homme savant et intègre; il s'est fait Catholique étant conseiller, et, de là, il est devenu vice-président et président.

Le comte de Martinitz.

Le prince de Lobkowitz, le prince de Schwarzenberg, le prince de Lichtenstein, le comte de Zinzendorf, sont des seigneurs des Pays-Héréditaires qui ont été faits princes de l'Empire. Il y avoit le prince d'Eggenberg, qui, sous Ferdinand II, étoit un échevin ou patrice de Nuremberg; qui, en dix ans de temps, fut fait prince de l'Empire, avec 300,000 florins de revenus; il n'y a plus qu'une princesse d'Eggenberg. Ces princes, qui ont quelquefois 3 à 4,000 florins de revenu dans l'Empire, et 3 à 400,000 dans les Pays-Héréditaires, n'ont garde de s'opposer dans la Diète à l'Empereur. Ce fut Ferdinand II qui commença cette manœuvre.

Le prince de La Tour est grand-maître des postes

des Pays-Bas. On vouloit les lui ôter, et sa femme, sœur du prince de Lobkowitz, étoit à Vienne pour l'empêcher, lorsque j'y étois.

Le comte de Paar est grand-maître des postes des Pays-Autrichiens : c'est un petit homme, assez poli.

J'ai vu encore le fils du marquis de Las Perlas : assez aimable; et le comte Pacheco, fils du duc d'Uceda.

Wachtendonk est chambellan; de très bonne maison dans l'Empire : depuis plus de 400 ans comte de Wachtendonk.

Linden est aussi chambellan; de la maison d'Apremont dans les Pays-Bas.

Vous remarquerez que ceux qui sont de l'Empire s'accommodent plus avec les étrangers qu'avec les Autrichiens.

Lorsque j'étois à Vienne, il y avoit pour ministres :

Le comte de Tarouca, pour le Portugal, en qualité de ministre plénipotentiaire : homme fort estimé, et même de l'Empereur, à qui il avoit rendu des services lorsqu'il n'étoit que Charles III, en Portugal; homme aimable, affable, caressant, sensé, beaucoup d'esprit.

Le comte de Wackerbarth, envoyé de Saxe; le comte Crassau, envoyé de Suède : ces deux-là *de communi*.

Berkentin, envoyé de Danemark : savant; de l'esprit; mais réussissant peu dans le dessein de n'avoir pas une politesse pédante.

Bartholoméi, envoyé de Florence : original et Florentin depuis les pieds jusqu'à la tête; gros, malhabile et ridicule joueur, qui avoit perdu 100,000 florins par sa faute; d'ailleurs, ne manquant point d'esprit.

L'envoyé de Prusse, Brandt: homme très matériel, mais bon homme.

L'envoyé de Moscovie : plus matériel encore.

L'envoyé de Lucques, l'abbé Vanni : très capable des affaires dont il étoit chargé; bon homme; visiteur et questionneur éternel.

Il y avoit encore à Vienne :

Le prince Czartoryski, de la maison des Jagellons : Polonois; homme de mérite.

Le chevalier Tarouca, qui avoit de l'esprit, mais prévenu pour lui jusqu'à la folie et l'idolâtrie : incapable d'imaginer qu'il lui pût manquer un seul talent.

Il y avoit, pour la Sardaigne, le marquis de Breil, homme universellement aimable, très capable d'affaires, digne de l'amitié de tous les honnêtes gens, supérieur à ses collègues. Solar, son frère, bien inférieur.

Carelli : ennemi des Jésuites; très bien avec l'Empereur, et favorisé de lui; assez savant pour l'être à Vienne.

Le comte de Zinzendorf, qui a épousé la fille du chancelier, semble un petit-maître françois; distrait;

du reste, ayant de l'ambition, et qui s'applique; le meilleur homme du monde; étoit à Ratisbonne, quand j'y passai, et est à présent ministre de l'Empereur en Hollande.

Il paroît que l'Empereur peut bien défendre l'entrée des marchandises étrangères dans ses pays héréditaires, pourvu que, par ce mot d'*étranger*, on ne comprenne pas celles des pays situés dans l'Empire.

Tout le monde sait que, quoique les états de l'Empire soient souverains, ils sont, cependant, dans une espèce de dépendance, les uns à l'égard des autres, comme membres d'un même corps; et le droit qu'ils ont de faire des loix est subordonné à la loi fondamentale qui les unit. Une prohibition de commerce entre deux états est contradictoire avec l'union de deux états, et on ne peut concevoir que des états qui se refusent toutes sortes d'avantages mutuels puissent composer un même état. Quelle seroit la situation de l'Empire, si chacun de ses membres faisoit une prohibition pareille?

Il n'est pas permis à un membre de l'Empire d'établir de nouveaux péages sur les rivières, ou d'augmenter les anciens, sans le consentement de l'Empire, afin que le commerce ne soit pas troublé. Or, s'il faut le consentement de l'Empire pour faire une chose qui pourroit porter quelque atteinte au commerce qui se fait d'un état à l'autre, à plus forte raison faut-il ce consentement quand il s'agit de l'interdire.

Une prohibition générale de commerce est, en quelque façon, un acte d'ennemi. Cela est si vrai que les états qui, par leur situation ou leur distance, ne peuvent pas se faire la guerre, n'ont que ce moyen pour se venger des insultes reçues ou se témoigner leur inimitié.

L'affaire du D. D. — Un écolier à qui le moine avoit donné à copier alla s'en confesser. — Point d'absolution sans révélation! — Il alla à l'archevêque de Vienne. On fulmina pour aller à révélation. Le jardinier de la maison voisine dit qu'ayant vu un grand feu dans le jardin il avoit *(sic)* monté sur la muraille et avoit vu des cérémonies. Le lendemain l'homme trouvé mort à la maison. Enterré sans la cérémonie ordinaire de la visite. L'on voulut faire du bruit. Le confesseur jésuite accommode tout avec le nonce. On envoye un courrier à Rome pour avoir décharge de l'excommunication *ipso facto*. Malade trois semaines, jusqu'au retour du courrier, ne pouvant aller aux chapelles. Conseil de l'Empereur de ne rien croire et de se servir de cela pour lier le D. Résolution du Cardinal de n'en rien croire aussi. Ledit, mal dans l'esprit du Cardinal et du G. des S. (?). Point de confiance de sa (?) Cour. Décrédité par ses dettes et par son opposition aux Anglois.

Je fus de retour à Vienne, de mon voyage de Hongrie, le 26 de juin 1728, et, le 9 de juillet, je partis avec milord Waldgrave pour Gratz. L'Empereur, dans son voyage de Trieste, devoit rester quelque temps à Gratz. Il ne devoit mener à Trieste que quelques personnes, et le gros de la Cour devoit rester à Gratz.

Il y a, de Vienne à Gratz, 24 milles d'Allemagne. On commence à Schottwien à monter une montagne très haute, nommée Semmering. Par les ouvrages qu'on y a faits, et les détours qu'on y a ménagés, on la monte presque imperceptiblement. Il falloit autrefois six bœufs à sa voiture, et deux heures de temps, pour y monter; à présent, avec deux chevaux, on y monte en une demi-heure. Il y a au sommet une colonne, qui sépare l'Autriche de la Styrie, avec une inscription dédiée à Charles VI.

Une chaîne de montagne sépare la Styrie de l'Autriche, et il faut la traverser.

Depuis qu'on est entré en Styrie, on suit le Mürz, qui se jette dans le Mur (ou Mour) à Bruck (ou Brouk), et l'on suit ces rivières, marchant dans une vallée qui est entre deux chaînes de montagnes, qui continue jusques à Gratz. Je n'ai jamais vu un paysage si agréable, ni n'ai été, par un si beau chemin, dans un si beau pays. Ce chemin va d'un bout de la Styrie à l'autre (environ 36 lieues), et l'on va, depuis Vienne jusques à Gratz, à travers les montagnes, comme sur la levée de la Loire.

Ce beau chemin n'a coûté au pays que 430,000 florins. On a couvert de pierres le dessous, et le dessus est couvert de gravier. Il y a, de lieue en lieue, une petite maison où loge un paysan qui n'est occupé qu'à aller et venir, s'il y a quelque chose à raccommoder au chemin; et, dès qu'une charrette a fait un trou, il est fermé sur-le-champ.

L'Empereur a fait faire encore de très beaux chemins pour communiquer à ses ports d'Adriatique. On travailloit à un, depuis Carlstadt jusqu'à Boucharitz, qui n'étoit commencé que depuis Boucharitz. Jamais, dans ces pays, la roue d'un chariot n'avoit passé. On fera en un jour, en carrosse, ce que l'on avoit de la peine à faire, à cheval, en cinq ou six. On a coupé des montagnes presque droites; on a pris des détours.

Lorsqu'il a fallu travailler dans la Morlaquie, les peuples de ces pays-là ont chassé les officiers de l'Empereur, parce qu'ils croyoient qu'on vouloit les subjuguer; mais on leur a fait entendre raison. Ces Morlaques habitent un pays plein de montagnes. L'Empereur ne peut guère les contenir, parce que d'abord un homme se jette dans les pays du Turc. Il ne tire rien du pays, sinon que, depuis quelques années, il leur vend le sel. Chaque homme reçoit une petite rétribution de l'Empereur, depuis 2 écus jusqu'à 20 : moyennant quoi, il est obligé de servir contre les Turcs. Avec 100 ducats, on dispose d'un seigneur ou prince de ce pays-là. Les Morlaques sont de très grands hommes, et leurs femmes sont très belles. — Ceci m'a été dit par M. l'amiral Deichmann.

L'archiduc de Gratz succéda à celui d'Autriche, et l'empereur Léopold succéda à celui du Tyrol. On dit que, quoiqu'il en eût épousé l'héritière, il devoit succéder de son chef.

Le dernier duc de Styrie, auquel le duc d'Autriche succéda, avoit la lèpre. Il alla à la messe dans une église d'un monastère des Bénédictins, qui est dans la Styrie, appelé *Monasterium-ad-Montes*. Le pauvre duc craignoit que l'abbé ne vînt pas lui donner le baiser de paix. Mais celui-ci fit un effort sur lui-même et alla le lui donner. Le prince fut si fort transporté de joye, qu'il fit une donation à l'abbaye, si grande que les biens qui subsistent encore aujourd'hui valent 100,000 florins de revenu, m'a dit le comte de Wurmbrand.

Ce comte de Wurmbrand est président du Conseil aulique : c'est un homme savant; mais il le paroît un peu trop. Il entend bien le droit de l'Allemagne. Il a un système particulier pour prouver que l'Autriche n'a jamais relevé de la Bavière : « L'Empire, dit-il, étoit partagé en cinq duchés : celui de Saxe, de Bavière, de Souabe, de Franconie et de Lorraine. Ces ducs avoient une grande autorité dans l'Empire, convoquant les comtes, marquis, barons, margraves et burgraves de leur duché. Les palatins levoient les revenus de l'Empereur; chaque duché en avoit un, et celui de Saxe, deux. Frédéric Ier changea tout le système de l'Empire : il rendit la plupart des comtes indépendants, en les créant ducs. Ainsi il érigea en duché la Styrie, la Carinthie, l'Autriche : tout cela contre le duc de Bavière. Ainsi des autres quatre anciens duchés. »

Pour prouver l'antiquité tant disputée des diplômes, M. le comte de Wurmbrand cite des diplômes de

Charlemagne et de ses successeurs, gardés dans les archives de l'évêque de Passau. Mais la question est si ces titres mêmes ne sont pas falsifiés [1].

Le comte de Wackerbarth, envoyé de Saxe, qui étoit à Gratz, me montra quelques petits ouvrages du feu général Flemming, en françois : entre autres, un traité *Sur la Noblesse,* qui ne vaut pas grand chose, et un autre *Sur les trois Imposteurs :* les médecins, les politiques et les théologiens. Les uns gâtent l'homme dans l'état de nature; les autres le gâtent dans l'état civil; les troisièmes, dans l'état spirituel. Ce dernier ouvrage vaut mieux; mais il faudroit le refondre : il est trop court et trop long.

Il y a auprès de Gratz le château d'Eggenberg, qui est un vilain bâtiment, immense. Il y a sur le portail cette inscription bien allemande : *Ave Claudia, Imperatrix,* parce que cette impératrice y avoit été.

La Styrie abonde en mines de fer.

1. [EN MARGE :] Mettre cette question, et quelque chose que j'ai autre part, dans le *Voyage d'Italie;* je crois, à la Bibliothèque Borromée.

VOYAGE
EN ITALIE

VOYAGE EN ITALIE

I

VENISE

Le 12 août, nous partîmes de Gratz. J'étois avec M. le chevalier Jacob, avec lequel j'arrivai à Venise le 16 du même mois. Notre voyage fut si précipité (comme l'on voit) qu'il n'y eut pas le *(sic)* moyen de faire bien des observations en chemin : car Venise est distant de Gratz de 100 lieues de France au moins, et la carte de M. de L'Isle, qui ne met cette distance que de 55 à 60, ne l'éloigne pas assez.

Tout ce que nous avons vu de la Styrie jusques à la Carniole est un assez vilain pays, couvert de montagnes. Les vallées sont étroites; les montagnes sont presque toutes couvertes de bois. La Carniole est un peu *(sic)* plus mauvais pays encore, aussi bien que le comté de Goritz : car ce sont des rochers plutôt que des montagnes. Le pays est pierreux comme le Limousin, surtout ce qui est le plus près d'Italie.

Il semble que le froment n'y peut aisément croître : dans des endroits, on ne voit que du seigle et de la milloque.

Laibach est (je crois) la capitale de la Carniole,

et c'est une assez jolie ville pour la province dont elle est la capitale, quoiqu'elle soit beaucoup plus petite que Gratz.

De Cilli, qui est dans le comté de Cilli, en Styrie, on va à Franz, village; d'où, côtoyant la Styrie, toujours dans cette province, on entre dans la Carniole, vers un village appelé Saint-Oswald. Après quoi, on continue toujours dans la Carniole, on passe la Save, et l'on va à Laibach. Laibach est sur une petite rivière qui se jette dans la Save, qu'on remonte en bateau jusqu'à Ober-Laibach, qui est à 3 milles de là. Le trajet par eau est délicieux et se fait en cinq heures de temps. On peut encore le faire par terre, surtout depuis que l'Empereur a aplani les rochers et les montagnes.

On peut dire qu'il est impossible de traverser ces pays, que la Nature a faits pour être affreux, et de voir les chemins, les ponts, les chaussées, sans avoir de l'admiration pour le prince qui a fait ces ouvrages, et avoir bonne opinion d'un gouvernement où il y a une si bonne police.

J'ai eu le chagrin de passer à 4 à 5 milles du lac de Zirknitz sans pouvoir le voir. — Voyez ce qui en est dans la carte de Carniole.

De la Carniole, on entre dans le comté de Goritz, où sont Gorizia, assez jolie ville, qui en est la capitale, et Gradisca : deux assez jolies petites villes. Après quoi, on va à Palma, qui est dans l'état vénitien Frioul. Dès qu'on entre dans l'État vénitien, les postes enchérissent du double, et, pour les étrangers, la nourriture. On vit à très bon compte dans la Styrie et Carniole, quoique le pays soit moins bon et moins abondant que celui de Venise.

De Palma, nous allâmes à Latisana, Codroipo, Pordenone, à Sacile, Conegliano, Trévise, Mestre, où nous embarquâmes pour Venise dans un canal d'une heure de chemin. Mestre n'est rien. Trévise est plus grande que les autres villes; mais nous ne la vîmes point, parce que nous y passâmes la nuit. Les autres endroits sont des petits lieux très jolis.

On trouve, depuis Palma, cinq ou six rivières, qui viennent des montagnes, qui ne sont proprement que des torrents, sur lesquels, vue l'étendue de leur lit en hiver, on ne peut faire de ponts, et que l'on est obligé de passer dans un bac; ce qui est bien incommode.

Dès qu'on entre dans le Frioul, on voit un beaucoup meilleur pays. Il me semble qu'il a un grand rapport à notre pays de Guyenne : des champs de millet d'Espagne, des vignes hautes. Toute la différence est qu'elles vont sur les arbres. Enfin, il paroît du premier coup d'œil que le pays est abondant et peu chargé.

Il n'y a pas de sujets mieux traités que ceux de la république de Venise : ils payent peu, et les nobles de Terre-Ferme s'exemptent souvent de payer rien du tout : les nobles souverains donnant la main à cela pour ne pas payer eux-mêmes. C'est ce qui fait que l'État n'est pas si puissant qu'il pourroit l'être.

Venise a toujours été rivale du Turc; mais, à mesure que la puissance du Turc s'est affoiblie, celle de Venise s'est encore affoiblie davantage; de façon qu'elle lui est toujours aussi redoutable qu'auparavant. L'envie de garder toute la Morée la leur fit perdre tout entière dans la guerre avant la paix de Passarowitz; et on croit que, s'ils s'étoient contentés de garder Napoli-de-Malvasia et Napoli-de-Romagna, ayant toujours un pied dans la Morée, ils auroient pu la reprendre dans la suite.

Le premier coup d'œil de Venise est charmant, et je ne sache point de ville où l'on aime le *(sic)* mieux être, le premier jour, qu'à Venise, soit par la nouveauté du spectacle ou des plaisirs.

Rien n'est pire dans les états qu'un certain état d'indolence et un certain désespoir qui fait qu'on n'ose pas jeter les yeux sur sa situation.

Venise entourée, à droite et à gauche, par la puissance de l'Empereur, comme la Lorraine l'est par celle de France, pour peu de marine qu'il ait en Italie ou à Boucharitz, il pourra quelque jour lui boucher, pour ainsi dire, la mer et la bloquer; ses armateurs pourront quelque jour désoler son commerce, comme les Uscoques faisoient autrefois. Les États du Pape sont, du côté de la mer, en une bien meilleure situation que ceux de Venise.

Le Turc, à qui un ancien préjugé ne laisse point voir ses intérêts, fait la guerre à Venise, au lieu de faire ses intérêts communs avec les siens.

Quant au secret des délibérations, elle *(sic)* est dans une telle décadence, qu'il paroît qu'elle n'a guère plus de secret à garder.

Jamais on n'a vu tant de dévôts, et si peu de dévotion, qu'en Italie. Il faut pourtant avouer que les Vénitiens et les Vénitiennes sont d'une dévotion à charmer : un homme a beau entretenir une p....., il ne manquera pas sa messe pour toutes sortes de choses du monde; et ne croyez pas que les courtisanes aillent gâter leurs affaires dans les églises.

Le peuple de Venise est le meilleur peuple du monde : il n'y a point de gardes aux spectacles, et on n'y entend point de tumulte; on n'y voit point de rixes. Ils souffriront patiemment qu'un grand ne les paye point; et, s'ils vont trois fois chez un créancier *(sic)*, et qu'il leur dise que, s'ils reviennent, il leur fera donner des coups de bâton, ils prennent patience et ne reviennent plus. Il est vrai que, si un grand a promis sa protection, il l'accordera, quelque chose qui en arrive.

Le redoutable Conseil des Dix n'est pas le redoutable Conseil des Dix : un noble qui laisse prendre par peur une place imprenable dans la Morée n'a été condamné qu'à la prison, et on le ballotte tous les ans pour sa grâce. Ses loix ne sont plus observées : car, si un homme chagrin qui se trouve en place les fait exécuter, le parent ou le souffrant lui-même qui est élu après lui, s'en venge d'abord. Le mal est donc dans le changement perpétuel dans les places, qui se ballottent tous les seize mois.

Il y a, depuis vingt ans, 10,000 p...... à Venise, de

moins; ce qui ne vient pas d'une réformation dans les mœurs, mais de l'affreuse diminution des étrangers. Autrefois, il venoit, le carnaval, 30 à 35,000 étrangers à Venise. A présent, il n'y en vient guère plus de 150. Plusieurs raisons de ce changement : 1° Il n'y avoit guère d'opéras qu'à Venise, et ils étoient les plus beaux qu'il y eût en Europe; à présent, il y a des opéras presque partout, et ceux de Venise ne valent pas plus que ceux de la plupart des autres villes; — 2° Les enfants n'y vont plus, parce que les pères y ont été et ont connu, par eux-mêmes, qu'il n'y avoit rien à gagner du côté des connoissances, et que de la corruption, du côté des mœurs, et des maladies, du côté de la santé. De plus, lorsqu'il va dans une ville une certaine affluence, chacun s'attire l'un l'autre. A présent, chacun ne conçoit ce dessein-là que seul. Il n'y a plus que des gens disgraciés dans leurs pays, et qui ont pris le parti de mener une vie oisive et indépendante, qui vivent à Venise, et ils deviennent misanthropes à faire pitié, s'ensevelissant dans une p...... Enfin, l'humeur retirée des Vénitiens, qui ne se communiquent jamais, a fait comprendre aux pères qu'inutilement ils y enverroient leurs enfants.

Quant à la liberté, on y jouit d'une liberté que la plupart des honnêtes gens ne veulent pas avoir : aller de plein jour voir des filles de joie; se marier avec elles; pouvoir ne pas faire ses pâques; être entièrement inconnu et indépendant dans ses actions : voilà la liberté que l'on a. Mais il faut être gêné : l'homme est comme un ressort, qui va mieux, plus il est bandé.

Les entrées de la Ville rendroient beaucoup; mais il y a une contrebande si horrible, de la part des nobles, qu'elles ne vont presque à rien : y ayant peu de marchands à qui quelque noble ne fournisse des marchandises étrangères.

Cependant, les lagunes se remplissent, et on ne peut être absent dix ans sans avoir remarqué que la mer s'est retirée. Ce qu'il y a de malheureux, c'est que, lorsque la mer aura rempli *(sic)*, ils ne prendront jamais leur parti à temps, et tous les nobles crèveront plutôt, par le mauvais air, que d'abandonner leur ville.

Les nobles doivent infiniment à la République, malgré la sévérité des loix qui privent du droit de voter ceux qui doivent au fisc; mais elles ne sont pas observées.

Vous remarquerez que les p...... sont très utiles à Venise : car il n'y a qu'elles seules qui puissent faire dépenser les jeunes gens du pays, et il faut avouer que les marchands ne reçoivent de l'argent que d'elles.

Ce n'est plus une chose honteuse, même à ceux qui ont été honorés des premières charges, d'épouser sa courtisane.

A l'égard des ministres étrangers, chacun sait qu'ils y sont très mal traités. Mais le plus grand désagrément, c'est que, si la République a quelque proposition à faire, elle ne se sert jamais de celui qui est auprès d'elle; elle fait proposer l'affaire par son ministre à la cour étrangère. Ainsi un ambassadeur de Venise n'est jamais de rien que dans les propositions que sa cour peut faire au Sénat. Cette proposition une fois faite, ils font suivre l'affaire par leur ambassadeur; et cela, avec raison, parce qu'ils voyent bien que la Cour, qui voit les choses de loin, sera plus facilement déterminée; et, quant à cette proposition, vous avez cette situation, qui est que vous ne parlez jamais à un homme qui vous réponde. Vous faites votre proposition à la Seigneurie, composée du Doge et de ses conseillers. Elle vous répond par la bouche du Doge : « *Habbiamo inteso* ». Il se fait *(sic)* par la Seigneurie au Pregadi, qui délibère. Pour lors le Doge vous dit que la chose a été proposée au Sénat. Le greffier se lève et lit la réponse. Il va communiquer cette réponse à votre secrétaire, et, sans vous dire un mot, vous lit la réponse et la dicte à votre secrétaire, lui étant défendu, sous peine de la vie, de laisser l'original. Si cette réponse ne vous convient pas, et que vous fassiez quelque objection, le secrétaire ne vous répond que par un lèvement d'épaules et s'en va. Il faut que vous refassiez encore le circuit à chaque objection que vous avez à faire. Si des particuliers traitoient ainsi, cela seroit bien incivil. Et, quand la proposition déplaît, vous êtes quelquefois des années entières sans qu'elle soit communiquée au Pregadi, et on vous dit toujours : « *Habbiamo inteso* ».

2,000 nobles environ, en comptant les enfants; mais 12 à 1,500 seulement au Grand-Conseil.

Le duc de Richelieu, qui avoit beaucoup connu l'ambassadeur Cornaro, et lui avoit même rendu service pour les affaires de la République, passant par Venise, Cornaro lui promit monts et merveilles; ils avoient vécu comme frères. Passant par Venise, avec des lettres de Cornaro pour ses sœurs, il alla les voir; elles ne le reçurent, ni l'une, ni l'autre. Un frère de Cornaro alla le voir dans un temps où il n'étoit pas chez lui. Et, enfin, un de ses beaux-frères, tenant une assemblée à l'occasion d'un mariage d'une de ses parentes avec quelque homme à argent, on lui fit dire qu'il pouvoit venir, et il y fut reçu. Il partit très mécontent.

L'Empereur veut un port : Trieste ne vaut rien; Fiume, non plus. Il n'a pas un seul port dans le royaume de Naples, que pour des tartanes : car les ports qui étoient bons pour les vaisseaux anciens ne sont pas bons pour les nôtres, tout autrement construits. Il n'a donc que Boucharitz; de façon qu'il n'a point de choix à faire. Il est vrai qu'il a deux ports merveilleux en Sicile : Syracuse et Messine. Mais ils lui sont totalement inutiles, parce qu'il n'auroit pas sa flotte à sa disposition; elle pourroit lui être coupée, en tout ou partie, en temps de guerre : car il faut considérer qu'il ne peut pas ambitionner d'avoir une marine qui puisse combattre celle des Anglois et des Hollandois. Il n'a besoin que d'avoir une flotte telle qu'il puisse communiquer de ses états d'Allemagne avec le royaume de Naples. Il faut donc que sa flotte soit en quelque port de l'Adriatique, et non pas en Sicile.

L'ambition que les seigneurs d'Autriche ont pour voir accroître la puissance de l'Empereur est fondée en grande raison : car les grands de l'Empereur le sont bien autrement que s'ils n'étoient que les grands du roi de Bohême, du duc d'Autriche, de Styrie, etc.; et les grandes places que les états éloignés lui fournissent à donner tombent toutes sur les grands d'Autriche, et les places dans l'Empire, sur les grands d'Autriche.

L'Empereur a une très vaste ambition : ne pouvant pas avoir l'Espagne, il a des Espagnols.

Les Allemands sont de bonnes gens; ils paroissent d'abord sauvages et fiers. Il faut les comparer aux éléphants, qui paroissent d'abord terribles; ensuite, on les caresse : ils s'adoucissent; on les flatte, on met la main sur leur trompe, et on monte dessus. Saint-Saphorin n'a-t-il pas été tout à son aise dictateur dans cette cour-là tant qu'il a voulu? Richelieu, s'il ne s'étoit pas blousé, n'auroit-il pas gouverné de même? Bonneval, par la seule force de son esprit, n'a-t-il pas été, dans cette cour-là, le maître despotique?

Il est étonnant que l'Empereur, qui a 15 ou

16 millions de sujets, n'ait trouvé, pour remplacer Penterriedter, que le fils d'un Juif : Fonséca, et, dans toute cette cour, il n'y ait pas un seul sujet propre pour les affaires. Je crois que la raison ne vient pas de la pesanteur de la nation, et que la véritable raison en est que cette cour n'a jamais joué le premier rôle. L'empereur Léopold étoit conduit par Guillaume; Joseph, par la reine Anne. Toute leur providence étoit renfermée dans le sein de l'Allemagne, et il leur suffisoit de l'habileté de gagner des suffrages ou de les acheter.

Il n'y a point de lieu dans le monde où l'on soit si espionné qu'à Vienne. On y sait absolument tout. La raison en est qu'ils en ont besoin pour savoir tous les moyens de corrompre les petits ministres des princes, et ils font le reste tout d'un temps.

J'ai ouï dire au marquis de Breil que Turin fut défendu avec les poudres de l'État de Milan : il n'en resta pas une seule livre à Finale; sans cela le duc de Savoye n'en avoit pas une livre.

Dans la guerre que l'on fit pour l'Empereur, à Naples, n'y eut-il pas des canons volés, qu'on ne put retrouver?

Les moutons de l'Ile de Fer, m'a dit l'amiral, qui restent si longtemps sous la neige, se mangent la laine, les uns aux autres : ils sortent de là tout ras, et on trouve la laine dans leur ventre.

J'ai ouï dire au marquis de Breil qu'il y a environ

800,000 âmes en Sicile; que l'Empereur a environ 39 millions de florins de revenu par an; que l'Italie et les Pays-Bas en fournissent presque la moitié; la Bohême, la Silésie et la Moravie, près de 10 millions. — État de cela, du duc de Richelieu.

Dévotion du feu vieux Grand-Duc. — Il envoya à Goa des prêtres, des ouvriers, avec les pierres de rapport, dont on fait de si beaux ouvrages à Florence, pour aller faire un tombeau à saint François-Xavier. Il payoit pour toutes sortes de missions, surtout dans les derniers temps. La moitié de la cour de Rome tiroit pension de lui (Bartholoméi); aussi y faisoit-il tout ce qu'il vouloit. Notre nonce, Mastéi, avoit une pension. La maison de Médicis en avoit toujours agi ainsi; mais, lui, avoit outré la chose. Le Grand-Duc d'aujourd'hui a ôté tout cela, et est aussi épargnant que son père étoit prodigue.

C'est assez qu'un prince ait un plan pour que son successeur s'en écarte. A la Régence, Louis XIV faisoit cela? C'étoit une raison pour qu'on fît tout le contraire.

Le peuple de Venise très soumis: un pauvre sénateur mettra un poisson dans sa manche sans qu'on dise rien.

Jalousie contre les sénateurs dans les anciennes républiques. — Je n'ai jamais si bien compris comment le peuple romain aimoit tant César.

Il est dû à la République, par les nobles, plus de 20 millions de ducats d'argent d'arrérages.

Le père du cardinal Quirini est mort avec 2 millions de ducats d'argent et plus dans ses coffres.

Gros argent mort chez quelques familles.

Pisani, qui a 100,000 florins de rente, a été noble ambassadeur en France; veut imiter les jardins de nos maisons royales sur la Brenta; mais c'est un riche particulier et un bien pauvre prince.

Il più matto sempre eletto per Principe. La più cattiva protezione, quella del Principe, el (sic) *contraria al oggetto più grande. Il credito di un nobile, un po remuant* (sic). *I ambasciatori là, un fantasma che accompagna un fantasma.*

Les p...... de Venise, exécrables p......; intéressées jusques à donner du dégoût au plus déterminé; fort gâtées et peu belles; ayant, enfin, les défauts de la profession plus que celles d'aucun pays du monde.

Jusqu'à la terre ferme, l'eau salée va 5 à 7 milles.

J'arrivai à Venise le 16 août.

Sur le canal de la Giudecca, il y avoit 8 navires. Il y a, outre cela, 6 galéasses, dont 4 sont toujours en mer. Ils peuvent armer 20 galères, quoiqu'ils en aient beaucoup davantage.

Lorsque je verrai l'Arsenal, je serai plus au fait.

Il me paroît que la promenade est précisément un besoin des François: les nations méridionales sont trop languissantes, et les septentrionales, trop pesantes.

Il y a à Venise des jardins dans les îles voisines; presque personne ne s'y promène.

J'allai, le 20 août, voir les manufactures de verre et de glaces.

Il n'y a que deux fourneaux pour les glaces. Ils en font de deux longueurs de bras et demi de hauteur, et d'une longueur et demie de largeur, uniquement de *(sic)* soufflées, à ce qu'ils disent; mais je n'en ai point vu là. Ils ont, d'ailleurs, environ 18 fourneaux où se fabriquent verres et verroteries pour les Nègres. Tout cela peut faire une trentaine *(sic)* de fourneaux.

Chaque fourneau demande le travail de 18 à 20 personnes.

Je n'ai vu pas un seul fourneau qui travaillât, à la réserve d'un fourneau destiné à préparer la matière pour la mettre dans les pots. Mais ce n'étoit pas le temps du travail. Ils envoyent pourtant beaucoup de ces verres dans l'Italie, le Levant, etc.

Ce qui est important pour faire les glaces, c'est la terre pour les pots où on met la matière. Celle de Venise vient de Vicence, et j'en ai pris un morceau tel qu'il sort de sa minière, et seulement pétri: il est marqué n° 1. On le mêle avec égale quantité de brisures de pots qui ont servi: il y en a une montre, marquée n° 2. On fait broyer le tout en poudre impalpable, et on en fait les pots en question.

On prend des cailloux qui viennent de Vérone: j'en ai pris un, marqué n° 3. On les mêle avec partie égale de cendre de soude de Malte : j'en ai aussi pris un morceau, marqué n° 4. Ces deux choses mêlées, on les met au fourneau; se *(sic)* cuisent et se mettent en grumeaux; et on les met ensuite cuire dans les pots.

Nous avons, pour les glaces de Saint-Gobain, d'excellente terre à pots.

Il faut de l'or de ducats pour colorer le verre en rouge.

Les nobles de Venise aiment à prendre beaucoup leurs aises avec les dames; les étrangers ne sont guère admis dans leurs *cazins*, qui sont des lieux ou chambres que chaque société d'hommes ou femmes loue, à 2 sols par jour environ, par termes, pour la lumière et les cartes.

Le masque, à Venise, n'est pas un déguisement, mais un incognito. On ne change que rarement d'habit, et tout le monde se connoît. Le nonce du Pape étant masqué, un homme se mit à genoux et lui demanda sa bénédiction.

Autrefois, que les Vénitiennes étoient très gênées, le masque, qui les délivroit de la sujétion, étoit un bon temps pour elles. Encore aujourd'hui, elles ne peuvent pas aller chez un marchand acheter, ni se promener à la place Saint-Marc, que dans le temps des mascarades; mais bien aller se faire ...... dans leurs gondoles, où elles vont avec qui elles veulent, et où elles veulent.

Depuis que les femmes sont devenues plus libres,

les couvents, où étoient la joye et les plaisirs, sont devenus déserts. Le dérèglement des femmes du monde a mis la réforme chez celles qui y avoient renoncé. Il y a encore des religieuses qui ne s'étoient faites telles que par amour pour le plaisir; leur vieillesse seule les console.

J'y *(sic)* ai vu une machine très ingénieuse avec laquelle M. de Bonneval prétend curer le lit des rivières, faire des canaux et nettoyer les ports. Il l'applique sur un bateau plat. Ce sont plusieurs arbres cannelés et à vis, au bout desquels sont des espèces d'engins qui entrent dans la terre (la vis descendant en tournant), font un trou et se remplissent de terre ou de sable, lequel va au fond de l'engin, et l'eau s'échappe; de façon que l'on n'a que sable pur. En tournant la manivelle de l'autre côté, ces arbres à vis remontent, et la terre qui est au bout remonte aussi.

Si c'est de la pierre, le trou se fait aussi facilement en faisant des engins en forme de trépan : il n'y a rien qu'ils ne percent.

Ce qu'il n'a pas voulu me laisser voir, c'est la manière dont, en tournant la manivelle, il fait que toutes ces vis descendent ou montent. Mais il n'est pas difficile d'imaginer comment cela se peut faire. J'imagine qu'il met aux arbres de ces vis un écrou à chacun; que ces écrous ont extérieurement des dents, auxquelles s'engraine une roue horizontale, qui, tournant, fait tourner les écrous et fait nécessairement tourner les arbres à vis.

Il prétend faire des puits, sans que l'eau empêche. Le trou étant fait, il jette dedans des cercles de bois bien calfatés et gaudronnés, avec un fond de même, dans lequel il n'y a qu'un trou pour que l'eau passe, et qui est fermé jusqu'à ce que le puits soit fait. Derrière le bois calfaté, un maçon bâtit la muraille du puits tout à son aise. Après quoi, le trou s'ouvrant, l'eau entre, et le puits est fait.

Il dit que sa machine tire, à 20 pieds de haut, 60,000 livres de terre, en une demi-heure. Quelle prodigieuse quantité, en multipliant les machines! Chacune ne coûte que 500 écus.

Il prétend creuser des rivières de cette façon-ci. Il fait en angle ses trous; de façon que le courant de la rivière entre dans cet angle, emporte tout le monceau de sable par sa rapidité. Il en fait de même dans les côtés, où le sable qui les entoure en talus empêche qu'il n'y ait de port. Il creuse de façon que l'eau de mer, entrant dans les angles qu'il fait, emporte tout.

A l'égard des canaux, il en fait de même.

Il croit que les hommes ont gâté les rivières, parce que, ne songeant qu'à prévenir les inondations, ils ont toujours songé à élever les bords des rivières, au lieu de creuser le lit; ce qui fait que, dans les pays de tout temps soigneusement cultivés, comme en Italie, les bords des rivières et leur lit même sont beaucoup plus hauts que le rivage. Il en est de même dans notre Guyenne, à Cadaujac; au lieu que les bords du Danube, où l'on a laissé faire la Nature, sont escarpés. Que c'est par là que l'Égypte s'est perdue et se perd : parce que le terrain hausse tous les jours, et qu'il a ouï dire que, depuis la conquête faite par les Turcs, le terrain inondé, qui avoit, de chaque côté, 12 lieues, n'en a plus que 5, et que l'Égypte va périr.

Je m'imagine que l'Égypte, Venise, Aquilée, enfin tous les terrains bas, ne sont ainsi faits que par quelque coup de mer qui a fait un ravage; mais, comme le ravage est accidentel et contre l'équilibre ordinaire, la Nature se met peu à peu dans sa première situation.

M. de Bonneval remarque que, dans les grandes rivières qui n'ont point de flux et reflux, il y a toujours des îles à l'embouchure. Il dit que les rivières les plus pleines de sables sont celles qui sont formées par les torrents qui descendent des montagnes. Il voudroit qu'on mît une digue dans le lieu où est la grande pente, ou même plusieurs : le sable qui tombe de la montagne se répandroit sur les bords, et l'eau tomberoit claire dans le lit navigable de la rivière.

Il m'a montré, de plus, une machine pour faire une jetée dans la mer. C'est une machine en talus des deux côtés. Au milieu, dans le haut, est une ouverture carrée-longue, tout le long du talus, dans lequel *(sic)* on jette du sable; et d'ailleurs, l'eau de la mer, qui entre par cette ouverture, y dépose le sable dont elle est chargée, et aide à se faire cette chaîne. Les talus sont faits de planches qui coulent dans un châssis. Ces deux talus font un angle dont le sommet est coupé, à cause de l'ouverture par laquelle il faut jeter le sable.

Il m'a parlé aussi d'une invention de canons carabinés. Voici à quelle occasion il y pensa. Il étoit question de faire le siège de Bihatch et de prendre la Bosnie; ce qu'on ne fit point. Il y a en Bosnie cinq ou six châteaux où l'on ne peut pas porter le canon, et la mine étoit trop longue. Il imagina de petits canons, que l'on pût mettre sur des mulets ou sur des bœufs : car les bœufs s'accoutument aussi à porter, dit-il. Il fit faire de ces canons carabinés. L'expérience se fit au Kahlenberg; on ne mit que le dixième de la poudre ordinaire, et il disoit : « Tant de poudre d'un fusil carabiné fait un effet *X*, qui est en raison quelconque à l'effet de la poudre employée dans un fusil, *Y*. Partant, l'effet de tant de poudre dans un canon carabiné sera à celui de tant de poudre dans un canon, comme *X* est à *Y*. » Ce canon se charge par la culasse, par le moyen d'un cartouche.

L'embarras du nettoiement de la lagune de Venise, c'est de vider les bateaux pleins de boue, qu'il faut qu'un homme ôte avec la pelle. J'ai imaginé un bateau qui tirera plusieurs bateaux de cuir ou de cuivre, qui se renversent d'un coup de main, parce qu'ils sont petits.

Ils *(sic)* ont toutes les guerres civiles que des poltrons peuvent avoir : jalousies intérieures, qui ne *(sic)* se bornent qu'à se nuire dans leurs prétentions, et là, se jouer des tours, les uns aux autres; ce qu'ils entendent très bien.

Deux grands ennemis de cette république : la peur et l'avarice. Dans la dernière guerre, où elle a perdu la Morée sans tirer l'épée, il lui en a coûté 18 millions d'écus, outre les revenus ordinaires. Elle fait toujours une guerre inutile avec des frais immenses, parce qu'elle n'est jamais prête.

Ici, paye qui veut. Tel noble, tel gentilhomme de Terre-Ferme, tel paysan doivent depuis vingt ans. Cependant, ils *(sic)* n'ont pas un sol. Leurs revenus réels montent à environ 4 millions de ducats d'argent, ce qui fait environ 14 millions de notre monnoye. Il est vrai qu'ils en assignent ce qu'ils en pourroient lever, pour 7 millions. Mais ils ne sont pas payés.

La situation de Venise est dans un marais, qui est rafraîchi par les eaux de la mer, qui y communique, surtout dans le flux, qui hausse, de 2 à 3 pieds, deux fois chaque vingt-quatre heures : c'est une espèce de marais fermé par les *lido*, et Venise est au milieu. Ces *lido* sont des langues de terre, étroites souvent de 12 à 15 pas, qui en sont comme la corde, et qu'on garantit de la force des eaux, avec des frais très grands, par des piquets et des cailloux; et une ville qui étoit autrefois près du lieu où est à présent Malamocco, sur le Lido, fut autrefois emportée; mais ce ne fut pas par la mer, mais par l'impétuosité de l'inondation des eaux de quelques rivières qui se jetoient dans les lagunes, et qui, depuis, en ont été détournées.

Et il arriva ce qui arriva en Espagne, chez le duc de La Mirandole, où le duc de Liria pensa se noyer : l'eau étant entrée par un mur qui céda. L'eau entra, les autres murs se trouvèrent bons, et l'eau ne put pas se débiter par la porte en aussi grande quantité qu'elle étoit entrée. Ainsi, lorsque l'ancien Malamocco fut emporté, l'eau des rivières vint en si grande abondance qu'elle ne put pas passer avec la même facilité par les embouchures du Lido.

Il y en avoit autrefois sept; à présent, il n'y en a plus que cinq : deux s'étant fermées. De ces cinq, il n'y en a plus qu'une par laquelle les vaisseaux entrent, et encore avec bien des affaires. Celle qui est le plus vis-à-vis de la mer n'est plus accessible aux vaisseaux; c'en est une qui est à côté, à la pointe de Malamocco, et qui est à 4 lieues de Venise. Or, pour que les vaisseaux puissent passer, il faut prendre le temps que la marée est la plus haute.

Vous remarquerez que les vaisseaux ne peuvent passer que par un canal, que l'on a fait large de 50 à 60 pieds par une machine; lequel n'est pas même droit, parce qu'ils ont voulu profiter de certains fonds. Or il *(sic)* ne peut aller que dans la plus haute mer, c'est-à-dire une heure ou une heure et demie par marée; il faut qu'il soit remorqué par des péotes. Lorsqu'il trouve le fond, il faut creuser dessous quelques pouces de terre, pour le faire aller. Souvent il faut trois ou quatre jours pour cela : il en fallut autant pour le dernier vaisseau qui sortit. Il faut, de plus, que le vaisseau soit déchargé.

Il y a plus : c'est que, lorsqu'on est au *lido* de

Malamocco, comme la mer est très basse, souvent le vaisseau est pris, et il faut décharger jusques aux hommes. Cependant ce sont de petits vaisseaux et d'une construction particulière. Ils sont ronds par-dessous, et (il me semble) très mauvais voiliers; et un vaisseau d'une autre construction ne pourroit passer. Leur mal vient de ce que leur canal est encore plus profond que la mer du Lido, et que les embouchures [en sont] fermées, de façon que tous les immondices des lagunes vont au canal.

Remarquez que ce n'est que depuis dix ans qu'ils sont dans cette misère. Lors de la dernière guerre des Turcs, leur flotte sortit par l'embouchure qui est vis-à-vis de la Ville. Ils n'osent pas approfondir leur canal de Malamocco, de peur que les flottes ennemies n'y entrent. Voyez, je vous prie, si, par un canal de 60 pieds, une flotte ira passer, et si on ne l'arrêtera point par la moindre batterie, ou autrement! Lorsque la mer est basse, on ne voit que les canaux : tout le reste des lagunes est terre ferme, et il semble qu'un corps de troupe de terre, avec des fascines pour combler un ou deux canaux, pourroit y passer. Or les magistrats ne songent qu'à leurs ballottages et se voient périr sans y mettre ordre : car leurs lagunes se remplissent tous les jours, et le fond hausse; et ce qui n'étoit pas découvert il y a dix ans se découvre tous les jours.

Il y avoit autrefois des rivières qui entroient dans les lagunes. Ce mélange d'eau douce avec l'eau salée faisoit que, dans les lagunes, il y venoit des espèces de roseaux, appelés *cannes,* qui se pourrissoient ensuite; ce qui produisoit deux effets très mauvais : l'un, c'est que ces cannes, se pourrissant, sont très préjudiciables à la santé, et qu'ils *(sic)* crevoient de maladies; le second, que ces cannes haussent extrêmement le terrain : témoin l'expérience de Van Helmont; témoin les fossés du château de Fribourg, qui, mal entretenus par les Allemands, avoient haussé de plusieurs pieds par les cannes, depuis 1688 (je crois), qu'il fut rendu par les François, jusques à l'année du traité de Radstadt, comme on le découvrit par le siège. Les Vénitiens prirent le parti de détourner le cours de ces rivières et de les jeter dans la mer, hors les lagunes, en tirant des canaux tout au tour; et *(sic)* qui ne leur laissa que l'eau salée. D'ailleurs, cela les garantit de l'accident arrivé autrefois à l'ancien Malamocco, où Venise pensa périr. L'inconvénient, c'est que les rivières, dans leurs cours, balayoient le sable des lagunes.

Mes yeux sont très satisfaits à Venise; mon cœur et mon esprit ne le sont point. Je n'aime point une ville où rien n'engage à se rendre aimable ni vertueux. Les plaisirs même que l'on nous donne, pour suppléer à tout ce qu'on nous ôte, commencent à me déplaire, et, à la différence de Messaline, on est rassasié sans être las.

Les maisons de Venise ne sont que des pavillons : une façade étroite. Du reste, cette façade est belle, et ils ont de bons architectes : le Palladio et le Sansovino. Les dômes de leurs églises paroissent superbes;

ils sont pourtant de bois, parce que le terrain n'est pas en état de supporter un bâtiment plus fort, et, d'ailleurs, parce qu'on ménage . . . .

. . . .

dans les maisons où j'ai été, beaucoup de tableaux.

Gorgi comparoit Venise à une vieille p..... qui vend ses meubles.

Il est impossible que les tableaux se conservent dans les églises : 1° l'humidité ; 2° les cadavres qu'on y enterre, qui gâtent tout par les esprits de la graisse qui en sortent.

Il n'y a guère de ville où il y ait plus de marbres qu'à Venise. Les Vénitiens ont pris Constantinople et en ont emporté un très grand nombre de colonnes. Ils ont, de plus, eu la Grèce et l'Archipel immédiatement après les Empereurs grecs, et ils en ont tiré tous les marbres qu'ils ont voulu.

Saint Ignace resta quelque temps à Venise. On dit qu'il emprunta des maximes des loix des Vénitiens les maximes de son ordre, et elles y ont beaucoup de rapport ; de même que le collet des Jésuites et la robe, qui ont beaucoup de rapport au collet et à la robe vénitienne. — Mauvaise remarque ! C'étoit le collet des prêtres de ce temps-là, et (je crois) l'habit : témoin les Barnabites.

Les Jésuites ont rendu les sénateurs dévôts ; de façon qu'ils font tout ce qu'ils veulent à Venise.

O tempora! ô mores! Et ils embarrassent les loix vénitiennes par celles de la conscience. Ils souffrent les commerces pour parvenir aux mariages.

Schulembourg ne fut attaqué à Corfou que par les milices de la Bosnie et Albanie. A peine fut-il assiégé. Le roi de Sardaigne disoit que les Vénitiens lui faisoient des honneurs à proportion de la peur qu'ils avoient eue. Les Turcs attaquèrent une redoute; ils trouvèrent un fossé et ne purent pas la prendre.

Il y a à Venise beaucoup de gothique léger: le Palais du Doge, par exemple. Il semble que le gothique convienne mieux aux églises qu'une autre architecture. La raison m'en paroît de ce que, le gothique n'étant plus en usage, il est plus différent de notre manière de bâtir des maisons; de façon que le culte de Dieu semble être plus distingué des actions ordinaires. J'ai ouï dire qu'il y avoit une dissertation françoise sur la différence des deux gothiques.

Un qui étoit venu *offerire sui servizii al Doge*, renvoyé au Patriarche: « *Mi confessere, e poï lo pillero.* »

Doge a peu de revenu: environ 12,000 ducats d'argent, dont il est obligé de dépenser presque la moitié en quatre repas qu'il donne. Mais il a des grâces à donner, surtout des bénéfices et des emplois. Il peut donner (je crois) des titres aux gentilshommes de Terre-Ferme.

Ils *(sic)* résolurent qu'ils ne destitueroient jamais le Doge que pour cause de tyrannie, parce qu'ayant destitué [un] vieux doge imbécile et nommé un autre en sa place, il mourut de douleur, entendant le canon pour la nomination de son successeur.

Bonneval m'a dit la cause de la brouillerie du prince Eugène [et] de Guido Starhemberg. Après que le prince Eugène eut fini la guerre d'Italie, le duc de Savoye ayant fait la paix et marié sa fille, le prince Eugène revint à Vienne. Le duc de Saxe, qui commandoit l'armée en Hongrie, fut fait roi de Pologne. Le comte Styrum étant maréchal avant le prince Eugène, le commandement sembloit lui venir de droit. Guido, qui haïssoit Styrum, persuada au prince Eugène de demander le commandement et obtint de lui qu'il signeroit son placet au Conseil de Guerre. Il alla ensuite trouver son parent Starhemberg, qui étoit président du Conseil de Guerre, et, par son crédit, fit nommer le prince Eugène général. Il partit et gagna une bataille contre les Turcs. De retour, il prit le parti des Kinsky contre les Starhemberg. Le président de Guerre, indigné, lui *(sic)* laissa manquer de tout; de façon qu'avec la plus belle armée du monde il ne put rien faire.

Sottise des Turcs, qui sont toujours partis devers Constantinople dans le dessein de se battre d'abord. Ce que le duc de Lorraine ayant remarqué, il alloit toujours, par le Danube, jusques aux frontières, et là se retranchoit jusques aux dents. Les Turcs le venoient attaquer, et ils étoient battus. Ils ont continué cette sottise-là jusques à aujourd'hui; mais ils n'ont employé aucune sorte de connoissance de la guerre. S'ils avoient voulu ou faire une guerre de chicane, ou se retirer à 20 lieues plus loin, ils auroient embarrassé le général impérial : car il n'a dans son camp rien de ce qu'il faut, pas seulement un chariot, ni rien de prêt. On embarque seulement des troupes sur le Danube; de façon qu'une armée ne coûte pas plus là que si elle étoit en garnison.

Bonneval m'a dit qu'après la bataille de Peterwardein, lorsqu'il fallut faire le siège de Temesvar, il n'y avoit pas une seule bête de tirage, et que plus de 10,000 bœufs de Hongrie périrent à ce siège.

Colonels françois, jeunes; cependant, 100 colonels font une armée.

Les Turcs peuvent aller sans se soucier des places qu'ils laissent derrière eux, parce qu'ils portent aisément le peu de vivres qu'il leur faut. Ils amènent avec eux des bœufs et autres bêtes.

L'Empereur, à Venise, extraordinairement craint et extraordinairement haï.

Rien de si inutile qu'un ambassadeur de France à Venise; comme un marchand dans un lazaret.

Bonneval prétend devoir sa fortune, non au prince Eugène, mais au prince de Salm, qui étoit pour lors à la tête des affaires de l'Empereur, et qui avoit obligation à sa famille : s'étant battu en France, il s'étoit retiré chez le père de Bonneval et en avoit reçu secours.

Venise est plus propre pour le commerce d'Italie, que Gênes, Livourne et autres villes, parce que, dans les autres villes, il faut porter les marchandises par terre, soit pour l'Italie, soit pour l'Allemagne; au lieu qu'à Venise on les transporte partout par le Pô, qui traverse l'Italie, et l'Adige, qui monte vers l'Allemagne : ce qui épargne bien des frais.

Il ne vient guère à Venise qu'une vingtaine de vaisseaux françois; encore, la plupart, ne sont-ce que des vaisseaux frêtés. On porte à Venise quelques sucres des Iles, et on en rapporte quelques blés. Voilà, à peu près, tout le commerce qui s'y fait.

Il se fait un grand commerce en Europe de certaines perles de verre qui se font à Murano et se façonnent à Venise, qui s'envoyent en Italie et dans le reste même de l'Europe, pour les Sauvages et Nègres : car, pour les verres à filagrammes, ouvragés et colorés, que j'ai vus à Murano, ce sont des gardes-boutiques, et la foire de Sinigaglia emporte beaucoup de ces verres; ce qui fait que les magasins que j'en ai vus étoient presque vides.

Se fait beaucoup d'étoffes d'or et de soye, et draps mauvais : le tout, pour le Levant et même l'Allemagne. Mais la contrebande est très aisée; de façon qu'il se déclare à peine la cinquième partie. Voici comme elle se fait. On va quérir au bureau une billette pour une balle d'étoffe, et on en paye les droits. On met cette étoffe dans sa gondole, et on va faire semblant de se promener. On va (dis-je) au vaisseau. Si ceux qui ont la garde ne se présentent point, on passe, et on va décharger au vaisseau, et on retourne ensuite, jusqu'à ce que les gardes vous aient surpris et demandent le billet.

Il est très difficile de faire aller des glaces de Venise en France. Les petites glaces, qui entreroient en France, donneroient 100 pour 100 de gain, et les grandes glaces de France, qui entreroient à Venise, presque autant.

Le port de Venise étoit franc; mais les Vénitiens, ayant eu besoin de revenus dans leurs guerres, ont mis un impôt, non pas sous le nom de *douane;* mais, pour faire paroître que le port est encore franc, ils ont donné aux droits qu'ils lèvent le nom de .... Il y a des marchandises très chargées, comme l'huile, etc.

La France, pour ne pas mécontenter les Algériens, ne veut plus que les Italiens trafiquent sous sa bannière, et qu'un marchand italien fasse monter son vaisseau par un maître et officier françois, et fasse faire le commerce sous le nom d'un François; ce qui jette ce commerce entre les mains des Anglois et prive la Chambre de Commerce d'un grand revenu; outre que, chaque année, on alloit à Marseille pour prendre des passeports. On a cru que les Italiens seroient par là réduits à se servir de vaisseaux françois; mais ils ne le font point et se mettent sous le pavillon anglois. — Tout ceci m'a été dit par M. Le Blanc, consul françois.

Il attribue la perte de l'Italie à la finesse du duc de Savoye, qui, voyant toutes ses places démantelées, vit que M. de Vendôme en feroit de même à Turin; de manière qu'il songea à le faire sauter. Pour cela, il se mit à dire du bien de M. de Vendôme en public, et, en particulier, à quelques officiers prisonniers françois, il en dit le diable, afin qu'ils le lui redisent; ce qui fut fait. Ce qui mit M. de Vendôme en une telle colère qu'il dit à un trompette du duc de Savoye: « Dis à ton maître qu'il est un Jean-f....., etc.; que je m'estime plus grand, commandant les armées du Roi, que tous les ducs de Savoye n'ont jamais été. » Cela fut écrit en plaintes par le duc de Savoye. On en fit des réprimandes à M. de Vendôme.

Bonneval m'a dit avoir vu la lettre. M. de Vendôme envoyé en Flandres..... M. de Bourgogne.....

Bonneval m'a dit avoir vu M. de Vendôme recevoir le Dauphin, Monseigneur, en sa chaise percée : « Monseigneur, si je me lève, je vous empuantirai; si je reste, je perds le respect. — Restez, dit le Dauphin, et, pour vous donner le temps de vous torcher le c.., je vais passer de là. » — Bonneval.

L'intempérie, maladie qui régna pendant l'été à Rome, autour de Rome et au royaume de Naples, commence par une fièvre imperceptible, qui s'allume ensuite. Après quoi, on meurt presque toujours.

. . . .

comme si on dort dans un autre lieu que celui où on a accoutumé de dormir: fût-ce d'un quartier de la ville à l'autre, et même d'une chambre d'une maison à l'autre. J'ai ouï dire au duc de Mondragon qu'un homme s'en étoit guéri par l'émétique. Les médecins ne vous font aucun remède qui ne soit inutile et indifférent. Le comte de Gallas, nommé vice-roi de Naples, impatient d'aller régner, partit dans l'été et mourut, et partie de ses gens.

Des gens l'attribuent au peu de soin que l'on a de faire des canaux pour faire couler les eaux. Mais pourquoi cette maladie règne-t-elle dans le royaume de Naples? Bonneval m'a dit avoir ouï dire au cardinal de Polignac une autre raison : c'est que la campagne de Rome et Naples est toute pleine de souterrains et a été toute creusée par les Romains. L'eau, pendant l'été, dans ces souterrains inconnus, croupit et cause l'intempérie.

Il me semble qu'elle règne aussi à Palerme, qui fut bâtie sur les ruines d'une autre ville. — A examiner. — Voir et examiner tout ceci : comment cette maladie vient dans de certains lieux, leur situation, et ceux qui y sont les plus sujets.

Ce que j'ai ouï dire à Bonneval est fort singulier. Le prince de Salm, homme dévôt et premier ministre de l'empereur Joseph, étoit le plus grand Janséniste qui fût, et il avoit eu relation dans sa jeunesse avec M. Arnauld et plusieurs du Port-Royal. Il arriva que l'on détruisit le Port-Royal. Au désespoir, il résolut de s'en venger et appuya les prétentions de Modène sur Comacchio. Bonneval, qui avoit commandé un corps de 6,000 hommes, l'hiver, reçut ordre de s'emparer de Comacchio, mais de ne pas nommer l'Empereur et de paroître agir de sa tête. Il feignit que le pays qui avoit fourni des quartiers d'hiver à ses troupes, le La Mirandolois et autres, ne pouvoient (*sic*) plus les fournir, et se présenta pour entrer dans le Modénois. Le Duc, qui étoit d'intelligence, lui déclara que son pays étoit ruiné, et protesta de son dommage. Il se présenta dans le Mantouan. Kœnigsegg lui en refusa l'entrée. Il alla dans le Ferrarois, et, comme on reçut de ses déserteurs à Bologne et à Ferrare, il se retira à Comacchio, sous prétexte de conserver ses soldats et de n'être point à charge au pays. La promesse de nommer Zinzendorf au cardinalat fit rendre Comacchio au Pape d'à présent. — Bonneval.

Un ambassadeur d'Espagne, à Mad^e de Lilienroth, dont le mari étoit médiateur à Ryswick pour la Suède : « Madame, je ne suis qu'un petit instrument de mon maître; mais vous êtes la grande matrice de l'Europe. »

On a accusé ces gens-ci d'avoir fait courir le bruit de la perte de Zante, pour empêcher l'Empereur d'aller à Trieste. L'Empereur seul (*sic*) a fait dire qu'allant à Trieste il comptoit qu'on lui rendroit les mêmes honneurs qu'à ses prédécesseurs, et qu'on enverroit des ambassadeurs, quoique ce ne fût le cas. On ne l'avoit fait que lors des mariages avec des princesses d'Espagne, pour complimenter là-dessus. Cependant ils n'ont pas osé refuser. Mais, d'abord, ils avoient dit que les ambassadeurs iroient par mer jusqu'à Trieste; mais ils eurent, ensuite, difficulté sur ce qu'il faudroit que leurs galères saluassent les premières le château et ville de Trieste : la mer saluant toujours la terre. Mais ils ont craint que cela ne préjudiciât à la seigneurie du golfe; de façon qu'ils ont résolu que les ambassadeurs iroient par terre.

La foire de Sinigaglia, depuis environ dix ou douze ans, est augmentée des trois quarts, au préjudice de Venise. 1° Les marchands y ont trouvé les mêmes choses qu'à Venise. 2° Les vivres, trois fois meilleur marché qu'à Venise. 3° Point de droits. 4° Grande facilité pour les formalités et grande aisance pour les commodités du commerce; ce qu'on ne trouve pas à Venise. De façon que cette foire augmente tous les jours au préjudice du commerce de Venise.

Les Papalins accusent nouvellement les Vénitiens d'avoir sondé *(sic)* tous leurs ports, depuis quatre ou cinq ans, par le moyen des barques pleines de pierres que ceux de Chioggia ont mis devant leurs ports; de façon qu'à Comacchio l'eau de la mer n'entre plus dans les lagunes. Ce qui cause des maladies qui ont emporté une infinité de gens. Ce qui a irrité extrêmement la cour de Rome contre ces gens-ci, qui, incapables d'avoir des jalousies de grands princes, en ont à présent des *(sic)* petites. — Il faudra voir Comacchio et Sinigaglia. — Bonneval.

J'ai vu à Bonneval deux machines. L'une d'une pompe aspirante ou foulante, dont le principe du mouvement est un moulin à vent. Les ailes, au nombre de huit ou dix, sont le long d'un pivot, comme les ailes d'une flèche. Elles font mouvoir une roue, sur l'arbre duquel *(sic)* sont deux morceaux de bois placés de façon qu'ils font alternativement mouvoir deux leviers, à l'autre extrémité desquels sont attachées deux pompes.

Les Vénitiens se servent, pour nettoyer leurs canaux, d'une ancienne machine qui est très imparfaite. C'est un balancier, dans lequel passe une vis à une extrémité. A cette vis est attaché un cabestan, qui, tournant, fait, par le moyen de la vis, élever ou baisser l'autre extrémité du balancier, auquel est attachée une machine de fer, qui, touchant la terre, se ferme comme une boîte, en raclant la terre; après quoi, on le lève, et on fait ouvrir la boîte et tomber la vase dans un bateau.

A l'Arsenal, il y a une forge, deux soufflets assez bien attachés. Ils sont parallèles. Leur bout est attaché à une espèce de châssis, où est attaché transversalement un bois qui, allant et revenant, fait lever et baisser alternativement ces deux soufflets.

L'Arsenal est grand et vaste; mais il a une plus grande réputation qu'il ne mérite. Il y a à Strasbourg une bien plus grande quantité d'armes, sans compter les autres arsenaux. Ce qu'il y a de beau, ce sont les chantiers pour les navires, et ils y sont à couvert. Il y a une cinquantaine de ces chantiers pour les vaisseaux et galères. On travaille dans ces chantiers les navires jusqu'au ...... premier; le reste du navire se travaille étant dans l'eau. La République a 12 vaisseaux dans son arsenal; 24 dehors. Nous avons vu une grande quantité de canons. On nous a dit qu'il y en avoit plus de 4,000, et je crois qu'ils ne surfont guère; qu'ils en avoient perdu, avec la Morée, plus de 1,000; que les Turcs leur en laissèrent à Corfou 70. J'y en ai vu qui avoient 13 pouces 1/2 de diamètre. Ce sont les Turcs qui avoient de ces drogues-là, qui sont peu utiles, en ce qu'il faut une heure pour recharger. Quand cela attrape, cela fait du ravage; mais cela attrape rarement.

Ils disent qu'ils ont, dans l'Arsenal, de quoi armer 60,000 hommes : ce que je ne crois point; mais bien 30 à 40,000. Leurs armes sont assez mal tenues. Ils tirent tous leurs bois de chez eux; j'y ai vu des mâts, de chez eux, de 95 pieds de long.

Quoiqu'ils disent qu'il y ait 1,000 ou 1,500 ouvriers, cependant ils ne sont point ce nombre-là. Je ne crois pas y avoir vu plus de 4 à 500 ouvriers. Encore travailloient-ils pour le tiers et pour le quart : comme les cordiers.

L'électrice de Bavière douairière étoit venue à Venise pour y exercer son avarice, qui étoit grande, et elle réussissoit aisément : on lui faisoit son souper au feu d'une lampe.

La noblesse se vend 100,000 ducats d'argent; il n'y en a que 40 qui soient perdus. La République vous fait un contrat de 60, à 4 pour 100, dont elle ne paye jamais l'intérêt. Mais elle les prend en payement d'un autre nouvel anobli, qui trafique ces obligations. Quelquefois, quand la famille est trop obscure, on augmente le prix. Dans la dernière guerre, la République a vendu bien de ces places : j'ai ouï dire jusqu'à 50.

La place Saint-Marc a, d'un côté, les Procuraties-Vieilles; de l'autre, les Procuraties-Neuves. Les Neuves, sont du dessin de Vincent Scamozzi, qui les commença en 1583. Elles sont plus hautes que les Vieilles, et en trois ordres : dorique, ionique, corinthien. Les connoisseurs disputent entre l'architecture des Vieilles et des Neuves. Le fond de la place...

. . . .

Les deux grands lions et le petit, qui sont à la porte de l'Arsenal, viennent de la conquête d'Athènes. Sous le grand, il y a : *Franciscus Maurocenus, Peloponnesiacus,..... in patriam transtulit futura Veneti leonis, quæ fuerunt Minervæ Atticæ ornamenta.*

Ils se trompent et se promettent *(sic)* les uns les autres, et se jouent de bons tours.

Augmentation de la liberté des femmes depuis quinze à vingt ans.

Il me semble que ce qui fait que la langue italienne a été fixée, c'est qu'il n'y a pas une cour commune, d'où les changements soient acceptés par la Ville et les provinces. Il faut donc aller à la règle générale : qui sont *(sic)* les bons auteurs.

Il faudroit examiner si ce que dit M. de Bonneval est vrai : que, du temps de Henri IV, des jeunes gens, pour se divertir, couroient le pays, pour faire perdre les étangs, mettant dans un entonnoir plusieurs livres de mercure, qui perçoient la première et la seconde glaise ; de façon que l'étang se perdoit. Or, il dit qu'il a remarqué plusieurs fleuves, dans la Croatie, dont les eaux rentroient dans la terre ; ce qu'il attribue à des mines de mercure qui sont voisines.

Les Jésuites ont rendu cette ville dévote, aussi bien que Padoue et d'autres villes de l'État vénitien, par le moyen de leurs *Exercices* de saint Ignace. Ils enferment un homme dans une chambre fort obscure, ne lui parlent que de l'éternité, de l'Enfer, etc. : c'est comme la cérémonie que fit Mir-Oweïs, lorsqu'il se mit dans une espèce de tombeau, dont il sortit fou. Un homme a fait un ouvrage où il compare ces *Exercices* avec les mystères d'Éleusis.

La maison des Grimani, sur le Grand-Canal, est une des plus belles de Venise. Elle est de travers, à cause qu'on a voulu ménager un petit coin de terrain ; cependant cela paroît à peine. Elle est du Palladio.

La maison Tiépolo est de l'autre côté. Elle est du Sansovin. Simple, mais d'une grande beauté.

Venise est composée de 150 îles; chacune de ces îles compose un grand nombre de rues : ainsi, dans l'île ou quartier Biri, faite par trois canaux et la mer, j'ai compté 56 rues. Le *Canal-Grande* la partage en deux. Elle est divisée en six quartiers, qui contiennent 72 paroisses, 25 églises de moines, 36 de religieuses, sans compter plusieurs hôpitaux, oratoires, écoles. Il y a sur ces îles 500 ponts, presque tous de pierre. Sur le pont du Rialto, qui n'a qu'une arche, il y a 48 boutiques et 3 rues. Son circuit, en comprenant le Zecca et Saint-Georges, est de 7 milles; celui de l'Arsenal seul est de 2 milles.

Venise est grande, et, cependant, il n'y a ni remise, ni écurie, ni cour, ni presque de jardins.

On dit qu'il y a 20,000 âmes à Murano. Je ne puis rien dire du nombre de Venise. Tout ce que je puis dire, c'est qu'il s'en faut que les autres quartiers soient aussi peuplés que ceux près la place Saint-Marc. J'ai ouï compter à Murano et à Venise 160,000 âmes.

A Saint-Georges des Bénédictins, île près le Zecca, est une église riche de Bénédictins. Ils ont, dans leur réfectoire, un tableau des noces de Cana, de Paul Véronèse, qu'on dit être le plus beau qui soit à Venise, et qu'on dit que Louis XIV a voulu acheter fort cher. L'église est d'une belle architecture du Palladio. Elle n'est pas grande, mais bien proportionnée. La façade n'est pas belle; le cloître est très beau; et il y en a un second, en arcades, fort simple et du Sansovino, qui est estimé. La sculpture du chœur est très belle; elle est très ancienne, de plus de 130 [années]; mais elle paroît neuve par le soin qu'ils ont de la frotter avec de l'huile de noix.

La bibliothèque est très bien : c'est une boisure en colonnes, et tout un ordre. Au-dessus, il y a, comme dans la plupart des bibliothèques d'Italie, une galerie par laquelle on fait le tour de la bibliothèque, d'où l'on a élevé d'autres rangs de livres; ce qui est très commode pour les avoir et les prendre, et fait qu'on n'a pas de besoin d'échelle.

L'eau salée (et l'air qui en est imprégné) fait bien des ravages à Venise. Elle calcine, pour ainsi dire, les murailles; elle gâte tous les tableaux. On met derrière un tableau un second mur, une planche gaudronnée; avec tout cela, l'air salé passe et gâte tous les tableaux.

Les trois fameux architectes de Venise sont Palladio, Sansovino, Scamozzi.

J'ai été voir l'église des Jésuites. Elle est petite, a coûté beaucoup d'argent et est de très mauvais goût. Il y a sur le portail une hérésie lapidaire : *Jesu ac deiparæ assumptæ Virgini, per quos omnia*.....

La perte de la Morée, fatale surtout aux petits nobles, qui ont perdu bien des petits gouvernements où on les plaçoit. Du reste, les grandes places, comme gouvernements et ambassades, sont plus nuisibles qu'utiles.

J'ai ouï dire au général Bonneval que les Allemands, soldats et officiers, vont au feu comme on va à la Grève; mais que, quand ils y sont, il est facile de les y maintenir. Ce sont de petits génies, qui se maintiennent par l'obéissance. Ils voyent que le feu n'est pas si à craindre; ils s'y tiennent

Il attribue les mauvais succès de nos armées, en Italie, à la manière de M. de Vendôme, qui vouloit toujours conserver toute l'Italie, jusqu'au moindre village, de manière qu'avec 65 ou 70,000 hommes, il étoit toujours aussi foible, quelquefois plus, que le prince Eugène, qui n'avoit rien à garder. Il dit qu'il ne se soucieroit pas qu'un ennemi plus foible prît des places, parce qu'il lui prendroit son armée avec ses places.

Il dit qu'une des causes du mauvais succès de la dernière guerre, c'est : *Primo*, que nos bataillons sont plus foibles que ceux de l'Empereur, qui sont de 800 hommes; — *Secundo*, que l'infanterie allemande se conserve mieux que la françoise, qui se fond à chaque campagne, dont les raisons sont : 1° qu'on la fatigue à porter les tentes, marmites et autres choses, au lieu que les Allemands ont deux chariots par compagnie; ce qui fait que leur infanterie ne se ruine pas par les marches; 2° leur infanterie n'est pas fatiguée de gardes comme la nôtre : outre qu'il y a moins d'officiers généraux à garder, que leur garde est plus foible; l'infanterie ne fait presque point de garde hors du camp : c'est la cavalerie qui est presque toujours employée; ce qui conserve l'infanterie : car — comme disoit M. de Turenne — l'infanterie fait la guerre, et la cavalerie la voit faire; mais il en faut, parce que votre ennemi s'en serviroit contre vous. Les fatigues des marches, les mauvaises nourritures donnent des flux de ventre à nos fantassins, qui les perd *(sic)* tous : les vieux soldats, accablés comme les jeunes.

Le 29 août 1728, je vis à Venise M. Law. Il me parla beaucoup de son système, mais seulement des commencements : comment sa banque avoit étonné le public ; comment le duc de Noailles fut le premier qui pensa au Mississipi, qui, ayant été reçu en taxe de Crozat pour 2 millions, il *(sic)* pensa de faire une compagnie qui fît un fonds de 2 millions; que Law dit qu'il la prendroit toute; que, le lendemain, il alla à lui, lui demander s'il lui payeroit exactement la rente de 1 million, et qu'il la porteroit à 25 millions; et qu'ayant accoutumé son idée *(sic)*, il la porta à 100 millions, avec une rente de 4 pour 100; qu'un homme de finance porta, quelque temps après, un projet pareil à M. d'Orléans, pour 100 millions de billets d'État, pour une compagnie qui commerçât dans les Indes Orientales, qui se formeroit avec 100 millions de billets d'État et négocieroit sur les 4 pour 100; que lui, Law, dit que ce projet n'étoit pas bon, parce que la jalousie des Anglois et des Hollandois engageoit de faire un armement plus fort que le projet ne portoit; qu'il falloit envoyer des vaisseaux de 50 canons et 500 tonneaux chacun, d'abord; six mois après, autant; et, six mois après, sur le retour ou le crédit des premiers, autant; qu'il falloit faire un fonds de 25 millions; unir les deux compagnies, en augmentant le fonds de celle de Mississipi de 25 millions; que lui et quelques associés, M. le duc de Bourbon, le duc de La Force, le maréchal d'Estrées, M. de Nangis, Lassay, prendroient les 25 millions; qu'ayant rêvé la nuit, il crut qu'il falloit donner le profit aux anciens actionnaires au prorata, et s'accommoda avec ses associés, en leur cédant ce qui devoit accroître au profit du Roi.

Il dit qu'il s'étoit fait un fonds (par un traité qu'il avoit fait avec le Roi, du bénéfice des monnoyes pendant douze ans, pour 50 millions) de 12 millions par an, sans compter les cas fortuits; ce qu'il comptoit (quand les neuf *(sic)* ans seroient expirés) tirer de son commerce des deux Indes.

Il ajoute qu'il avoit fait un arrêt, que personne n'a jamais entendu, qui étoit *(sic)* un bureau de banque au Mississipi; que les marchands seroient venus troquer leurs piastres, parce qu'ils auroient reçu des billets qui auroient eu leur valeur; qu'ils auroient été affranchis de la douane de Cadix, des périls de la mer, et auroient été payés sur-le-champ, au lieu des longs délais qu'il faut essuyer; d'ailleurs, point d'indult; et que la Compagnie auroit fait seule la traite des piastres.

Il ajoute qu'il ne vouloit envoyer personne de son Mississipi au Nouveau-Mexique, mais engager seulement quelques gens de ces peuples de venir trafiquer avec les François; ce qui auroit été facile, en les faisant beaucoup gagner; ce qu'on auroit pu faire en gagnant beaucoup, nous, à cause des droits chargés par Cadix et Panama; de façon que ces peuples auroient été eux-mêmes chargés de faire entrer les marchandises dans leur pays, et que, les marchés se faisant tous comptant, ces peuples ne seroient pas empêchés de revenir une seconde fois.

Il n'y a que les fous qui soient mis à l'Inquisition à Venise.

M. Law croit que les cinq grosses fermes, portées à un certain point, suffiroient seules pour tribut unique en France, et qu'il faudroit changer les tributs particuliers en tributs généraux.

Il prétend que la chute de son système est venue de la garde qu'on lui donna, de son arrêt (qui partageoit les billets) que l'on révoqua, et que le public ne put plus avoir de confiance en lui après qu'on l'eût flétri d'une telle manière; que l'on croyoit bien qu'à la majorité le duc d'Orléans pourroit manquer de crédit, et, par là, le Système tomber; mais que le public n'auroit jamais pu prévoir que M. d'Orléans l'abandonneroit; qu'il crut, pendant plusieurs jours, que, le lendemain, il perdroit sa tête; que le duc d'Orléans étoit dans un état épouvantable; qu'il en eut une audience très froide, et qui ne le satisfit pas, parce qu'il vouloit qu'il fît des miracles; qu'un homme (qu'il ne m'a pas nommé) qu'il ne connaissoit qu'à peine, alla au duc d'Orléans et lui dit : « Votre situation me fait peur. Je vous parle pour Law, que je ne connois point; non pas pour lui, mais pour vous. Il faut que cela finisse ! » — car on donnoit à M. d'Orléans des projets qui ne le satisfaisoient pas; qu'il dit qu'il verroit Law le lendemain, et qu'il pensât à quelque arrangement; que l'on trouva la Banque et la Compagnie dans un ordre charmant; qu'il fit assembler les vingt-quatre directeurs, et Des Forts et Landivisio, qui étoient les inspecteurs; qu'il leur lut un arrêt du Conseil, qu'ils approuvèrent tous, et le signèrent; qu'il alla, avec les inspecteurs, le porter à M. d'Orléans, qui en fut content, renvoya la garde et lui dit de paroître le lendemain à la Cour; que, dès qu'il parut, le duc d'Orléans étoit entouré de ses ennemis; le duc d'Orléans dit d'un ton sévère: « Qu'on me laisse seul avec M. Law »; que le duc d'Antin, qui lui avoit fait faux-bond, quoiqu'il l'eût enrichi, dit pour lors: « Je crois qu'on n'a jamais vu d'exemple de cela. ».....

Il dit que sa compagnie avoit plus de 100 millions de revenu; qu'elle avoit, d'un seul article, 44 millions, que le Roi lui devoit pour avoir payé pour elle *(sic)*, 12 millions des profits de la monnoye, 4 millions de l'ancienne dette, sans compter les profits du commerce; qu'ayant fait deux bureaux, dans l'un desquels on convertissoit les billets de banque en actions, et les actions en billets de banque, ceux qui avoient besoin d'argent pour payer alloient chercher des billets de banque, au lieu de leurs actions; mais, comme les dividendes étoient faits de manière que chaque jour de l'année avoit des actions, duquel commençoit le dividende, la Compagnie gagnoit toujours le dividende de l'intervalle; et, si je portois des actions huit jours, on ne rendoit pas les mêmes, mais d'autres, dont le dividende ne commençoit que huit jours après; et, s'il y avoit un mois, on coupoit le dividende d'un mois au profit de la Compagnie.

Il dit qu'ayant porté les fermes plus haut (je ne sais à quel taux), le duc d'Orléans craignit qu'il ne fît tort à la Compagnie.

Il dit des merveilles de sa défense de l'or: « Car, dit-il, il est en Europe de quatorze et demi à un, et il ne vaut pas de dix à un; à la Chine, il ne le vaut pas; et, d'ailleurs, il en vient une affreuse quantité de Portugal, et il n'en sort point. » De façon qu'il tiroit tout l'argent et faisoit sortir tout l'or, et que Chavigni lui avoit tiré toutes les génovines de Gênes, et qu'il auroit ruiné tout le commerce des Anglois et Hollandois aux Indes.

Il dit qu'il acheta au grand-prieur de France le Grand-Prieuré, et que le vieux grand-prieur de Vendôme ne voulut point avoir affaire à M. le duc d'Orléans: « Car, dit-il, il n'a rien à me donner qui me convienne »; et qu'il prit 60,000 livres de rente sur les terres de Law, qu'il a payés jusqu'à la mort du grand-prieur; qu'il n'a pas pu arrêter ses comptes avec le duc d'Orléans; qu'il lui a fallu payer une infinité de choses, qu'il n'avoit faites que comme ministre; qu'il a fallu qu'il payât 30,000 livres, par an, à Chavigni, qu'il avoit envoyé à Gênes pour faire réussir son opération sur l'or.

Il croit qu'il faudra nécessairement revenir à son denier cinquante, parce qu'on sera gagné par les voisins, qui ont leur argent à un denier plus bas.

C'est un homme captieux, qui a du raisonnement,

et dont toute la force est de tâcher de tourner votre réponse contre vous, en y trouvant quelque inconvénient; d'ailleurs, plus amoureux de ses idées que de son argent.

L'abbé Conti m'a fait les honneurs de Venise très bien : il m'a fait connoître Mad^e Memo, nièce du Doge, femme de mérite et d'un grand raisonnement, et très instruite; une nièce qui est très jolie et a de l'esprit : Mad^e Conti.

J'ai vu M. Justiniani, procurateur de Saint-Marc, qui est un homme sévère.

M. Pascarigo, homme d'esprit, et qui, sans avoir été en France, parle très bien françois.

J'ai vu M. Marcello, qui aime les François, qui a été en France, qui fait des vers, des tableaux, joue des instruments : c'est une espèce de fou.

Il n'y a rien de si beau que de voir Venise du haut du clocher de Saint-Marc : on voit les dispositions du Lido et de toutes les îles de la lagune.

M. Conti m'a mené chez M. Sagredo, à Sainte-Sophie, qui a une maison très belle, ornée de tableaux et de statues. Il y a une tapisserie, sur les dessins de Raphaël, dont le sujet est les jeux d'un nombre très grand de petits enfants, qui est une très belle chose; elle a été achetée à l'inventaire du duc de Mantoue pour presque rien. J'ai vu une imitation de corde en cuivre à un escalier, qui est très bien. Il y a un plafond de glace, qui triple la hauteur du cabinet, et qui fait un joli effet.

Il y a des glaces soufflées de dix quarts, c'est-à-dire de deux longueurs et demie de haut, c'est-à-dire de 5 pieds de haut sur 2 pieds 9 pouces de large.

Il y a un sculpteur à présent, à Venise, nommé Corradino, Vénitien, qui a fait un Adonis, qui paroît une des belles choses qu'on puisse voir : vous diriez que le marbre est de la chair ; un de ses bras tombe négligemment, comme s'il n'étoit soutenu de rien.

Acheter à Naples : *Principii d'una nova* (sic) *Scienza di Joan-Batista* (sic) *Vico, Napoli*.

J'ai été aujourd'hui, le 1er septembre, voir le trésor de Saint-Marc [avec (?)] M. l'abbé Conti et M. de Bonneval. M. Justiniani, procurateur de Saint-Marc, eut la bonté de me mener lui-même et de me faire tout voir.

Ce trésor est plein de pierres de très grand prix, surtout de pierres de couleur, de plusieurs vases antiques. Il y a, entre autres : une turquoise qui fait un vase d'un empan de diamètre, et haute de quatre doigts (ceci est gravé sous le vase, en caractères qu'on croit égyptiens : .....) ; et un grand nombre d'espèces de cuirasses, qu'on dit avoir servi aux dames de l'impératrice Hélène, comme des marques d'honneur.

On voit ensuite la couronne qui sert pour le couronnement du Doge, qui est comme un bonnet, pleine de très grosses perles et de très grosses pierreries ; et plusieurs choses qui ont été portées de Constantinople.

On voit, dans d'autres armoires, plusieurs très gros morceaux de la vraie Croix et autres reliques de toutes espèces, très bien enchâssées : bien des épines de Notre-Seigneur; du sang de Christ (il m'a paru que la couleur rouge qu'on avoit donnée paroissoit à travers); bien des reliques, de toute espèce, de Saint-Marc. Une couverture ou petit coffre d'argent renferme son Évangile, de sa main. J'ai voulu le voir; mais le moine m'a dit qu'il tomboit en poussière. J'ai vu des pierres qui ont servi à lapider saint Étienne, très bien ouvragées. Il y a un os du doigt de saint Christophe, qui auroit été digne de la main d'un géant.

Il y a dans l'Église de Saint-Marc, à main gauche, une *Madone*, appelée *Madona di Maschii*, que des railleurs disent avoir été faite pour qu'elle voulût ôter aux Vénitiens le penchant qu'ils avoient à un grand vice.

Dans la chapelle, il y a un ancien écriteau qui prouve que les autres évêques, et surtout celui de Venise, accordoient autrefois des indulgences aussi bien que le Pape. J'en ai la copie.

Il y a, dans la sacristie, des peintures du dessin de Titien, à la mosaïque, et en plusieurs autres endroits de l'Église. Il est difficile de trouver dans un lieu plus de différents marbres que dans cette église-là : c'est un assemblage de toutes sortes de marbres. Mais il n'y a rien de si remarquable que la marqueterie du pavé de l'Église, qui est faite avec toute sorte d'art, et la plupart à la mosaïque, et qui représentent *(sic)* plusieurs choses. On voit : deux coqs, *dui galli*, qui portent un renard lié : qui marquent Charles VIII et François Ier (je n'en suis pas bien sûr); deux lions gras, mis dans l'eau; deux maigres, sur terre : pour marquer que Venise ne sera puissante que lorsqu'elle conservera la mer. On dit que ces figures sont des prédictions de l'abbé Joachim et autres.

Le prince de Laronia, en Sicile, étant mécontent d'un avocat qui lui avoit [fait] perdre un procès, loua huit braves pour l'assassiner. L'avocat en eut le vent. Il *(sic)* se raccommoda avec lui et donna ce qui restoit à donner aux assassins, à condition qu'ils ne tueroient pas l'avocat. Ils lui dirent : « Monsieur, cela vous plaît à dire; mais nous ne pouvons pas l'épargner, parce qu'il a su que nous devions l'assassiner, et il nous feroit assassiner nous-mêmes. » Quatre jours après, il *(sic)* fut mort. — Bonneval.

J'ai ouï dire à Bonneval qu'il ne falloit jamais attaquer les villages gardés, lorsqu'on veut attaquer une armée, parce que, si l'on bat l'armée, le village (et le corps qui y est dedans) est obligé de se rendre; que c'est la faute que fit M. de Luxembourg à Nerwinde, M. de Villeroy à Chiari, ...; et que Marlborough changea de méthode à Hochstædt : il laissa le village, tomba sur l'armée, et, lorsqu'il l'eût battue, il prit les François prisonniers et le village aussi. Il dit que les villages sont difficiles à emporter : on se met dans les maisons; on tire sans être vu; on défend les rues; on arrête un ennemi qui attaque.

Les Jésuites, grands directeurs à Venise. Comme chacun y a sa p....., ils tolèrent jusqu'à ce qu'ils puissent persuader le mariage. Ils ont fait faire bien de ces bassesses. Cependant, on se voit toujours, et chacun de son côté se confesse. On communie, comme si de rien n'étoit.

Dessein de Bonneval de prendre prisonnier le ministre, ou de se venger du maître.

Ces gens-ci sentent l'oppression autrichienne; mais il faut leur *(sic)* persuader par autre que par voye d'ambassadeur.

On ne pourroit pas mettre les États d'Italie et des Pays-Bas dans des mains moins incommodes que dans celles des Espagnols. D'ailleurs, ils envoyoient de l'argent par tous les pays de leur domination. Il faudra en revenir là.

On me demandoit pour qui se déclareroit le duc de Savoye : pour l'Empereur ou la France ? Il ne peut rien gagner du côté de France. Son ennemi naturel est donc l'Empereur.

Fameux duel du comte d'Albert et de Rantzau pour quelque femme. Albert prit le comte d'Uzès pour second; l'autre prit le prince Schwarzenberg, que j'ai vu à Vienne. Schwarzenberg croyoit n'être que spectateur et dit à Uzès qu'il n'étoit pas venu pour se battre : « Tu seras donc battu. » Et le poursuivit deux ou trois rues à coup de canne. — Bonneval.

Ceux qui gouvernent cette république sont les procurateurs Emo et Tiepolo.

M. de Vendôme haïssoit le duc de Savoye, dès la guerre qu'il fit avec M. de Catinat, pour quelques paroles mal rapportées. Châteauneuf et le duc de Vendôme écrivirent donc contre le duc et prédirent sa paix; ce qui lui fit donner des dégoûts. Il demanda à la Cour une augmentation de subsides, sur ce que ses troupes, plus éloignées du Piémont, lui coûtoient plus; on le refusa durement. On lui avoit promis le commandement de l'armée, et, dès que Vendôme vint, on lui écrivit de la Cour de rester à Turin. De sorte que, ne voyant ni gloire, ni argent, il ne se mit pas en peine de faire la guerre pour le roi d'Espagne. M. de Vendôme, à Turin, lui avoit parlé fort fièrement. Le duc de Médina avoit fait ôter un couvert de deux qu'on avoit mis à la table du roi d'Espagne.

J'ai fait hier l'analyse de l'eau de Neu-Sohl, qui convertit le fer en cuivre. On en a mis 4 onces dans la cornue; qui ont été distillées à siccité. On a trouvé dans le fond 1/4 d'once de matière vitriolique, et il y a eu 3 onces 3/4 d'eau de flegme, assez insipide; de façon qu'il y auroit 1/6 de vitriol dans cette eau: ce qui est beaucoup.

A Venise, on ne vous demande ni voitures, ni domestiques, ni habits: du linge blanc vous met au rang de tout le monde.

Le commerce d'Angleterre à Venise n'est pas grand chose. Les Vénitiens obligent les Anglois, qui ont besoin du raisin de Corinthe de Zante, de relâcher d'abord à Venise et d'apporter, au moins, les deux tiers de leur charge de poisson salé, sur lequel il y a 30 pour 100 toujours à perdre. Après quoi, il leur est permis d'aller à Zante prendre du raisin, et ils se dédommagent sur les retours. Le commerce de Zante est même beaucoup diminué depuis que les Anglois se sont servis de raisins secs d'Espagne et du Levant. — Le Blanc.

La plupart de la navigation de Venise se fait actuellement par Livourne. Toutes les marchandises de petit et médiocre volume de l'État vénitien se portent à Livourne pour le Levant : les soyes et autres ; les frais de voiture ne sont pas grands, et on trouve un port franc, et on évite à Venise : 1° une douane très considérable ; 2° d'être obligé de suivre le convoi, lequel ne part quelquefois de trois mois après qu'il est commencé, et qui demeure un an quelquefois à revenir ; de façon qu'un marchand est un an à attendre ses retours, au lieu qu'il les a dans trois mois par la voye de Livourne. Les Vénitiens, qui ont toujours de petits objets dans les grandes choses, veulent que les vaisseaux partent en convoi, parce que c'est là-dessus que leur baîle prend ses droits à Constantinople. C'est une misère que ce convoi : on ne voit que quatre, cinq à six vaisseaux marchands, chargés de verres et autres marchandises de gros volume, qui valent très peu d'argent. — Le Blanc.

Comme il n'y a pas de magistrat à Venise pour la police, lorsque quelque accident fait hausser une marchandise, elle ne tombe jamais. Le prix de la viande haussa considérablement, il y a dix ou douze années, au sujet d'une petite peste sur les bestiaux. La peste a fini; la viande n'est jamais revenue à son prix.

Ce qui a perdu principalement le commerce de Venise, ce fut la querelle que la République eut avec la France, au sujet de la protection que le cardinal Ottoboni avoit prise des affaires de France. Ils ordonnèrent au cardinal de l'abandonner. Sur son refus, le dégradèrent de noblesse. La France fit courir sur leurs vaisseaux, et la place de Venise perdit des sommes immenses, dont elle ne s'est plus relevée. A présent, les marchands ne s'assemblent à la Place que pour parler des petites nouvelles de la Ville, ou pour emprunter à usure à quelque homme à argent. — Le Blanc.

La foire de Sinigaglia va sûrement diminuer, parce que le Pape a fait nouvellement un décret par lequel les deux principales marchandises de cette foire (qui sont : le fer, ouvragé et non ouvragé, et le plomb), qui étoient exemptes de droits, y sont sujettes. C'est une mauvaise rade pour les vaisseaux, et les marchands y campent, pour ainsi dire : car ils n'y ont pas de logement. Il y vient du fer de toute l'Italie, surtout des ouvrages de Brescia. Là, le Levant fait un grand commerce.

Le chevalier Temple dit que les François agissent comme s'ils devoient mourir de mort subite, et les Allemands, comme s'ils devoient vivre éternellement.

J'ai ouï dire au comte de Monteléon que le roi d'Espagne dépensoit 3 millions de piastres dans sa maison, 15 millions de piastres à ses troupes, sans compter la marine et la liste civile; que le roi d'Espagne devoit peu, parce que, comme, dans la guerre passée, on ne croyoit pas qu'il restât sur le trône, personne n'avoit voulu lui prêter; que personne n'étoit plus en état que le roi d'Espagne d'entretenir une flotte, parce qu'il n'avoit qu'à se servir de ses vaisseaux de guerre pour le commerce de Cadix, et que, dans trois ans, ces vaisseaux seroient gagnés; qu'il n'avoit qu'à envoyer à La Havane du fer, des cordages et des voiles, et qu'on seroit étonné de lui voir en Europe une flotte; qu'il est vrai que ce qui lui étoit défavorable étoit que les vaisseaux périssoient beaucoup aux Indes, par les vers qui les mangeoient: incommodité que n'avoient pas les Anglois et Hollandois, dont les ports conservoient mieux les vaisseaux que les ports d'Espagne et des Indes; que la règle générale étoit que les plus gros vaisseaux étoient maîtres des autres, et ceux qui avoient les plus gros canons : c'est comme un géant qui a affaire à cinq ou six pygmées, qui jette à vingt pas de lui le premier qui s'approche.

Bonneval dit que, connoissant que les gros canons opéroient seuls en mer, il voudroit faire les vaisseaux de la même grandeur que ceux à trois ponts, mais de n'en mettre que deux, et d'augmenter le canon, en retranchant le bois.

Monteléon dit qu'Albéroni croyoit que les Anglois, dans la guerre de Sicile, n'enverroient que 7 ou 8 vaisseaux dans la Méditerranée; et qu'il écrivit qu'ils en mettoient 40 en commission, dont la moitié étoit destinée pour la Méditerranée, et que, quand même ils n'en enverroient que 8, il disoit cette extravagance, qu'il y en avoit là pour battre tous leurs 24 vaisseaux.

Il dit que les Anglois et Hollandois comprendroient la sottise qu'ils avoient faite de priver l'Espagne de ses états du dehors. Elle envoyoit tout son argent dans les états éloignés, d'où il se répandoit dans l'Europe. Comme elle tenoit partout, on l'engageoit dans les guerres qu'on vouloit. Les Espagnols ne songeoient point au commerce : car ils avoient des places pour leurs enfants dans le civil, le militaire et l'ecclésiastique de tous ces états-là, dont le Roi ne retiroit rien que quatre cochons gras, tous les trois ans : qui étoient les gouverneurs. Qu'à présent, privés de ces emplois, il falloit bien qu'ils se donnassent au commerce, seule ressource qui leur restoit; que l'origine de la perte de la Hollande, c'étoit le mauvais marché fait avec l'Angleterre de fournir les deux tiers de troupes de terre et un tiers de mer; que les Anglois chicaneront au Roi 100,000 livres sterling pour les troupes de terre et donneront, sans balancer, 2 millions pour la mer, parce qu'ils regardent que ce qu'ils donnent pour la mer ne sort pas de leur pays.

Histoire de Ruyter.

Grand nombre d'étrangers ont pris depuis le visa de nos effets royaux, comme actions et contrats sur l'Hôtel-de-Ville.

Ce qui choque le plus dans notre gouvernement de France, c'est le style de nos bureaux : Le Roi est toujours surpris d'apprendre.....; le Roi est toujours étonné.....; le Roi trouve très mauvais.......; et autres phrases misérables qui n'aboutissent à rien, et qui n'augmentent pas la grandeur du Roi de la moindre chose. C'est le cardinal de Richelieu, Louvois et Colbert, qui ont mis ce style aigre en usage. Je me souviens toujours de cette lettre de M. de Louvois à un officier d'une citadelle : « Monsieur, le Roi a été très surpris d'apprendre que la corde du puits de votre citadelle étoit rompue depuis plus de quinze jours. » Ainsi il répondit : « Monseigneur, lorsque j'ai reçu la lettre dans laquelle vous me parliez de la triste nouvelle que le Roi avoit eue de ce que la chaîne de notre puits s'étoit cassée, je l'avois déjà fait remettre. »

Il y a encore une chose, c'est que nos ministres françois sont trop affairés, trop renfermés, trop impénétrables.

Les Autrichiens ont parfaitement évité ces deux défauts. D'un côté, il n'y a rien de si poli que le style de leurs secrétaireries : ils vous avertissent plus qu'ils ne vous réprimandent, et ne vous reprennent jamais qu'en vous mettant dans la mémoire les actions que vous avez faites. De l'autre côté, les ministres sont triviaux comme des bornes.

Le général Bonneval croit que nous pourrions facilement refaire la guerre en Italie; qu'il ne faut pas passer par Suze, qui est un nouveau passage, pris depuis le cardinal de Richelieu; mais qu'il n'y a qu'à passer par le marquisat de Saluces, avec une armée supérieure, avec des vivres pour aller jusque sur l'État de Gênes, où on auroit quelques magasins de bled; faire venir par Gênes les chariots avec les gros bagages, et faire passer les chevaux pour les tirer avec l'armée. Mais je ne crois pas cela possible : les ennemis nous ruineroient d'abord nos magasins.

Il ne veut pas que l'on fasse des retranchements comme à l'ordinaire, avec des bastions et des courtines : ce qui empêche la communication; les troupes enfermées dans un bastion ne servent de rien, quand on a percé par la courtine. Il veut seulement un fossé de 10 à 15 pieds, qui vous fait un parapet tout droit, et l'armée derrière, en bataille. Si l'armée passe le retranchement, vous êtes sûr que vous leur *(sic)* tomberez sur le corps dans un moment où ils ne seront pas formés..... Il dit qu'au siège de Toulon il y avoit une batterie qu'on ne pouvoit établir, et que les assiégés renversoient d'abord; qu'il fit une montagne de terre, la nuit; plaça la batterie, de jour; abattit la terre jusques à la bouche du canon; que l'on tira ensuite vainement sur la batterie: les coups étant trop hauts ou trop contre terre. Il voudroit que, lorsque l'on entre dans les états des petits princes, qu'on en enlevât les paysans et les amenât en France.

Lors de la perte de la Morée, il y avoit un Bon......., dont la place fut emportée d'assaut, et qui ne se défendit pas, et à qui les Turcs firent trancher la tête. Il étoit dans une telle frayeur qu'il ne vouloit pas que l'on tirât contre les Turcs, de peur, disoit-il, de les irriter.

Un noble, nommé Badoër, qui *(sic)* est condamné à une prison perpétuelle, *sotto il Piumbo*, où il fait l'été une horrible chaleur et l'hiver un horrible froid. On l'a ballotté. Mais, quand il sortiroit, il n'auroit pas la veste et ne pourroit jamais paroître à la place Saint-Marc. — Bonneval. — C'est pour avoir rendu une place, dans la Morée, imprenable; je crois que c'est Napoli-di-Malvasia.

Starhemberg est dangereux, parce qu'il a des règles générales, qu'il suit toujours. Celle de bien ménager son armée; il a un soin du moindre soldat comme de son fils: il envoye souvent visiter les hôpitaux; en donne l'inspection à des officiers militaires; bons remèdes, bons vivres; de façon que, dans les pays où les armées se fondent, cet homme est à craindre. A la fin d'une campagne, il faut au général Mercy des armées comme des bottes. L'autre principe de Starhemberg, c'est de ne défiler jamais devant son ennemi, sans une absolue nécessité.

A Venise, j'ai vu :

L'abbé Conti qui m'a fait les honneurs de la Ville : il m'a mené chez M. et Mme Cécilia Memo, nièce du doge, qui est une philosophe ; l'abbé Conti apprend l'algèbre au mari et à la femme.

Le comte Pierio Zanichelli, qui m'a fait bien des politesses.

La signora Conti, belle comme le jour.

M. Law, qui m'a beaucoup parlé Système.

Le comte de Bonneval : nous ne nous sommes presque pas quittés.

Le procurateur Justiniani, qui m'a fait voir le trésor.

M. Alessandro Marcello, qui m'a fait voir ses épigrammes latines ; c'est un *omnis homo* pour les demi-talents.

Le père Sodoli, Franciscain, homme de lettres, qui travaille à plusieurs éditions des Pères.

II

ÉTATS VÉNITIENS

Je suis arrivé à Padoue le 14 septembre 1728, étant parti de Venise le même jour, par la Brenta, qui est une rivière dont on a fait un canal par le moyen de quatre écluses; de façon qu'un seul cheval traîne une très grande barque, et on fait dans huit heures 25 milles. On voit, le long de la Brenta, de belles maisons de nobles. Le noble Pisani en a commencé une qui sera extraordinairement superbe; mais il n'y a guère que les dehors de faits, et on voit le long du rivage les portaux magnifiques, où les avenues doivent aboutir.

La ville de Padoue : 7 milles de tour; mais elle est presque déserte. Il n'y a environ que 300 écoliers, de 3,000 qui y étoient autrefois. C'est qu'on a établi des universités par toute l'Italie et l'Allemagne, et des collèges de toute espèce : ce qui a fait tomber Padoue et Bologne; outre que, depuis quelque temps, on gradue à Venise, et sans beaucoup d'examen.

La situation de l'Europe est telle qu'on ne peut avoir de vraie puissance que par ses alliés. Mais les Vénitiens n'ont aucun allié. Ils ont seulement une alliance avec l'Empereur contre le Turc, qui, ignorant ses intérêts, veut toujours opprimer cette république, qu'il devroit protéger.

M. Vallisneri, à qui j'étois adressé, n'étant pas à Padoue, M. Guillelmo Scoto, médecin de Padoue, me fit voir la Ville, et je vis : 1° le Palais *della Raggione,* qui est la salle où l'on rend la justice; elle est sans piliers et a 120 pas de long et 44 de large : ce qui est d'une grandeur prodigieuse; et Sainte-Justine, [qui] est une église de Bénédictins, de la congrégation du Mont-Cassin; la plus belle de Padoue sans difficulté.

J'ai remarqué que, pour qu'une église soit bien éclairée, il faut que le jour vienne d'en haut; mais aussi par un grand espace, comme dans.......; au lieu que, dans la......., qui est la salle en question, où le jour ne vient que par une rangée de fenêtres en bas, et une rangée de petites, ovales, en haut, on ne voit pas de jour.

Il y a de certaines églises où l'espace où sont ordinairement les orgues est une fenêtre, et où toute la lumière est directe, et non pas offusquée par l'ombre.

L'Église *del Santo* est très belle aussi. J'y ai vu une histoire de la vie de saint Félix, à fresque, de la main de Giotto, disciple de Cimabué, qui fait voir le renouvellement de la peinture.

Dans l'Église des Pères Ermites, dans une chapelle, d'un côté, *le Martyre de saint Christophe*, et, de l'autre, celui *de saint Jacques,* ouvrage d'André Mantegna, Padouan; ouvrage excellent par les merveilles de la perspective. Dans la sacristie est un beau tableau de saint Jean-Baptiste, du Guido.

J'ai vu, à Padoue, les colonnes d'*impellicciatura*, faites d'une pâte qui joint des pièces de marbre, qui tombent par le travail des sculpteurs; invention trouvée à Rome, et qui y est en usage, et qui imite le marbre d'Afrique (qui est un marbre à grosses taches blanches et noires, et qu'on trouve aussi à Gênes, quoiqu'on l'appelle aussi d'Afrique; je ne sais s'il en vient de là : le marbre noir de Gênes est pourtant différent); et on découvre que c'est une composition en frottant et en sentant ensuite : car on trouve l'odeur de la poix et de la térébenthine. Le dedans est de pierre tendre : l'apparence de marbre n'est qu'incrustation. On découvre encore de loin la tromperie, parce qu'elles ne sont jamais semblables : les morceaux étant toujours différents, plus près ou plus grands dans une colonne que dans une autre.

Il y a dans l'Église *del Santo* (c'est saint Antoine, appelé ainsi par excellence) une espèce de *sancta sanctorum,* ou un arrière-grand-autel, qui n'est pas fini. Il y a un rang de statues de marbre, de Philippe Parodi, et les ornements de stuc sont de Juste Flamand.

J'ai aussi vu le Jardin des Simples. Il est bien entretenu; il est entouré d'un mur, qui fait autour comme un amphithéâtre; le jardin est rond. La République a fait un fonds de 4 à 500 ducats pour l'entretien.

Les étrangers, surtout les Anglois, ont tout enlevé à Padoue, aussi bien que dans le reste de l'Italie. Sans les églises, il n'y auroit presque plus de tableaux; tous seroient vendus: la nation riche attire tout à elle.

Le Palma et souvent Tintoret ont des attitudes forcées. Pour donner du mouvement à leurs figures, ils les font contraintes et dans des situations où on n'est point: témoin ce tableau de Palma qui est aux Jacobins de Padoue, où un ange a une cuisse, qui, si elle alloit ainsi de côté, certainement seroit rompue. Cela n'arrive point aux autres peintres lombards.

Il y a à Padoue un commerce de draps noirs et de rubans assez bon.

J'ai vu le cabinet de curiosités de M. Vallisneri. Il y a un grand nombre de toutes sortes d'animaux: serpents, insectes venimeux, mis dans des bouteilles, gardés dans de l'eau-de-vie. On fait, pour cela, faire des bouteilles qui n'ont point de fond; on fait faire un fond de plomb; et on le joint sous la bouteille avec du plomb de vitre, que l'on soude avec de l'étain, et, sur ce couvercle, on attache les choses que l'on veut. Le sieur Vallisneri a des pierres, et, dans l'entre-deux, on voit manifestement qu'un poisson y est mort. Il y a une feuille de papyrus écrite; toutes sortes de coraux et de concrétions; deux aiguilles d'ivoire, dont des filles se sont réjouies la nature, qui se sont perdues, ont passé dans la vessie et là ont été entourées de matières pierreuses, de l'épaisseur du petit doigt. Il y a des coraux, qui sont des couches formées sur des branches de bois sec; ce qui fait croire à M. Vallisneri que le corail n'est pas une plante, mais un amas de certaine matière qui est dans la mer, causé soit par l'occasion d'un certain bois, soit par une autre occasion; toutes sortes de coquillages. Il a mis jusques à un *ferricunnium*, lequel il croit être ancien (mais il ne l'est pas et est très mal fagoté); toutes sortes d'instruments de chirurgie; un grand nombre de morceaux de statues antiques; plusieurs pièces de minéraux; plusieurs petites statues de Divinités, de la hauteur de de 5 à 6 pouces, etc.

J'ai vu le père Seri, qui a donné l'histoire de la Congrégation *de Auxiliis*, vieillard et homme d'esprit.

De cette immense quantité d'itinéraires faits par les Allemands, il n'y en a pas un seul qui ait pu être mis au jour.

Les nobles Vénitiens ne peuvent pas servir en terre ferme; cette politique fait que leurs troupes ne valent rien.

Les nobles de Terre-Ferme ont un désagrément, ils sont privés des emplois militaires : car, comme ce sont des gens de néant, des valets de nobles, qui ont les places de capitaine et de colonel, et qu'ils sont payés comme tels, un gentilhomme ne veut pas être leur camarade; de façon que ceux qui veulent servir prennent de l'emploi ailleurs. De plus, ils n'ont point les emplois civils, si ce n'est quelques petits emplois municipaux ou de judicature, selon les privilèges de certaines villes. Aussi ces maisons, ou deviennent pauvres, ou celles qui sont riches entrent dans la noblesse vénitienne : comme les Conti, qui étoient de Padoue, etc.

Dans l'Église de *San-Giovanni-di-Verdara* (Chanoines de Saint-Jean-de-Latran, à Padoue) le Padouanin a fait un tableau qui est au réfectoire, qui représente les noces de Cana. Il avoit fait une grosse servante, qui étoit tournée par-devant; les moines l'obligèrent de lui faire tourner le c...

Il y a à Padoue, et (je crois) dans toutes les villes de Terre-Ferme : un podestat, un capitaine et deux camerlingues pour les finances, tous quatre nobles Vénitiens. Quand les procès sont de petite conséquence, on va à une cour où les juges sont de Padoue, et la noblesse padouane est dans le tribunal. Mais, quand ce sont des matières criminelles ou des causes civiles de quelque conséquence, cela est jugé par le podestat et les juges qu'il appelle, qui sont toujours étrangers.

Les anciens peintres faisoient leurs contours trop marqués et, pour ainsi dire, trop secs. Ils marquoient les corps comme les statues, au lieu que la chair doit être molle; de façon que les contours ne doivent pas se terminer si sèchement. Raphaël, d'abord, faisoit ses contours trop marqués; il se corrigea dans la suite.

Les bons contours font l'effet du dessin. Les Anciens font un conte : que Protogène, étant allé dans la ville où étoit Apelle, il alla à sa porte et ne le trouva pas; il monta dans son cabinet et y fit une ligne si déliée qu'Apelle, à son retour, devina que Protogène étoit arrivé; qu'Apelle partagea cette ligne; et que Protogène, voyant cette division, avoua qu'Apelle étoit un plus grand maître que lui.

Cette histoire, ainsi couchée par les historiens, n'a pas de sens. Le grand merveilleux cesse si on prend cette ligne pour un contour que Protogène fit. Il étoit si bien qu'Apelle reconnut Protogène, mais il y corrigea quelque défaut; ce qui fit le triomphe d'Apelle. Ainsi, si le Palma, qui a toujours des attitudes qui ne sont pas naturelles, avoit fait un contour, il est certain que Raphaël l'auroit corrigé. Mais les historiens veulent mettre du merveilleux et, d'ailleurs, ne connoissent pas la peinture[1].

J'ai vu à Padoue, dans une église, un crucifix de bois, qui est un chef-d'œuvre, tant il y a de science : les muscles y sont marqués à merveille; la mort y est exprimée; les doigts des pieds, que l'on fait

1. *Nota :* cette réflexion est dans de Piles.

ordinairement tendus, y sont contractés; le sang, qu'on fait ordinairement fluide, y vient par grumeaux; il a la bouche ouverte et semble parler en mourant.

Dans toutes les villes, il y a toujours quelque tableau dont un voyageur a voulu donner autant de pistoles qu'il en pourroit tenir dessus; de ce tableau on a voulu donner son pesant d'or : c'est toujours la même histoire.

On juge des originaux et des copies par les grands traits qui sont dans un original : le copiste est obligé d'en faire, d'un, trois ou quatre. Comme l'école de Venise avoit beaucoup de facilité, et de hardiesse, et de grands traits, il est aisé de connoître les copies. Mais, comme les Flamands ne connoissoient pas les grands traits, on ne peut guère distinguer la copie de l'original.

Lorsqu'on veut voir si un tableau est retouché, il n'y a qu'à le mettre horizontalement et regarder de même, et ce qui est retouché paroîtra dessus l'autre, comme une nouvelle couche.

Il ne faut point que les plis de draperies soient trop petits : cela est vilain, confus; il faut qu'ils soient grands, majestueux.

Comme le jaune est la couleur qui fait le plus sortir, nous avons vu des tableaux où, pour avoir mis du jaune (le fond), tout sortoit également et étoit sur la même ligne; ce qui étoit exécrable et fait un mauvais coloris.

Les François ont d'assez belles expressions des

passions dans les visages; mais leur coloris est foible et n'a pas de force.

Je suis arrivé le 16, au soir, à Vicence.

Le Palladio, qui étoit de cette ville, y a beaucoup travaillé. Il faut voir comment il a accommodé le Vieux-Palais : c'est le lieu où l'on rend la justice. Il l'a laissé tel qu'il étoit, mais il a fait tout autour une façade magnifique, avec une grande galerie; de manière que, sans rien gâter du vieux bâtiment, et sans en faire un neuf postiche, il a fait une des belles choses qu'il y ait. Sous cette galerie, il y en a en bas une autre, qui règne, et, au milieu, il a percé le bâtiment dans sa largeur, pour faire une grande arcade, où des marchands se tiennent. Le bas est d'ordre dorique; le second étage, d'ordre ionique. Tout le bâtiment n'est formé que par de gros pilastres, qui ont, aux deux côtés, deux colonnes chaque : ce qui fait quatre. Il y a 10 pas d'un pilastre à l'autre, et 6 de deux colonnes en deux colonnes, qui sont entre les deux pilastres. Le bâtiment est entre deux places. Au bout de la plus grande, il y a deux magnifiques colonnes de marbre, qui terminent un côté de la place : sur l'une est le lion de Venise; sur l'autre, un Père éternel. De l'autre côté de la place est la maison du Mont-de-Piété, et celle du Capitaine, qui est aussi du Palladio. Comme il étoit de cette ville, ses beaux dessins encourageoient ses concitoyens à bâtir, et, par là, il embellissoit sa patrie.

Il n'y a rien de si beau que le chemin depuis Padoue jusqu'à Vérone. Les champs ont, de 50 en 50 pas, un rang d'arbres, qui est *(sic)* une espèce d'érable, sur lequel une vigne se marie et le couvre tout entier. Au milieu sont des bleds et des millets, comme milloque et bled d'Espagne. Autour des champs sont les mûriers; de façon qu'un même champ vous donne du bled, du vin, de la soye, du bois, sans compter les arbres fruitiers, comme noyers, etc.

Je suis arrivé à Vérone le 17 septembre 1728, au soir.

Elle est sur l'Adige. J'ai été voir, le 18, de très beaux tableaux de différents peintres. On y voit un arc de triomphe de Gallien, et un très vieux reste d'un autre, qu'on dit avoir été bâti par Vitruve. Par l'Amphithéâtre, on peut juger combien le terrain de Vérone a haussé : car les colonnes d'ordre rustique, qui sont au-dessous, ne vont pas 5 ou 6 pouces plus haut que ma tête. J'ai remarqué que le terrain avoit haussé de plus de 9 de mes plus grands empans : ce qui se voit par un ancien pavé qui subsiste, et qui fait voir le fond ancien.

Il y a à Vérone un amphithéâtre ancien, qui s'est très bien conservé. On y joue encore la comédie, et le peuple s'asseoit sur les degrés de l'Amphithéâtre : car il y a place pour 22,600 personnes; ce qui fait qu'on ne se sert que d'un coin. Il est dommage que la Ville ne le fasse un peu réparer : car c'est un des plus beaux morceaux de l'antiquité qu'il y ait. Il faudroit tirer les terres, qui ont haussé le terrain en dedans, et aller jusqu'au pavé et le réparer en dehors. On a trouvé une statue très belle dans les ruines, que j'ai vue à l'Académie; elle est du nombre de celles qui étoient en haut. On peut voir la description de ce monument dans plusieurs auteurs. Le marquis Scipion Mafféi, de Vérone, imprime un livre sur les amphithéâtres.

On ne sauroit guère dire quelles sont les loix et le gouvernement des villes de Terre-Ferme, parce que, comme la plupart des villes se sont données elles-mêmes aux Vénitiens, cela dépend de la convention qui est entre eux. Ainsi Vicence a-t-elle des privilèges quant aux magistratures, qui s'exercent presque par ses citoyens, et non par le podestat, et Vérone est-elle moins chargée de subsides que Bresse.

Il y a, à l'Académie de Vérone, un assemblage de choses assez singulier : c'est un bâtiment assez commode. Là, il y a une académie de belles-lettres; une pour monter à cheval; un théâtre, où l'on représente l'opéra; une salle, où les dames font les conversations; une autre, où l'on répète la philosophie; enfin, cette maison est un vrai salmigondis.

Il y a un autre salmigondis : c'est une muraille de la cour de cette académie, toute faite de pierres antiques avec leurs inscriptions, qui n'ont de rapport les unes aux autres que celui que le maçon y a donné.

Il y a, dans la Cathédrale, un beau tableau, qu'on dit être du Titien, qui est *l'Assomption de la Vierge;*

à Saint-Georges, un tableau de Paul Véronèse, qui représente le martyre de saint Georges.

On voit aussi là les tombeaux des Scaliger, d'architecture gothique; l'arc triomphal de Gallien.

Il y a à Vérone un peintre nommé Balestra, qui est assez bon.

Les Véronois sont pauvres. Vous ne pouvez pas voir un homme qui ne vous demande de l'argent: un cordonnier, après m'avoir vendu des souliers, me demanda l'aumône; un homme qui vous a vendu un livre vous demande *la bona man;* celui qui vous enseigne une rue, ou qui vous parle de nouvelles, vous demande récompense. Ce n'est point comme en Hollande, où l'on vous demande pour boire; c'est pour vivre. Ce peuple est peu foulé et a quelque commerce. La fourberie, compagne de la misère, y règne: vous vous serez accordé avec un homme d'un prix, il vous en fera payer davantage.

Les coups de bâton se donnent ici familièrement, comme des coups de chapeau. Un homme qui croira devoir faire cette expédition se sert de ses braves, ou en emprunte de ses amis, qui le lui rendent dans l'occasion. Ces braves jouent à coup sûr: il y en a un qui vous jette d'un coup par terre; l'autre qui, à 10 pas, vous couche en joue; pendant qu'un autre vous assomme. Il y a bien un décret de la République qui confisque les biens de ceux qui assassinent; mais cela n'a de lieu que lorsqu'on assassine quelque noble Vénitien ou grand seigneur de Terre-Ferme; mais, quand c'est un de ceux-là qui fait assassiner quelque bourgeois ou marchand, il ne faut point espérer de justice. Lorsque j'étois à Vérone, un homme qui publiquement avoit assassiné son gendre devoit sortir d'affaires quelques jours après. Ce sont des cas graciables, et que la Justice ne punit pas sévèrement; mais, si vous aviez fraudé le tabac, vous seriez bien autrement en peine. Il y a quelques grands seigneurs dont les maisons ont droit d'asile : celles mêmes des nobles Vénitiens, les églises. Ainsi c'est la faute d'un homme s'il est pendu dans le pays. C'est bien pis chez les Bressans.

On compte que Vérone a 7 milles de tour et 60,000 âmes; je ne crois ni l'un, ni l'autre.

Dans le Véronois et le Bressan, les vignes sont sur des érables ou sur des frênes, au milieu des champs. Lorsqu'on approche du Milanois, vers La Canonica, le terrain devient plus gras; souvent les vignes sont entre les mûriers, attachées d'un tronc à l'autre.

Le 20, je partis de Vérone, et j'arrivai le même jour à Peschiera, petite place des Vénitiens, sur le lac de Garde, que nous cotoyâmes presque toujours jusques à Desenzano.

De là, par Palazzolo, à La Canonica, qui est sur l'Adda, qui vient du lac de Côme et se jette dans le Pô, près de Crémone.

De La Canonica, on peut aller à Milan par un canal.

De La Canonica à Milan, on ne voit que prairies entourées de fossés et d'aubiers et peupliers. Les moutons, les bœufs m'y ont paru plus gros qu'ailleurs. Des vignes; très peu de terre à bled.

M. l'évêque de Vérone, nommé Trevisani, a une assez belle galerie de statues antiques, qu'il a faite. Il y a un *divus Lenæus* avec des cornes.

Les Anciens donnoient à leurs Dieux les deux sexes.

J'ai remarqué que les ouvriers ont donné aux rois un regard fier (comme à Antiochus et à Séleucus) que n'ont point les empereurs et capitaines romains. Les rois appellent *majesté* un air qui inspire de la crainte. Les républicains, au contraire, appeloient *majesté* un air qui inspire de l'amour.

III

MILANAIS

J'arrivai à Milan le 24 septembre 1728.

J'avois des lettres de l'abbé Conti pour la comtesse Borromeo, qui est très savante; qui sait, outre sa langue naturelle, le françois, l'anglois, l'allemand, le latin, et qui a même été jusqu'à l'arabe, les mathématiques, physique, algèbre. Elle a fait un très grand nombre d'expériences de physique. Elle me fit toutes sortes de politesses et me fit mener d'abord à la Bibliothèque ambroisine par le bibliothécaire. Cette bibliothèque a été faite par un cardinal Borromée, neveu de saint Charles, qui la dédia à saint Ambroise. Outre le grand nombre de livres dont elle est remplie, elle contient une très grande quantité de manuscrits, qui seuls feroient une bibliothèque. Il les a presque tous eus en don des Pères Bénédictins ou autres moines, qui les lui donnoient pour l'ornement de sa bibliothèque. Elle est publique, et on fournit papier, encre et plumes. Elle a environ 2,000 écus de revenu. Elle est extrêmement bien tenue. On voit qu'il y a eu des bibliothécaires savants. Le premier a fait, à la tête de chaque manuscrit, une note où il met l'âge du manuscrit, celui à qui il appartient, celui qui l'a donné au Cardinal, et les choses qui peuvent être particulières à chaque manuscrit : ce qui est d'un grand soulagement. On voit, à deux choses principales, l'antiquité d'un manuscrit : comme lorsqu'il est bien écrit, sans abréviations, et à peu près comme on imprime à présent; l'autre, lorsqu'il est de forme carrée : cette forme prouve fort l'antiquité.

J'y ai vu un manuscrit qui contient les œuvres de Bernardo *Guidonis* (c'est-à-dire *filius*). Il est dédié à Jean XXII, en l'an 1320. Il traite, d'abord, de la succession des Papes jusques à Jean XXII; plus, celle des Empereurs; puis, la généalogie des rois, princes et princesses de France, des comtes de Toulouse et autres seigneurs; et les portraits de ceux dont il parle y sont. Ce qu'il y a d'admirable, c'est que les peintures sont beaucoup meilleures que le siècle ne le porte. On a imprimé, dans le recueil des historiens *Rerum Italicarum*, la partie qui traite des Papes; non les autres.

On voit, dans un autre manuscrit, qui est fait environ en 1500, où l'on voit la peinture déjà perfectionnée : à la première page, il y a une tête très bonne et deux anges d'un si beau coloris qu'ils paroissent être de chair; c'est la *Sfortiade* de Simonetta.

Après la chambre des manuscrits, on passe dans une salle où sont plusieurs modèles faits sur les plus belles *(sic)* antiques de Rome, comme *le Laocoon*, etc. Ces modèles avoient (m'a-t-on dit) été commandés par François Ier. Mais on le fit sortir d'Italie avant qu'ils fussent finis, et les Borromée les ont eus.

Enfin, on passe à une pièce où sont des tableaux de très grand prix. Il y a surtout des figures de Breughel inimitables. Il y en a si en petit que cela surprend, et on ne sauroit croire combien il a mis de figures dans une miniature grande comme la main. Il y en a surtout un du Dôme d'Anvers, où il est peint lui-même, qui me paroît admirable.

Il y a de plus un tableau de Lucas de Hollande, *le Triomphe de David,* qui est uniquement fait avec de la fumée : on a détaché du verre enfumé pour faire les clairs.

On trouve dans cette chambre un manuscrit d'écorce d'arbre; ce qui ne se voit guère que là. Ce manuscrit, si bien conservé, me semble prouver que ce que dit le père Germon (je crois) contre le père Mabillon, Bénédictin, est un raisonnement faux; d'autant mieux que l'on en voit un très bien conservé.

J'ai été voir la galerie qui est dans la *Casa Rese,* qui appartient au général Rese. Il y a bien de bons et de mauvais tableaux. Il y en a un surtout qu'on me dit être du Palma, où la Vierge paroît avec un air aussi coquet que j'en aye vu jamais à personne.

Ce qu'il y a d'assez singulier pour la langue italienne, c'est qu'il n'y a pas un seul livre que l'on puisse proposer pour modèle : chacun écrit à sa manière. Il n'y a que les seuls dictionnaires qui puissent guider : pourvu que l'on mette les paroles italiennes, les tours sont indifférents. Il y a pourtant des gens qui proposent le Boccace; d'autres, Guichardin.

Le Milanois est assez bien cultivé pour un pays qui a été à l'Espagne.

Il n'en est pas de même du royaume de Naples : les gens de la Calabre ont un manteau, avec lequel ils se tiennent sur une place tout le long du jour, ayant de quoi vivre avec 2 sols par jour.

J'ai ouï dire que, depuis que Minorque est aux Anglois, elle rapporte quatre fois plus qu'auparavant. Le Gouverneur publia : que ceux qui laisseroient leurs biens sans les cultiver les perdroient, et qu'ils seroient donnés à d'autres; et que l'on achèteroit au marché tout ce qu'on y porteroit. Cela fit cesser, pendant un temps, l'usage des manteaux, et l'on se promena moins sur la place.

J'ai ouï faire le compte que le Milanois, depuis la distraction, a encore 800,000 âmes. La Lombardie est beaucoup plus peuplée que le reste de l'Italie. Les Allemands ruinent ce pays : ils sont haïs plus qu'on ne sauroit dire; ne dépensent rien; n'apportent point, comme les François; mais rapportent sans cesse.

J'ai ouï faire le compte par gens intelligents, chez le comte Borromée, et par des gens de loi instruits, que l'Empereur tiroit du Milanois environ 10 millions de livres milanoises, qui font environ 8 de nos livres d'à présent : la pistole d'Espagne (je l'ai ouï confirmer par l'avocat de l'Inquisition) valant 5 livres milanoises. Il me semble que le compte se faisoit à peu près ainsi par parties : les gabelles, environ 3 millions; les droits d'entrée, 1 million; 3 ou 4 cens *(sic)*, les tailles, les autres taxes de plusieurs espèces. Par où il paroît que le royaume de France, qui a 18 millions d'habitants, payant 200 millions, paye 11 livres 2 sols par homme; au lieu que le Milanois ne paye que 9 livres 14 sols. Mais il y a bien de la différence du commerce des provinces de France avec celui du Milanois; et, par là, je crois le Milanois plus chargé.

Les Trivulce et les Borromée sont les principaux seigneurs du Milanois. Le premier Trivulce a droit de battre monnoye, non seulement dans ses fiefs impériaux, mais aussi dans les terres de l'Empereur : ce qui a été, par une concession nouvelle, une ampliation de son droit; mais, quand il s'en est servi, il lui a été onéreux. Il a été fait grand d'Espagne, colonel de l'Empereur, chambellan; enfin, il paroît qu'on a voulu gagner cette maison. Pour les Borromée, il y en a un cardinal, et l'autre, dom Carlo Borromeo, qui a été vice-roi de Naples, et qui est à présent commissaire de l'Empereur en Italie.

Le 27, j'allai, avec M. le prince et la princesse Trivulce, voir M. le cardinal Borromée et son frère dom Carlo, à une petite maison appelée *Cenago*, qu'il a fait bâtir à 6 milles de Milan. Comme elle est assez haute, on y découvre toute la plaine du Milanois.

La Lombardie est toute cette plaine qui est entre les Alpes, d'un côté, et l'Apennin, de l'autre : ces deux montagnes se réunissent au commencement du Piémont, s'étendent des deux côtés, en un angle qui, posé sur la mer Adriatique, forme un triangle dont cette mer est la base, et forme la plaine la plus délicieuse du monde, comprenant le Piémont, le Milanois, l'État vénitien, Parme, Modène, Mantoue, le Bolonois et le Ferrarois.

Je vis hier, dans l'Église *delle Grazie*, des tableaux exquis : 1° Dans le réfectoire, le tableau fameux de Léonard de Vinci, qui est une *Cène*, lorsque Jésus-Christ dit : « *Unus vestrum me traditurus est* ». On voit la vie, le mouvement, l'étonnement sur les quatre groupes des douze Apôtres; toutes les passions de la crainte, de la douleur, de l'étonnement, de l'attachement, le soupçon; l'étonnement de Judas est mêlé d'impudence. On dit que, quand il eut fait les douze Apôtres, il trouva qu'il avoit mis tant de douceur dans le visage de deux Apôtres, qu'il fut embarrassé à faire celui de Jésus-Christ, et on lui dit : « Tu as commencé un tableau que Dieu seul peut achever. » On voit dans ce tableau, au travers du bâtiment, un ciel qui paroît dans un éloignement infini. Enfin, c'est un des beaux tableaux du monde.

Il y a, outre cela, à cette église : un *Christ* qu'on couronne d'épines, de Titien, et deux *saint Paul*, de Gaudence : l'un, qui prêche et est dans l'attitude d'un orateur; l'autre, qui écrit et contemple. Ce sont trois tableaux excellents.

Les Archinto, grands seigneurs de Milan. Le précédent archevêque étoit le cardinal Archinto. Il y en a un chevalier de la Toison d'or : il est père de la princesse Trivulce, de la marquise Lucini et de la marquise Bisanci, et a un fils à Rome, homme de lettres. Il a une bibliothèque de très bon goût. La marquise Simonetta tient une conversation aussi bien que la marquise Lucini. Ce qu'il y a de noble aux conversations de Milan, c'est que l'on vous y donne bien du chocolat et des rafraîchissements, et qu'on ne paye pas les cartes.

Il y a, à Milan, la marquise Aresti, qui est grosse et belle ; il y a la marquise Lucini, sœur de la princesse Trivulce, qui tient assemblée tous les jours ; et la comtesse Simonetta aussi.

Le marquis Trotti a une belle maison et une jolie femme.

J'allai, le 3 octobre, à Aumate, jardin que le prince Trivulce a fait avec bien des dépenses inutiles. Des terrasses ; pièce d'eau assez belle ; point encore de maison ; point de bois. De là, je vis Aurein, maison du comte Scotti, qui est à 1 mille ou 1 mille 1/2 de là. C'est une très jolie petite maison et un très joli jardin. Il y a au bout une pièce assez jolie pour recevoir sa maîtresse et faire une petite fête. Mais il y a un canal, qui porte l'eau d'une cascade dans un bassin qui est au milieu des deux bâtiments, qui est ridicule par son peu de largeur. Il y a, des deux côtés, deux pièces de pré, qui sont entourées de charmilles, et qui font comme une espèce de demi-cercle, et que je pourrois bien imiter à La Brède, dans mon avant-cour et mes prés.

Le comte de Loano, héritier de la maison du prince Doria, qui a épousé la fille du duc de Tursis et a réuni les plus riches maisons de Gênes, le plus sot et le plus grand seigneur de toute l'Italie, étoit à Milan, lorsque j'y étois, et le duc de Tursis, aussi.

J'ai été voir le Château. Il est trop grand, parce qu'il y faudroit 6,000 hommes de garnison, au moins, pour le défendre. Il n'y en a actuellement que 5 à 600.

Il y a une vieille tour, bâtie en pointe de diamant, où, dans le dernier siège, après Turin, le canon n'emportoit *(sic)* qu'une pierre. Colmenero l'a fait rétablir. Il fit aussi faire un ouvrage qu'on a détruit parce qu'il n'étoit défendu de rien, et que les assiégeants, consentant à perdre du monde pour l'emporter d'un coup de main, étoient, en le prenant, maîtres du Château. On nous dit qu'on avoit transporté la plupart des attirails de guerre dans les places dépendantes pour les remettre en temps et lieu.

Le Château est de six bastions. C'est un ouvrage de plusieurs mains, et il a été plusieurs fois agrandi. C'est une fortification assez régulière : chaque courtine défendue par un ravelin. Comme il y a des oreillons, on dit que les gorges des bastions ne restent pas assez larges, entre les deux flancs, pour pouvoir y entrer et en sortir.

Le Gouverneur a une petite cour. Les familles qui

ont droit d'y aller ont une distinction. La marquise Molinari, riche femme d'un banquier, quoiqu'elle ait des fiefs, n'a pu avoir le droit d'y aller. Toute la Ville s'opposa, sous le gouvernement du prince de Lœvenstein, à ce qu'une femme d'un Allemand, qui avoit permission d'y aller, y allât, et cela fut une affaire si sérieuse que trois gentilshommes, sous différents prétextes, furent exilés.

L'Église de *San-Fedele*, des Pères Jésuites, est belle, du dessin de Pellegrin. Il y a un autel où les colonnes paroissent tomber; elles appuyent en haut sur un côté, et en bas sur un côté opposé; deux Anges les prennent avec les bras, pour les retenir. Il semble effectivement que ces colonnes vont tomber, et que c'est une ruine.

Le prince Trivulce a un assez beau cabinet de tableaux de plusieurs auteurs.

Il y a neuf familles à Milan qui ont le grandat d'Espagne : Borromée et Visconti, du temps de Charles II; Litta, Serbelloni, Stampa, Clerici, Trivulce, Carnavagio, Castelbarco. Archinto, chevalier de la Toison d'or, a le traitement, mais personnel. Borromée est aussi chevalier de la Toison.

Le comte de Daun, gouverneur de Milan, bon homme, qui ne se mêle que de ses affaires, renvoye tout au Sénat. Sa femme très polie, et dont on est très content. Au reste, peu de dépense.

Le comte Ferdinand, son fils.

Les gouvernantes de Milan ont des dames de compagnie à leur service, qui sont des principales familles d'Allemagne. La belle-sœur de M. de Windischgrætz-Barisoni étoit dame de Made Colloredo. C'est un usage d'Allemagne, où les *fræulein* de la première condition se mettent chez une dame de naissance égale. Cependant les dames italiennes n'ont jamais voulu se mettre chez les gouverneurs de Milan.

Les Milanois ont trouvé fort mauvais que deux hommes de condition de Milan se soient faits hommes de chambre du Gouverneur, et celui-ci est le premier qui a obtenu ce point.

C'est autre chose pour le capitaine des gardes : le prince de Trivulce l'étoit du comte Borromeo, son oncle, vice-roi de Naples. C'est une charge militaire, qui dépend plus de la charge de Gouverneur que de la personne.

Le tableau de Léonard Vinci qui est aux Grâces, dans le réfectoire, représentant la cène de Jésus-Christ avec les Apôtres, est peint sur la muraille, à l'huile, avec un vernis dessus, dont on a perdu l'invention; à cause de quoi, on ne peint plus sur les murailles qu'à fresque.

La Porte-Rasa, à Milan, ainsi nommée parce qu'à l'occasion d'un siège, comme les ennemis étoient près de donner l'assaut, une fille se mit toute nue sur la muraille, se rasant le c..; ce qui attira l'attention des assiégeants et donna le temps de faire une sortie qui délivra la Ville. On lui érigea une statue dans la même attitude, qui est à présent dans la maison du comte Archinto, proche le Canal. Le Corio le rapporte dans ses histoires.

J'ai vu chez le prince Trivulce de grands paysages qu'il dit être de Breughel. Ils ne sont pas à l'huile, mais en détrempe. On connoît cela par une espèce de moiteur et tout autre jour que la peinture à l'huile.

J'ai vu l'Hôpital de Milan. C'est un très bel édifice. Une cour très vaste, autour de laquelle est une galerie de colonnes de bon goût. Autour de là sont les divers corps de logis, qui ont de même des cours au milieu. Tout aboutit à la grande cour. C'est là qu'on a soin des malades, qu'on reçoit les enfants trouvés. Il y en avoit eu la dernière année 360. On donne aux filles, quand elles sortent, une petite somme pour leur dot, et elles ne sortent que mariées. Un homme qui a fait un enfant à une fille la mène en cachette à l'Hôpital et l'y fait accoucher; ce qui se fait en secret.

Le 16 octobre, je suis parti de Milan. J'arrivai le soir à Sesto, sur le bord du Lac Majeur, pour aller voir les îles Borromées. Là, je trouvai l'abbé prince de Melfi, qui avoit été faire un achat de pierres et marbres au bout du lac, pour bâtir sa maison de Milan.

Il me dit que le Milanois, tout dégradé qu'il est,

sans compter les distractions faites en faveur du roi de Sardaigne, avoit 1 million 50,000 habitants; que les fiefs impériaux que le duc de Savoye avoit acquis n'alloient qu'à 10,000 sujets; qu'il croyoit que la vente de Finale étoit très préjudiciable à l'Empereur, qui, par Finale, communiquoit avec le royaume de Naples et la Sicile, et qu'on avoit eu tort de laisser perdre à l'Empereur cette communication de la mer: à l'Empereur, qui, par ses fiefs impériaux, portoit ses troupes napolitaines dans le Milanois; qu'on avoit été sur le point de vendre aux Génois le fief de ...., qui communique à la mer, moyennant quoi cette ressource étoit encore ôtée; mais que, sur un mémoire qu'il avoit envoyé, cela n'avoit pas été fait.

Il dit que, sans fumier, rien ne vient dans l'État de Milan, mais que les paysans ont le moyen et toute l'industrie pour s'en faire; au lieu qu'en Hongrie il n'y a qu'à jeter le bled dans la terre, et il vient. Cela vient de ce que la Hongrie n'est pas si bien cultivée, et que les terres reposent plus. Il dit que les viandes du Milanois sont beaucoup plus nourrissantes que celles d'Allemagne et de France : ce qui est à bien remarquer; que les Allemands, qui donnent, dans le Milanois, de l'avoine à leurs chevaux, comme en Allemagne, les crèvent presque tous; que le pain même est plus nourrissant: ainsi, impossibilité de faire deux repas.

Il dit que l'Empereur traite avec justice tous les petits princes d'Italie; que tous lui *(sic)* usurpent sans cesse; que le duc de Parme lui a usurpé beaucoup; que l'on étoit convenu de nommer des arbitres: ce qu'il n'a jamais voulu faire; que les Vénitiens lui usurpent aussi : après quoi, ils crient partout; que, comme les princes qui relèvent de l'Empire sont taxés par l'Empereur en cas de guerre, à tant par feu de chaque famille de leurs sujets, cela leur donne occasion de s'étendre en plaintes; que cela leur donne occasion d'en lever plus qu'ils n'en donnent à l'Empereur; que le duc de Modène, ayant acheté La Mirandole, fit mettre à Milan ses pierreries en gage; mais que ce n'étoit qu'une politique pour paroître pauvre : car l'Empereur, dans les contributions, lui faisant le relâchement d'un tiers, il ne le feroit plus s'il lui voyoit tant d'argent; en sorte que la politique de ce prince est de passer pour pauvre.

Je restai tout le 17 à Sesto, à cause du vent horrible et de la pluie qu'il faisoit. Le 18, je m'embarquai et allai à ces îles qui sont éloignées de 15 milles de Sesto. Il n'y a rien de plus enchanté. Elles ont chacune environ un quart de mille de tour. Ce sont des terrasses mises les unes sur les autres, et les murs des terrasses sont couverts d'orangers, limoniers, cédrats. Il y en a une qui est extrêmement peignée; l'autre est plus rustique, et tout répond à cette rusticité. Il y a des faisans dans un petit bois, et, dès qu'on y entre, ils volent de tous côtés.

Pour l'île appelée *La Belle*, il ne se peut rien voir de plus beau. Il y a un grand bâtiment ou corps de logis capable de recevoir un prince. On doit entrer dans le corps de logis par une avant-cour, qui n'est pas encore faite, et qui doit être prise dans le lac. De là, on entrera dans une espèce de salon, d'où on ira dans les appartements, à droite et à gauche. A ce corps de logis doit venir un autre corps de logis au milieu, qui fera une espèce de T, et qui formera, au bout, une galerie; et à côté de cette galerie est une espèce de grotte rustique (où, au milieu, est *l'Hercule Farnèse*), qui termine une grande pièce de gazon: le côté opposé au bâtiment ou galerie étant fait par une galerie à arcades. Au bout de la galerie, on monte par un escalier double, et l'on arrive au jardin, avec cette remarque que, comme le bâtiment n'est pas d'équerre avec le jardin, l'escalier double ou à cornes est plus long d'un côté que de l'autre, pour cacher ce défaut. On entre ensuite dans le jardin, et on monte ensuite, de terrasse en terrasse, jusques en une pièce où est un homme monté sur une licorne; et, derrière, il y a une belle pièce avec des balustres, d'où l'on voit le lac de tous côtés, et les différents ordres de terrasses, qui sont jusques à dix, d'un côté, et neuf, de l'autre: ce qui fait un effet charmant. J'avois oublié de dire qu'à côté de l'escalier, avant d'entrer au jardin, il y a un petit bois d'oranger dans la terre, qui est planté en allées, et qui fait un effet charmant. Les terrasses sont plantées d'ifs, très bien taillés. La maison est pleine d'excellentes copies des plus beaux tableaux, et même de quelques originaux. On peut dire qu'on ne quitte ce lieu charmant qu'avec regret.

IV

ÉTATS DU ROI DE SARDAIGNE

Le 18, je partis de Sesto pour Turin. J'arrivai à Novare, où je séjournai le lendemain, parce que les rivières étoient débordées à cause de la pluie.

Novare est une vieille place, que l'on a accommodée en y faisant des bastions par dehors et des ravelins entre deux, ce qui la met en état de défense.

L'Église de Saint-Gaudence est assez belle, de l'architecture du Pellegrin, aussi bien que celle des Barnabites.

Il y a à Saint-Gaudence un autel (où sont les reliques du saint) d'une merveilleuse structure : car, au lieu du tableau, il y a une ouverture derrière laquelle paroît l'autel d'une chapelle qu'on a pratiquée derrière, et où l'on monte par deux escaliers. Cette chapelle est une espèce de dôme, mais avec cette remarque qu'elle est ouverte avant d'arriver au plafond; lequel plafond est orné de peintures, qui paroissent vives, parce que, de tous côtés, la lumière de plusieurs fenêtres donne dessus : ce qui transporte les couleurs et les fait jouer les unes sur les autres; et la lumière se communique de là dans la chapelle, qui en reçoit le jour; de façon que cette chapelle ou dôme est au milieu d'une grande pièce sans aller jusqu'au plafond, et le jour vient dans la distance qu'il y a du haut percé de la chapelle jusqu'au plafond.

L'autel majeur est isolé et très beau : il est plein de bas-reliefs de cuivre, qui m'ont paru mal dessinés en quelques endroits.

J'oubliois de dire que les portes de la chapelle sont de fer travaillé, très curieusement faites. On y a jeté dessus de l'airain fondu. Si le secret de M. de Réaumur pour des ouvrages de fer fondu réussit, il vaudra mieux que cela.

Le roi de Sardaigne a très bien fait ses affaires avec le pape Benoît, qui, charmé de la dévotion du Roi, ne peut lui rien refuser :

1° La nomination de tous évêchés et abbayes du Piémont, de la Savoye et de la Sardaigne, excepté trois;

2° Le droit de mettre dans les fiefs de l'Église un officier royal, qui poursuit les grands crimes;

3° Le droit de faire payer les taxes aux ecclésiastiques pour les acquisitions depuis cent [et] quelques années;

4° D'obliger ceux qui se font prêtres de payer lesdites taxes pour leurs biens patrimoniaux, ce qui diminue leur nombre : autrefois, plusieurs se faisoient ecclésiastiques pour ne payer pas.

Le roi de Sardaigne a gagné des points que le roi de France n'a pas par le Concordat : car les bénéfices vacants *in Curia* sont confisqués par le roi de Sardaigne.

Le marquis d'Ormea est venu à Rome, a répandu de l'argent et a fait tout cela.

L'Empereur vient aussi de gagner à Rome un grand point : celui d'une nouvelle bulle pour la monarchie de Sicile. Il est vrai que, par cette bulle nouvelle, les abus de l'ancienne ont été réformés, et que la cour de Rome y a autant gagné que l'Empereur.

L'abbé Del Marro écrivoit toujours d'Espagne que la flotte d'Espagne étoit destinée pour la Sicile ; on ne vouloit rien croire.

Les Citeaux d'Italie ont exclu l'abbé de Citeaux de sa visite, malgré le procès jugé à la Rote pour l'abbé. Mais, pour de l'argent, jugé, par la Congrégation des Évêques, qu'on payeroit à l'abbé le droit de visite, et que, lorsqu'il viendroit, ou quelqu'un pour lui, il ne pourroit rien statuer qu'avec le suffrage de deux abbés italiens. Outre l'abbé commendataire, il y a le prieur perpétuel, qui a la qualité d'abbé, et qui fait, lui, un prieur. Peuvent manger gras à dîner trois fois la semaine, par privilège des Papes.

Un roi de France ne doit jamais rien entreprendre contre le Clergé sans le consentement de Rome ; mais il pourra tout à Rome et avec Rome.

J'arrivai à Turin le 23 octobre 1728.

J'étois recommandé, par le marquis de Breil, à M. le marquis de Saint-Remy, gouverneur de la citadelle de Turin ; par le prince Trivulce, à Mad^e^ la comtesse de Mazin, qui me firent mille politesses.

J'y trouvai le marquis et la marquise de Prié, que j'avois déjà vus à Vienne.

Turin est une ville riante, petite, quoique agrandie par le père du Roi, et par le Roi, depuis le siège; et ces morceaux de la Ville qui ont été ajoutés ont été tirés au cordeau. La grande place est une des belles choses qui se puissent voir : elle est entourée du Palais du Roi et de plusieurs belle maisons des particuliers; et au milieu est ce qu'a fait bâtir feue Madame Royale, qui est d'une très belle architecture.

J'arrivai dans le temps que la Cour étoit en deuil pour la mort de la Reine : ce qui rendoit cette cour, déjà assez triste par elle-même, plus triste encore.

J'ai vu, auprès de la Vénerie, le lieu où a été tué le maréchal de Marsin. Il est enterré en une petite église ou chapelle des Capucins. Il y a son épitaphe : *Hic jacet O........, qui, post suorum cladem et fugam, ..., exercitum et victoriam amisit.* On a voulu mettre *honorem*, et on l'a ôté.

L'étiquette est sévère pour les ambassadeurs : les gens du pays n'osent pas y aller. M. de Cambis y a été seul; Hedges ne voyoit pas une âme. Il n'y a qu'un envoyé de Gênes qui a cette liberté.

Le 24, j'ai été à la Vénerie, où j'ai vu le Roi, qui m'a parlé pendant un demi-quart d'heure, et me demanda des nouvelles de l'abbé de Montesquieu, qu'il se souvenoit avoir vu avec l'abbé d'Estrades, du temps de la régence de Madame Royale. Je lui répondis : « Sire, votre Majesté est comme César, qui n'avoit jamais oublié aucun nom. »

J'ai vu le prince de Piémont, qui est d'une grande politesse. Nous avons parlé sur les bâtiments de Turin. « Nous avons, dit-il, partout des maisons, et elles ne sont pas achevées. »

J'ai vu la princesse, qui est fort belle; le prince Eugène, neveu du prince Eugène, fils du prince Emmanuel.

La Vénerie est une maison de chasse, que le feu Duc aimoit. Elle a été brûlée du temps du siège. Le Roi y a bâti une aile et le corps de logis, et l'autre aile est encore à bâtir. Le vieux bâtiment a été raccommodé, et on y loge aussi. Les jardins sont très grands et ont été faits par Lenôtre, aussi bien que le jardin du palais de la Ville, qui, quoique sur les bastions de la Ville, est très bien pris et très bien distribué. J'ai vu les écuries : sont belles et ressemblent en grandeur à celles de M. le Duc, à Chantilly; mais elles doivent former un carré, et il n'y a qu'un côté de fait. L'orangerie est aussi très belle.

J'ai ouï dire que le revenu du Roi montoit à 14 millions de Savoye. On ne sauroit croire avec quelle économie il règle sa maison.

Il a bien manqué à refuser son accession aux traités de Hanovre ou de Vienne. Par là, il a perdu les subsides que la France ou l'Angleterre lui auroient donnés, et a appris à l'Europe à se passer de lui : ce qui donnera le pli pour une autre fois.

La raison étoit qu'étant vieux il avoit peur de laisser le prince de Piémont en guerre ; qu'il espéroit davantage en se déclarant lorsque la guerre seroit commencée. Il s'en est bien repenti, à présent qu'il n'est de rien. L'Empereur n'agissoit que par menaces.

Le marquis de Saint-Thomas est le premier ministre. Le Roi ne prend point de résolution importante pour les affaires étrangères sans lui en parler, ni même pour le dedans. Il se réserve pourtant tous les détails. La marquise de Saint-Thomas est la première dame de la princesse de Piémont. Les appointements sont très petits, et je ne crois pas que la place de premier ministre donne plus de 12 à 15,000 livres de rente.

Rehbinder est général des armées.

Le marquis Del Borgo est secrétaire d'État pour les affaires étrangères. Il n'a proprement que l'exécution et ne fait rien par lui-même.

Il y a, de plus, dix conseillers d'État.

Les chevaliers de l'ordre de l'Annonciade ont le titre d' « Excellence ».

J'ai reçu bien des politesses du marquis d'Ogliani, fils du marquis Del Borgo.

Le comte de La Pierre, chevalier de l'ordre et premier gentilhomme de la chambre, âgé de quatre-vingts [et] quelques années, encore jeune et galant, m'a fort parlé de la vieille cour de Louis XIV.

Le comte de Provana, ci-devant ambassadeur en France, a le col cassé et est retiré à la campagne. C'est le seul de cette cour chez qui on aille dîner familièrement, comme en France. Il est souvent à une petite maison de campagne qui est une *cassine*, où on va le voir et dîner avec lui, femmes et hommes.

L'abbé Provana est un étourdi, qui a de l'esprit.

La comtesse de Cavaillac tient la grande assemblée. Elle se tient toujours chez la même personne; non pas comme à Vienne, où elle change toujours. C'est le Roi qui ordonne le lieu où elle se doit tenir. Là, la jalousie de la noblesse est grande, et la nouvelle noblesse est exclue. Les Piémontois ne se mésallient que rarement.

On ne mange point à Turin: un dîner qui se donne à quelque étranger est une grande nouvelle dans la Ville, et il en est bien question.

On va manger assez librement chez le comte Provana.

M. de Cambis, dans trois ans, n'a été prié nulle part; il n'y a rien de si gêné que toute cette cour.

Pour rien, ne voudrois être sujet de ces petits princes! Ils savent tout ce que vous faites; ils vous ont toujours sous les yeux; ils savent vos revenus au juste; trouvent le moyen de vous les faire dépenser, si vous en avez beaucoup; vous envoyent des commissaires, qui vous font mettre en prés ce que vous avez en vignes. Il vaut bien mieux être perdu dans les états d'un grand maître.

La Sardaigne, 300 à 380,000 habitants. Il n'y a ni eau, ni air. L'eau est presque toute saumâtre ou salée. Ils n'ont point de beurre, ou celui qu'ils ont est comme de la vieille graisse. Le marquis de Saint-Remy, qui y a été deux fois vice-roi, envoyoit quérir son eau à Pise. D'ailleurs, ils ne fauchent point l'herbe, pour nourrir le bétail l'hiver; parce que leurs pères ne l'ont pas fait. Ils ne plantent non plus pas un arbre; parce que leurs pères ne l'ont pas fait. Il n'y a que cinq mois de l'année où l'on puisse sortir des villes, à cause de l'intempérie.

L'archevêché de Cagliari vaut 12,000 écus de rente; mais il y en a un tiers pour le Roi, aussi bien que des revenus des évêchés du Piémont, et cela se consomme dans les dépenses que la Cour fait à Rome. Et le Pape a renoncé au droit de succéder aux biens meubles des ecclésiastiques morts, malgré les oppositions des autres puissances d'Italie.

Il n'y a non plus, en Sardaigne, d'arbres fruitiers. On fait quelquefois 20 milles sans trouver une maison, ni un arbre. Dans les montagnes, il y a de bons arbres: et de bons chênes, et de bons ormeaux.

Cagliari, vilaine ville; Sassari, meilleur air.

Le baron de Saint-Remy dit qu'il rioit lorsqu'il les voyoit venir, dans le mois d'août, avec des manteaux assommants. Ils lui disoient que c'étoit leur devoir de paroître ainsi devant lui.

Le baron dit que, si son maître vouloit la *(sic)* lui donner, il ne la prendroit pas : il y a été presque toujours malade.

Les Sardes ont de l'esprit.

Le marquis d'Angrogne, introducteur des ambassadeurs, espion du Roi; haï et détesté pour cela.

L'abbé Del Marro écrivoit sans cesse au roi de Sicile qu'Albéroni en vouloit à la Sicile; le secrétaire de la Commission, gagné par Albéroni, lui écrivoit, au contraire, qu'il en vouloit au royaume de Naples; et ni Naples, ni Sicile n'étoient pourvus : chacun se croyant en sûreté.

On a beaucoup retranché les revenants-bons des officiers, c'est-à-dire le nombre de rations.

Le marquis de Rivarol, grand-veneur, a eu son père mort lieutenant-général au service de France; a des terres en Auvergne. Il m'a beaucoup parlé de la France, où il a servi, et où il est allé bien souvent. C'est un espion du Roi; il est méprisé comme de la boue; le Roi seul l'estime.

Le roi de Sardaigne a défendu les plantations de riz en une province et le *(sic)* défendra bientôt dans toutes. Cela rend le pays malsain. Il est vrai que cela épargne le travail : on fait, avec une paire de bœufs, ce qu'on ne feroit pas avec quatre ou cinq paires en bled.

On mange à Turin une espèce de truffes plus grosses, plus blanches que les nôtres, qui sentent l'ail : elles ne m'ont paru guère bonnes.

M. de Louvois demanda à établir une poste à Turin, et qu'il y passât un chariot franc, qui ne fût point visité. Cela fut accordé. Ce chariot, chargé de toutes les manufactures de France, faisoit un tort très grand aux douanes. La consommation des manufactures de France étoit très grande dans les états du Duc. M. de Louvois, qui trouvoit son compte à cette manœuvre, fit demander deux chariots. Le Duc le refusa. M. de Rébenac demanda audience. Le Duc l'accorda malgré lui. Il étoit dans une salle de son palais d'où, par la fenêtre, on voit confusément le château de Pignerol. M. de Rébenac lui dit : « Comment est-il possible que vous refusiez rien à un prince qui possède ce château que vous voyez là. » Le duc de Savoye dit, lorsqu'il fut sorti : « Eh bien ! je perdrai donc mes états, — il m'a menacé du château de Pignerol ! — ou je ferai raser le château de Pignerol ! » et il fit raser le château de Pignerol. Lorsque la guerre de la succession d'Espagne arriva, il demanda le Montferrat et indemnités [pour] le duc de Mantoue. « Puisque je vous sers, il faut que j'aye quelque chose. » On ne voulut pas. « Eh bien ! dit-il, j'aurai le Montferrat, ou je perdrai mes états. » Il a eu le Montferrat, partie du Milanois et la Sardaigne.

Ce qui engagea les Anglois à ôter la Sicile au roi de Sardaigne, c'est que le ministre whig vouloit défaire ce qu'avoit fait le ministre tory, et que l'on disoit que la parenté avec le Prétendant et le droit de succéder étoit dangereux. Mais le Régent n'avoit aucune raison.

Quant aux ministres, aux officiers même qui rendent la justice à Turin, ils ne sont proprement d'aucune société : retirés, fiers, ce sont des gens invisibles au reste du monde.

Le Roi a à la Vénerie ses cens, son bled, ses foins. Il sait tout le détail de l'agriculture. Il a 3 ou 400 chevaux de ses écuries ou de ses gardes, qui engraissent ses terres, qui sont mauvaises, et ses prés, qu'il a faits. L'air y est assez mauvais, parce que c'est dans un fond. Ainsi les terres, qui ne vaudroient rien à un autre, lui valent. Il va lui-même parler à ses gens et laboureurs et a la bonté de s'entretenir avec eux.

Ce qu'il a, c'est qu'il a encore le mauvais principe qu'il faut tenir le bled à bas prix ; ce qui fait qu'il en achète et en revend, et fait venir du mauvais bled de Sardaigne, qui se gâte en chemin, pour le faire tomber.

Ses financiers, qui savent qu'ils feront leur cour

en lui proposant des profits clairs, lui font perdre beaucoup pour un profit présent.

Les marchandises d'Italie passoient par la Savoye. On lui a fait charger ces lieux-là de droits, et on crut que les marchands ne changeroient pas de route, parce que les passages se fermoient par la neige, et qu'ils étoient difficiles, et point de chemin. Mais on s'est trompé. On a pris le passage par la Suisse, par une montagne appelée *le Simplon*, que l'on a fait bien accommoder, et toutes les marchandises y passent à présent.

Autrefois, les douanes excessivement rebutantes et mauvais procédés des commis, qui étoient d'une sévérité et malhonnêteté indicibles à tous égards, sans distinction de condition. A présent, un peu moins de sévérité. Le plus grand seigneur du pays, visité et condamné à l'amende pour une livre de tabac pour sa provision.

Les grands-officiers n'ont aucun crédit. Le grand-chambellan ne peut pas donner la moindre petite place, ni la faire donner. *Idem*, des autres.

Il *(sic)* a la politique de faire faire au ministre du dedans ce qui regarde celui des affaires étrangères, et *vice versa;* ce qui les brouille infailliblement. Quand il fit le marquis de Maffei vice-roi de Sicile, il le brouilla d'abord avec celui qui étoit le président des finances.

Lorsque le Roi alla en Sicile, il y crut gagner les

Siciliens en paroissant affable, en parlant à tous, en se montrant toujours, paroissant sans faste, pour prendre le contre-pied des vice-rois enfermés comme des Dieux. Mais il faut de la majesté auprès de ces gens-là. D'ailleurs, la manière dont il traitoit les Piémontois leur faisoit bien voir l'intention de ces manières populaires. D'ailleurs, quand ils voyoient un gentilhomme de la Chambre, et qu'ils lui disoient : « *Signor, siete gentilhuomo di Camera ? — Si, signor. — E quanto havete, Signor ? — Noi serviamo per l'honore, non per il denaro. — Ma quanto havete, Signor ? — Seicento lire di paga* » : ils ne pouvoient digérer cela. Ils ne pouvoient digérer un homme comme Maffei vice-roi et s'attendoient à un prince du sang ou au prince de Piémont ; d'autant mieux que Maffei étoit soupçonné de n'être pas des vrais Maffei, et qu'il avoit été page du Roi, qui lui avoit fait sa fortune.

Le marquis de La Pierre, grand-chambellan.

Quand Stanhope demandoit à Philippe V les articles secrets, il lui répondoit : « Vous dites qu'ils sont secrets. Pourquoi les demandez-vous donc ? »

Espions dans toutes les maisons.

Le marquis d'Angrogne, introducteur des ambassadeurs, prête toujours l'oreille.

Le marquis de Rivarol, reçu à la survivance de la charge de grand-veneur.

Quand un grand de l'État reçoit ordre du Prince d'aller exercer quelque emploi, il ne peut le refuser sans punition. Ainsi le marquis Graneri, qui s'étoit excusé d'aller occuper le poste de premier président du Sénat de Nice, envoyé en exil pendant deux ans et disgracié pour la suite. *Idem*, de plusieurs autres. Mais, en France, si l'on n'est pas le maître de parvenir aux honneurs, au moins est-on le maître de les refuser.

On sait les moindres détails des familles, jusqu'aux mariages des moindres bourgeois, et on s'en occupe.

On fait venir des gens à la suite de la Cour, sans leur dire la raison pourquoi, ni leur donner le moyen de se justifier. Un abbé de Savoye et un évêque de Sardaigne étoient actuellement à la suite de la Cour.

Par la réunion des domaines aliénés, on croyoit avoir des sommes immenses. On disoit contre : qu'il falloit laisser respirer la pauvre noblesse et ne point maltraiter un corps dont le sang fumoit encore ; que cela ne feroit que décrier dans les pays étrangers. Mais on crut trouver des sommes immenses : on pensoit pouvoir retirer les aliénations des princes d'Achaïe, dont le dernier mourut en prison, et dont l'état fut pris par les ducs de Savoye. Mais il n'y eut pas moyen ; de façon que cela n'est pas allé à plus de 300,000 livres de rente en terres, qu'on a revendues, et qui ne peuvent pas être plus sûres qu'elles étoient entre les mains des anciens possesseurs.

Comme on ne croit jamais que celui que vous

employez vous serve bien, on lui envoye toujours un espion, et un espion à l'espion. On craint beaucoup le poison. Deux moines, dans un couvent, furent empoisonnés. On ne savoit ce que c'étoit. Cela mit fort en peine; ce qui fit qu'on envoya des gens, les uns sur les autres, qui s'informoient, sans savoir les uns que les autres y fussent.

La Brunette, place considérable, monument de la gloire du Roi : elle est sous le château de Suze. Il faudroit 4,000 hommes pour la défendre, sans ce qu'il faut aux châteaux dépendants. Elle seroit d'une terrible conséquence, si elle étoit occupée par les ennemis.

Seigneurs, aucune puissance dans leurs terres : un paysan ne les salue seulement pas.

Ministres, toujours ministres, quoique sans crédit : ils ne vous diront seulement pas s'il fait bon ou mauvais temps; ne sortiront jamais. M. de Cambis pria ministres et généraux; tout le monde s'excusa.

J'ai été à Rivoli, maison de plaisance, à une poste de Turin du côté de France, à trois postes de Suze et à une poste et demie de Pignerol. C'est là que M. de Châteauneuf fit le compliment au duc de Savoye. On y voit la vallée de Suze. Elle est sur une montagne. Cette maison est ancienne, et le Roi en a un dessein pour l'accommoder. Ce qui est à faire pourra être très beau; mais ce qui est fait ne l'est guère. Il est vrai qu'on pourra le raccommoder en faisant des portes; mais la plupart des pièces, surtout de l'appartement de bas, sont trop petites. Quantité de mauvais tableaux; point de meuble. D'ailleurs, la vue est magnifique, et on y pourra faire une terrasse tout autour, qui sera quelque chose de superbe. Dans une chambre, il y a le plan des quatre côtés du bâtiment, qui paroît très beau.

Le Roi a perdu une occasion qu'il ne rattrapera peut-être jamais, en n'accédant ni à l'un, ni à l'autre traité. Il ne faut point accoutumer les autres à se passer de nous. Dans une autre occasion, on dira : « Le roi de Sardaigne n'étoit de rien; il ne faut pas qu'il en soit aussi à présent. » Il espéroit que, la guerre se faisant, les conditions seroient meilleures lorsqu'elle seroit déclarée. Mais elle ne vint point, et il dit : « Le Cardinal a fait dans ses chausses. »

Ici les murailles parlent.

Il y a le palais du prince de Carignan, qui est très beau. L'entrée est une grosse tour, dans laquelle est un portique ovale, avec huit colonnes accouplées de chaque côté; et, avant d'entrer dans le portique, il y a un autre rond. Des deux côtés du portique, on va à deux grands escaliers très beaux. Comme le portique avance en rond, la façade est un peu des deux côtés. Après quoi, le bâtiment s'avance du côté du jardin. Le portique avance de même. Il y a deux ailes courtes. Après quoi, la façade reprend. C'est un très beau morceau.

Le palais bâti par Madame Royale n'est proprement qu'un salon, où l'on entre par deux escaliers, et la vue, passant par le portique, suit une rue bien droite et va se perdre dans la campagne.

Enfin, Turin est petit et bien bâti : c'est le plus beau village du monde.

J'eus l'honneur, le 30, de faire ma cour à M. le prince de Piémont, qui étoit venu à Turin. Il est fort affable; il aime qu'on lui fasse la cour. Je vis aussi son fils, le duc d'Aoste, qui n'a que deux ans, et la princesse sa sœur, qui est sa cadette : ce sont de très jolis enfants.

On ne donne absolument pas à manger à Turin.

Le marquis de Prié, qui avoit tenu cinq ou six Piémontois chez lui, des années entières, en Flandres et à Vienne, étoit à Turin quand j'y étois. Pas un de ceux-là ne lui donna un verre d'eau. Il étoit au milieu de sa famille; personne ne le pria à dîner. Un jour qu'il partit pour la campagne, le marquis de Carail lui dit : « J'en suis fâché : car je voulois vous donner à dîner. »

Le comte de Rutowski, fils naturel du roi de Pologne, étant au service du roi de Sardaigne pendant deux ans, y mangea plus de 400,000 francs à donner à dîner aux Piémontois. Lorsqu'il s'en alla et quitta ce service, il avoit envoyé ses officiers devant. On le laissa quinze jours au cabaret, sans lui offrir un morceau de pain.

On dit qu'il y a 50,000 âmes à Turin; le Roi dit qu'il y en a 53,000; mais je suis persuadé qu'il n'y en a pas 40,000. Petite ville; peu de petites maisons; peu de monde dans les rues. Le Palais du Roi, les jardins, les places occupent bien du terrain, et les rues sont larges.

A la levée du siège de Turin, des François se défendoient. Le prince Eugène dit au Roi : « N'exposons pas nos gens : ce corps-là va se rendre tout à l'heure. — Eh! dit-il, mes gens ne sont-ils pas payés pour cela? »

Les gentilshommes piémontois sont très pauvres, et cette dernière réunion des domaines a achevé de ruiner la noblesse, à la réserve du marquis de Carail, qui a, dit-on, 40 à 50,000 livres de rente. Tout le reste vit sur 10 ou 12,000 livres de rente. Les appointements de la Cour sont très modiques : elle n'a point d'emploi au-dessus de 500 pistoles d'Espagne.

Le militaire est un peu mieux : le général Rehbinder peut bien avoir 40,000 livres d'appointements.

Les nouvelles constitutions que le Roi a fait publier sont désolantes pour la noblesse. On ne peut point sortir du pays sans permission, à peine de confiscation et de peine arbitraire; et, comme le pays est petit, la servitude est encore plus dure. On ne peut faire passer ses effets dans le pays étranger, à peine de confiscation.

Voici ceux qui ont rang :

Primo, Les chevaliers de l'Annonciade; il y en a

à présent quatre : le marquis de La Pierre, le marquis de Saint-Thomas, le général Rehbinder et le marquis de Coudrée.

De plus, les trois grands, qui sont : le grand-chambellan, qui est le marquis de La Pierre ; le grand-maître, qui est le marquis de Coudrée ; le grand-écuyer, qui est le comte de Non.

De plus, les ministres, qui sont : le marquis de Saint-Thomas, premier ou plutôt plus ancien ministre ; le comte de Gouvone ; le marquis de Coudrée ; enfin, le marquis Del Borgo et le comte de Mélarède : le premier est secrétaire d'État des affaires étrangères, et l'autre l'est des affaires du pays.

Le rang consiste à avoir le titre d'« Excellence », à entrer dans la chambre du Roi, et autres petites choses. De plus, la secrétairerie des guerres donne l'« Excellence » aux généraux d'artillerie.

Il y a encore un troisième secrétaire d'État, qui l'est de la guerre ; c'est M. de Fontana, nouvellement pourvu.

Il n'y a point ici de crédit qui dure. Une des personnes qui paroît l'avoir depuis longtemps, c'est le marquis d'Ormea, général des finances, qui vient de Rome. Cet emploi ne donne pas de rang.

Il y a deux petits grands, qui sont : le grand-veneur et le grand-maître de la garde-robe. Le marquis de Rivarol exerce le premier emploi, en survivance du marquis de Tanes, qui n'est pas en état de l'exercer. Le deuxième emploi n'est point rempli.

L'ordre de Saint-Maurice ne donne aux grands-croix de rang a la Cour que dans les fonctions que le Roi fait comme grand-maître de l'ordre. Mais, en ville, ces grands-croix ont quelque espèce de rang, et, dans leur conseil, précèdent les chevaliers de l'ordre moins anciens. Le plus ancien des grands-croix tient le Conseil chez lui.

Il y a quatre emplois : le grand-chancelier, qui est le marquis Morozzo; le grand-hospitalier, qui est le comte Provana; le grand-conservateur, le marquis de Rivarol; le grand-trésorier, le comte de Morozzo. Ce marquis de Rivarol est estimé du Roi, et généralement méprisé de tous ses sujets.

Je fus, le 4, avec l'abbé de Provana, aux Archives. J'y vis la fameuse table d'Isis, qui fut prise au sac de Mantoue, et achetée, et est venue aux ducs de Savoye. Cette table est un très beau monument de l'antiquité et est d'une espèce de métal mêlé, comme du métal de Corinthe. Il faut en voir la description dans Ligorius et le père Mabillon. La figure que Ligorius en donne est de la vraie grandeur de la table; non celle que donne Mabillon, qui n'a consulté qu'une fausse édition. Ce que j'ai remarqué, c'est qu'elle est extrêmement mal gravée et mal dessinée; ce qui me fait croire qu'elle est plus ancienne que le règne des rois grecs en Égypte. Elle est dessinée dans le goût et la manière gothiques, c'est-à-dire dans le goût où l'on est lorsque l'on ignore l'art. Car, de dire que l'ouvrier a mal dessiné exprès, pour faire croire aux peuples superstitieux que leurs Dieux étoient antiques, cela me paroît hors de vraisemblance; outre qu'une main habile se trahiroit en quelque endroit; et là elle est toujours la même. La deuxième *(sic)*, c'est que le père Lafitau auroit eu bien du plaisir de voir dans cette table une croix attachée à une espèce d'anneau qui est dans la main d'Isis.

Il y a encore, dans les Archives, 31 volumes de manuscrits in-folio de Ligorius, sans compter quelques pièces volantes. Charles-Emmanuel les acheta. Il y en a une douzaine de volumes dans la chancellerie de Rome; ce sont des copies tirées par les héritiers. Il y a un dictionnaire de 18 volumes. Le reste sont *(sic)* des traités particuliers, comme sur les médailles des villes, des magistrats et des empereurs; plus, un traité des tremblements de terre; un autre du Dragon, des hommes illustres, des magistrats de Rome, sur Tivoli; un volume de dessins; un autre des abréviations; et d'autres. — Voyez dans le Moréri si ce Ligorius est le même que celui qui est cité par Montfaucon, et a travaillé sur la table d'Isis, et a fait imprimer là-dessus un ouvrage; et peut-être ai-je pris un nom pour un autre.

Dans ces volumes de manuscrits, il y a aussi la figure de tous les vaisseaux anciens; ce qui est très curieux. Son recueil de dessins est (je crois) très utile. Il avoit dessiné toutes les pièces des grands peintres, qui étoient sur des murailles, où ils *(sic)* périssoient.

Le saint Suaire est dans une chapelle de marbre

noir, qui est derrière le maître-autel de la Cathédrale de Turin. Elle est élevée d'un étage au-dessus du plain-pied de la chapelle. C'est la chapelle de la Cour; elle a plus de réputation que de beauté.

Je suis parti de Turin, c'est-à-dire d'une ville assez ennuyeuse, le 5 novembre 1728, pour aller à Gênes par Alexandrie.

Toutes les petites villes et villages de la route, comme Chieri, ... sont dans une étrange désolation. On n'y voit point d'habitants; mais des grandes maisons inutiles.

Le pays, depuis Turin jusqu'à Alexandrie, est merveilleux, et (je crois) même meilleur que le Milanois : plein de mûriers; il y a des vignobles et bien des pacages. C'est dans ces pacages que se nourrissent les bestiaux qui y viennent de dehors, surtout de la Savoye, et s'engraissent là, et sont achetés pour Gênes. Les paysans sont assez bien dans le Piémont : ils ont tous, chacun, un morceau de terre, qui est très fertile, et sont quelquefois aussi riches que leurs seigneurs. Dans le Milanois, c'est tout le contraire : la noblesse a beaucoup de fonds, et les paysans, peu.

Nous couchâmes, le 6, à Villanova; le 7, à Asti. Depuis Villanova jusqu'à Asti, le pays est bon, plein de mûriers. Asti est le seul endroit depuis Turin qui soit un peu considérable, et il peut bien contenir 5 à 6,000 habitants. Elle *(sic)* a été plus grande, comme il paroît par l'enceinte qui subsiste encore aujourd'hui, et qui n'a, d'un côté, que des jardins.

Les marchands de Turin tiennent que le commerce de soye, qui est le seul du Piémont, monte à 10 millions; ce que je ne crois pas, mais à peu près à la moitié.

Quand j'étois à Turin, il y avoit un prince d'une branche cadette de Mecklembourg, qui paroissoit assez aimable.

Ce roi-ci, qui ne songe, douze heures du jour, qu'à augmenter sa bourse, a fort chargé la douane des marchandises qui passent au Mont-Cenis : car la douane est établie à La Novalesa, au pied du Mont-Cenis, du côté du Piémont; et on est libre d'y payer, ou à Turin; et l'on fait sa déclaration, et l'on vous donne un billet pour Turin. Mais les augmentations et les difficultés et duretés des douanes, sous ce roi-ci, ont déterminé les marchands à prendre le chemin de Simplon. C'est que le roi de Sardaigne, pour favoriser les soyes du Piémont, a chargé de gros droits les soyes d'Italie qui passent par le Piémont.

On va de Milan à Sesto; de là, on s'embarque sur le lac Majeur jusqu'à Margos; de là, on va à Domo-d'Ossola; de là, au Simplon. Ce Simplon est entre les vallées de Sésia et le Valais. L'éloignement de Simplon à Margos est d'environ 15 milles. Par là, on évite de passer par les terres de Savoye. Du Simplon vous descendez à Briga pour aller à Genève, et, de là, à Lyon. Le passage du Simplon est beaucoup plus incommode que celui du Mont-Cenis : car il faut monter une journée entière pour traverser d'un côté à l'autre le Simplon; et il ne faut qu'une demi-journée pour passer le Mont-Cenis. Il est plus sujet à la neige que le Mont-Cenis. Les routes sont plus étroites; de façon que l'on n'y peut qu'avec beaucoup de peine porter une chaise; cela coûtera même 5 à 6 louis d'or; et, avec un demi-louis, une chaise passe le Mont-Cenis.

Au Mont-Cenis, une chaise se voiture sur le dos de trois mulets. On la défait; un porte le corps; l'autre, les roues; l'autre, les brancards. Mais, au Simplon, le corps se porte par des hommes, parce qu'il y a des chemins trop étroits, de manière que le corps ne peut passer.

Nous sommes, le 8, entrés dans l'Alexandrin, ayant le Montferrat au nord. C'est un pays très gras et très fertile. Nous avons trouvé le Tanaro à 1 mille ou environ d'Asti, qui va à Alexandrie, où la Bormida se jette à 2 milles plus bas qu'Alexandrie. A 7 milles de là, le Tanaro se jette dans le Pô, à Bassignana. A 1 mille d'Alexandrie, allant à Novi, il faut passer la Bormida.

Le Tanaro sépare la Ville du faubourg, qui est joint à la Ville par un pont de pierre. Ce faubourg est renfermé dans la fortification. Presque toutes les maisons en ont été abattues, il y a environ un an, par le roi de Sardaigne, pour y bâtir une citadelle. Mais on tient que l'Empereur a fait surseoir l'ouvrage.

Comme on trouve l'eau en creusant, il faudra bâtir cette citadelle sur des pilotis, lorsque l'on osera l'entreprendre.

Alexandrie est une grande ville, mais peu peuplée.

La place devant la Cathédrale est grande. Il y a un arc de triomphe, qui fut érigé en l'honneur du mariage de la princesse (je crois) Anne-Marie, épouse de Philippe IV, lorsqu'elle entra dans Alexandrie. — Il faudra voir quelle princesse c'étoit.

V

ÉTAT DE GÊNES, MASSA ET LUCQUES

Nous sommes entrés dans le pays des Génois, à 8 milles au delà d'Alexandrie. 4 milles après, nous sommes arrivés à Novi, place seulement fortifiée par une muraille et un fossé. A 5 milles de Novi, nous avons trouvé une petite forteresse, sur une montagne, appelée *Gavi*, qui est très haute. Un torrent, appelé *Lemno*, la baigne. Il faut passer le Lemno plusieurs fois. Tout le pays n'est que montagnes et collines, aussi bien cultivées que le peuvent être des terres très ingrates et très maigres.

Nous avons couché à Voltaggio, qui est éloigné de Gênes d'environ 20 milles.

On peut regarder comme un effet de la liberté que, dans ces montagnes que nous avons trouvées depuis Voltaggio toutes pelées, où il n'y croît point de bled, mais seulement quelques châtaigniers : cependant ces collines sont pleines de maisons de paysans, et ce mauvais pays paroît très peuplé. Cela me fait souvenir de ce que m'a dit M. de Bonneval : que le Limousin, mauvais pays et pays de châtaignes, est plus peuplé qu'aucun autre pays de France, et beaucoup plus notamment que la Bretagne; et il prend l'Armagnac pour témoin, dans l'énumération qu'il fait des peuples des provinces.

J'arrivai à Gênes le 9 novembre.

Cette ville, vue de la mer, est très belle. La mer entre dans la terre et fait un arc, autour duquel est la ville de Gênes.

Il y a, du côté du ponant, un môle, appelé *le Môle-Neuf*, et c'est à l'origine de ce môle qu'est la Tour de la Lanterne, fanal pour les vaisseaux, bâti par les François. Du côté du levant est le Môle-Vieux, et ces deux môles ne rétrécissent pas encore assez le port : car, quand le vent du midi souffle, la mer entre avec impétuosité par cette ouverture, qui est trop grande; de façon que les vaisseaux chassent sur les ancres, vont se heurter et ne sont pas sûrs dans le port. Cependant, on a augmenté le Vieux-Môle, du côté du levant, de 80 pans (un pan est moins d'un pied), et on a remarqué que cela faisoit beaucoup de bien; ce qui fait que l'on a résolu de travailler à diminuer encore cette ouverture; ce qui ne se peut faire qu'avec des frais et des peines immenses, parce que la mer y est très profonde, et qu'il y faut jeter un nombre innombrable de pierres.

La mer est plus profonde au Môle-Neuf qu'au Vieux.

On fait, avec du ciment, une espèce de maçonnerie dans un bateau. On envoye des plongeurs pour raccommoder le lieu qui doit servir de lit pour cette maçonnerie, et ensuite on la laisse tomber dans l'eau. Il y a tel de ces bateaux qui coûte 1,000 francs.

Le commerce de Gênes est très grand avec la France, l'Espagne et l'Angleterre. L'Angleterre y envoye beaucoup de draps; la France peu. L'Angleterre y envoye aussi beaucoup de cuirs. La France y envoye beaucoup d'indigos, quelques sucres (mais celui de Portugal est plus estimé) et ses pêches.

Vous remarquerez que les Piémontois, qui tiroient autrefois les draps d'Angleterre par Genève, les tirent à présent par la voye de Gênes; de façon que le commerce de Genève est presque tombé : outre que la paix d'Italie est fatale à cette république. C'étoit par Genève qu'on faisoit les remises en argent, et à Genève que l'on achetoit des marchandises.

De plus, Gênes fait un grand commerce avec Cadix.

Ce sont les Genevois eux-mêmes qui se sont perdus : ils ont eu des maisons à Turin et ont appris aux Piémontois à faire leur commerce en droiture, par Gênes, en Angleterre.

Ceux de Genève tirent leurs marchandises d'Angleterre par Altona, Francfort, Bâle.

Depuis M. Law, il n'y a plus de change réglé de Gênes en France.

Le jardin du prince Doria est petit, mais la situation en est charmante. De là, on voit à plein la Ville, les deux môles et la mer.

Au milieu du jardin est une pièce d'eau digne de Versailles. Au milieu de cette pièce, Neptune, traîné par trois chevaux marins, lance son trident: ce qui fait un beau groupe. Tout autour sont des oiseaux, qui sont grimpés sur des tortues, des dauphins, des tritons, lesquels jettent de l'eau.

Au bout du jardin, on monte sur une terrasse, dans laquelle on a prodigué un très beau marbre blanc. Autrefois, de cette terrasse, on descendoit à la mer, et il y avoit une porte dans le mur de la Ville, qui est bâti dans la mer. Mais le Sénat, à cause de la contrebande qu'on y faisoit, a ôté ce privilège à la maison Doria, aussi bien que bien d'autres qu'elle a perdus.

La *Strada-Nova*, qui est une rue plus large que les autres, qui sont très étroites, est remplie de beaux palais.

La République est très pauvre. Leurs *(sic)* revenus pourroient aller à 7 ou 8 millions; mais la République doit à Saint-Georges, qui jouit des principales branches des revenus publics. Comme ils ont souffert que les particuliers ayent acquis dans le royaume de Naples et État de Milan, dès qu'ils veulent punir un particulier, il leur dit qu'il est sujet de l'Empereur; ce qui les rend indépendants. D'ailleurs, l'Empereur les suce (?) toujours.

Leurs troupes ne vont qu'à 4 à 5,000 hommes, répandus çà et là.

Les Génois sont très poltrons, quoique très fiers. Les dames y sont d'une grande hauteur: elles étoient toujours sur le qui-vive avec la princesse de Modène et pointilloient sur tout. — Campredon.

Lorsque le ministre de France a quelque proposition à faire à la République, il en envoye avertir le secrétaire de la République, qui vient chez lui prendre sa proposition, la communique au Sénat, et l'envoyé envoye prendre la réponse par son secrétaire, ou le secrétaire d'État la va porter.

Tous les nobles de Gênes sont de vrais *mercadans :* souvent le Doge même fait le commerce. Ils ont tous leurs fonds à Saint-Georges, qui est une espèce de banque; et, quand ils veulent payer, ils font des espèces de virements de parties. Il y a ici des particuliers riches de plusieurs millions : c'est que l'on ne dépense pas; et, dans ces beaux palais, souvent il n'y a qu'une servante, qui file. Le bas est rempli de marchandises, et le haut, occupé par le maître.

Pour la République, elle est très pauvre. Ils *(sic)* n'ont pas 5,000 hommes. Lorsqu'ils acquirent Finale, ils retranchèrent une galère, et, de ce retranchement, ils ont presque payé ce qu'ils avoient emprunté pour cela. Leur caisse militaire est dans un état déplorable, et ils n'ont pas de quoi payer le peu de troupes qu'ils ont. Mais leurs forces consistent dans leurs montagnes : le pays se défend presque de lui-même, et les défilés des montagnes sont gardés par des forteresses, et les paysans seroient redoutables avec des pierres. — Le consul de France.

L'Église de l'Annonciade est la plus belle de Gênes. Il y a sur le portail, dans le dedans, un tableau de Procaccini, qui est très beau. Cette église est toute dorée, d'une assez belle architecture. Il y a dans le chœur deux tableaux de Cortone. Celui qui est à droite représente Jésus-Christ, qui enseigne les docteurs. Il est bon pour l'expression; mais il habille les Juifs comme des Turcs, avec un turban, des moustaches, des vestes à la turque; de façon que, d'abord, on ne sait ce que c'est. L'autre tableau est une *Présentation de l'enfant Jésus au Temple*, au vieux Siméon. Il y a encore un *saint Pierre d'Alcantara*, de Cortone. Il y a encore quelques tableaux de quelques peintres génois, qui sont assez bons, comme de Piola et de Raggio.

L'Église de Saint-Cyr est encore assez belle. Le plafond de l'Église est orné de bien mauvaises peintures : outre que c'est une grande sottise d'avoir représenté des maisons au ciel, et des gens qu'on martyrise.

A Saint-Étienne, il y a un très beau tableau de Raphaël, qui représente le martyre de ce saint. Saul est à côté, qui garde les habits. La partie supérieure du tableau, où sont Jésus-Christ, le Père éternel et les Anges, est de Jules Romain, aussi bien que les nuages qui les soutiennent. Il n'y a rien de si gracieux que le tout ensemble.

Le Palais du Doge comprend aussi les salles où les Conseils s'assemblent et l'Arsenal. Il s'en faut bien que ces salles soient aussi belles que celles de

Venise. Il y en a une où il y a trois tableaux de Solimène. Celle qui est proprement du Grand-Conseil est peinte par Franceschini, de Bologne.

Le jour que j'allai voir cette salle, qui étoit le 12 novembre, la Seigneurie assemblée avoit voulu voir 33 Turcs que ses galères avoient pris dans une péote, pour jouir du plaisir de la victoire. Plus de 20,000 Génois accoururent à ce spectacle; et j'y pensai être étouffé, ayant été porté d'un bout de la cour à l'autre; et cette victoire pensa me coûter très cher.

Le 12, M. l'envoyé de France, Campredon, me présenta à M. le prince et Mad^e la princesse de Modène. J'eus l'honneur de dîner avec eux. C'est une cour bien petite et bien resserrée. L'abbé Galibaut en fait l'ornement. C'est un vieux bonhomme, qui veut faire le plaisant, et que Mad^e de Modène range à merveille; mais il ne sent rien.

Mad^e de Modène est ici, où elle sait bien se faire respecter par les femmes génoises, quoiqu'elles ayent bien autant de vanité qu'il en faudroit pour les têtes de toutes les princesses de la Terre. Mais Mad^e de Modène les accable par son esprit et par la grandeur de sa naissance. On lui donna un bal, et une femme génoise me disoit : « Je ne sais comment on a réglé le cérémonial! » Je dis : « Vous pouvez bien disputer quelque chose, tant que vous voudrez, à Mad^e de Modène; mais je ne sache pas que vous ayez rien à disputer à la fille d'un petit-fils de France. »

M. le prince de Modène me paroît être d'un bon naturel, et il fera, quelque jour, la félicité du peu de sujets qu'il aura.

Mad^e de Modène étoit très fatiguée par les prétentions des dames génoises, qui, se croyant souveraines, s'avisoient de vouloir avoir des prétentions avec elle, et aller de pair. Et moi je disois que mettre les femmes de Gênes au rang des princesses de France, c'étoit mettre des chauves-souris au rang des aigles.

Mais ce qui combloit la mesure de la mésintelligence, c'est que Mad^e de Modène voyoit la comtesse Guicciardini, femme de l'envoyé de l'Empereur, laquelle étoit brouillée, au couteau tiré, avec toutes les Génoises, leur reprochant sans cesse leurs façons et leurs manières, et trouvant à redire sur tout. Et moi, je disois que je serois bien fâché que tous les hommes fussent faits comme moi, ou qu'ils se ressemblassent, et qu'on voyageoit pour voir des mœurs et des façons différentes, et non pas pour les critiquer.

Le prince de Portugal, qui étoit à Gênes dans ce temps-là, voyoit aussi beaucoup la comtesse: ce qui faisoit une espèce de guerre étrangère dans Gênes; et je suis persuadé que, si Mad^e de Modène n'avoit pas été princesse de France, on l'auroit traitée bien sans façon.

Le 13, je fus présenté au prince de Portugal. C'est un prince bien fait, et qui a de l'esprit. Je causai avec lui une demi-heure : il me dit, pour le compliment, qu'il aimoit beaucoup les François, et que sa maison leur avoit beaucoup d'obligation. Je lui dis : « Monseigneur, les princes de votre maison ne doivent rien qu'à leur épée. »

Le 14, à 8 heures du matin, je sortis de Gênes sur une felouque, pour aller voir Savone, et arrivai à une heure après midi. L'ancien port, comme on sait, a été détruit par les Génois, et ils y mirent des vaisseaux à l'entrée, qui le comblèrent; de façon que cet ancien port est à présent terre ferme et paroît être une partie de la Ville, et le lieu où étoit le port est plein de maisons. A côté droit *(sic)*, du côté du sud-ouest, étoit la meilleure partie de la Ville, et même la Cathédrale et plusieurs églises. Les Génois ont détruit cela, et y ont bâti une grande et belle forteresse, et ont détruit en même temps une forteresse qui étoit en haut, sur la montagne. Il y a encore une espèce de petit port, pour les péotes seulement, qui étoit l'endroit ancien où étoient les galères, qui s'appeloit *la Darse*, qui est entre la Ville et le port comblé. Cela s'appelle *le Nouveau-Port*.

Savone avoit autrefois 40,000 âmes; à présent, elle n'en a que 8 ou 10, à ce qu'on dit, et même j'ai peine à croire qu'ils *(sic)* y soient.

Le commerce y est entièrement aboli, et il ne s'y fait guère plus que quelque commerce d'huile avec la Provence; pour raison de quoi, il y a un vice-consul de France.

Les terres génoises sont les plus mauvaises du monde. Mais, sur les montagnes pelées, il croît, dans des endroits, des oliviers en quantité : ce qui fournit à la France bon nombre d'huile. Celle de la Rivière du Ponant est meilleure que celle de la Rivière du Levant. Les Génois trouvent encore sur leurs montagnes quelques champignons, dont ils font un petit commerce. Ils ont, d'ailleurs, leurs manufactures de soye; mais il faut qu'ils tirent les soyes d'ailleurs.

Vous remarquerez que ce petit méchant port qui subsiste ne se soutient qu'à force de travail et de dépense. On y a souvent passé au travers à pied, par les sables qui le combloient; ce qui fait que l'on a poussé une espèce de môle, à peu près vers ...., pour couvrir le petit port et empêcher que le sable le remplît. Et on a été obligé d'emporter le sable qui y étoit, partie à bras d'homme, et, dans les lieux où la mer étoit encore, avec des bateaux. Cependant, il n'y faut d'eau que pour les péotes.

L'ancien port étoit très sûr : il n'étoit exposé qu'au vent du midi, et encore, comme il étoit plus profond que je ne l'ai marqué, il y avoit, du côté du couchant, des endroits où, les vaisseaux se mettant, ils étoient entièrement à l'abri.

Vous remarquerez que l'ancien port de Savone est tellement détruit qu'il ne paroît pas pouvoir être rétabli : car la Ville est réellement à présent où étoit le port. Ainsi le projet de M. de Saint-Olon, qui vouloit que le Roi prît Savone, est chimérique, aussi bien que la crainte des Génois et leur jalousie sur cette ville : car on n'y sauroit rétablir le port qu'avec des sommes immenses, et il n'y a point de rade moins capable d'être mise en port, que cela.

Ceux de Savone disent que Christophe Colomb étoit de leur ville.

Au bout de la pointe de l'ouest, que les montagnes font auprès de Savone, en faisant un arc, est Vado, qui est un port cent fois meilleur que celui de Gênes. Il n'est exposé ni à l'est, ni à l'ouest, mais seulement au midi. Encore, comme il est profond, et que le fond est merveilleux pour tenir les ancres, les navires y sont-ils en sûreté à tous vents, et les flottes angloises et hollandoises y ont été très en sûreté dans la dernière guerre. L'entrée est très grande; ce qui fait que c'est plutôt une rade qu'un port. Comme le fond est très profond, il faut mettre aux ancres deux câbles. Il n'y a point d'exemple qu'il s'y soit perdu de vaisseau, au lieu qu'il s'en perd tous les ans dans le port de Gênes, qui, dans les mauvais temps, souffre de presque tous les vents.

Après Vado, vient Spotorno. C'est un grand village, riche. Ces gens ont des barques et pinques, avec lesquelles ils vont en Espagne et en France, et passent des vins d'Espagne et de Languedoc, qu'ils portent à Gênes, à Livourne et à Civita-Vecchia. Ils vont aussi chercher des grains et autres marchandises en Levant.

Tout près de là, toujours vers l'ouest, est Noli, petite ville. C'est une rade assez sûre.

En suivant plus loin, du côté du ponant, j'arrivai, le jour de mon départ de Savone, à Finale.

C'est une plage, où aucun vaisseau ne peut aborder, ni à peine une barque, et il faut que les vaisseaux se retirent dès qu'ils ont jeté leur monde par les chaloupes : car ils sont là exposés à tous les vents. Sous Philippe V, il y avoit 2,000 hommes de garnison; 1,200, sous l'Empereur. Mais les Génois ont fait démolir toutes les fortifications et n'y ont plus que 50 hommes de garnison. Il y a un gros bourg, qu'on appelle *La Marine*, qui est commandé par plusieurs montagnes, sur lesquelles il y avoit des forteresses. Les Génois ont tout démoli et n'ont gardé qu'un petit ouvrage, où ils ont 25 hommes. De là au bourg, il y a un très petit mille, et le chemin est, des deux côtés, bordé de murailles, qui ferment des jardins, qui sont entre deux montagnes. Le bourg se trouve entre deux montagnes, dans un lieu étouffé. Il y avoit encore un beau fort sur la montagne, qui dominoit le bourg; les Génois l'ont fait aussi abattre.

Tout le marquisat peut avoir 15,000 habitants.

Finale étoit bon au roi d'Espagne pour communiquer avec son état de Milan; c'est pourquoi il l'avoit fait fortifier avec tant de soin. Il étoit utile à l'Empereur, pour avoir une communication par mer avec le royaume de Naples, quoiqu'elle soit si aisée par terre; et cela ne valoit pas la peine qu'on entretînt là tant de fortifications et une si grosse garnison.

Les Génois, qui ont assez bien fait de l'acheter, ont fait encore mieux de le démolir : 1° pour ôter à l'Empereur l'envie de le ravoir; 2° pour s'épargner une garnison qui est au-dessus de leurs forces. Ce que la République en tire va à 30,000 livres; mais ce que Saint-Georges (le Mont-de-Piété) en retire va à beaucoup plus. *Primo*, sous le roi d'Espagne, Saint-Georges fournissoit le sel et prenoit 2 écus par mesure, et le roi d'Epagne, 1; et, comme il falloit 4,000 mesures, et que Saint-Georges, qui a avancé le prix de l'achat, tire les 3 écus, voilà 12,000 écus que Saint-Georges tire; plus, des droits sur toutes les marchandises, qui donnent, pour chaque charge d'homme, 30 à 40 sols. De façon que tout le marquisat peut bien donner 150,000 livres.

Nota que, pour les 1,200,000 piastres, ils ont eu beaucoup d'artillerie, qu'ils ont transportée chez eux : l'Empereur en a eu une partie, et eux, l'autre. Ils se sont chargés de donner aux troupes de l'Empereur qui viendroient du royaume de Naples dans le Milanois, un passage par Saint-Pierre-d'Arène.

Un vice-consul de France que j'y ai trouvé m'a dit qu'il se cueilloit dans le marquisat 36,000 barils d'huile; ce que j'ai peine à croire.

Le 20 novembre 1728, je partis de Gênes.

Les Génois sont entièrement insociables; ce caractère vient moins d'une humeur farouche, que de leur avarice suprême : car vous ne sauriez croire à quel point va la parcimonie de ces princes-là. Il n'y a rien dans le monde de si menteur que leurs palais. Vous voyez une maison superbe, et, dedans, une vieille servante, qui file. Dans les grandes maisons, si vous voyez un page, c'est qu'il n'y a point de laquais. Pour donner à manger, c'est à Gênes une chose inouïe. Ces beaux palais sont précisément, jusqu'au troisième étage, des magasins pour leurs marchandises. Ils font tous le commerce : le Doge est le premier marchand. Tout cela fait les âmes du monde les plus basses, quoique les plus vaines. Ils ont des palais, non pas parce qu'ils dépensent, mais parce que le lieu leur fournit du marbre. C'est comme à Angers les maisons sont couvertes d'ardoise. Ils ont pourtant de petites *cassines* le long de la mer, assez jolies; mais, ce qui en fait la beauté, c'est la situation et la mer, qui ne leur coûtent rien.

Les Génois d'à présent sont aussi lourds que les anciens Liguriens. Je ne dis pas qu'ils n'entendent l'affaire de leur négoce : car l'intérêt ouvre les yeux de tout le monde.

Il y avoit à Turin, du temps que j'y étois, le marquis Mari. Cet homme se croyoit dans la faveur du Roi et du prince de Piémont, parce qu'ils le couvroient de ridicule, depuis les pieds jusqu'à la tête, à chaque fois qu'il paroissoit à la Cour. Ce marquis Mari avoit été envoyé à Turin pour satisfaire *(sic)* un accord fait par l'Empereur, à l'occasion de l'affaire de certains bâtiments d'Oneille que ces messieurs avoient fait arrêter et mettre les matelots en prison, sous prétexte de contrebande, et le Roi disoit qu'il falloit se plaindre à lui ou à son agent, et non pas se faire justice. On arma de part et d'autre, et les Génois commencèrent à louer des Suisses. Mais, aussi incapables de soutenir une affaire, que légers à l'entreprendre, ils demandèrent la médiation de l'Empereur, qui jugea qu'ils enverroient un envoyé pour reconnoître le roi de Sardaigne en cette qualité. Il lui fit un discours, où l'excuse n'étoit contenue que dans des termes généraux. Le Roi le fit très longtemps attendre pour lui donner audience, et, enfin, il souffrit leurs humiliations.

Il y a toujours un noble Génois en chemin pour demander pardon à quelque souverain des sottises que leur république fait.

Il y a une chose encore : c'est que les Génois ne se policent point. Ce sont des pierres matérielles qui ne se laissent pas tailler. Ceux qui ont été envoyés dans les cours étrangères en sont revenus aussi Génois qu'ils y étoient venus.

Le vent contraire m'empêcha d'arriver à Porto-Venere le même jour (20), comme j'espérois. Ainsi je couchai à Portofino, à 20 milles de Gênes. Le vaisseau, tourmenté par le vent, me donna pendant tout le jour un mal de mer épouvantable. Je me raccommodai l'estomac dans une auberge, où je trouvai de bons rougets, de bon vin et de bonne huile.

Il est impossible d'aller de Gênes à Porto-Venere autrement que par mer, à moins qu'on aille *(sic)* sur des mulets, tant les montagnes sont rudes et escarpées. On voit presque tout le long de la côte, surtout du côté de Gênes, les montagnes couvertes de petites maisons; ce qui fait un très bel effet. Il y a là le faubourg nommé *Besagua*, qui est du côté du levant, comme Saint-Pierre-d'Arène est du côté du couchant; ce qui fait comme une prolongation de la Ville. Saint-Pierre-d'Arène est passablement fortifié : car les Génois n'ont pas voulu laisser exposé ce qu'ils ont de mieux.

Je trouvai, arrivant à Gênes, les Génois extrêmement insociables, et un ministre du Roi, M. de Campredon, imbécile; mais de cette imbécillité qui vient à la suite d'une grande sottise. Cependant cet homme avoit été employé longtemps et s'étoit trouvé dans d'assez grandes affaires, parce qu'il avoit été dans les petites. Le Roi envoye ses ministres ordinairement très sots.

Le caractère de notre nation est bien d'aimer la dépense. Mais on est obligé de donner les emplois du second ordre à des secrétaires qui ont été longtemps employés, et qui regardent leur emploi comme un moyen qu'on leur donne de faire fortune et d'amasser du bien; et on voit, en France, un homme qui demande froidement d'aller être employé dans une cour, parce (dit-il) qu'il est ruiné, qu'il n'a pas de bien. Or le Roi paye fort peu. Il est vrai que le ministre de Gênes a 8,000 francs de la République, pour ses franchises, et 12,000 francs du Roi, avec le bénéfice du change. Mais le consul est encore un plus grand seigneur, et cet emploi lui a donné jusques à 30,000 livres de rente, quoique, depuis

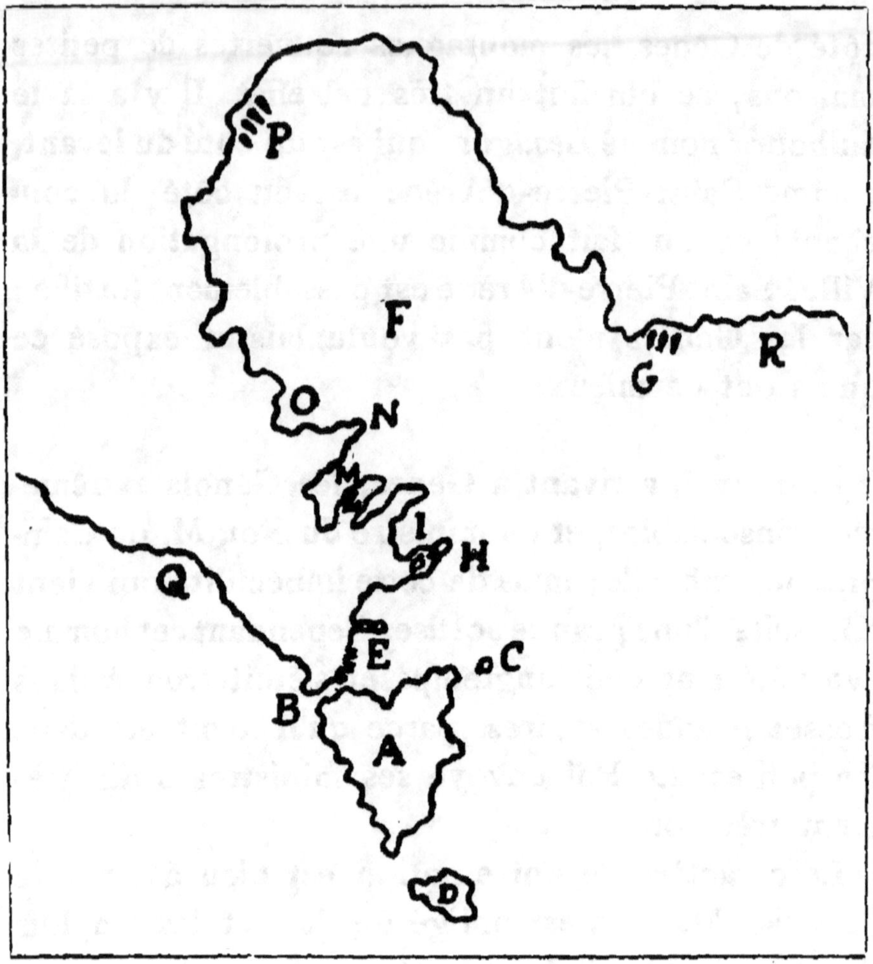

GOLFE DE LA SPEZIA

A. Ile qui est à l'entrée du port de La Spezia, et fait, du côté du Couchant, la petite ouverture, et, du côté du Levant, la grande ouverture, et a 3 à 4 milles de tour.

B. Petite ouverture du golfe, d'environ 60 toises.

C. Petite tour sur un rocher, aussi à 60 toises de la grande île.

D. Petite île, derrière la grande, qui peut avoir 2 milles de circuit.

E. Porto-Venere.

F. Golfe qui a 15 milles de tour.

G. Lerici.

H. La Forteresse, dans un avancement de terre.

I. Le port Velignan, qui est le meilleur de tous, profond et très bon pour l'ancrage.

L. Le Lazaret.

M. *La Cala* ou le port de Ria.

N. *La Punta di Pezino.*

O. Le port de Panigaglia.

P. *Porto de La Spezia.*

Q. Côte du Couchant.

R. Côte du Levant.

les arrêts qui ont gêné les étrangers sur le pavillon, ils gagnent moins.

Le 21, il fallut séjourner à Portofino, et, le 22, nous nous rembarquâmes. Mais, le vent étant devenu contraire, nous pensâmes périr, et ce ne fut qu'avec toutes sortes de peine que nous arrivâmes à Porto-Venere.

Le port de La Spezia, c'est-à-dire tout ce golfe, est une des choses des plus admirables qu'il y ait en Italie. Ce golfe a 15 milles de tour. On y entre par deux ouvertures. La petite, qui est du côté du couchant, et peut avoir 60 toises, et est formée par la côte et une île, qui est à l'entrée du golfe, qui s'étend le long de l'entrée du golfe un peu moins qu'un petit mille, et elle a 3 à 4 lieues de tour. Après cette île, à une centaine de toises du côté du levant, est un petit rocher, sur lequel il y a une tour. Puis est la grande ouverture, qui peut avoir 4 milles de large. Or, la largeur du golfe, en y comprenant les îles, peut avoir 5 milles. A *(sic)* côté du couchant, à l'entrée, est le Porto-Venere. A *(sic)* côté du levant, un peu plus avant dans le golfe, est le port de Lerici. Dans le fond du golfe est le bourg de La Spezia, qui est éloigné de 5 lieues de Porto-Venere et de 5 autres lieues de Lerici. Il y a encore quelques villages sur le golfe, que je ne marque pas.

Un peu derrière la grande île, il y a, du côté du levant, une petite île, qui a environ 2 milles de tour, et qui n'est point habitée comme la grande.

Le golfe n'est proprement exposé qu'au vent d'est : les îles le couvrant des autres vents. Mais il y a dans le golfe, du côté du couchant, de petits ports dans de petits golfes, où les vaisseaux sont extrêmement sûrs, et où les navires sont comme dans une chambre. Par exemple, en montant du Porto-Venere au fond du golfe, on trouve un golfe, qu'on appelle *La Castagna;* puis, une pointe de terre, où est un fort; puis, un golfe, qui est le port Velignan, qui est admirable; puis, une pointe, où est le Lazaret; plus, un golfe de Ria; plus, la pointe *di Pezino;* plus, le golfe de Pascigalia; et ensuite, La Spezia.

De tous ces ports, les meilleurs sont ceux qui sont des deux côtés du Lazaret, et là, les vaisseaux (comme j'ai dit) ne sont exposés ni au vent, ni à la mer. Or, à la mer, ils ne le sont pas même dans le grand golfe. Et toute la côte du levant, dans le golfe, n'a point de petits ports; c'est une simple rade. — Voyez page 413.

De Lerici à Lucques il y a 42 milles.

On passe par les états du prince de Massa et Carrara. C'est le plus petit de tous les souverains, et ses sujets, les plus brutaux et les plus mal policés de tous les peuples. J'y ai couché une nuit, et je n'y ai vu personne, hommes, femmes et enfants, qui ne fût d'une grossièreté sans exemple. Pour le Prince, il a un vieux carrosse doré, qu'il fait traîner par quelques misérables chevaux, dans son village, avec deux gardes et une pique à la romaine, comme ont les princes qui paroissent sur nos théâtres. J'aimerois mieux être un bon capitaine d'infanterie au service du roi de France ou d'Espagne, qu'un si misérable prince. C'est dans ses états que se trouve le beau marbre blanc de Carrara; ce qui fait son revenu principal. Il y a aussi plusieurs mauvais sculpteurs, qui y travaillent à de mauvaises statues, que l'on y va acheter pour des églises.

A 1 mille de Massa, on entre dans le pays du Grand-Duc, que l'on quitte ensuite pour entrer dans le pays de Lucques. Ce que j'ai vu de pays de cette république, depuis là jusqu'à la capitale, est assez montagneux et assez peu peuplé. Ces montagnes, cependant, sont, pour la plupart, assez fertiles : il y a des oliviers, des pins, des chênes verts. Les vallées sont des terres labourables, dans lesquelles il y a des rangs de vignes, qui se joignent avec des peupliers. On m'a dit qu'il y avoit des mûriers dans d'autres endroits de l'État.

Lucques est une ville qui peut faire 22,000 âmes. Le commerce y est un peu déchu depuis que ses manufactures de soye ne se débitent pas si bien en Allemagne, et que les princes, surtout l'Empereur, fatiguent le commerce. Elle tire ses soyes quelque peu de son état, partie de la Romagne.

Le sieur Colonna m'a dit qu'il y avoit à Lucques environ 5,000 personnes qui travailloient la soye. C'est beaucoup, pour une ville si dépeuplée.

Il y a 4 ou 500 familles de la Ville qui ont la

noblesse, c'est-à-dire part au gouvernement. Cette noblesse s'achète comme à Venise et vaut 12,000 écus, ou environ, c'est-à-dire 10,000 piastres. A la différence de Gênes, les Lucquois sont pauvres, et leur trésor public est assez riche. Ils n'ont guère de dépenses que celles des petits souverains d'Italie, qui est d'acheter leur repos et leur liberté de l'Empereur. A Lucques, il n'y a aucun divertissement public. Le revenu de la République est considérable. *La gabella sopra il tabaco e l'aqua-vita andara a 12,000 scudi;* point d'impôt sur le sel; et le tout ensemble, soit droits d'entrée et de sortie de la Ville, soit tailles sur les fonds de terre, peut aller environ à 200,000 écus de 7 livres et demie lucquoises pièce, c'est-à-dire un peu moins qu'une piastre florentine. Les droits de la Ville vont à 150,000 écus, ceux de la campagne à 50,000, selon le compte.

Il faut examiner cela. C'est le sieur Colonna qui me l'a dit; mais il est impossible que ces revenus aillent si haut que 200,000 écus. Je n'en crois que la moitié.

Le spese della Republica sono 500 soldati, che mantiene per guardia della Città; poi 80 Svizzeri, che sono la guardia del Principe; 44 artiglieri: tout cela pour la défense de la Ville; et, outre ce, environ 200 hommes dans les petites places de l'État, qui sont: Castiglione, sur les confins du Modénois; Viareggio, qui est leur port de mer (ce n'est qu'une rade, *ove solamente una galeota può entrare*); et Montignoso, sur les confins de Massa. Le tour de l'État peut être de 28 à 30 milles. La fortification est bonne: il y a onze bastions garnis, chacun, de 10 canons; il y a une demi-lune à chaque courtine. Les remparts sont garnis d'arbres; ce qui fait un très bel effet, et c'est la promenade de la Ville : les souverains tranquilles n'ayant point de jalousie sur leurs fortifications. Il y a toujours des vivres dans la Ville pour trois ans, et, quand le bled est en danger de se gâter, on le distribue à la campagne pour être rendu à la récolte. Il y a, dans l'Arsenal, de quoi armer (dit-on) 22,000 hommes. Au moins est-il certain qu'il y a deux très grandes salles bien garnies d'armes. Outre cela, chaque citoyen est obligé d'avoir chez lui un fusil.

Les étrangers ne peuvent entrer que par une porte, et le nom en est porté au magistrat, et l'hôte est obligé d'aller dire au Prince qui est-ce qui loge chez lui; et un homme qui seroit réfugié à Lucques pourroit savoir tous les jours si ceux qu'il craint seroient entrés.

L'archevêché de Lucques (ce titre a été donné au prélat vivant) *vale 9,000 d'entrata. Il Papa nomina canonicati della Cattedrale e di San-Giovanni; il Principe, quelli di San-Michaele e di San-Paolino; il gonfaloniere, per il tempo, nomina a San-Paolino.*

Il gonfaloniere ha nove anziani ovvero consigliarii, che ogni due mesi si mutano. L'uno e gli altri non possono, secondo le leggi, uscire del palazzo ove allogiano, che è uno luogo destinato alla loro residenza, nè andar alla loro propria casa. Ils sortent pourtant quelquefois le soir, en cachette. *Tra questi sono distributi molti uffizii del governo. È un altro magistrato composto dal gonfaloniere, che cambia tutt' i due mesi, e di tre altri, che cambiano tutti gli anni*, qui ont une autorité de mettre en prison, faire le procès à qui ils veulent; mais, après l'instruction, c'est le Conseil qui juge.

Il n'y a point d'inquisition à Lucques.

Questo consiglio è per la polizia e politica del buon governo; perchè, per gli affari ordinarii criminali, c'è il podestà.

Il gonfaloniere e nove anziani non hanno altro del publico che la tavola.

Habbiamo visto due gallerie di quadri.

La del signor Alessandro Bonvisi, nobile famiglia di questa città. Les principaux tableaux sont : un tableau de Raphaël représentant la Vierge et Jésus; un d'Annibal Carrache, qui est une *Déposition de Croix;* un de Barroccio, qui est une *Madeleine et le Christ : « Noli me tangere »*; plus un tableau du Guerchin, qui est *Marsias écorché ;* et autres.

L'autre est celle *del signor Stefano Conti :* toute de peintres modernes.

Al Duomo, il y a trois belles statues de Jean de Bologne : un *Christ*, *san Pietro*, *san Paolino*. *Quella del Christo, estimata assai, è svelta e pare di carne. Alla Chiesa di San-Frediano, in refettorio, c'è uno* san Gregorio a tavola, *opera grandissima di Pietro-Paolino Lucchese. Nella Chiesa di San-Romano vi sono due quadri del fratel del Piumbo : l'uno, della Madona, che, col suo manto, copre molti divoti e santi : artificio grande del pittore, per le ombre di quel manto, che fa un bel chiaro-oscuro e un bel disegno; l'altro è* santa Madalene, e Catharina di Siena, e il Padre eterno, *che le benedice.*

In Santa-Maria-da-corte-Horlandini vi sono due tavole di Guido Reni, una di Giordano, una del Vanni, e una del Paulini; dipinta tutta la Chiesa da Pietro Scorsini. Nell' istessa chiesa è una capella esattamente copiata, posta come quella della Madonna-di-Loreto, di maniera che chiascheduno mattone è simile a quello dell' originale.

Nella Chiesa di San-Ponciano è una tavola dell' Ispagnoletto, di Bologna, che è bona assai, che ripresenta san Bernardo in estasi.

A Saint-Michel, il y a une façade *ch'è d'ordine greco moderno, che è una mescolanza del greco col gotico, e a sette ranghi di colonne : le prime, d'ordine composito, ma senza proporzioni; gli altri, differenti maniere.*

Les terres de Lucques sont séparées, à 5 milles de la Ville, des terres de Pise, par une montagne qui est aussi à 5 milles de Pise. Il faut beaucoup de peine pour la traverser, parce qu'elle est très escarpée; et, avec peu de dépense, on pourroit la rendre très commode et très praticable.

On ne peut, sur les chemins d'Italie, tourner la tête sans voir un moine, comme dans les rues des villes, sans voir un prêtre. Toutes les voitures de terre, tous les bateaux, sont pleins de moines. Ces gens, ennemis mortels du couvent, voyagent toujours. L'Italie est le Paradis des Moines. Il n'y a aucun ordre qui n'y soit relâché. Les affaires que tous les moines du monde ont à Rome en peuplent beaucoup les chemins.

VI

GRAND-DUCHÉ DE TOSCANE

J'arrivai à Pise le 24 novembre 1728.

C'est une ville peu peuplée; mais qui a les restes d'une ville qui l'a beaucoup été autrefois. On dit qu'elle a 5 milles de tour. Elle avoit autrefois de grands faubourgs; mais, aujourd'hui, le peu de peuple qu'il y a est dans la Ville.

L'Arno la traverse, et, comme elle a des quais revêtus de pierre, elle ressemble assez, en cette partie, à Paris; et même rien n'est plus ressemblant, à la grandeur des bâtiments du Louvre et des autres maisons près; et cette partie de la Ville est très riante. Par l'Arno, Pise communique à Florence, d'un côté, et, de l'autre, à la mer. Au bout de la Ville, du côté du midi, sont les chantiers pour les galères du Grand-Duc. Il y a trois formes pour les y construire, et on en contruisoit deux, mais très lentement. Il *(sic)* entretient en mer trois galères qui font toutes ses forces de mer. Quand les galères sont construites à Pise, elles descendent à Livourne par l'Arno. Auprès du chantier sont les Bains ou les Prisons des Esclaves, lorsqu'ils sont à terre; qui sont fort dures. C'est là où étoient les anciennes prisons de la république de Pise, et on montre encore le trébuchet, qui est le lieu où l'on menoit les criminels d'État. Le plancher s'enfonçoit sous eux, et ils tomboient sous terre, et il y avoit des instruments de fer qui les coupoient en morceaux; c'est ce qu'on dit aux voyageurs.

Il y a trois ponts sur l'Arno pour communiquer d'une partie de la Ville à l'autre. Celui du milieu est un pont de pierre, qui a de longueur un peu plus que la moitié du Pont-Royal; il y a trois arches, dont les cintres sont d'un très beau marbre blanc, aussi bien que les pierres de dessus la muraille des côtés. Au bout de ce pont, du côté du sud-est, est ce qu'on appelle *les Loges*, qui est un lieu où l'on se promenoit autrefois, qui est une espèce de péristyle d'ordre dorique, de forme à peu près carrée, de marbre blanc non poli. Ce sont deux rangs d'arcades. Comme il y a aux quatre faces quatre rangs de pilastres, et que les pilastres du milieu sont très près, les triglyphes qui sont dessus sont très près aussi, et, comme elles n'auroient pas pu s'ajuster, l'architecte n'a mis qu'un autre triglyphe au milieu de chaque arcade.

Sur le quai, qui est du côté du sud, est une petite église appelée *la Spina*, d'ordre gothique, de beau marbre blanc, d'une légèreté surprenante, et qui ressemble à des découpures. Les colonnes ne sont que des fuseaux. C'est le morceau gothique le plus achevé que j'aye vu, et le petit ouvrage a de la beauté autant qu'il peut y en avoir dans un mauvais goût.

Le Palais du Grand-Duc est sur le quai de la rive, du côté du nord-ouest. Il n'a pas, par le dehors, plus d'apparence que celui d'un particulier.

La Tour de Pise est penchée de 7 pas ordinaires et demi, et, enfin, d'une manière à effrayer. Il ne faut pas dire que l'architecte l'a bâtie ainsi exprès : car il n'y a qu'à voir comme quoi les pierres d'un espace du parapet d'en bas sont affaissées d'un côté, pendant que les autres se sont levées. J'ai compté, en faisant le tour, 77 de mes pas ordinaires; ce qui faisoit 25 pas un tiers de mes pas ordinaires de diamètre. Ainsi, tant qu'elle ne penchera pas plus que la moitié de cette distance, elle ne tombera pas, parce qu'elle ne sortira pas de sa ligne de direction, et elle a encore 5 pas à pencher sans tomber. Et même il y a une chose qui la soulage beaucoup : c'est qu'au haut il y a une balustrade d'où le bout de la Tour s'élève; mais ce qui en sort est diminué de diamètre de l'espace de toute la balustrade. Elle a sept rangs de colonnes, sans ce qui s'élève depuis la balustrade.

L'Église du Dôme est une grande et belle église. Elle est d'architecture gothique. Ce grand édifice a, d'un côté, la Tour, et, de l'autre, un très grand édifice qu'on nomme *le Baptistère*, et dont nous parlerons ci-après. L'intérieur est divisé par quatre rangs de colonnes énormes, qui portent des arcades d'autres colonnes; mais la frise est trop petite pour de si grosses colonnes. Il y a trois portes de bronze, en bas-reliefs, que les Pisans prirent (à ce qu'on dit) à Majorque, et qui venoient de Jérusalem. Mais, comme les bas-reliefs en sont gothiques, que l'écriture qui y est gravée à chaque cadre est gothique, qu'il y a des histoires du Nouveau-Testament, ce ne pourroit être que les portes de la Jérusalem nouvelle, que les Croisés fondèrent, pour ainsi dire. Il y a, dans cette église, quelques tableaux assez bons d'André del Sarto. Il y a aussi un tableau d'un peintre nommé *Luti,* qui est une *Prise d'habit de saint Renier,* qui est fort bon.

Au-dehors de l'Église, et à côté, est le *Campo-Santo.* C'est un cimetière fait de la terre que les vaisseaux pisans portèrent autrefois de la Palestine, et qu'on dit avoir eu autrefois la propriété de faire enfler les corps et de les dessécher aussitôt. Le cimetière est carré-long, fermé d'une muraille, autour de laquelle règne une galerie en forme de cloître, parée de marbre. C'est là que l'on trouve un beau recueil de peinture ancienne, parce que les murs de ces galeries sont peints à fresque, et on y voit bien à plein le mauvais goût de ce temps-là. C'est là que l'on voit l'Enfer, le Jugement, le Paradis, les tentations des solitaires, et tout cela, avec les imaginations singulières de ce temps-là. C'est là que l'on voit les Anges en courroux traîner en Enfer les rois, reines, prélats, papes, moines et prêtres, sans rémission; mais on n'y voit point de peintre. On voit que l'effort du génie a été de trouver des figures de Diables les plus affreuses. Il y a aussi des peintures de Giotto, qui paroissent un peu d'un meilleur goût que les autres. Il y a tout un côté qui est celui qui est exposé au midi, qui a été fait par un seul peintre. L'autre côté a été fait par plusieurs et en grand nombre. On dit qu'ils mouroient tous parce qu'ils travailloient dans un lieu exposé au nord. Il y a un bout qui n'étoit pas fini, et qu'un peintre plus moderne a voulu finir dans le goût ancien; mais il n'a attrapé ni le goût ancien, ni le nouveau.

J'avois oublié de mettre que j'avois vu à Savone faire du savon. *Si mette un cantaro di soda* (de soude) *sopra un barile d'oglio : un cantaro è sei pesi, e un barrile, sette pesi.* Le tout demeure vingt-quatre heures, plus ou moins, à cuire. *Il barile e il cantaro danno 14 a 15 pesi di sapone;* et cela se gagne par l'eau qui se mêle dans la soude, lorsque la lessive et l'huile sont cuites ensemble. On étend le tout sur de grandes pierres, où il s'essuye, et le savon se forme.

J'étois à Pise le jour de sainte Catherine, fête des écoliers. Ils courent la Ville, font des feux de joye, font tirer des pétards et portent leur chef sur leurs épaules; et, lorsqu'ils peuvent attraper un Juif, ils le pèsent, et il est obligé de leur donner autant de livres de confitures qu'il pèse de livres. Des soldats étoient répandus dans la Ville pour les empêcher de forcer les maisons.

La forteresse est au bout de la Ville, du côté de Florence, sur la rive du sud-est. Elle communique à l'autre partie de la Ville par un pont. Cette forteresse n'est pas grande chose, et il peut y avoir 100 hommes de garnison.

Pise peut être à 8 milles de la mer.

L'eau vient à Pise de la montagne, qui est à 5 milles, par le moyen d'un canal, qui est posé sur des arches, lequel peut être élevé d'environ 20 pieds de haut.

Pise peut avoir 15 à 16,000 habitants.

Il y a un bâtiment isolé, de figure ronde, en forme de dôme, qui est opposé à la façade de l'Église, qui est le Baptistère. Ce bâtiment est fort massif, et les murailles en sont épaisses. Il y a, dans le dedans, une galerie formée par douze pilastres, laquelle règne tout autour; et, comme il y a deux étages, il y a de même une galerie au-dessus, formée de même de douze pilastres. Ces galeries ont 9 pas de largeur, les murailles franches. La circonférence, mesurée en dedans, est de 136 pas; c'est-à-dire que le bâtiment a environ 39 pas de diamètre. L'espace du milieu, formé en rond par les pilastres des deux galeries, est terminé en haut par une voûte, qui est faite un peu à pans, y ayant un angle à l'endroit qui est au-dessus de chaque pilier, qui fait une figure un peu curviligne, mais de onze côtés. Il y a aussi sous cette galerie onze voûtes, chacune dans l'intervalle des piliers; mais celle de dessous est taillée à facettes, et celle de dessus n'est formée que par les séparations et est en forme de niche. J'ai décrit exactement tout ceci, parce que, lorsque l'on fait un bruit par un son grave, comme lorsque l'on frappe la porte, ou lorsqu'on laisse tomber les sièges, qui sont de bois, dans un petit chœur qui est là, il se fait à chaque coup un bruit qui est, ni plus ni moins, comme le bruit du tonnerre, avec le même son précisément, et les mêmes roulements; et, lorsque le son est aigu, il se fait bien un résonnement long, mais il ne se fait point de roulements : le son est uni, quoiqu'il continue comme lorsque le ton est grave. Il ne faut pas dire que l'air soit pressé : car il y a des fenêtres par tout le bâtiment. Deux grandes portes étoient ouvertes; de façon que l'air y sort et entre très librement. Et, lorsque je suis sorti de la voûte, et que j'ai été dans l'escalier pratiqué dans le mur, qui communique à la voûte, où le lieu *(sic)* est d'ailleurs étouffé, il ne s'est point fait de trémoussement. Or, comme les effets naturels sont ordinairement imités par l'art, il est croyable que le bruit du tonnerre se fait dans les nuées comme dans cette tour. Ce ne sont point les exhalaisons qui sortent par force et font ce bruit; il y a seulement un premier bruit, qui trouve dans les nuées une espèce de voûte, comme celle que nous venons de décrire. Il ne se forme point d'écho : la voix n'est point rendue; elle est continuée.

Ce qu'il y a d'assez bien, c'est que la Tour, l'Église, le Baptistère, le *Campo-Santo*, sont tous détachés les uns des autres, et qu'il y a de grands espaces entre tout cela; ce qui fait un bel effet et permet de bien voir la grandeur de ces bâtiments.

Il y a une grande maison, qui est celle de la fabrique, sur laquelle j'ai vu cette inscription; il y est dit qu'elle a été renouvelée, et que l'ancienne y avoit péri :

Ædile Joanne Mariani. — Christianissimus Gallorum, Hierusalem et Siciliæ-citra-Pharum rex, Carolus VIII, in his divæ Mariæ ædibus, idibus novembris MCCCCVC, ex insperato comedit, Pisanæ libertatis argumentum. Nunquam tantam magnus Alexander liberalitatem ostendit.

Au-dessus sont les armes de France.

Il y a, à Saint-François, une *Nativité*, peinte par Civoli, qui est une belle pièce.

L'Église des Chevaliers de Saint-Étienne est assez belle. Elle est couverte des drapeaux et des dépouilles enlevées aux ennemis. La façade d'ordre corinthien, et du composite au-dessus, m'a paru assez belle.

Il y a un tableau d'une *Nativité* qui me paroît très bon; mais il est souverainement immodeste : on met la main entre les cuisses d'une femme nue, qui se couvre seulement le sein avec les mains. Le sein de la Vierge est couvert d'un voile, qui ne descend pas assez. Mais le tableau est bon.

Le maître-autel est tout de porphyre, et diapré.

Il y a, au milieu de la place, une très mauvaise statue d'un grand-duc, je ne sais lequel.

MM. Melani, peintres, sont deux frères; les premiers artistes de la Ville. Ils ont bâti l'Église de Saint-Joseph, qui est une petite église de très bon goût. Ils ont peint la voûte de l'Église de Saint-Mathieu à fresque; ils y ont représenté le Paradis, et cela paroît être un bon ouvrage. Dans la partie inférieure, tout autour, il y a une architecture surprenante. Ce qui me paroît bien, c'est que, dans le milieu de la voûte, il n'y a d'autres figures qu'un Père éternel dans le lointain, et que le reste, c'est le ciel et la lumière. Mais, tout autour, au-dessus de l'architecture, sont les Saints, et, plus haut, le Christ et la Vierge. Cela fait qu'il n'y a aucune confusion de figures; que l'on peut tout voir sans se martyriser le col. D'un côté, on voit la moitié de l'ouvrage, à son aise, et, de l'autre côté, l'autre. Ces messieurs ne sont point sortis des états du Grand-Duc et ont seulement travaillé à Sienne; il est dommage qu'ils n'ayent pas été à Rome.

Livourne est à 14 milles de Pise. C'est une fort belle ville, bien peuplée et bien fortifiée. Les rues sont larges, droites, bien percées. La place est très grande, et la Ville, riante. Il peut y avoir 40,000 âmes de toutes nations : Grecs, Juifs, Arméniens, Catholiques, Protestants; mais les Juifs sont au nombre de 6 ou 7,000, et extrêmement protégés par le Gouvernement. La nation angloise y fait le principal commerce; après, la Françoise, la Hollandoise. Ce qu'il y a, c'est que le commerce des Anglois y augmente, et que celui des François diminue.

La mer entre dans la terre et fait comme une espèce de golfe. C'est là que l'on a pratiqué le port de Livourne, par le moyen d'une jetée ou môle, que l'on a fait. Le fond du port est à peu près au midi, et le môle à peu près au couchant ou sud-ouest. Au nord-ouest est l'ouverture du port, qui n'a pas plus de 50 à 60 toises pour l'entrée; après quoi, il y a un bas-fond, qui empêche les vaisseaux d'entrer par là. Plus vers le nord est le lieu où l'on examine la santé, et là est une grande tour de marbre. Tout ce côté du port est un bas-fond, et le fond est naturellement fermé de ce côté-là. Pour *(sic)* à l'entrée, il y a 7 ou 8 toises d'eau; du côté du môle, il y a deux, deux et demie, trois et quelquefois plus, hauteurs d'hommes d'eau; du côté du nord-ouest et la tour de marbre, il n'y a quelquefois que 2 ou 3 pieds, et les vaisseaux n'y peuvent pas aller, mais se tiennent le long du môle. Il y a deux machines, à peu près comme celles de Venise, incessamment occupées, les jours ouvriers, à vider et nettoyer le port. On y fait travailler les esclaves.

Le navi sono sicure assai nel porto. Ma però, ai venti maestrali, si battono e vanno l'una contra l'altra; i maestrali dunque sono i pericolosi venti di quel porto, perchè passano per il buco. I libecci però venti si rumpono contra il molo, ma fuori del porto. Questi venti sono cattivissimi.

La pointe du môle est défendue par une petite fortification basse, où il y a des batteries de canons. Cela est très bon pour défendre le port. Mais, si l'ennemi s'en emparoit, il ruineroit de là la Ville.

De cette tour, on avertit aussi la Ville du nombre de vaisseaux et galères qui paroissent sur la côte.

La tour où est le fanal est derrière le môle. Le mal est qu'elle est trop près du port et de la montagne qui est derrière, à 3 ou 4 milles vers le sud-est : car, la nuit, les paysans y allumant des feux, les pilotes sont en danger de se tromper et de s'aller briser contre le rivage. Cela est arrivé.

De la tour du fanal, on voit, *al ponente e al libeccio, l'isola della Gorgona, la Capraia; al mezzo giorno, la Corsica; e, al mezzodì, più verso la terra, l'Elba. Si vede, al mezzo giorno e al sirocco, Piombino.*

La Meloria est un écueil à 5 milles dans la mer. Un gros navire s'y étant perdu, on y a bâti une tour. Autour de cet écueil, il y a une étendue de plusieurs milles où les navires ne peuvent passer.

A la pointe du cap qui est vers le sud, il y a un lieu où il y a toujours des hommes qui ont des chevaux; il y en a toujours 12 dehors, pour garder les côtes.

Dans l'été, il y aura toujours dans le port de Livourne une quinzaine de vaisseaux étrangers; dans les autres saisons, plus; l'hiver, 50, 60 et même 70.

Le côté du port du côté du levant, et qui regarde la terre, est formé par une langue de terre, que l'on a affermie par des pilotis et des graviers; sur laquelle, on a bâti des magasins et est une forte muraille. Cela sépare le port d'avec un autre petit port appelé *Darse*, qui ne sert que pour les galères du Grand-Duc et les barques.

Outre la petite fortification, que nous avons dit être à la pointe du môle, il y a le Château-Vieux, qui est du côté de la mer, et la Darse le baigne, et il *(sic)* l'embrasse du côté du nord-ouest; et il y a encore la forteresse neuve, qui est du côté de la terre.

Livourne est très bien fortifiée, tant elle-même que par les deux forteresses. La mer entre dans les fossés de la Ville et des forts et l'entoure d'un bout à l'autre.

La mer contribue aussi à former un canal, lequel va à Pise et dessèche tout le pays, qui, avant cela, étoit en partie marécageux; et on a soin d'entretenir ce canal avec des machines, pour en ôter la vase, et, depuis que l'on a fait cet ouvrage, l'air de Livourne est devenu sain.

Mais, comme ce canal embouche l'Arno à Pise, et que ce fleuve, rapide et bourbeux, remplissoit de sable ce canal, on a fait une cataracte, et on ne laisse entrer l'Arno dans le canal que lorsqu'il est clair. Cependant, il y a une roue sur la cataracte, qui enlève les bateaux que l'on fait passer de l'Arno dans le canal ou du canal dans l'Arno. Comme l'Arno est rapide, il entraîne le sable, ce qui ne se feroit pas dans le canal, qui est presque sans pente.

Enfin, il est impossible de voir cette ville sans concevoir une bonne idée du gouvernement des Grands-Ducs, qui ont là fait de si grands et de si beaux ouvrages, et qui ont fait là une ville florissante et un beau port, malgré la mer, l'air et la nature. S'il y a quelque chose à redire à la fortification, c'est qu'elle est trop belle et trop considérable pour son prince, parce qu'elle demanderoit une garnison trop considérable. Le Grand-Duc, qui n'entretient guère que 3,000 hommes, est obligé d'en avoir là une très grande partie. Il donne à ses troupes une paye trop forte, et, avec ce qu'il donne, il pourroit avoir un tiers de plus de troupes.

Florence, où j'arrivai le 1er décembre 1728, est une belle ville.

Je reçus mille politesses de M. de La Bétide (?), envoyé du Roi, qui y est très considéré, très aimé.

Le Grand-Duc entretient environ 3,000 hommes et en pourroit entretenir 7 ou 8 avec la dépense qu'il y fait. Il a 60 et quelques mille hommes de milice, enrôlés sur les rôles faits pour cela. Ces 3,000 hommes sont autant de chanoines. Ils ont 4 livournines par mois (ce qui revient à 18 sols par jour), et, outre cela, ils travaillent et ont leur métier. Ce sont des soldats aux gardes, mieux payés. Aussi la plupart sont-ils mis comme des officiers.

Le feu Grand-Duc avoit emprunté beaucoup d'argent à 6 pour 100. Celui-ci a réduit les intérêts tant des nouveaux que des anciens contrats; ce qui lui a donné le moyen d'ôter les impôts que feu le Grand-Duc, son père, avoit établis, et il a fait une chose que les princes font difficilement : il s'est défait des importunités de la prêtraille et de la moinerie et ne veut point en entendre parler. Il renvoyoit les prêtres à l'archevêque et les moines au nonce; d'ailleurs, les sources de l'argent sont bouchées pour eux. Il ne fait presque aucune dépense.

On vit à Florence avec beaucoup d'économie. Les hommes vont à pied. Le soir, on est éclairé par une petite lanterne. Les femmes vont dans de grands carrosses. Dans les maisons, lorsque l'on ne joue point, on est éclairé par une lampe : quand il y a peu de monde, un lampion; quand le monde entre, on allume les trois lampions : car la lampe a trois branches et pose sur une espèce de chandelier. Du reste, la noblesse de Florence est affable, et le sang y est assez beau. Elles *(sic)* ne savent ce que c'est que de se farder.

Aucune cheminée, et, dans le cœur de l'hiver, on ne s'y chauffe point. On dit que le feu est malsain; mais ce pourroit bien être aussi une raison d'économie. Comme on accoutume les enfants à rester dans une chambre sans feu, on ne le souhaite point.

Généralement, l'Italie, au moins toute la Lombardie et ce qui est entre l'Apennin et la mer manquent de bois : car toutes les montagnes de l'Apennin sont nues ou ont des oliviers, qui sont de peu de ressource pour le chauffage; et les plaines sont cultivées et n'ont que des mûriers et quelques peupliers. Cependant, on ne sent point cette privation-là, soit parce que l'hiver y dure peu, soit parce qu'on est accoutumé à ne se point chauffer. Ce qui m'a bien fait revenir des éternelles craintes de notre France, où on regorge de bois, et où l'on dit toujours qu'on en va manquer. Il est certain que les pays à bois en font une consommation bien inutile.

Il est sorti de Florence, de tous temps, de grands

hommes et de grands génies. C'est eux qui ont contribué plus qu'aucune ville d'Italie au renouvellement des arts. Cimabué et Giotto commencèrent à faire revivre la sculpture et la peinture, et ce furent les sénats de Venise et de Florence qui appelèrent les ouvriers grecs.

Et il y a cela d'extraordinaire, c'est qu'à Florence, l'architecture gothique est d'un meilleur goût qu'ailleurs. Le Dôme et *Santa-Maria-Novella* sont de très belles églises, quoique dans le goût gothique. Elles ont un air de simplicité et de grandeur que les bâtiments gothiques n'ont pas. Il falloit que ces grands génies fussent supérieurs à l'art de ce temps-là. Aussi Michel-Ange appeloit-il *Santa-Maria-Novella* son épouse, et avoit-il un grand respect pour l'Église du Dôme.

Le Grand-Duc peut avoir de revenu 1 million 500,000 écus florentins, qui veulent dire environ 7 millions 500,000 livres de notre monnoye et plus: car l'écu florentin vaut une piastre. Le Grand-Duc père avoit des intérêts à payer à 5 pour 100. Celui-ci a sommé de venir recevoir son argent ou de souffrir la diminution des intérêts à 3 et 1/2. Quelques-uns ont pris leur argent; les autres ont souffert la réduction; ce qui fait que l'argent n'y vaut pas davantage sur la place, et que les terres ne rapportent pas même ces intérêts-là. Mais le Grand-Duc a l'entretien de sa cour, de celle de la princesse sa belle-sœur, de la princesse sa sœur, de ses troupes de terre et de ses galères. — M. de Sainte-Marie.

Il n'y a pas de ville où les hommes vivent avec moins de luxe qu'à Florence : avec une lanterne sourde, pour la nuit, et une ombrelle, pour la pluie, on a un équipage complet. Il est vrai que les femmes font un peu plus de dépense : car elles ont un vieux carrosse. On dit qu'ils font plus de dépense à la campagne, comme aussi aux solennités des baptêmes et des mariages. Les rues sont si bien pavées de grands pavés, qu'il est très commode d'aller à pied. On a vu le premier ministre du Grand-Duc, le marquis de Montemagno, assis sur la porte de la rue, avec son chapeau de paille, se branlant les jambes.

Les Anglois enlèvent tout d'Italie : tableaux, statues, portraits. Ils n'ont de ces choses-là que depuis quelque temps, parce que tous les meubles des maisons royales furent vendus par le Parlement, après la mort de Charles II *(sic)*, à tous princes, rois et ministres étrangers. On dit que cela les amollira et leur fera perdre leur courage féroce. Je dis qu'ils ont encore beaucoup à perdre, et pour bien du temps.

Cependant les Anglois enlèvent rarement du bon. Les Italiens s'en défont le moins qu'ils peuvent, et ce sont des connoisseurs qui vendent à des gens qui ne le sont pas. Un Italien vous vendroit plutôt la *(sic)* femme en original, qu'un original de Raphaël.

J'étois adressé à M. le bailli Lorenzi, qui a été autrefois envoyé de France, quoique sujet du Grand-

Duc, et me fit mille politesses. C'est un homme généralement aimé et estimé. — Il a un fils qui a du mérite.

Le comte Caimo étoit envoyé de l'Empereur. Je l'avois vu à Milan.

Le commandeur de Gaddi me fit aussi des politesses. Il est de la maison Pitti. Une succession l'a obligé de changer de nom.

Mad^e Viviani, femme du sénateur, a l'air jeune, quoiqu'avec de grands enfants.

Mad^e Olivieri, veuve et flamande, qui avoit été en Portugal avec la Reine, s'étoit ensuite mariée à un Florentin.

La comtesse Strozzi : toutes les comtesses Strozzi, jolies.

Le marquis Gherini : trois frères ; chez celui qui est marié, on tient assemblée.

Je pensois, avec ma petite lanterne et mon ombrelle, sortant de la maison, que les anciens Médicis sortoient comme cela de chez leurs voisins.

Il y a à Florence une domination assez douce. Personne ne connoît et ne sent guère le Prince et la Cour. Ce petit pays a, en cela, l'air d'un grand pays.

Il n'y a que les subsides qui y sont très grands. Il y en a du temps de la République, très forts. Par exemple, on paye 7 et 3/4 pour 100 des dots des filles qu'on épouse ; *idem,* des successions collatérales. Tout paye, soit qu'il entre ou sorte de

Florence. Ce qu'il y a de singulier, c'est que, si vous épousez une fille qui n'a rien, on vous suppose une dot pour en tirer les 7 et 3/4. Le feu Grand-Duc avoit mis un impôt de 1/2 pour 100 sur tous les revenus et avoit promis que cela ne dureroit qu'un an. Cela dura toujours et augmenta. Des gens qui croyoient que cela ne dureroit, ni augmenteroit, alloient déclarer plus de revenu qu'ils n'avoient, pour se donner plus de crédit. Mais cela dura. Ce Grand-Duc-ci a ôté cet impôt et d'autres.

C'est un bon prince, qui a de l'esprit, mais très paresseux, et qui, d'ailleurs, aime un peu à boire, même des liqueurs. Il n'a confiance à aucun ministre et souvent les brusque bien : ce qui peut venir des quarts d'heure du vin. Du reste, le meilleur homme du monde. Un homme ayant fait des placards contre les ministres et ayant même intéressé le Grand-Duc, disant qu'il ne donnoit pas d'audience, fut pris et condamné aux galères. Le Duc, qui doit confirmer la sentence, ne le fit pas. Un sénateur lui dit : « Mais, Monseigneur, il faudroit un exemple : il a maltraité rudement un sénateur. — Et moi aussi, dit le Grand-Duc; mais il a dit la vérité, et je ne veux pas le punir pour cela. » Il est presque toujours avec ses domestiques.

Quand Charles-Quint assiégea et prit Florence avec les troupes du Pape, la capitulation fut que les Médicis seroient rétablis : Alexandre, élu duc, avec douze sénateurs pour son conseil : ce qui formoit une espèce d'aristocratie. Le Duc fut assassiné par son cousin ou frère, qui lui avoit promis de lui mener le soir, dans son lit, une femme, et lui mena l'assassin. Il se retira à Venise. Comme il *(sic)* fut élu duc fort jeune, il se fit une conjuration des Strozzi, qu'il découvrit et éteignit. Il bâtit des citadelles, mit des impôts, et, depuis ce temps, rien n'a remué. — Santa-Maria. — Examiner l'histoire.

Les Ducs ont augmenté le nombre des sénateurs. Ce sénat ne fait plus rien : le Duc ayant son conseil particulier. Les sénateurs sont seulement à la tête des différents tribunaux. — Santa-Maria.

Les raretés, richesses et curiosités des Médicis leur viennent non seulement de ce qu'ils ont acquis, mais aussi de la confiscation des biens de plusieurs familles de Florence, qui avoient conspiré contre eux.

Le Grand-Duc ne donne guère de lettres de noblesse. On a seulement la faculté de fonder, pour 10,000 écus, une commanderie de l'ordre de Saint-Étienne : elle passe aux enfants après. Dans de certains cas, elle retourne à l'ordre. Cela fait noblesse. Ceci a perdu le commerce de Florence : un riche marchand ayant d'abord fondé la commanderie; après quoi, il n'est plus permis de faire le commerce.

Il y a une maison que vingt gentilshommes louent à leurs frais, qui est le *Cazin*, où l'on s'assemble. Là, il n'y a que des gentilshommes qui y peuvent entrer, et cela est si rigoureusement observé qu'ils supplièrent le Grand-Duc, qui leur parla pour quelqu'un, de ne les point gêner là-dessus.

Autrefois, il y avoit un jeu, où l'on se donnoit bien des coups de poings, qui a été aboli depuis quelque temps, et se faisoit une fois l'an. Cela étoit usité du temps de la République, parce que, lorsqu'on avoit quelque inimitié, on la gardoit pour le jour du jeu. On frottoit bien son adversaire; après quoi, l'honneur ordonnoit d'oublier l'injure reçue, parce qu'on s'en étoit vengé.

Il n'y a point de famille noble qui n'ait quelque petit emploi, qui lui donnera 15, 20, 30 écus, 50 écus par mois. Les emplois les plus vils en France, comme un emploi à la douane, sont exercés par les nobles, et il n'y a ordinairement qu'eux. La raison en est que cela se faisoit ainsi du temps de la République. — Santa-Maria.

Le Père de la Patrie, riche marchand, avoit plus de deux ou trois cents personnes employées dans toute l'Europe, dans ses différents comptoirs, et il avoit eu l'attention d'employer des gens des principales familles de la Ville, qui étoient autant de gens à lui. Cela donna de la jalousie. Il fut pris et alloit être mis à mort, lorsqu'il gagna le geôlier, se retira à Venise, et il trouva le secret de faire tomber presque tout le commerce de Florence. Cela le fit rappeler. Il perdit ses ennemis. Immenses richesses. Bâtiments publics qu'il éleva pour des sommes incroyables. — Santa-Maria.

Il ne laisse pas d'y avoir des familles riches à Florence : le marquis Riccardi a plus de 200,000 livres de rente de notre monnoye ; les Renucini, Corsini, Corci, 20,000 écus ou 100,000 francs de notre monnoye ; *idem*, Salviati et Strozzi, *principe di forano* : mais ces deux derniers sont dans l'État du Pape ; les marquis Incantri, Tempi, Niccolini, le baron Franceschi, 12 à 15 ; les marquis Ximenès et Gherini, un peu moins, aussi bien que les marquis Féroni et Capponi : ces Féroni étoient autrefois prodigieusement riches. — Tout ceci est exagération populaire. Retranchez-en la moitié et plus.

Les Médicis étoient originaires de Mugello, petite province de Toscane. Les Ubaldini en étoient seigneurs. Il y en a eu de ducs d'Urbin, et il y en a deux branches à Florence, d'une fortune médiocre. — Santa-Maria.

Ce Grand-Duc indéterminé et paresseux. Quelques-uns de ses gens, à son retour d'Allemagne, firent mettre leurs habits dans ses ballots. Ils n'ont pas encore été défaits depuis dix ou douze ans, et ils sont pourris. Tout ce qu'on lui donne, il l'enferme — fût-ce gibier, fruits — après l'avoir fait estimer et donné une manche *(sic)* du prix, et là il se pourrit. Cependant, c'est un bon prince. Un des marquis Gherini a une charge qui vaut 2,000 écus, que le Grand-Duc père lui donna malgré celui-ci, qui le haïssoit, et il en fut si outré qu'il se retira de la Cour. Il est devenu Grand-Duc, et il ne lui a pas ôté la charge.

Je disois, en voyant ces mauvaises sculptures et peintures gothiques, que, si la question des Anciens et des Modernes étoit venue dans ce temps-là, on l'auroit soutenue de part et d'autre.

La marquise Féroni tient tous les vendredis une assemblée de *virtuosi ;* l'abbé Niccolini en est l'étoile polaire.

Le marquis Renucini, secrétaire d'État de la guerre, est un des meilleurs esprits de Florence.

Différence des richesses qui viennent d'avarice, d'avec celles qui viennent par les autres voyes chez les peuples riches.

Un Anglois m'a dit que, pour acheter des estampes, il falloit, pour cela, que le peintre fût bon, et le graveur bon aussi; qu'on pouvait acheter, à Rome, les estampes de Marc Antonio et, à Paris, celles de Gérard Audran, sans examen. Il y a deux Audran. Outre ce, on peut acheter les estampes d'Æneas Vico et de Pietro Santo-Bartoli, en leur nom.

Charles-Quint n'avoit point en vue de donner la souveraineté aux Médicis; il ne vouloit qu'établir une aristocratie, et avoir pour chef ou gonfalonier un Médicis. On donna au premier, pour son entretien, 12,000 écus : les Florentins disoient qu'il auroit bien là de quoi faire une bonne vie. Quand les Empereurs se furent retirés d'Italie, que les Médicis se virent utiles aux uns et aux autres, ils s'emparèrent de l'autorité et des revenus publics.

Le grand-duc Cosme III, voyant que, depuis Jean de Bologne et Francavilla, la sculpture étoit totalement tombée à Florence (comme il paroît par les ouvrages des sculpteurs de ce temps-là), il envoya de jeunes élèves à Rome, comme Foggini et Marcellini, lesquels y étudièrent longtemps, firent eux-mêmes des élèves, qui allèrent ensuite à Rome, comme Piémontini et autres d'aujourd'hui. Ainsi, c'est au feu Grand-Duc et au prince Ferdinand, son fils, que l'on doit le rétablissement de la sculpture à Florence. Marcellini vécut dans la crapule et fut abandonné du Grand-Duc.

J'ai ouï dire au sénateur Capponi que l'État de Florence a 750,000 habitants. Ils n'y sont (je crois) pas. L'état de Sienne, qui est plus grand que le reste, n'a pas plus de 75,000 habitants, m'a dit le comte Caimo, qui dit le bien savoir, et il soutient, contre le sénateur, qu'il n'y en a pas plus de 600.

La ville de Florence peut avoir 80,000 âmes, 800 moines, autant de religieuses, sans compter les prêtres.

J'ai ouï dire au comte de Caimo qu'il n'y avoit pas 100,000 âmes dans le Mantouan, et je le crois.

Je crois que l'État de Venise est, de tous les états d'Italie, celui qui a le plus de peuple. Le Bressan a 400,000 âmes; Venise et les îles, 180,000 âmes. J'ai vu faire le compte que le Pays vénitien en Italie avoit 2 millions d'hommes. Je ne le crois pas, si on ne compte que l'Italie.

L'État du Pape, en comprenant l'État ecclésiastique, Avignon et Bénévent, ne fait pas 900,000 âmes.

Le Parmesan est beaucoup peuplé jusques aux montagnes, et peut bien faire 150,000 âmes.

Le Modénois, 100,000.

J'ai ouï disputer 1 million d'âmes au Piémont, et je crois qu'on a raison.

Le royaume de Naples, 1 million.

La Sicile, 500,000 âmes.

La Corse, 80,000 âmes.

Le Génovesat, 350 à 360,000 âmes.

Le Milanois, 700,000 âmes.

Le sénateur............ m'a dit.....

J'ai ouï dire à Florence que le Pays de Lucques avoit 100,000 habitants. Effectivement c'est une pépinière, d'où il sort un nombre infini de gens, que le Pays de Lucques: toute l'Italie fourmille de Lucquois. Mais je ne crois pas que Lucques ait 50,000 habitants.

Pistoye n'a que 5 ou 6,000 habitants.

Pise, qui en a 10,000 ou environ, se remet: Livourne lui fournit de l'argent, et les Lucquois, du monde.

Voici donc comme je mettrois le nombre du peuple qui est en Italie :

Le Piémont	900,000
Le Milanois	700,000
Le Génovesat	350,000
Florence, Lucques et le Pays de Massa	750,000
— Le Pays de Florence n'a (je crois) que 600,000 ; le Pays de Massa, 6 ou 7,000 Lucquois.	
Le Parmésan	150,000
Modénois	120,000
Mantouan	100,000
Venise	1,500,000
États du Pape, en Italie	80,000
Royaume de Naples	1,000,000
Sicile	500,000
Sardaigne	150,000
Corse	80,000
Pays des Suisses, en Italie	100,000
Toute l'Italie et les îles	7,200,000 âmes

État de Florence : en sort pour 100,000 pistoles d'étoffe de soye ; de Piémont, le double.

2 à 3 millions de florins, les revenus du Piémont ; ceux de Florence, un tiers moins.

Livourne, il y a vingt ans, 25,000 âmes ; aujourd'hui, 45 : l'utilité est que les étrangers qui y abordent consomment beaucoup.

Les soyes ne sortent point des états de Florence,

grèges; au contraire, on en tire de l'étranger. Excelle en petits taffetas légers, pour les doublures.

Porto-Ferrajo, au roi d'Espagne.

On est étonné de se trouver dans les montagnes.

Livourne, trop grande place : il faudroit 10 à 12,000 hommes pour la garder.

Cela vous épargnera de l'argent : l'économie des princes n'est pas comme celle des particuliers.

Le feu Grand-Duc voulut disposer de sa succession en faveur d'un Bourbon; le communiqua à l'Empereur, qui s'y opposa, puis fit la Quadruple-Alliance. Le vieillard Cosme n'a jamais pardonné à l'Empereur de l'avoir signée.

Manufactures depuis quinze ans dans les pays Autrichiens.

Commandeur de Solar :

6 millions de florins, le roi de Sardaigne a par an, et 18 à 20,000 hommes de troupes.

Le Montferrat lui rapporte 100,000 pistoles d'Espagne.

La Sardaigne, 300,000 écus. Il en faut 200,000 pour l'entretien. On pourra la faire aller à 500.

La Savoye rapporte environ 2 millions de livres de Piémont.

Lorsqu'il eut le royaume de Sicile, il alloit le

remettre. *Primo*, il ôta les fraudes des douanes; se fit payer pour les transports des bleds et ôta les fraudes là-dessus; fit observer les loix qui pourvoyent à la sûreté publique, et qui rendent les seigneurs responsables des meurtres qui se font sur leurs terres (il en fit mettre un en prison pour cas pareil, qui y est resté jusqu'à la révolution : ce seul exemple contint tous les autres); obligea les gentilshommes de payer leurs dettes; enfin, fit rendre justice. Il auroit remis ce pays-là.

400,000 âmes en Sardaigne.

Ce qui a perdu le Milanois, c'est qu'on a inquiété, sur la traite des bleds, les Suisses, qui ont été se pourvoir en Alsace : a été l'effet d'un mauvais conseil donné à l'Empereur. — Caimo.

Une bonne récolte de bled à Milan suffit pour deux ou trois ans.

Pour juger si une église est trop large ou trop peu, il faut la regarder par le haut, non par le bas, à cause des chapelles; et, par le bas, quand il y a trois rangs de colonnes. — Voir cela.

Il ne faut point faire de frontons brisés à l'air, parce que la pluie tombe par là : ce qui empêche l'effet naturel des frontons. Dans le dedans, c'est autre chose.

Les Lucquois ont trois principes : point d'Inquisition; point de Jésuites; point de Juifs.

Les familles italiennes dépensent beaucoup en canonisations. La famille Corsini, à Florence, a dépensé plus de 180,000 écus romains dans la canonisation d'un saint Corsini. Le marquis Corsini père disoit : « Mes enfants, soyez honnêtes gens; mais ne soyez pas saints. » Ils ont une chapelle, où repose le saint, qui leur a coûté plus de 50,000 écus. Peu de fripons ont tant coûté à leur famille, que ce saint.

Elles dépensent aussi beaucoup en sépultures dans les églises.

Enfin, tout ce qui est magnificence délie plus aisément la bourse d'un Italien, que ce qui est commodité : tout Italien aime d'être flatté.

Le bois, bon revenu dans Florence. L'économie générale a introduit le principe qu'il est nuisible à la santé de se chauffer en hiver; mais, c'est le feu de chez soi qui est nuisible, non le feu qu'ils trouvent ailleurs.

Je vis à Florence un M. de Bezenval, Suisse, et qui me dit être le chef de la république de Soleure. Il avoit été à Rome par dévotion, et il en revenoit. Il se plaignoit beaucoup de la cour de Rome, qui, par les brouilleries qu'elle faisoit en Suisse, empêchoit les sept cantons catholiques de s'unir et de se joindre ensemble, pour reprendre les provinces que deux cantons protestants avoient (je crois en 1722) envahies; lesquelles étoient auparavant en commun, sous la domination de tous les cantons, et peuvent fournir 10,000 hommes propres à porter les armes; que les brouilleries que Passionéi avoit excitées venoient à l'occasion des danses des paysans d'une paroisse, le jour de la fête locale, que le curé avoit défendues, curé soutenu par le Nonce, curé étranger, et que le Magistrat avoit chassé : ce que le Nonce prétendit être contre l'immunité ecclésiastique; que cette petite chose avoit dégoûté les souverains des cantons de s'unir pour faire la guerre aux Protestants, parce que les entreprises de Rome étoient contre l'autorité des souverains; d'autant que le Peuple étoit passionnément zélé pour Rome; et que, quoique la Suisse fût une république, cependant il n'y avoit pas souvent 200 personnes qui composassent la souveraineté; que les magistrats avoient pris l'affaire à cœur, parce que plus le Souverain étoit petit, plus les entreprises qu'on faisoit contre lui étoient dangereuses, parce qu'il ne pouvoit pas s'en relever; mais que, si la cour de Rome vouloit les laisser faire, ils s'uniroient entre eux; que la force des cantons protestants étoit qu'ils n'étoient que deux, et que les autres étoient sept et n'avoient qu'une égale puissance; qu'ils avoient fait un grand coup en se raccommodant avec la république du Valais, mécontente de ce que les cantons catholiques ne leur avoient témoigné aucune reconnoissance des secours autrefois prêtés; que le canton de Berne étoit plus fort, non en hommes, mais parce qu'il étoit plus riche, parce que les Protestants jouissent des biens des ecclésiastiques, et que le canton de Berne étoit très épargnant et mettoit tous les jours en réserve; que le Roi leur avoit promis de leur servir de huitième canton, quand il en seroit temps; que, dans l'affaire de 1712 (je crois), les Catholiques ne furent pas battus, mais ne purent pas vaincre; qu'une de leurs ailes, ayant à passer une montagne, n'arriva pas à temps; que les Catholiques se retirèrent, et sans perte . . . .

Nous pourrions donc bientôt voir la guerre en Suisse, avant qu'il ne soit longtemps.

J'ai ouï dire au prince de Modène que la république de Venise lui avoit rendu des honneurs dont il étoit, pour ainsi dire, honteux. On lui donna une collation sur la mer. Vingt dames étoient rangées et debout; point de places pour elles à table, mais seulement une pour le Prince, l'autre pour la Princesse.

Il n'en fut pas de même à Gênes, où on lui fit bien voir que l'on ne savoit pas vivre.

Je disois que j'avois trouvé à Gênes un beau et mauvais port, des maisons de marbre, parce que la pierre y est aussi chère, et des Juifs qui vont à la messe.

Le 25 décembre 1728, Dathias m'a dit que la ville de Livourne pouvoit avoir 35 à 36,000 habitants. Il m'a soutenu qu'il n'y avoit que 5,000 Juifs, et qu'il le sait bien, puisqu'il a lui-même les rôles de la distribution des pains azymes, et, par conséquent, le rôle des familles.

Ce Livourne soutient Pise. Si les Florentins disent que, par là, le commerce passe aux étrangers, ils ont tort. Car pourquoi ne le font-ils pas eux-mêmes?

Ce que dit l'abbé Dubos, dans ses *Intérêts d'Angleterre*, que Florence a tombé depuis qu'elle ne met plus ses soyes en œuvre, n'est pas vrai : car bien loin qu'il en sorte, elle est obligée d'en faire venir beaucoup de Lombardie. Ce sont ses manufactures de laines qui ont beaucoup tombé; mais je ne crois pas qu'il en sorte beaucoup pour l'étranger. Il s'y fait quelques draps, qu'ils consomment, ou à peu près. Les draps noirs sont très bons à Florence.

A Florence, dans la maison du marquis Riccardi, qui est l'ancienne maison des Médicis augmentée, et qui est un vrai palais, la marquise est obligée de s'habiller dans sa chambre et de mettre ses habits dans son lit.

Le 29 décembre 1728, j'ai vu, chez le sénateur Ginori, une galerie, où il y a quelques tableaux, la plupart (je crois) copiés; un *Adam et Ève*, qu'on croit de Michel-Ange, et que je crois copié. Michel-Ange a fait la sottise de les faire voir en deux endroits dans le même tableau. Il *(sic)* a fait aussi un cabinet où est Orphée qui enchante les animaux; lesquelles figures sont faites d'argent et de pierres précieuses, comme perles, diamants, rubis, saphirs : en quoi il y a plus de richesse que de goût.

J'ai vu aussi la maison Niccolini. Il y a plusieurs beaux tableaux : entre autres, un de Léonard de Vinci, qui est un portrait, derrière lequel est un paysage qui est admirable.

J'ai vu la galerie du commandeur Gaddi : quelques tableaux, mais presque tous copiés; plusieurs petites statues antiques et instruments de dévotion des Payens. Il y a une ébauche de Salvati, qui est un gros Priape, que des femmes traînent sur un char vers un c.., avec une grande force; elles ont des piques, sur lesquelles sont plusieurs habits de moines, qui en sont comme vêtues : cela forme comme une espèce de procession.

Il y avoit un opéra à Florence. La Turcotta y chantoit. C'est, dit-on, la seconde actrice d'Italie : la Faustina est la première. J'ai bien pris goût à ces opéras italiens. Il en coûte très peu à Florence pour l'opéra. Ce sont des gentilhommes du pays qui s'associent pour en faire un. Comme ils ont de l'argent, qu'ils payent bien, ils ont tout à meilleur marché que ces misérables entrepreneurs. On s'abonnoit pour un louis, pour tout le carnaval.

J'ai été, le 2 janvier 1729, *alla Casa*.........., à un de ces festins où l'on ne ménage point. Là je vis presque toutes les dames de Florence. Elles ont une très grande quantité de pierreries : car, à Florence, on ne manque de rien de ce qui ne se consomme pas par l'usage, comme pierrerie, vaisselle, tableaux, statues. Ces dames n'ont point de rouge; cependant, elles ont toutes un très grand air de jeunesse : à quarante ans, la plupart paroissent fraîches comme à vingt. Vous voyez des femmes qui ont parturité dix à douze fois, et qui sont jolies, fraîches, aimables, comme la première fois. Je crois que la vie réglée, le grand régime et, outre ce, une disposition particulière de l'air les soutient ainsi.

Alger est assez bien armé : ils *(sic)* mettent en mer des navires, de 3 à 4 en nombre, et attaquent et prennent de bons vaisseaux italiens. Tunis vient ensuite. Tripoli n'a que de petites barques, qui n'attaquent que des vaisseaux sans défense. Ceux de Salé, qui dépendent de Maroc, sont encore plus incapables de prendre des vaisseaux que les Tripolitains : ils n'ont que des barques ou felouques ; il est vrai qu'ils sont situés à merveille. D'abord qu'on a passé le détroit, on trouve Tripoli.

Pendant l'hiver, il est difficile aux Barbaresques de faire des prises : car ils ne peuvent pas se camper en embuscade en un certain lieu ; il faut qu'ils soient conduits par le temps, et ils n'ont que ce que le hasard leur peut présenter.

Les Hollandois n'ont pas voulu faire la guerre, malgré les insultes qu'ils ont reçues, parce que, si vous faites la guerre à une seule de ces puissances, vous êtes pillé partout : car elles se servent du pavillon ennemi pour vous attaquer. — D'un marchand de Livourne.

L'État de Florence doit 14 millions et 1/2 d'écus

de ce pays-là. A la mort du feu Grand-Duc, on en devoit partie à 6 pour 100; c'étoit des rentes qui n'étoient perpétuelles, ni viagères : car elles s'éteignoient dans de certains cas, et on pouvoit les transporter à d'autres; mais elles s'éteignoient rarement. D'autres étoient à 5 pour 100; d'autres à 4 et 1/2. Quand ce Grand-Duc a succédé, on a érigé un nouveau mont; on a remboursé toutes les rentes à 6 pour 100, et on a offert à tout le monde son argent, si mieux on n'aimoit le convertir en rentes à 3 et 1/2 pour 100. Presque tout le monde a accepté. Ils n'avoient pas 100,000 écus en caisse, quand ils ont fait cette conversion. Par là, l'État a gagné 90,000 écus, et on a tiré pour autant d'impôts; de façon que le Peuple a été soulagé de 90,000 écus d'impôts, et de ce qu'il en coûtoit pour les lever, qui alloit à 7 pour 100, sans compter les exactions. Cela a fait crier les gros particuliers de Florence et a fait un grand bien au Peuple en général.

J'ai vu les tableaux du Palais Pitti. Le mal de ce palais, c'est que la salle qui sépare les deux appartements est très petite. L'appartement à droite est peint par Pierre de Cortone; il y a aussi quelques tableaux. Celui qui est à gauche est plein de tableaux des premiers maîtres de toute espèce; mais le tableau qui m'a paru le plus admirable, c'est une *Vierge* de Raphaël, qui efface, à mon gré, tout ce que j'ai vu de *Vierges*. Vous y avez quantité de tableaux d'André del Sarto, beaucoup du Titien, plusieurs de Raphaël, du Corrège, du Carrache, du Parmesan, du Guerchin, de Rubens, et d'une infinité d'autres auteurs. Au-dessus est l'appartement du feu prince Ferdinand, qui est garni aussi de tableaux, et il y en a une galerie toute pleine.

J'ai été voir la Chapelle de Saint-Laurent. Elle n'est pas à beaucoup près finie : on y travaille tous les jours. Il y a un fonds d'environ 100,000 livres de notre monnoye par an, qui fut établi, il y a plus de cent ans, par un grand-duc (c'est Ferdinand Ier ou II), et il y en auroit bien eu de reste; mais on a très souvent détourné le fonds. On dit que le Grand-Duc vouloit [y] mettre le saint Sépulcre, qu'il prétendoit enlever. Quoi qu'il en soit, ce prince, si c'est le même qui fonda l'ordre de Saint-Étienne, et fit la guerre aux Turcs, et cherchoit à faire des établissements en Asie, commença à affoiblir son état par là : car il employa un grand nombre d'hommes et d'argent à assiéger des places. Quoi qu'il en soit cette chapelle est faite avec un travail très riche : car elle est toute incrustée de marbre et de pierres de toute espèce, qui sont mises et travaillées avec beaucoup d'art, et tout iroit fort bien, si l'architecte avoit été aussi habile que les ouvriers; mais le dessin en est pitoyable. Ce qui fait que tout ce bel ouvrage ne vaut pas la peine qu'on le finisse. Il est certain que le tout ensemble ne fait aucun plaisir. Vous voyez là une masse énorme qui n'est soutenue que par six petits pilastres. Tout ceci n'a point de corniches; le chœur est trop petit; il n'y a pas une seule colonne qui soutienne *(sic)*; et, de plus, tout le détail de l'architecture pèche en quelque chose contre le goût. On est au désespoir, quand on sort, de voir une dépense si vaine. Tout autour de la Chapelle sont toutes les villes de la Toscane incrustées; ce qui est assez hors de propos, quoique le travail soit bon.

Remarquez que les arcs *in terzo o in quarto acuto* ont besoin d'être chargés : car, au lieu que les arcs en demi-cercle poussent en bas, il arrive dans ces autres arcs, au contraire, que le poids qui est entre les deux arcs pousse en haut. Il faut donc charger l'arc, afin de faire équilibre avec le poids des matériaux qui sont entre les deux arcs.

Voici les gens que j'ai connus à Florence, dont je n'ai pas fait mention ci-dessus :

Les marquis Gherini.

Le chanoine Martini.

Le connétable Buondelmonti : c'est une charge de l'ordre de Saint-Étienne, et qui est à temps : je crois pour trois ans.

Le marquis Albisi : grand amateur des actrices de l'Opéra.

Signor Stromaso Bonaventuri : il a été à la tête de ceux qui ont diminué les rentes des monts à 3 1/2 pour 100, afin d'ôter des impôts qu'avoit mis le feu Cosme III; les Florentins y ont perdu; le reste de l'État y a gagné : à cause de cela, les Florentins l'ont appelé *le petit Law.*

Le Juif Dathias, qui est de Livourne, mais étoit venu à Florence, et est homme de lettres.

Le 15 janvier 1729, je partis de Florence pour Rome.

J'arrivai le même jour à Sienne.

Le lendemain, j'allai voir l'Église cathédrale, et je vis le fameux pavé de clair-obscur fait par Dominique Beccafumi, et le tout est si bien dessiné et fait avec tant d'art qu'il semble que le pavé soit peint. Il n'y en a que quelques morceaux de conservés : car, en marchant, on l'a beaucoup gâté ; outre que, toute l'église n'est pas faite par Beccafumi : mais divers auteurs, avant et après lui, y ont travaillé, mais sans succès.

Le dôme ne s'accorde pas avec le dessin de la nef, et il y a une colonne qui répond au milieu des ailes, et qui est du nombre de celles sur lesquelles le dôme appuye, qui font bien voir que, dans le dessin, le dôme devoit être plus grand.

Il y a une chapelle du dessin du cavalier Bernin, d'ordre composite, qui est d'un très bon goût. Elle est revêtue de marbre. Il y a deux statues du même maître, qui sont admirables. Le cavalier Bernin avoit un art que personne n'a imité, de faire paroître du marbre comme de la chair et de lui donner de la vie. On voit, dans ces deux statues, cette *morbidezza* au souverain degré.

La voûte de l'Église est un ciel bleu, semé d'étoiles : ce qui fait un bel effet et est plus raisonnable que ces peintures de la terre, qu'on met souvent dans ces voûtes.

La place est une chose assez belle; il y a une fontaine très belle, et, comme elle est creuse, en forme de coquille, on y peut mettre l'eau quand on veut.

Tout le pays, depuis Sienne jusques aux frontières, est montagneux et mauvais : c'est l'Apennin; généralement tout le Siennois est stérile et produit peu.

VII

ROME

Quand on entre dans l'État du Pape, on voit un meilleur pays, mais plus misérable. Il n'est pas si chargé d'impôts que le Pays de Florence; au contraire, il l'est très peu; mais, comme il n'y a ni commerce, ni industrie, il a autant de peine à acquitter ses charges, que les Florentins même; et, en effet, ils n'ont aucune manufacture. Or, le système de l'Europe est tel que la dépense des vêtements va au delà de la dépense de la nourriture, et qu'un pays qui tire d'ailleurs ses vêtements, ne pouvant les payer avec les fruits de sa terre, est ruiné : car il faut la culture d'un champ qui pourroit nourrir trois hommes pour en habiller un seul; ce qui doit nécessairement dépeupler le pays.

La ville d'Acquapendente est un misérable réduit.

Montefiascone est meilleur: ses bons vins, sans doute, le soutiennent.

Viterbe est une assez belle ville, et il y paroît quelques traces de commerce et plusieurs artisans et marchands. Il y a des fontaines très belles, surtout une; des maisons assez bien bâties et d'un assez bon goût d'architecture. Il y a surtout une fontaine, sur la place en entrant du côté de Toscane, qui m'a beaucoup plu. Il y a plusieurs bassins, l'un sur l'autre. Le supérieur est élevé d'environ 15 pieds de terre, et l'eau y est portée par un tuyau qui traverse tous ces bassins; de façon qu'il faut que l'eau soit élevée à cette hauteur. Ce bassin supérieur, qui est rond, jette l'eau par trois ou quatre mufles, ou la laisse tomber dans un plus grand bassin inférieur, qui est aussi rond; et le second le *(sic)* jette dans un bassin, qui a cinq ou six faces, qui est dessous. Il y a des degrés à chaque face; et, à chaque angle, au-dessous, il y a trois bassins carrés, qui descendent l'un dans l'autre, le long des degrés des faces. Chaque bassin est formé par une pierre carrée, au-devant de laquelle est un mufle, qui jette. Ceci est simple et très agréable. C'est une espèce de base ronde qui soutient ces trois bassins, et sa figure, qui grossit et diminue convenablement, est faite avec art.

J'ai lu dans mon mauvais livre *(Les Délices d'Italie)* qu'au pied de la montagne appelée *Cimino*, qui est à la sortie de Viterbe, est une ville du même nom, mais plus connue par celui de *Lago-di-Vico.* Elle tire son nom de ce lac, qui est au lieu où l'on dit qu'étoit autrefois une ville, qui y fut abîmée, et dont, en temps serein, on voit encore les ruines au fond de l'eau. Si cela étoit, il seroit facile d'expliquer, par là, les villes à 50 pieds sous terre, qui sont dans quelques lieux de Lombardie.

Le même auteur cite une inscription qui est dans l'Hôtel-de-Ville, où il paroît que Didier, dernier roi lombard, ayant renfermé trois petites villes, *Viterbium, mulcta capitis indicta, appellari jubet*. Quelle disproportion de la peine au crime!

De Viterbe à Rome, il y a 40 milles.

Là, on trouve des endroits de la voye *Appia*, qui sont encore dans leur entier. On y voit un rebord ou *margo*, qui subsiste encore, et je crois que c'est le rebord qui a le plus contribué à faire subsister ce chemin depuis deux mille ans : car cela a soutenu les pavés des deux côtés et a empêché qu'ils ne manquassent par là, comme font tous nos pavés de France, qui ne sont soutenus par rien vers les bords. De plus, les pavés sont très grands, très longs et très larges, et excellemment enchassés les uns dans les autres; outre que (je crois) ce pavé a été posé sur d'autre pavé, qui lui sert comme de fondement.

Les chemins de l'Empereur sont faits avec du gravier mis sur un fondement de pavé, bien serré et bien pressé. Après quoi, on a mis 1 pied ou 2 de gravier. Cela rendra le chemin immortel.

Il est étonnant qu'on n'ait pas songé en France à faire des chemins plus durables. Les entrepreneurs sont charmés d'avoir cette pratique tous les cinq ans.

Lorsque ce pape-ci alla à Viterbe, on raccommoda plusieurs endroits de ce chemin *Appia*, et bien mal à propos : car, comme on l'a raccommodé à notre manière et sans y mettre de *margo*, il sera détruit dans cinq ou six ans, et déjà il est avancé de se ruiner.

La campagne de Rome seroit un pays fertile si elle étoit cultivée; mais je n'y ai pas vu seulement 10 arpents de bien entretenus.

J'arrivai à Rome le 19 janvier 1729, au soir.

Le 20, j'eus l'honneur de saluer M. le cardinal de Polignac.

Il prit, à sa messe, son cordon du Saint-Esprit, que le Roi lui donna la permission de prendre.

J'ai ouï dire à M. le Cardinal, sur l'intempérie de Rome, que les causes en étoient compliquées, et que ces causes ne faisoient d'effet que lorsque l'on avoit dormi (les parties malignes s'insinuant plus aisément lorsque les fibres sont moins tendues), et de plus, ordinairement, lorsqu'on avoit fait quelque genre de débauche que ce fût; que l'intempérie se gagne dans la campagne de Rome, et non pas dans la Ville, qui est dans le fond, et non pas sur les montagnes, qui la touchent.

Ces causes sont : 1° que les eaux ne coulent plus si bien; 2° il y a des endroits creux sur le rivage de la mer, qui se dessèchent l'été, produisent des insectes et des vapeurs mauvaises; 3° beaucoup de mines d'alun et autres minéraux, d'où des vapeurs s'élèvent.

Il a oublié une autre raison, qui me touche le plus : c'est les eaux de l'hiver, qui se retirent dans les creux. Car cette terre, où il y a eu tant d'édifices autrefois, est toute creuse en dedans.

La Congrégation de l'Immunité maintient à la rigueur les privilèges des ecclésiastiques, et même, depuis cent ans, ces privilèges sont beaucoup augmentés. Ces privilèges font un tort très grand aux États du Pape. Mais comment les soutenir ailleurs, si on les borne chez soi? A Naples, par exemple, où un petit collet vous rend sujet du Pape, les jurisconsultes ont décidé que l'assassinat ne jouissoit pas de l'immunité. Mais il faut faire juger par le Juge ecclésiastique que le criminel est dans le cas de ne pouvoir jouir; et, pendant cela, il ne manque pas de s'évader. Cela perd les États du Pape. Il est vrai que les assassinats ne sont pas fréquents à Rome; mais, beaucoup dans l'État ecclésiastique. Dans une grande ville comme Paris, je crois que l'immunité seroit impossible: car les magistrats ne corrigeroient plus. Mettez Cartouche à Rome! Car ici, c'est toutes les églises, et il y en a partout.

J'ai trouvé M. le cardinal de Polignac dans la gloire d'avoir presque terminé l'affaire du cardinal de Noailles. Elle avoit manqué sous le règne du feu Roi: aucun des partis ne voulant s'accommoder. Elle avoit manqué sous le ministère de M. le Duc: parce que le secret n'avoit pas été gardé; de façon que les deux partis traversèrent l'accommodement, surtout les Molinistes. Elle a été, enfin, terminée ou prête à l'être cette fois-ci: parce que personne n'en a rien su ici, ni en France, que les personnes nécessaires, et il y en avoit au moins quarante. Les deux corps religieux, Jésuites et Jacobins, n'ont rien su.

L'un et l'autre disoient du Cardinal, et de ceux qui travaillèrent dans la Congrégation, qu'ils étoient contre eux. Le Pape n'a rien dit, pas même aux Bénéventins, de qui on auroit acheté bien cher le secret.

Le 29 janvier 1729, j'ai vu *la Noce Aldobrandine*, qui est une peinture des Anciens. Le dessin en est bon; les attitudes, belles; mais nous peignons mieux. Il faut avouer que les couleurs se sont conservées à merveille. C'est un morceau de muraille, qu'on a transporté. On voit l'époux à terre, avec un air de résolution; l'épouse est assise sur une espèce de lit; et la *pronuba* est auprès d'elle, qui l'instruit.

Les Jésuites montrent à leur collège deux figures de peinture ancienne. Elles sont sur un fond rouge. Elles ne valent pas, à beaucoup près, celle *(sic)* de *la Noce Aldobrandine*. Il me paroît que les couleurs des Anciens avoient quelque chose de vif, et qu'ils avoient quelque secret, qui s'est perdu, pour peindre sur les murailles.

Le même jour, j'ai vu *l'Aurore* du Guide, qui est un tableau admirable. Le coloris du Guide est vague. Il n'y a rien de si gracieux que ses visages, ni rien de mieux que les chevaux qui traînent le char de l'Aurore. Il est au Palais Rospigliosi. Il y a, dans la même vigne, *le Samson* du Dominiquin, qui est admirable pour le dessin, la force et l'expression, aussi bien que la danse des filles qui vont au-devant de David et de Saül, du même. Il y a aussi une *Andromède* du Guide, mais elle paroît presque sans frayeur; du reste, le tableau est admirable.

J'ai vu des bas-reliefs à la Vigne........., qui sont admirables. Il y a le visage d'un prêtre que Raphaël a pris pour peindre ses prophètes : car Raphaël a mis dans ses peintures bien des traits des bas-reliefs de Rome.

On voit aux Grands-Jésuites, à Rome, la fameuse Chapelle de Saint-Ignace. Elle a coûté des sommes immenses, et, effectivement, elle est composée des marbres et des pierres les plus précieuses : de lapis, d'albâtre, etc. Elle dépare furieusement une Chapelle de Saint-Xavier, qui est vis-à-vis.

L'Église du Collège est très belle. Elle est du dessin (je crois) de Lamanato. Il n'y en a guère, à Rome, de mieux proportionnée.

Les Jésuites du Collège ont une galerie où ils ont bien de bonnes choses et bien des fadaises. Ce que le père Kircher a ramassé de pétrifications, de singularités de la nature, est bon et rare. Mais ils ont mis des images, des curiosités, de ces bouteilles d'Allemagne, des carcasses d'oiseaux peu rares, des flèches des Sauvages, etc., qui ne sont pas grand chose.

On y voit le portrait de Michel-Ange, fait par lui-même, lequel manque à la Galerie de Florence. On y voit, de plus, l'ancienne peinture dont j'ai parlé.

Le pape Benoit XIII est fort haï du peuple romain, et la dévotion même en est méprisée. C'est qu'elle les fait mourir de faim. D'ailleurs, il a marqué partout trop de prédilection pour ceux de Bénévent, et tout l'argent de Rome va à Bénévent, et la Chambre apostolique, très chargée.

Il n'a aucune connoissance des affaires du monde. Son monde, c'est le royaume de Naples et l'État ecclésiastique. Les grâces ne se distribuent plus par les canaux ordinaires, par les secrétaires d'État et autres : ce sont les Bénéventins qui dirigent sa foiblesse, et, comme ils sont gens de néant, ils avancent les gens de néant et reculent ceux qui seroient à portée.

Le Pape se plaint beaucoup du cardinal de Fleury. Il étoit irrité contre lui de ce qu'il ne vouloit rien recevoir en France, par rapport à la Constitution, qu'il *(sic)* n'eût passé par le Saint-Office. Il disoit : « Voilà la seule fois que l'on a demandé à nos papes pareille chose. Avant cela, les François n'ont voulu rien recevoir de ce tribunal, qu'on veut qui fasse aujourd'hui la loi à moi-même. » Cela avoit fait que le Pape avoit peu d'inclination à faire M. l'évêque de Fréjus cardinal. Il disoit : « Vous voulez que nous faisions *(sic)* notre ennemi cardinal ? » Le Polignac et autres vainquirent sa résistance. Le Pape aime à recevoir de petits présents : ceux qu'il a faits cardinaux lui en ont fait ; le Fleury, point. Il auroit souhaité que l'on donnât quelques évêchés en France à certains moines ; le Cardinal ne l'a point fait. Mais, le Pape ayant nommé le père Feydeau général des Carmes, qui ne fut point reconnu par les Carmes des états de l'Empereur, pour faire cesser ce schisme, le Cardinal, à la prière du cardinal de Zinzendorf, fit Feydeau évêque de Digne. « Voyez, dit le Pape, il accorde à M. de Zinzendorf ce qu'il ne fait pas pour moi. »

Gênes est la Narbonne de l'Italie. Il y a des villes où les gens sont farouches par timidité ; les Génois le sont par avarice. Mais on peut vaincre la timidité, et non l'avarice.

On peut facilement comprendre les palais des Italiens : un seul domestique dedans, et point d'entretien.

Il y a bien de la différence de la richesse des Italiens, amassée par une avarice de cinq ou six générations, ou cette richesse des grands pays, qui vient en un jour, et dont on fait usage ; au lieu que l'autre ne sert de rien pour les arts : car le même esprit qui fait que l'on a amassé fait qu'on conserve.

Ce n'est que par le commerce que les Italiens font avec Gênes et le Portugal, que leur pays subsiste. Tout le pays, depuis le commencement de Gênes et le Pays florentin, est montagneux, stérile, et n'a pas plus de quelques doigts de terre. Ce n'est qu'à force de le cultiver qu'on le fait produire ; et le Grand-Duc est obligé de faire payer beaucoup l'industrie : car le pays rapporte peu. Aussi fait-on payer 7 et 1/2 pour 100 sur la dot des filles et les contrats d'achat.

Ce 28 janvier, j'ai vu le cardinal Alessandro Albani et lui ai porté une lettre du marquis de Breil. Il paroît aimable et avoir de l'esprit. Il m'a montré de très belles statues, et il en a une très grande collection, et il croit en pouvoir faire une suite aussi belle que celle de Florence. Il a aussi beaucoup de médaillons.

Ils étoient trois frères : l'un donnoit dans les tableaux ; l'autre, dans les statues ; l'autre, dans les pierres ; et on leur faisoit de toutes parts des présents selon leur goût.

Il a des urnes de porphyre si bien travaillées en dehors et en dedans, que l'on voit bien que les Anciens avoient une trempe particulière, et que, d'ailleurs, ils avoient une espèce de tour : car le Cardinal a des urnes qui, dans le dedans, ont des moulures concaves, telles qu'elles ne peuvent avoir été faites qu'avec le tour.

On n'abrège rien en disant que les grosses pièces de granit que nous voyons sont une composition. Car qui vaut mieux fondre et jeter les grosses pièces, ou les tailler toutes faites ?

Le cardinal Albani a des inscriptions qui marquent certaines époques de Rome.

Il prétend que le marbre de Paros étoit plus dur que les autres. Sa preuve est qu'il prend plus le poli.

Il m'a montré des statues égyptiennes pour me prouver qu'ils travailloient avec art. Mais il ne m'a rien montré, à cet égard, que de misérable. La statue égyptienne que j'ai vue aux Jésuites vaut mieux que tout cela.

A présent, une simonie publique règne à Rome. On n'a jamais vu, dans le gouvernement de l'Église, le crime régner si ouvertement. Des hommes vils sont de tous côtés introduits dans les charges. Le

Peuple ne se soucie pareillement de rien de ce qui peut arriver. De la manière que les choses se font, il est impossible qu'il y ait un pape qui soit élu homme de mérite : car on ne le veut point.

Le Pape voudroit toujours qu'on fît des moines évêques en France. Le cardinal de Polignac lui a dit : « Saint Père, vous ne savez peut-être pas la différence de la France à l'Italie, à cet égard. Le Clergé est plein de gens de distinction en France, et il n'y a aucun moine tel. En Italie, au contraire, il n'y a point de clergé séculier : tout est clergé régulier; nobles vénitiens, génois, tout cela se jette dans l'état monastique, et point dans le clergé séculier. »

Clément XI disoit que la bulle de l'érection de la chapelle patriarcale de Portugal suffisoit pour déshonorer un pontificat.

Il cardinale Alessandro Albani poco estimato in Roma.

Le cardinal Albéroni, peu poli, brusque. Comme il maltraite ses domestiques, ils n'osent pas seulement faire l'*imbasciata*. Cela lui a fait tort. De plus, il n'a que quatre ou cinq conversations : la guerre d'Italie, la cour de France, son affaire d'Espagne,.... Après cela, on le sait tout entier.

La cour de Rome accable les bénéfices d'Espagne de pensions en faveur de ses prélats.

Misère de Rome. — Il n'y a pas de cardinal qui dépense plus de 2,000 livres de France pour sa table. Le marquis Mancini, qui a un cabinet où il y a quelques tableaux, ne donne ni nourriture, ni gage, à ses domestiques : ils vivent sur les profits du cabinet.

Brigandage de ces honnêtes Romains. — Vous allez voir un homme : sur-le-champ ses domestiques viennent vous demander de l'argent, souvent même avant que vous ne l'ayez vu. Des gens mieux vêtus que moi m'ont souvent demandé l'aumône. Enfin toute cette canaille est toujours après vous.

Le cardinal de Cienfuegos étoit un Jésuite, qui avoit la confiance de *(sic)* feu *Amirante* de Castille et le suivit en Portugal. Il *(sic)* avoit une somme d'environ 400,000 pièces. En mourant, il fit Cienfuegos son exécuteur testamentaire. Cienfuegos prêta la somme à l'Empereur, se mit bien dans son esprit et est parvenu. Il a fait, depuis sa promotion, un livre de scholastique sur l'Eucharistie, in-folio. Il a fait aussi des découvertes sur la Trinité. Chargé des affaires de l'Empereur, il étoit enragé quand il falloit expédier un courrier ou entendre parler de quelque chose qui le détournoit des douceurs qu'il avoit à écrire sur ces mystères.

Les peuples de l'État du Pape que j'ai vus sont très pauvres, mais encore plus fripons : leur esprit ne les porte qu'à demander l'aumône et à friponner.

Le cardinal Albani vend pour 25,000 écus de statues au roi de Pologne.

Une autre maison en vend pour 35,000, actuellement.

Ce qui fait sortir l'argent de l'État du Pape, c'est : 1° que les étrangers, ayant presque tous les fonds sur les monts, il en sort beaucoup par les rentes qu'ils tirent tous les ans ; 2° presque point de manufactures. Sans cela, qui fait une sortie immense, cet état seroit plein d'or : car il y en entre beaucoup, surtout d'Espagne et de Portugal, soit par la nonciature, soit par les pensions que le Pape met sur les évêchés, en faveur de ses prélats.

Il faudroit faire une loi dans Rome, que les principales statues seroient immeubles et ne pourroient point se vendre qu'avec les maisons où elles seroient, sous peine de la confiscation de la maison et autres effets du vendeur. Sans cela, Rome sera toute dépouillée.

J'ai vu le palais du duc Strozzi, qui est beau, et où il y a beaucoup de beaux tableaux de toutes sortes de maîtres : entre autres, un beau portrait de Léonard de Vinci et un beau tableau aussi du Titien.

Il y a un beau cabinet, fait par feu Mgr. Strozzi, où il y a un très grand nombre de *cammei :* entre autres, une tête de Méduse admirable et un *cammeo* en grand, qui est (je crois) un Auguste, qui a coûté seul 1,400 écus.

Un très beau livre relié, dans les feuilles duquel, faites de carton double, on a enchassé toutes sortes de marbres, qu'on a fait tenir par le moyen de deux cuirs.

Il y a aussi un très beau cabinet de médailles très rares, des coquilles, des recueils de papillons, et autres curiosités.

Il y a dans la maison des statues de Léonard et d'autres antiques.

Il ne faut pas que Tencin et Languet espèrent le chapeau pour leurs excès sur la Constitution: le Pape n'est pas dans l'esprit de reconnoître de pareils services. Il croît que le cardinal de Noailles a été persécuté, toujours fidèle au Saint-Siège. Quand on l'a félicité sur ce que le Cardinal étoit revenu, il n'a pas gobé le compliment: « Il n'est pas revenu, disoit-il: car il n'est pas parti. »

On dit que Tencin, se méfiant de la nomination du Prétendant, veut joindre la nomination du roi de Pologne, s'il peut, et qu'il se sert pour cela d'Astruc, qui va en Pologne.

J'ai vu, aujourd'hui, le Palais Borghèse, où il y a un recueil très grand de toutes sortes de tableaux des premiers maîtres, surtout du Titien. Il y a une copie ou double original de *la Passion* de Michel-Ange, qui est dans la Galerie de Florence; plus, une fameuse *Vènus* de Titien, un très grand nombre de tableaux du Titien, de Pierre Pérugin, de Raphaël, du Guide.

J'ai vu, à la Trinité-du-Mont, la fameuse *Descente de Croix*, de Daniel de Volterre, qui est le troisième tableau de Rome. On ne peut le voir sans admiration. Le corps du Christ semble tomber de son poids; la partie supérieure, s'affaisser sur l'autre; les membres des personnages, sortir hors du tableau; la Vierge, dans les dernières douleurs. Une femme qui la console paroît de relief; *idem*, ceux qui détachent le corps du Christ. Une force admirable; quoiqu'il n'ait pas emprunté le secours du clair-obscur.

Il y a, sur l'arceau de la Chapelle, deux *Sibylles*, du même Daniel, admirables. Dans une chapelle à côté, une *Madeleine qui reconnoît Jésus-Christ* : très beau tableau de Jules Romain.

L'Escalier de la Trinité-du-Mont, fait nouvellement sur la montagne, d'un ancien legs fait par un auditeur de Rote françois (car la Trinité-du-Mont est un couvent de Minimes françois), est un mauvais ouvrage : une partie est tombée l'hiver passé dans une inondation.

La Villa Médici est auprès de la Trinité-du-Mont. Elle est très négligée; on en a enlevé *la Vénus* et tout ce que l'on a pu de belles statues et bustes, pour Florence. La façade du côté du jardin est ornée de très beaux bas-reliefs antiques. Dans le portique, il y a un vase antique admirable, avec des bas-reliefs. Il y a, dans un endroit du jardin, de très belles statues, qui étoient aux Bains de Néron. Il y a encore des statues dans la galerie; elles sont très négligées; je les verrai pourtant.

Quand j'arrive dans une ville, je vais toujours sur le plus haut clocher ou la plus haute tour, pour voir le tout ensemble, avant de voir les parties; et, en la quittant, je fais de même, pour fixer mes idées.

Les Romains avoient peu de fenêtres; leurs maisons étoient obscures; c'est qu'ils s'y tenoient peu. Ils faisoient toutes leurs affaires dans la place, dans les lieux publics, sous des portiques; aussi les bâtiments publics occupoient-ils une si grande étendue du terrain de la Ville. On n'a (que je sache) presque aucun vestige des fenêtres des Anciens, si ce n'est du Palais Domitien. Ils se servoient de vitres faites d'une espèce de pierre ou talc.

Rome n'est embellie que depuis deux siècles. C'est qu'il faut avouer que les Papes n'étaient pas d'abord tout à fait maîtres de Rome, et encore moins de l'État ecclésiastique : une infinité de petits tyrans y régnoient. Autour de Rome tout étoit presque à la maison des Ursins et Colonne. Lorsque les Espagnols vinrent s'établir en Italie, ils détruisirent beaucoup la puissance de ces petits tyrans. Je crois que c'est le Château Saint-Ange qui a rendu les Papes maîtres de Rome. Or, ce château étoit le sépulcre d'Adrien. C'est ce tombeau qui a rendu les Papes maîtres d'un si bel état. Les papes d'autrefois avoient une autorité bien plus grande au dehors de leur état; mais moindre, au dedans. Le vicaire de Jésus-Christ étoit plus grand, et le Prince plus petit.

La majesté du peuple romain, dont parle tant Tite-Live, est fort avilie. Ce peuple est à présent divisé en deux classes : les p...... et les valets ou *staffieri*. Ceux qui sont dans la condition au-dessus, à la réserve d'une cinquantaine de barons ou princes, qui ne sont rien, sont des gens qui ne font que passer, et, en chemin faisant, font leur fortune et entrent dans le gouvernement et en deviennent les principaux chefs. Chacun est là comme dans une hôtellerie, qu'on fait accommoder pour le temps qu'on y doit demeurer. A présent le peuple romain *est gens æterna, in qua nemo nascitur*, à quelques bâtards près. On a interprété le S. P. Q. R. : *Sanno puttare queste Romane.*

Ce qu'il y a de désagréable à Rome, c'est qu'on n'y voit que des gens qui y ont des prétentions.

Les services rendus au Saint-Siège ne se récompensent que sous le règne du pape sous lequel ils ont été rendus. Ainsi il faut se presser de se faire récompenser. C'est en vain qu'un neveu réclameroit les services de son oncle.

J'ai ouï dire au cardinal Albani que le royaume de Naples fournit à l'État du Pape, en vins gros (qui se coupent avec de l'eau, et qui la portent bien ; de façon que les pauvres gens s'en servent préférablement aux vins du pays), en raisins secs, en oranges, citrons, pour 500,000 écus romains ; qu'il en a fait plusieurs fois le compte, étant camerlingue ; que ces misérables sortes de marchandises ne se pouvoient débiter que dans cet État de l'Église. De façon que, lorsque, du temps de son oncle, l'Empereur faisoit tant de chicanes sur les nominations aux bénéfices, il fut d'avis d'interdire le commerce avec le royaume de Naples et de faire crever les Napolitains de faim. Jugez, s'il vous plaît, ce que ce royaume envoye dans les grosses marchandises, comme l'huile, la soye, etc.!

Il dit : qu'il fut fait un règlement, sous son oncle, de défendre l'entrée des étoffes dont il y avoit des manufactures dans les États du Pape; qu'on le fit; mais que l'on fait entrer ces marchandises en fraude, par les cardinaux ou ambassadeurs. De façon que ce règlement, si bon, ne produit presque point d'effet et ne fait presque que priver le Pape de son droit de 10 pour 100; que le Pape est presque le seul prince qui dépense à faire battre de la monnoye, et qu'il lui en coûte 7 ou 8,000 écus pour cela; que ce sont de grands abus; et que personne ne s'en soucie, parce qu'au bout du compte tout le monde vit bien; que, de son temps, on avoit fait un fonds pour payer, tous les ans, 500,000 écus de tous les monts, surtout les parties qui reviennent aux étrangers; mais que ce fonds a été détourné; que les Papes ont à présent les mains tellement liées qu'ils ne peuvent plus dissiper le patrimoine de l'Église; mais que cela ne s'est fait que lorsqu'il n'étoit plus temps d'y remédier; que les Papes, par les règlements, n'avoient presque plus d'autorité.

Ce pape-ci a endetté l'État de plus de 3 millions

d'écus; il a coupé les sources d'où venoit l'argent; il sera cause que l'on fera, après sa mort, un nouveau règlement pour le pape suivant. Celui-ci n'aime que l'extraordinaire dans le petit, comme d'autres aiment l'extraordinaire dans le grand. Il ne fait que ses fantaisies, ne songe qu'à faire raccommoder les baptistères de Rome, pour qu'on baptise par immersion, comme autrefois, et autres choses pareilles. Du reste, il est infatigable. Il y a trois ans qu'il baptisa quelques Juifs. Il fit les cérémonies avec les usages antiques : il faisoit un vent glacé; il demeura trois heures, tête nue, à la porte de Saint-Pierre, que les laquais n'auroient pu y résister. Ce jour-là, il oublia qu'il avoit dit, le matin, la messe et la dit deux fois : car il va toujours son chemin.

J'ai été, avec M. le cardinal de Polignac, à la Vigne Farnèse, qui est sur le Mont-Palatin. Là étoit le Palais des Empereurs, et surtout le Palais de Néron, qui agrandit si fort ce palais. Vespasien le trouva trop grand pour lui; de façon qu'il fit bâtir, dans l'enceinte, le Temple de la Paix et le Colisée. Martial, peut-être pour faire sa cour à Vespasien, fit ce distique :

Urbs est una domus. Veïos migrate Quirites,
Si non ad Veïos pervenit ista domus.

On voit encore de beaux restes de ce palais. Le salon magnifique, qui étoit incrusté de marbre, avec de très belles colonnes. On a ôté tous ces marbres, et l'on n'a laissé que la brique. M. Franchini *(sic)* a trouvé toutes les mesures de ce Palais de Néron. Il est actuellement en danger de vie. Il a fait une inscription, qu'il a placée au salon du Palais qui contient ce qu'il y avoit de rare, avec les mesures des colonnes qu'on y a trouvées, et l'espèce. Il y a un escalier qui est pavé de mosaïque, et il y a, sur les murailles, des peintures, dont le dessin est bon; mais il y a de la roideur dans les figures. Toutes les corniches et les chapiteaux qu'on en tire sont d'un très beau travail. C'est que Néron avoit fait venir de la Grèce de très bons ouvriers.

On cherchoit actuellement dans une voûte souterraine, pleine d'anciens décombres, et on y a trouvé quelques colonnes. On ne croit pas que ce fût un aqueduc, parce qu'on n'y voit pas la différence des lieux qui touchoient l'eau, d'avec ceux qui ne la touchoient pas, que l'on trouve dans tous les aqueducs.

Il n'y a rien à perdre, à Rome, à faire fouiller la terre : les briques seules, que l'on en tire, vous payent de la façon. On y gagne les porphyres et autres marbres durs, dont l'espèce se perd, et on les réduit tous en surface.

L'homme Benoît XIII est souverainement méprisé dans ce pays-ci : on dit que c'est une manière de fou, qui fait l'imbécile.

C'est le cardinal Ptolomél qui le fit. Il fut trompé lui-même, et, lorsqu'on lui parla de Coscia, il dit : « C'est un homme qu'avec 100 pistoles de pension, vous renverrez à Bénévent. » C'est le cardinal

Albani qui en est la cause. Toutes les couronnes étoient d'accord pour Piazza, qui étoit sage. Cienfuegos avoit demandé à Albani la liste de ceux qu'il pouvoit désirer, afin que l'on pût se porter sur un, et Piazza avoit été un des agréés par Albani. Albani vit que la chose s'étoit bâclée sans qu'il y eût grand'part; de façon qu'il se piqua et donna l'exclusion; et, ensuite, pour faire voir qu'il agissoit par un bon motif, il dit qu'il ne s'éloigneroit pas à faire un pape qui fût saint. Or, celui-ci avoit fait une consulte dans le conclave, et, lui qui méprise les médecins, avoit accusé des maux qu'il n'avoit point; de façon que le conclave et les médecins croyoient qu'il n'avoit pas un an à vivre.

Dans le commencement, Paulucci le retenoit un peu. Depuis sa mort, il n'a plus fait que ses fantaisies. C'est une simonie visible, et, si vous lui allez dire que vous avez une somme de 1,000 écus, dont il peut disposer, il vous donnera un évêché. Cependant, il donne d'un autre côté, et il n'a pas un sol. Il ne donne point à ses parents, qu'il hait à la mort: car ceux qui ont des favoris haïssent leurs parents, parce que les favoris les décréditent et les éloignent.

On dit que son concile romain étoit la plus comique chose qu'il y eût, et que les demandes et les réponses qui se faisoient étoient originales. Il va à Bénévent faire un concile, lui qui n'observe aucuns canons. Ses rats *(sic)* augmentent: car c'est la nature de cette maladie qu'elle augmente avec l'âge et à proportion de la foiblesse. Au commencement, il écoutoit les cardinaux; à présent, il ne les écoute plus. Leur foiblesse vient de ce qu'ils sont divisés. Au commencement, il les avoit gagnés par des présents.

Il a été bien choqué de ce que nous n'avons rien voulu, en France, qui n'eût passé par le Saint-Office, et il a bien senti cette marque de mépris. Il hait le Saint-Office et n'y va presque jamais. Il ruine l'État par les remises qu'il fait de tous côtés aux fermiers. Enfin, il dégrade le pontificat : il ne se regarde que comme évêque de Rome. Il va quelquefois en carrosse avec deux chevaux gris et deux palefreniers. Sûrement, à sa mort, on fera des règlements, et on gênera encore davantage les Papes, qui le sont beaucoup.

L'accommodement de Savoye causera de grands troubles au Saint-Siège : car il ne peut subsister. On cassera sans doute tous les actes de ce pontificat. Comme il restoit à Bénévent, il étoit peu connu, quoiqu'on sût qu'il fît toujours à sa fantaisie, et qu'il ne voulût suivre aucun des ordres que les congrégations ou le Saint-Office lui envoyoit *(sic)*.

J'ai ouï dire au marquis Sacchetti qu'il ne croyoit pas qu'il y eût actuellement, en 1729, plus de 1,500,000 âmes dans les États du Pape ; qu'Innocent XII avoit fait faire le dénombrement, qui alloit à un peu plus de 2 millions ; qu'il y avoit une lettre d'un cardinal Sacchetti qui se plaignoit qu'il n'y avoit que 3 millions d'âmes dans les États du Pape, quoique anciennement il y en eût beaucoup plus : comme du temps d'Urbain VIII ; que l'on ne vouloit pas permettre le transport des bleds hors de l'État ecclésiastique, dont la plus grande partie, ne pouvoit vivre que par ses bleds; que, de tous les papes, Clément XI avoit le moins entendu la matière : car il n'avoit pas voulu donner de bled aux François, de peur de faire crier l'Empereur, ni à l'Empereur, de peur de faire crier les François; que l'on disoit qu'il ne falloit point de guerre aux Papes; mais que les Papes étoient bien les maîtres de n'avoir point de guerre active, mais non pas la guerre passive.

Il faut que cet état périsse, parce qu'il ne peut soutenir l'extraction continuelle d'argent qui se fait, par les Génois, des lieux des monts, qui sont en très grande partie à eux. Il *(sic)* croit que le remède seroit que l'on obligeât les Génois de prendre du bled pour ce qui leur est dû, et de faire avec eux un contrat perpétuel : non au prix qu'ils achètent celui de Barbarie, parce que la culture coûte plus qu'en Barbarie. Mais ceux qui gouvernent ne veulent point entendre cela, parce qu'ils y gagnent.

Les lieux des monts sont à 3 pour 100; mais, comme ils se vendent plus de leur valeur, comme à 110, 12 ou 15 pour 100, cela fait qu'on n'en a pas 3 pour 100.

Ce que je trouve à Rome, c'est une ville éternelle. « *Vixit in Urbe æterna*, » ai-je lu dans une épitaphe à Florence. Voilà deux mille cinq ou six cents ans d'existence, et que, d'une manière ou d'une autre, elle est métropole d'une grande partie de l'Univers.

Un trésor immense rassemblé de choses uniques, de ce qu'avoient les Romains, les Grecs, les Égyptiens : car ils ont dépouillé ceux qui avoient dépouillé. Chacun vit à Rome et croit trouver sa patrie.

Ce qu'il y a de singulier à Rome, c'est de voir une ville où les femmes ne donnent pas le ton, elles qui le donnent partout ailleurs. Ici, ce sont les prêtres.

Il est impossible que l'on fasse jamais un pape qui ait du mérite.

Celui-ci, étant à Bénévent, sur quelque sentence du Tribunal du Saint-Office, qui avoit jugé l'appel d'un jugement de Bénévent, il la *(sic)* fit brûler à Bénévent, par la main du bourreau.

Le cardinal de Polignac avoit été maltraité dans un livre qu'un Romain Authieri, Siennois *(sic)*, espèce d'écuyer du Pape, avoit fait, et, parlant de la France, il avoit fait dire à quelque personnage : « *Insolentissima natio* ». Le Cardinal demanda que ce livre fût flétri. Le Pape dit : « Je le veux bien ; mais ce livre ne se vendra plus, et j'ai prêté 100 pistoles pour l'impression, et elles seront perdues. Mais que le cardinal Polignac me les rende. » Le cardinal ministre Fini vint chez le Cardinal pour cela, qui donna les 100 pistoles. Cela fut rendu public par le Pape même.

M. le cardinal de Polignac m'a parlé de l'affaire de M. d'Orléans, en Espagne, avec Stanhope ; que

Stanhope avoit pris un nommé Valiécho, à qui il dit de dire au duc d'Orléans que, s'il vouloit, ils travailleroient de concert à le faire roi d'Espagne; que le duc d'Orléans envoya l'abbé Dubois à Stanhope; que les mesures furent si mal prises que Mad^e des Ursins le sut d'abord et fit arrêter deux secrétaires, employés, l'un, auprès du duc de Médina-Cœli, l'autre, auprès d'un autre; que Stanhope ne vouloit qu'affoiblir le parti de Philippe-Quint et détruire les deux princes; que le feu Roi avoit prévu que le duc d'Orléans ne réussiroit pas en Espagne; que, sur ce que le duc d'Orléans lui avoit demandé à y aller servir, il lui avoit dit : « Le roi d'Espagne n'a pas l'esprit et les talents que vous avez. Vous ferez des choses qu'il ne fera pas. En voilà assez pour entrer en jalousie. J'ai expérimenté par moi-même, quand j'étois jeune, que nous autres rois sommes jaloux de nos généraux. Ainsi n'allez pas en Espagne »; que cela fut rompu et se renoua ensuite.

J'ai été à la Villa Mattéi, ce 16 février 1729, avec M. le cardinal de Polignac. Il y a d'excellentes statues : un *Apollon qui écorche Marsias;* une tête de Cicéron; un très bel *Antinoüs*, et autres statues exquises en grand nombre.

A Rome, il n'y a rien de si commode que les églises pour prier Dieu et pour assassiner les gens. On n'est point gêné comme dans les autres pays, et, quand la physionomie d'un homme vous déplaît, il n'y a qu'à lui faire donner deux ou trois coups de couteau par un valet, qui se jette dans une église. Il sort ensuite avec la livrée et habit *(sic)* de quelque prince ou cardinal. Lorsque j'étois à Rome, un moine olivétan, accusé par son prieur d'avoir volé quelque bled, s'alla confesser à lui, et lui lâcha un coup de pistolet, et se réfugia dans une église...... Un domestique d'un homme de Lyon reçut trois coups de couteau, dont il mourut; l'assassin se sauva dans une église. Il y arrive toutes les années un nombre infini de ces meurtres dans l'État ecclésiastique, encore plus qu'à Rome. L'impunité sûre, une église qu'ils sont sûrs de trouver, les encourage.

Le revenu du Pape, tout compris, va à 3 millions d'écus romains. La Chambre apostolique doit de rente 1 million 800,000 écus. Le reste va pour les dépenses de l'État. — Cerati.

Il s'y recueille de l'huile dans l'État ecclésiastique; mais il n'y en a pas suffisamment, parce que les communautés de Rome et les lampes des églises en consomment beaucoup. Il en faut faire venir d'ailleurs. Aussi plante-t-on beaucoup d'oliviers, et ce sera un bon revenu : car cette marchandise ne reste pas sur les bras comme le bled.

La campagne de Rome, à environ 30 ou 40 milles autour de Rome, est presque déserte : il n'y a ni arbres, ni maisons. Cependant, on y recueille du bled. Il coûte cher, parce qu'il n'y a point de paysans, et que ce sont des gens du dehors, de Naples et ailleurs, qui viennent la *(sic)* travailler.

Bien de ces gens qui viennent moissonner le bled meurent à cause des chaleurs, des mauvaises eaux; ce qui fait que le bled coûte cher avant qu'il soit dans le grenier, et plus que les Génois ne l'achètent en Barbarie. Les Romains ne peuvent pas le donner au prix que les Africains le donnent.

La campagne de Rome est très fertile. On la laisse reposer un an. Je crois que ce qui fait la différence de l'état présent à celui des Anciens, c'est que, dans les premiers temps, les Romains, bourgeois en même temps et paysans, restoient dans la Ville et avoient en partage tant d'arpents par tête. Ensuite, la campagne ne fut plus composée que de jardins si bien cultivés que les eaux couroient, et les arrosoient même, et ne croupissoient pas : ce qui n'est plus à présent. Il y avoit aussi des arbres et des maisons.

Le grand nombre des fontaines qui est à Rome est cause (je crois) en partie de la fraîcheur que l'on y sent l'été, hors quelques heures vers le midi.

Un soldat du Pape, à l'Opéra, expliquoit à mon valet (et je l'entendois) les fatigues de son état : comment il étoit obligé de se tenir à cet Opéra, soit qu'il fît chaud ou froid; comment il étoit obligé de manger trois pains et boire un *fiasco di vino* tous les jours. Ils ont 18 sols par jour. Il avoit gagné, disoit-il, une pleurésie, à faire reculer les carrosses.

A un castrato che cantava male, dicevo : « Mi farei rendere testicoli miei. »

Un Irlandois qui m'enseignoit l'anglois m'apprit tout ce qu'il savoit sur cette langue, et il fallut pourtant recommencer.

Il est étonnant que les François, qui sont si inconstants, ayent gardé leur musique; qu'ils aiment encore les anciens airs, les opéras de Lulli. Les Italiens veulent toujours de nouvelle musique : leurs opéras sont toujours nouveaux. Seroit-ce que leur musique est plus susceptible de donner du nouveau? Il y a deux musiques italiennes : l'ancienne et la nouvelle. L'ancienne ne peut plus être soufferte par les Italiens.

A Rome, les femmes ne montent pas sur le théâtre; ce sont des *castrati* habillés en femmes. Cela fait un très mauvais effet pour les mœurs : car rien (que je sache) n'inspire plus l'amour philosophique aux Romains.

Naturam expellas furca, tamen usque recurret.

Il y avoit, de mon temps, à Rome, au théâtre de Capranica, deux petits châtrés, Mariotti et Chiostra, habillés en femmes, qui étoient les plus belles créatures que j'aye vues de ma vie, et qui auroient inspiré le goût de Gomorrhe aux gens qui ont le goût le moins dépravé à cet égard. Un jeune Anglois, croyant qu'un de ces deux étoit une femme, en devint amoureux à la fureur, et on l'entretint dans cette passion plus d'un mois. Autrefois, à Florence, le grand-duc Cosme III avoit fait le même règlement par dévotion. Jugez quel effet cela devoit produire à Florence, qui a été, à cet égard, la nouvelle Athènes! Cela a été changé depuis.

Je n'ai point encore ouï chanter la Faustina, ni Senezino. J'ai ouï seulement la Turcotta, à Florence, et, à Rome, Farsallino et Scalzi.

Il y a trois théâtres à Rome, le Grand-Théâtre, appelé *de' Liberti*, Capranica et *La Pace*, qui est un petit théâtre. Ils sont toujours pleins. C'est là que les abbés vont étudier leur théologie, et c'est là que concourt tout le peuple, jusques au dernier bourgeois, furieux de musique: car le cordonnier et le tailleur est *(sic)* connoisseur.

Les décorations plaisent beaucoup aux Romains.

Ils ont de très mauvaises danses, et ils en sont enchantés. Ils n'ont pas précisément d'idée juste de la danse : ils la confondent avec les sauts, et celui qui saute plus haut leur plaît le plus. Les étrangers à Rome ne sont pas les Anglois, François, Allemands, qui passent par curiosité, mais les ecclésiastiques et séculiers qui accourent à Rome pour s'y établir pour quelques années ou pour toujours, pour y faire fortune. Il y avoit de mon temps, à Rome, le carnaval : 30 à 35 Anglois, 5 à 6 François, 3 à 4 Allemands, quelques Espagnols. Je parle des cavaliers.

Autrefois, la noblesse romaine étoit formidable

aux Papes. Elle mettoit à sa tête la maison Colonne. Sixte-Quint la divisa par les titres. Il commença à accorder à la maison Colonne le rang de prince du *Soglio.* Cela fait que les princes et ducs qui ont rang ne vivent point du tout avec les autres nobles, pas plus que s'ils étoient d'une autre ville. Ceux qui ont rang prétendent beaucoup d'honneurs : le titre d'« Excellence »; une place distinguée à table. Cela fait encore que chaque femme reste chez elle, et qu'on ne se voit pas.

Le 21, j'allai avec M. le cardinal de Polignac voir la représentation du *Romulus* de M. de La Motte, traduit en italien, au Collège Clémentin. Des écoliers, habillés en femmes, y jouoient le rôle de femme. Les Jésuites font aussi des tragédies; mais ils ne veulent pas que les écoliers s'habillent en femmes; mais ils souffrent bien que les femmes s'habillent en hommes, pour les aller entendre.

Il y a, à Rome, le baron Stosch, espion du roi Georges. Il étoit sous la protection de la France depuis que l'Angleterre et l'Empereur étoient brouillés. Il y arriva un démêlé à l'occasion d'un Anglois, qui avoit mal parlé du Prétendant, qui étoit à Rome pour lors. Stosch réclamoit la protection de la France pour cet Anglois et nioit le fait. Le Prétendant vouloit qu'on le fît sortir de Rome, et on menaçoit de rouer de coups l'Anglois. Stosch menaçoit que l'Angleterre séviroit contre les Italiens qui étoient en Angleterre.

Il y a deux sortes de pierres antiques : celles que l'on appelle *intagli*, et celles qu'on appelle *camei*. Les *intagli* sont gravés en dedans et servoient à faire des cachets. Les *camei* sont en relief et servoient d'ornement pour porter sur soi. Les hommes et les femmes les attachoient à leurs habits. On croyoit même qu'ils avoient quelque vertu, selon les Divinités qu'ils représentoient. Ainsi on croyoit : que la figure des Gorgones donnoit de la terreur; que les trois Grâces faisoient aimer; et que les Empereurs, qu'on supposoit au-dessus de la fortune, pouvoient empêcher les accidents. Étrange manie que cette opinion ne fût pas détruite par l'expérience journalière, qui faisoit voir les Empereurs à chaque instant égorgés!

J'ai remarqué que les Égyptiens ne connoissoient pas le bas-relief. J'ai vu sur les anciens obélisques qu'elles *(sic)* sont tous en gravure, *intagliate*.

On ne sauroit croire à quel point les Romains aiment les apparences de batailles. Il se donne des combats sur le théâtre : deux armées qui se suivent derrière le théâtre, puis reviennent. Le Peuple est charmé : cela dure fort longtemps. Tout ce qui est spectacle charme les yeux italiens. Ils sont curieux : ils veulent voir; il n'y a rien de si curieux que les Romains. Aussi il ne faut point leur donner un opéra sans décorations : personne n'y iroit. Au Collège Clémentin, on représentoit (comme j'ai dit) le *Romulus* de M. de La Motte, traduit. Là où les armées combattirent bien, et *(sic)* cela plut plus que toute la pièce.

Le Carnaval. — Dans la rue du Cours, il y a la course des chevaux barbes. La rue du Cours est pleine de chars, de bateaux même, sur des chars, de phaétons, carrosses pleins de gens masqués, jusques aux cochers et laquais. Cela va en file, comme notre cours à Paris. Une infinité de peuple va de tous côtés, et la moitié de Rome, pour le moins, y est. On lâche des chevaux d'un bout de la rue à l'autre, et celui qui est le plus tôt arrivé gagne la course. Ils ne sont point montés. Cela se fait huit à dix fois le carnaval, et les chevaux sont ordinairement différents.

Autrefois, il y avoit des charges vénales, dans la maison du Pape, qu'il gagnoit lorsqu'il avoit nommé au cardinalat celui qui en étoit pourvu. Innocent XII les remboursa et ôta cette vénalité : « Voulant, disoit-il, pourvoir de cette dignité le sujet le plus digne. » De là, il est arrivé qu'il n'y a plus eu que des cuistres dans le Sacré-Collège, au lieu que, auparavant, c'étoit les premières familles de l'Italie qui acquéroient ces charges dans l'espérance ou la certitude d'avoir un fils cardinal. Et, comme c'étoit un gros argent, on n'avoit garde de le mettre sur la tête d'un jeune homme qui ne promît pas beaucoup, parce qu'on n'auroit pas exécuté son projet. — Cela prouve bien ce que j'ai dit quelque part sur la vénalité des charges.

Le roi Jean Sobieski, étant dans la Tartarie, vouloit y passer l'hiver, pour quelque projet; mais son armée commençoit à manquer de pain. Il savoit que les Tartares avoient, dans tous les temps, caché du bled dans des fossés, et qu'il y étoit souvent resté par la mort ou l'esclavage des propriétaires. Il étoit question de trouver ce bled. Et comment le faire dans un pays où l'herbe est haute d'un homme ou la moitié d'un homme? Il imaginoit *(sic)* que, là où il verroit des cerisiers ou autres arbres fruitiers, il devoit y avoir eu des villages, où on avoit mis dans la terre les noyaux des fruits qu'on avoit mangés. Il se souvint d'avoir lu cela autrefois. Effectivement, on chercha dans ces endroits-là; on trouva une très grande quantité de bled, et l'armée passa l'hiver.

Les pays électifs pires que les héréditaires. On suppose (ce qui n'est jamais) que les électeurs cherchent le bien public; ce n'est que leur bien particulier. Voyez les Romains, qui, dans le temps qu'il s'agit de leur existence, donnent le commandement de leur armée à Terentius Varron, fils d'un boucher, parce qu'il avoit acheté les suffrages. Et, quand on choisiroit celui qui a de *(sic)* la réputation d'être le plus digne, qui a dit que, lorsqu'il sera élu, il ne changera pas, comme il est arrivé à tant d'autres! *Optimus imperator, si non imperasset.* Il faudroit que les pays électifs vendissent leur couronne.

M. l'agent de Parme m'a fait voir aujourd'hui la

Galerie Farnèse. Elle n'est pas grande ; mais le tout est admirable.

Voici ce que j'y ai remarqué.

Elle est à fresque. Toute la voûte paroît des Carrache, et les principaux cadres inférieurs ; mais il y a des peintures du Guide, du Dominiquin, de petits tableaux de l'Albane. Ce qui fait surtout plaisir, c'est l'extrême variété des figures, des positions et des carnations : le nu d'une figure étant différent du nu de l'autre. Dans les galeries de Pierre de Cortone, ce sont toujours les mêmes visages ; de façon qu'on les prendroit pour frères. De plus, les tableaux sont simples : peu de figures, et si bien ordonnées qu'il paroît qu'il y en a encore moins. Les paysages ne sont pas non plus remplis et confus : un beau ciel et peu de choses, comme la nature : car les beaux sites ne sont pas confus et pleins. Le cabinet est aussi peint par les Carrache. On a enlevé le tableau supérieur, qui étoit à l'huile, pour le transporter à Parme. On y a mis une copie, où on peut voir le peu de jugement du peintre : car, comme il a vu que le fond de l'original étoit très noir, il a fait de même la copie. Mais il ne falloit pas copier l'original comme il étoit, mais comme il avoit été avant qu'il ne fût noirci.

Vous remarquerez que les statues de métal ont été presque toutes pillées par les Barbares, anciens et modernes ; ainsi il en reste peu.

Les sujets du Pape, qui se ruinent à acheter des pêches hollandoises, pourroient faire pêcher sur leurs côtes, qui sont très poissonneuses, et faire saler ces sortes de poissons, et défendre l'entrée des morues et harengs; mais ils sont trop paresseux. Il faudroit que le Souverain achetât les premières barques.

J'ai été avec le sieur..........., peintre, au Petit-Palais Farnèse, à *la Longara*. La galerie est peinte par Raphaël; elle représente l'histoire de Psyché. Au milieu de la voûte, on voit le Conseil des Dieux, et ensuite le festin où se célèbrent les noces de Psyché et de l'Amour. L'ordonnance en est admirable : aucune confusion; et ce qu'il y a de singulier, c'est le talent de Raphaël, qui a fait avancer et reculer les figures sans employer l'artifice ordinaire de l'affoiblissement des couleurs : les coloris de celles de derrière étant aussi forts que de celles de devant; mais il a dégradé les lumières et les ombres avec un art admirable. De ce grand nombre de figures, il n'y en a auçune qui se ressemble : tous les visages sont différents; ce qui est bien différent des galeries peintes par Pierre de Cortone, des ouvrages de l'Albane et du Parmesan, où tout se ressemble; ce qui est contre la nature. La correction du dessin y est admirable. Mais il faut considérer Jupiter, Neptune et Pluton, les trois frères, qui se ressemblent et ne ressemblent pas. Jupiter, qui a l'air majestueux, a le nez qui n'a point d'enfoncement vers les sourcils (cet enfoncement donne une physionomie commune, et les statues grecques ne l'ont point : le nez est tout droit), ni aux côtés, où il se joint au visage; ce qui est la marque du chagrin, ou de l'air bourru : car ce pli-là vient quand nous sommes fâchés. Dans le rire, les extrémités des lèvres sont relevées, et il faut observer cela. Raphaël a fort bien observé de donner de grands sourcils à Jupiter, et les baisser pour lui donner plus de majesté : car, quand nous sommes graves, les sourcils descendent sur les yeux et se relèvent dans la joye[1].

Raphaël a observé de faire les mentons ronds et et le dessous plein : car, sans cela, le visage n'a point d'air, et la physionomie paroît sèche. Il a aussi observé de faire le bas de la jambe menu, et le genou aussi, pour laisser la grosseur dans le milieu de la jambe; parce que, pour lors, la figure paroît svelte, et comme si elle alloit danser. A quoi contribue encore merveilleusement la petitesse des pieds. Il a fait les têtes petites, et il les faut ainsi pour la grâce, témoin *l'Hercule Farnèse*, qui, avec les épaules si larges, a la tête petite.

Il a encore bien observé dans ses figures assises, de faire relever la chair poussée par le siège; surtout dans les femmes, qui ont la cuisse plus charnue.

Dans la douleur, les nerfs se retirent jusques aux doigts des pieds, et nous faisons naturellement le geste de ce retirement. Aussi cette expression est-elle bien marquée dans les tableaux des premiers maîtres.

Jupiter, qui baise l'Amour, lui prend le visage

1. Demander explication de cela.

avec la main. On voit l'impression des doigts de Jupiter sur les joues de l'Amour, et ses lèvres avancent. Il a observé de faire les lèvres supérieures de ses figures, surtout des femmes, courtes; c'est l'expression de la joye : car la lèvre supérieure est tirée à côté, et s'étrécit. Dans la tristesse, au contraire, et dans les pleurs, les fibres se relâchent, et la lèvre supérieure tombe. On voit l'art de Raphaël en ce qu'il a couvert de lumière ses figures de devant, afin de les faire avancer, et mis l'ombre dans les figures de derrière, de degré en degré, ce qui lui a épargné (comme j'ai dit) la dégradation du coloris. On peut voir aussi comme les figures sont campées. Elles sont dans une voûte presque plate, et elles paroissent sur un ciel de nuées; elles ne tombent pas à terre, comme il paroît aux ouvrages des peintres qui n'entendent point la perspective; au contraire, on les voit en dessous et par côté. Et dans *le Conseil* et *le Festin*, on voit le tout, quoiqu'il y ait plusieurs rangs de figures, sans qu'une nuise à l'autre. Il faut voir l'artifice de Raphaël, qui a donné à ses femmes des carnations différentes; de façon que ce ne sont pas les mêmes: en quoi il a parfaitement imité la nature. Il a mis des Dieux qui ont des muscles ressentis, près des Déesses ou des Dieux qui les ont nobles, afin de faire sentir la beauté des uns et des autres par le contraste. Par exemple, dans la fameuse *Galathée*, qui est dans la salle d'à côté, il a placé un Dieu marin auprès d'elle, qui a une carnation brune et des muscles ressentis. Ce bel ouvrage de Raphaël est comme ceux de cet admirable peintre :

ils ne frappent pas d'abord, par la raison qu'il imite trop bien la nature; de façon qu'on la prend pour elle-même : car je ne suis point frappé d'admiration quand je vois un homme ou une femme. Or, les peintures de Raphaël, qui sont comme des figures vraies, ne font d'abord que l'effet du vrai. Au lieu que quelque attitude, quelque expression extraordinaire d'un peintre moins excellent, vous frappe d'abord, parce qu'on n'a pas coutume de la voir ailleurs. Vous voyez, dans *le Festin*, deux tritons : leurs cheveux ne sont pas frisés, ni leur barbe, comme celle des autres Dieux; c'est qu'étant Dieux marins ils sont toujours mouillés. Aussi ceux de *la Galathée* sont-ils moins bouclés, et comme elle est sur le bord de la mer, où le vent règne ordinairement, ils sont épars et volent.

Cette galerie a beaucoup souffert, et, du premier coup d'œil, la carnation rouge en laquelle l'ancienne s'est changée frappe d'abord en mal : car la chair ne doit pas être rouge. Mais, comme le temps a changé celle-ci, les ombres ont plus changé que les clairs, et cela fait paroître les femmes et les enfants en quelques endroits trop ressentis; mais c'est le vice du temps. Carlo Maratta a mis un ciel bleu, au lieu du noir, pour revivifier un peu, et on l'accuse, par jalousie, d'avoir rendu les contours trop taillants *(sic)*; ce qui est (je crois) faux.

On peut voir aussi dans Raphaël la juste distribution de la lumière et des ombres; comme dans cet enfant, qui porte quelque chose sur la tête. La lumière, qui, ne pouvant plus venir d'en haut, vient d'en bas, il arrive que ce qui auroit été éclairé sans l'interruption est dans l'obscurité, et que ce qui auroit été dans l'obscurité est éclairé.

L'Angleterre a mis un impôt égal sur tous les tableaux étrangers, bons ou mauvais, afin qu'on n'en fasse entrer que de bons.

Le marquis Bolognetti m'a dit que Rome avoit 144,000 âmes; qu'elle n'en avoit que 120 en 1675; qu'il étoit difficile de trouver, sur 100 personnes, 10 qui eussent père et mère romains et fussent nés à Rome; que la dernière guerre avoit attiré beaucoup d'habitants à Rome.

J'ai été, aujourd'hui, voir les salles du Vatican. J'y ai vu la fameuse *Bataille de Constantin*, peinte par Jules Romain. On ne voit pas, dans le travail de Jules, cette douceur, ce naturel que l'on trouve dans les ouvrages de Raphaël. Constantin, qui est un peu dans l'éloignement, est trop grand et sur un trop grand cheval pour la perspective.

Raphaël est admirable; il imite la nature. Il ne met pas ses figures dans une attitude contrainte pour faire porter des ombres sur la figure, et faire par art le clair-obscur. Il met la figure dans la position où elle doit être, où elles sont naturellement, et ne se sert point de ces sortes d'avantages. Il lui suffit que la lumière tombe sur ses figures, sans avoir besoin que les positions mettent des variétés et cachent à la lumière des membres pour en faire paroître d'autres.

Ce sont les reflets qui font saillir les corps, et la science du peintre consiste à disposer les choses de façon que les lumières, les ombres, les reflets, fassent l'effet désiré. Une partie est dans la lumière; l'ombre est tout près; ensuite vient une lumière jetée par une partie voisine; et il est aisé d'observer : que les lieux éclairés par une lumière directe et une lumière réfléchie sont plus éclairés que ceux qui ne le sont que par la lumière directe; que les corps dans l'ombre, qui vient de l'obstacle arrivé à la lumière directe, sont éclairés par une lumière réfléchie du côté opposé, et le sont à proportion de l'éloignement du commencement de l'ombre, qui devient par là toujours de moins en moins obscure : la plus grande obscurité étant le plus près de la lumière.

Lo sbattimento, ou l'ombre causée par les pieds et les jambes des figures, et qui paroît sur le fond, est d'autant plus large que le corps est plus près, parce qu'on le voit sur un plus grand angle. Lorsque la figure ne pose pas à terre, mais est en l'air, *lo sbattimento* est éloigné de la figure, comme il arrive dans le naturel.

Lorsque la lumière vient du dedans d'une chambre, par le moyen de quelque corps lumineux qui y est, les objets les plus éclairés seront les plus éloignés de l'œil, et, à mesure qu'ils seront plus obscurs, ils paroîtront plus près : car l'œil juge de la manière dont il a coutume de juger; et c'est précisément le contraire de ce qui arrive dans le cours ordinaire des choses, c'est-à-dire lorsque la lumière vient du Soleil. On voit un bel exemple dans les salles du Vatican, où Raphaël a peint saint Pierre délivré de ses liens : car les barreaux de la prison plus noirs paroissent être les plus près, et fort éloignés des Anges qui éclairent le tout. C'est que la dégradation y est admirablement observée. On voit quatre lumières : celle de l'Ange; celle d'un autre Ange à côté; celle de la lune; celle d'un flambeau. Cependant il n'y a aucune erreur.

J'ai été voir les peintures à la mosaïque que l'on fait pour l'Église de Saint-Pierre. Les peintures à l'huile ne s'y conservent pas. On copie les tableaux qui y sont, et on les met à la mosaïque. C'est un ouvrage très long, et chaque tableau coûte à la fabrique 10 ou 12,000 écus. J'ai vu copier un admirable tableau de Guerchin. C'est une *Sainte Cécile*, que l'on enterre, au bas du tableau; dans le haut, Jésus-Christ reçoit dans le ciel, son âme, qui est comme son corps dans l'état de gloire. Ce tableau est très bon. Il faut deux à trois ans pour faire un tableau pareil. La mosaïque ne s'exécute plus guère qu'à Rome, à cause de la dépense, et que les peintures ne sont jamais si belles qu'au pinceau.

Ce sont des morceaux carrés et longs de verre que l'on met sur une couche de stuc appliquée sur une pierre tendre. Pour y faire tenir le stuc, on creuse la pierre de façon qu'il semble qu'il y ait des espèces de listeaux. Ces enfoncements font davantage tenir le stuc. Ces verres se colorent au feu, et, il y a quatre à cinq cents ans, que l'on avoit l'art de faire la couleur rouge de verre mieux qu'à présent. J'ai vu de la mosaïque des anciens Romains. Ils la faisoient avec des pierres de couleur. Mais, avec ces pierres, on n'a pas les suites exactement; de façon qu'on ne peut pas si bien faire les dégradations. J'ai vu à Saint-Pierre de la mosaïque antique. Il n'y a point de figures; mais une espèce de paysage : le tout n'est pas un ouvrage bien merveilleux. On m'a fait aussi voir la copie d'une mosaïque antique, faite du temps de Sylla, qui se conserve encore à Palestrine, à 22 milles de Rome. Il me semble que la mosaïque que j'ai vue est au-dessous des nôtres.

Le cavalier Rusconi étoit un brave sculpteur, qui mourut au mois de novembre ou décembre 1729 *(sic)*, à Rome. Il y a de lui de très bons ouvrages, surtout à Saint-Pierre.

Il y avoit un Le Gros, François, qui y mourut. Il y a encore de lui de très bons ouvrages. Il étoit au-dessous de Rusconi.

Depuis Michel-Ange, les cavaliers Bernini et Borromini, tous deux excellents architectes, ont beaucoup embelli la ville de Rome. Mais Bernin a fait un mal irréparable en affoiblissant les quatre piliers de Saint-Pierre par les quatre niches et les tribunes, quoique Michel-Ange eût tant recommandé qu'on n'y touchât pas.

Les édifices de Rome sont toujours très solides, à cause de la pouzzolane qui est dessous.

L'Église de Saint-Pierre a pour sa fabrique 80 à 100,000 écus romains de rente. Mais souvent on applique ailleurs les fonds. On en prit 100,000 écus, pour donner aux Vénitiens, dans la guerre contre les Turcs.

Pour faire travailler les ouvriers de Bénévent, le Pape fit mettre de la chaux aux tuiles de la Chapelle Sixte, qui auparavant étoient à sec, comme toutes les couvertures de Rome. Cela chargea si bien le toit qu'il est tombé. Mais Michel-Ange, qui avoit prévu un accident pareil, avoit séparé la voûte du toit; de manière que cette chute n'a point fait périr la voûte, ni les peintures. On en a été pour les frais de ces ouvrages et les cris des Romains.

C'est immense, ce que l'Église de Saint-Pierre a coûté sous tant de papes! On dit que la colonnade seule a coûté 800,000 écus. Je ne le crois pas. On a plusieurs desseins. Les uns voudroient que l'on fît sauter les maisons qui sont entre deux rues, jusques au Tibre, et que l'on fît une continuation de deux rangs de colonnes. Mais on craint qu'en abattant ces maisons, dont les feux purifient l'air, cela ne nuisît à l'air du quartier de Saint-Pierre, qui est le plus bas de la Ville.

Il est inutile de faire des fondations à Rome. Le Pape, dont le pouvoir n'a point de limites, dispense de tout, change les volontés, surtout celui-ci. Le père Cloche, général des Jacobins, le comparoit à un cor, qui est vide et tortu.

Ce qui a détruit, à mon avis, les laboureurs de la campagne de Rome, ce ne sont pas les Sarrasins; mais c'est ce qui les a détruits autour de Paris et les détruit tous les jours. Les bourgeois romains, ayant bâti tout autour des petites maisons de campagne, ayant fait des jardins, avoient détruit le labourage tout autour de là, et ce qu'on appelle *agriculteurs :* car ils cultivoient leurs jardins par leurs esclaves. Or, quand Rome tomba en décadence, les maisons de plaisir tombèrent de même. Les bourgeois de Rome laissèrent en ruine les maisons qui ne leur causoient que de la dépense. Il n'y eut point de paysans pour travailler ce terrain, et les frais, pour ôter les ruines, auroient excédé la dépense, quand même il y en auroit eu. Voilà donc un désert! Le défaut de culture produisit le mauvais air, et le mauvais air a depuis empêché le repeuplement.

Tibur nunc suburbanum et æstivo Prænesti deliciæ, dit Florus. Tivoli, qui est à 18 milles, étoit donc faubourg; Palestrine, c'étoit une maison pour l'été. Au lieu qu'aujourd'hui, il n'y a pas de maison pour l'été dans la campagne de Rome.

Ce que je trouve de merveilleux à Rome, c'est que toutes les églises ne se ressemblent presque pas, parce qu'elles ont été, la plupart, bâties par de grands maîtres; au lieu que, dans nos villes, toutes les églises et tous les bâtiments sont uniformes.

J'ai été, aujourd'hui, 5 mars 1729, voir l'Église des Chartreux, qui occupe la grande salle des Thermes de Dioclétien. Michel-Ange l'a mise en croix grecque. Il y a huit très grosses colonnes de granit d'une pièce. Les moines, qui sont sans goût, ont fait à ce bâtiment immense un portail et un sanctuaire incrusté de marbre, tout bien lisse et poli, sans aucun corps avancé; comme si ç'avoit été pour une chapelle. Le cloître est le plus grand que j'aye encore vu : vingt-cinq colonnes sur chaque côté du carré, du dessin de Michel-Ange, aussi bien que l'Église.

La Strada-Felice, coupée par *la Strada-Pia*, fait un carrefour, qui a quatre fontaines, avec une statue de fleuve aux encoignures. Tout près, il y a la petite Église du *San-Carlino*. La façade, qui est très petite, est un ouvrage admirable de Borromini, et très singulière. Comme le lieu est petit, il a fait la façade convexe en partie et en partie concave : ce qui allonge la ligne que l'œil a à parcourir.

On m'expliquoit chez le cardinal Corsini le fait du nombre du peuple des États du Pape. Il est certain que les pays le long des rivages de l'Adriatique ont augmenté de peuple. Ceux du duché d'Urbin ont beaucoup diminué. La ville de Ferrare a diminué, parce que les ducs obligèrent la noblesse d'y venir habiter partie de l'année. Mais le Pays ferrarois a augmenté. Il y a des lieux qui se sont rétablis. Civita-Vecchia, qui étoit dans un mauvais air et faisoit à peine 5 ou 600 personnes (ai-je ouï dire), en fait à présent 5 ou 6,000. Pour Ostie et Porto, ils sont détruits par le mauvais air. Une preuve que la chose est nouvelle, c'est que c'étoit *(sic)* les deux premiers évêchés des États du Pape autrefois.

L'Escalier de la Trinité-du-Mont est de mauvais goût. Il est sans aucune espèce d'architecture, et on ne le voit presque pas. Il n'y a que les premières rampes qu'on voit. Il faut presqu'un dixième de mille, et on perd d'abord les rampes. Il falloit faire un bel ouvrage et mettre de belles colonnes. D'ailleurs, c'étoit un si mauvais ouvrage qu'une partie est tombée.

La beauté des proportions de Saint-Pierre le fait, d'abord, paroître à la vue plus petit qu'il n'est. Si l'Église étoit plus étroite, elle paroîtroit longue. Si elle étoit moins longue, elle paroîtroit large, et cela donneroit toujours une idée de grandeur. Mais l'exactitude des proportions fait que rien ne frappe plus qu'une autre chose, et que d'abord l'esprit n'est pas si étonné. Il faut attendre que l'examen et la réflexion vous en fassent sentir la beauté. Il en est comme des ouvrages de Raphaël, qui ne s'apprennent *(sic)* pas d'abord, mais paroissent plus parfaits à mesure qu'on les regarde; au lieu qu'un ouvrage *vago*, comme ceux de Pierre de Cortone, ou d'un coloris fort, comme ceux de Venise, surprendra d'abord, mais diminueront *(sic)* à l'examen. L'Église du Grand-Jésus, à Rome, qui est du dessin de Vignola, est une des plus belles de Rome pour l'architecture et l'exactitude des proportions. Là sont la magnifique Chapelle de Saint-Ignace et celle de Saint-François, qui n'est pas si magnifique.

Les ouvrages d'architecture du Borromini sont ordinairement singuliers et originaux. Ceux qui ont voulu perdre les règles de vue pour l'imiter, n'ayant pas son génie, sont tombés. Il a bâti Sainte-Marie-Majeure, Sainte-Agnès, *San-Carlino*. Il mettoit ordinairement des avant-corps convexes, puis des arrière-corps concaves.

Don Philippe, qui est à présent au service du roi de Sardaigne, qui lui a donné un bénéfice, est à présent le meilleur architecte de l'Italie.

J'ai été voir le Vatican :

Primo, les Loges de Raphaël, ouvrage divin et admirable. Quelle correction de dessin! Quelle beauté! Quel naturel! Ce n'est point de la peinture; c'est la nature même. Ce ne sont point des couleurs artificielles, qui sont tirées de la palette; ce sont les couleurs de la nature même. Quand on regarde les paysages de Raphaël, le ciel qu'il a peint, et que l'on tourne la tête sur le naturel, il semble que c'est la même chose. Enfin il semble que Dieu se sert de la main de Raphaël pour créer.

On entre ensuite dans l'appartement peint par Jules Romain et par Raphaël. Ce qu'il y a de plus admirable, c'est *l'École d'Athènes*, de Raphaël, quoique *la Bataille de Constantin*, par Jules, soit très belle. Ce qui donne, à mon avis, à Raphaël la suprême excellence dans les ouvrages de l'art, c'est que Raphaël est presque le seul de tous les peintres qui ne soit pas maniéré; ce qui vient de l'imitation de la nature telle qu'elle est, et non de la façon que le peintre y met.

De là, on passe dans la galerie qui mène au Belvédère : car le Vatican est à peu près un carré-long. Du corps de logis où sont les Loges, il y a deux galeries qui vont au Belvédère, qui laissent entre elles une grande cour et un jardin, qui sont séparés, et les galeries traversées par la Bibliothèque. La galerie qui est du côté de Saint-Pierre est en ordre et accommodée, et c'est par elle que le Pape voit de son appartement au Belvédère. La galerie parallèle est sans aucun ornement.

La première galerie est ornée de peintures de divers peintres. Elles ne sont pas de la force des premières; mais aussi sont-elles, pour la plupart, assez bonnes. Il y a, sur les deux murs des côtés de cette galerie, de grandes cartes de toutes les provinces d'Italie, en grand, où la peinture a marqué les rivières, les montagnes, les forêts. La plupart des paysages de ces cartes sont de Paul Bril.

On entre, ensuite, dans l'appartement du Pape, à Belvédère, qui est fort simple, et les meubles aussi : ce ne sont guère que des estampes, même très communes.

Il y a là plusieurs modèles du cavalier Bernin. On y voit aussi le premier modèle de l'Église de Saint-Pierre, lorsqu'on la vouloit faire en croix grecque. Michel-Ange corrigea heureusement ce dessin et fit l'ouvrage tel que nous le voyons; au lieu qu'il auroit eu l'air gothique, excepté qu'on n'y auroit pas vu le jour en plein midi.

Dans la cour du Belvédère, il y a les trois statues fameuses de *l'Apollon*, du *Laocoon*, de *l'Antinoüs*. Il semble que *l'Apollon* est en l'air, tant il paroît léger. *L'Antinoüs* et *le Laocoon* sont admirables. *L'Hercule Farnèse* et ces trois statues sont les plus belles de Rome. Sur l'escalier, il y a *la Cléopâtre*, au-dessous d'une fontaine, qui est aussi un ouvrage admirable. Elle est couchée, et les draperies et la chair en sont d'un naturel exquis.

Il y a aussi le toit antique, qui est presque tout ruiné. Plus, au Belvédère, sur *(sic)* une porte où il y a les armes d'Innocent VIII, de terre à potier vitrée, dont l'invention est perdue, de Luca della Robbia, qui y excelloit. J'en ai parlé sur Florence.

Règles générales sur le Dessin.

Lorsque la tête penche, le tout doit se tourner comme en rond, et l'œil, le côté de la bouche, et, enfin, de toutes les parties du visage: celles d'un côté doivent être plus basses que l'autre.

Lorsqu'un muscle sort, il faut que du côté opposé le muscle rentre.

Lorsqu'une figure court, pour qu'elle paroisse avoir du mouvement, il faut que la *fontanella* avance plus que le pied qui avance; autrement l'attitude est froide.

Il ne faut pas que la lèvre entre en dedans de la bouche; au contraire, elle doit bien sortir : cela donne de la majesté.

Une figure doit toujours appuyer sur un pied, et non sur les deux. Sans quoi, elle seroit froide, et, appuyant sur un pied, le pied sur lequel elle appuye doit être perpendiculaire à l'os du col. Cette règle cesse lorsque la figure s'appuye sur quelque chose.

J'ai vu, ce 5 mars, M. le cardinal Albéroni, à sa maison de campagne, et j'y ai été avec le père Cerati. Nous avons beaucoup parlé de l'Espagne.

Il dit : qu'il étoit convenu avec le roi de Suède de faire la descente en Angleterre; qu'il *(sic)* changea ensuite de dessein, et lui écrivit qu'il remettoit après le siège de Fredrikshall, et qu'ainsi il ne croyoit pas devoir disposer de l'argent qui avoit été remis en Hollande pour cela. Albéroni lui répondit : qu'il ne prétendoit pas donner des conseils à un prince comme lui, et qu'ainsi il s'en remettoit entièrement à sa sagesse; qu'il lui paroissoit qu'après l'expédition projetée faite celle qu'il entreprenoit auroit été bien facile; que, quant à l'argent, comme c'étoit un roi qui avoit affaire à un roi, il le supplioit, au nom de son maître, d'en disposer, non seulement pour ses desseins, mais aussi pour ses caprices....

Il dit qu'il auroit perdu les Anglois avec une escadre de 5 ou 6 vaisseaux dans les Indes, qui courroient sur leurs vaisseaux marchands; avec des vaisseaux sur les côtes de l'Océan, de la Méditerranée, pour courir aussi sur leurs vaisseaux marchands; qu'il avoit fait enlever toutes les laines que les Anglois arrêtoient d'avance, en donnant le même argent qu'eux, aussi d'avance; qu'enfin Péterborough, muni de 100,000 livres sterling d'Angleterre, autant de France, le débusqua. Ils gagnèrent (m'a-t-on dit) d'abord le feu duc de Parme, qui aimoit à donner des conseils, et dont Albéroni n'avoit pas fait grand cas.

Il dit qu'il s'étoit attiré la confiance des troupes espagnoles, en mettant dans les emplois de bons officiers qu'il avoit vus sous M. de Vendôme, et qui étoient sans avancement. Il avoit envoyé un brevet de colonel à qui n'y pensoit pas : il l'adressoit au capitaine-général, et l'un et l'autre étoit *(sic)* bien étonné.

Il ajoute que, si le Roi avoit voulu attendre cinq ou six ans, il auroit bien embrouillé le Régent et le roi Georges; qu'il auroit eu 50 vaisseaux de ligne et Forbin, avec 50 officiers, pour les commander.

J'ai ouï dire, ici, qu'on a saisi 100,000 pistoles au Cardinal, et qu'il peut en avoir sauvé 100 autres; que, si Clément XI avoit pu dissimuler sa fureur, il alloit droit à Rome se jeter en ses mains, mais qu'il ne put dissimuler; qu'un moine prédicateur à Sestri, qui avoit un frère qui étoit concierge d'un château dont le maître étoit absent, dans l'État de Milan, lui ménagea une retraite dans un grenier de ce château; qu'il y a apparence que le gouverneur de Milan en savoit quelque chose, mais que l'Empereur ne voulut pas qu'on le prît; que Daubenton lui tourna casaque;

que Clément XI eut le témoignage de Philippe même contre le Cardinal; qu'il y a apparence que les cardinaux, à cause de l'exemple, ne l'auroient pas dégradé; que ce qui avoit allumé la bile de Clément, c'est que, deux mois avant l'expédition de la Sardaigne, Clément lui avoit envoyé le chapeau et avoit fait son éloge dans le Consistoire, comme défenseur de la foi: de façon qu'il voyoit que le Cardinal l'avoit joué; *secundo*, les Allemands disoient hautement que le Pape étoit de concert avec Albéroni, et qu'ils avoient de cela des preuves. Il est certain que le Pape étoit fort irrité contre les Allemands; mais ses neveux le trompoient et tiroient pension de l'Empereur.

Il est certain que tous les Papes ont toujours été trompés par leurs neveux, qui ont toujours fait leurs affaires à leurs dépens et les ont trahis pour faire leur fortune.

C'est Ptoloméi qui fit pape cet homme. C'étoit un théologien que Ptoloméi.

Le cardinal Bentivoglio, chargé des affaires d'Espagne. Il a de la hauteur; fait valoir ses franchises sur la place d'Espagne. Du reste, *robba* commune.

Rome est un séjour bien agréable: tout vous y amuse. Il semble que les pierres parlent. On n'a jamais fini de voir.

J'ai vu aujourd'hui le Cardinal; c'est un homme de lettres (le 6 mars 1729).

Le cardinal Corradini est, pour cette cour, en quelque façon à la tête des affaires pour la Constitution : car on a voulu en France que tout passât par la Congrégation du Saint-Office, et l'on n'a rien voulu du Pape seul : ce qui a achevé de mettre le Pape de mauvaise humeur contre le cardinal de Fleury. Ils se plaignent ici de ce qu'on reçoit la Constitution comme ayant été reçue par l'Église universelle ; parce, disent-ils, que cela détruit l'infaillibilité. On a tâché, jusqu'ici, de faire entendre raison aux Jansénistes, en leur disant que la question de la Constitution n'étoit pas liée à l'infaillibilité, et Rome à présent veut la confondre ; de façon que M. de Saint-Malo (qui a fait faire son mandement par le cardinal de Bissy), parce qu'il y a inséré le motif du consentement de l'Église universelle, n'a pas reçu le jubilé. On a encore tâché de faire entendre raison aux Jansénistes, en leur disant que la Constitution n'étoit pas l'affaire des Jésuites, et Rome veut les mêler, en voulant que le cardinal de Noailles, son accommodement fait, commence d'abord par leur rendre leur pouvoir ; ce qui empêcheroit qu'un seul curé ou ecclésiastique du parti contraire ne revînt.

Le Pape est plus raisonnable que Rome. Quand on lui a dit tout cela, il a dit : « *Che volete? Questi uomini vogliono che i Francesi parlino tedesco.* »

Cette cour est comme toutes les puissances foibles : elle est poltronne, quand on lui résiste, et elle monte, lorsque l'on baisse, et que l'on paroît céder.

Je vis hier la Chapelle Sixte, où le Pape tient chapelle, et où toute la cour romaine peut s'assembler. *La tribuna et la volta sono tutte due dipinte da Micaël-Angelo. Nella tribuna*, ou mur qui est derrière l'autel, est le fameux *Jugement universel*. Sur la voûte sont les histoires de la Genèse, comme *la Création de l'homme*, *la Tentation*, etc. *Le Jugement* est plus effacé que la voûte. Rien ne donne une plus grande idée du génie de Michel-Ange, que cette peinture, et je ne crois pas que les Loges de Raphaël valent mieux. J'y ai pourtant remarqué deux défauts : le premier, c'est qu'il n'a pas remarqué *(sic)* la perspective : les figures d'en haut de la Loge étant plus grandes que celles d'en bas; de plus, il a mis, dans la voûte et dans le même tableau, deux fois le Père éternel, qui crée, et, dans un autre, deux fois Adam : ce qui choque le bon sens. Du reste, il y a dans ses peintures une majesté, une force dans les attitudes, une grande manière qui étonne l'esprit.

M. Bianchini mourut à Rome pendant que j'y étois. Il avoit tiré une méridienne qui traversoit les États du Pape. Il avoit travaillé à donner le plan du Palais de Néron, sur les restes qu'il avoit vus au Mont-Palatin.

Dans la Vigne Farnèse, le cardinal Davia m'a dit qu'un homme lui ayant demandé s'il connoissoit ce palais : « Si je le connois? dit-il. J'en ai fait une partie. » Effectivement, Bianchini lui ayant montré son plan, il lui dit : « M. Bianchini vous faites là un palais à la françoise, et vous savez bien que les

Romains ne manquoient pas de faire un portique dans leurs maisons. C'est le lieu où ils se tenoient presque toujours. »

Depuis que Sixte-Quint eût fait venir l'eau des quatre fontaines au quartier des Monts, ce quartier désert commença à se peupler.

J'ai été voir aujourd'hui, 12 mars 1729, le tableau de *Saint-Jérôme*, du Dominiquin, qui est à la Charité. Il est admirable pour l'expression, la dévotion, *l'affetto*. Il y a des Anges au-dessus, qui sont très bien faits. Mais j'avoue que j'ai trouvé *la Descente de Croix*, de Daniel de Volterre, de la Trinité-du-Mont, au-dessus de ce tableau, quoiqu'on le mette le deuxième de Rome, et celui de Daniel le troisième. J'ai été ensuite voir le tableau de *la Transfiguration*, de Raphaël, qui est à Saint-Pierre-*in-Montorio*. C'est là, où il faut admirer. Il me semble que Raphaël est au-dessus du Dominiquin et Volterre, mais à une infinie distance. Tout le mal qu'il y a, c'est que l'accessoire est plus grand que le principal; car, au bas de la montagne il y a un possédé, que sa mère, sa sœur, son père, présentent aux disciples, et qu'ils ne peuvent pas guérir et leur montrent celui qui a cette puissance. On ne peut assez admirer cette expression générale dans tous les sujets, qui disent ce qu'ils doivent dire, cette grâce, partout répandue, cette bienséance générale, cette dégradation de couleurs si propre, cette majesté et cette gloire de Christ et des prophètes transfigurés. On ne peut se lasser de le voir; on ne peut se lasser d'en parler. Il y a une femme, dans le tableau, toute prise de l'antique.

Tout près de là, j'ai vu la belle fontaine de Paul V (Fontana et Maderno, architectes), en forme de magnifique portail. L'eau est conduite par un aqueduc, qu'il a réparé, depuis le lac Bracciano. Elle se décharge à grands flots, par cinq larges ouvertures, tombe dans un grand bassin, d'où elle se répand par toute la Ville.

Je disois : « Le roi de Portugal est un phénomène pour moi : c'est le seul prince à qui j'aye vu jouer un rôle sans troupe. Ordinairement, on peut juger de la hardiesse des discours et des entreprises des princes, par le nombre des hommes qu'ils ont. Ici, c'est tout le contraire : 5,000 hommes, et des discours qui en supposent 100,000. »

J'ai été, aujourd'hui, voir l'admirable tableau d'André Sacchi, à Saint-Romuald.

J'ai vu aussi les tableaux de la Maison Colonne et ceux de la Maison Barberine; tous, des plus excellents maîtres, et sans nombre.

Au Palais Barberin, il ne reste plus qu'une place à faire. Il est couvert par de très vilaines maisons, qui le séparent de la rue.

Ce qui fait que les couleurs vives, comme le bleu, le rouge et le jaune, se détachent du tableau, c'est qu'elles sont plus en discordance avec la couleur de l'air. Ce qui fait que les couleurs changeantes et les couleurs moins vives s'enfoncent, c'est qu'elles ressemblent plus à l'air.

Règle générale. — Les choses que nous voyons de près, nous font voir des clairs forts et des ombres fortes, et les couleurs conservent leur nature et paroissent plus foncées. Les choses que nous voyons de loin nous paroissent d'une couleur plus claire, parce qu'il y a beaucoup d'air de traversé. Les couleurs ne conservent pas tant leur nature, sont plus foibles et moins enfoncées; il y a moins de distinction de lumière et d'ombre; on ne voit dans l'objet qu'un clair vague. Enfin (règle générale), à mesure que le corps est éloigné, le clair diminue, mais l'ombre diminue encore davantage; de façon que le tout paroît d'un clair foible : car ce qui fait paroître un grand clair, c'est une grande ombre qui est auprès. Or, c'est ce qui arrive dans des corps qui ne sont pas éloignés; au lieu que, dans les corps éloignés, il n'y a que des clairs, et non pas de l'ombre. Il faut donc bien retenir que, dans les figures avancées d'un tableau, il faut mettre les grands clairs et les grandes ombres, à mesure que les figures s'enfoncent; ce qui prouve en même temps la diminution des clairs.

Je me méfie toujours de *la vaghezza :* elle est aux dépens de la force; elle n'est telle que parce qu'elle fait ressembler les corps peints à ceux que nous voyons dans le lointain : plus clairs, parce qu'ils sont plus foibles; enfin, elle est aux dépens du clair-obscur, c'est-à-dire des grandes ombres et des grandes lumières.

Il est plus aisé, à Rome, à un étranger d'être dans le monde, et en même temps étudier, qu'à Paris : car, à Paris, une partie est toujours suivie d'une autre partie; vous serez pris aujourd'hui, parce que vous l'étiez hier. A Rome, tout est plus coupé.

Je vis hier, 19 mars, la cérémonie de la canonisation de saint Jean Népomucène. Le vieux Pape étoit si caduc qu'il sembloit qu'il alloit mourir. Il étoit cependant bien aise de pouvoir faire une fonction. Je crois que nous étions environ 150 à 200 étrangers. Le Prétendant y étoit; le comte de Beauveau; le prince de Mecklembourg; deux ou trois seigneurs anglois, comme milord Jersey. La cérémonie se fit à Saint-Jean-de-Latran. Cela consiste en des litanies des saints, la lecture du décret de la Conservation et une messe pontificale.

Le chevalier de Saint-Georges est arrivé de Bologne.

On compte qu'il veut revenir à Rome, et que la Prétendante reviendra aussi. Il a toujours auprès de lui milord Dumbar, frère de Made Hay, qu'il a fait chevalier de l'ordre d'Écosse. Ce prince a une bonne physionomie et noble. Il paroît triste, pieux. On dit qu'il est foible et opiniâtre. Je ne le sais pas par moi-même, n'en étant pas connu.

Les tiares du Pape sont d'un prix inestimable.

La ville de Bologne coûte au Pape plus de

100,000 livres. Comme c'est une ville qui s'est donnée, il n'a qu'un droit sur le vin, qui vaut 20,000 écus. Tous les autres subsides, qui vont à 2 ou 300,000 écus, sont à la Ville et au Sénat.

Le territoire se perd, parce que l'Empereur et les Vénitiens ne veulent pas permettre qu'une petite rivière qui alloit dans le Pô y aille; de façon qu'elle se perd dans les terres.

Bologne peut avoir 80,000 habitants; la campagne, 200,000.

Ils ont de très bons chanvres pour les navires. Il faut faire l'expérience de ces chanvres. Un Bolonois m'a dit avoir fait l'expérience de ces chanvres avec d'autres; que les leurs portoient, à l'égard des autres, comme de 160 à 80. Il veut faire l'expérience sur tous les chanvres de l'Europe et du Nouveau-Monde, sur ceux de la mer Baltique.

Ils ont encore des soyes, et le Sénat a ordonné qu'elles s'employeroient toutes dans la fabrique des crépons.

Ils disent que, s'ils ne conservoient pas leurs privilèges, et qu'ils se laissassent gouverner par des prêtres, ils seroient misérables, comme le reste de l'État ecclésiastique.

Ils avoient voulu établir une compagnie, dont l'Empereur auroit la moitié des fonds, les Bolonois, l'autre moitié. Le commerce auroit été de leurs chanvres, des bois des côtes des Pays-Héréditaires, du fer, de l'argent-vif, etc. Mais que le projet ne fut pas agréé à Vienne, parce qu'ils demandoient que l'établissement se fît dans les États du Pape, et l'Empereur, qui disoit qu'il n'avoit pas moins besoin de sujets qu'eux, vouloit qu'il se fît dans les siens.

Avant tout cela, les Allemands avoient équipé deux vaisseaux chargés de leurs marchandises. Ils avoient oublié de mettre du biscuit et en avoient été acheter à Venise, qui étoit empoisonné. Ils furent obligés d'aborder en Sicile. Mille malheurs leur arrivèrent. Enfin ils abordèrent à Lisbonne et gagnèrent 25 pour 100. — Il faut examiner tout cela.

J'allai hier voir l'Église de Sainte-Agnès, ouvrage de Borromini, qui est une petite église admirable : la façade, avec ses avant-corps circulaires et arrière-corps, est aussi belle que singulière.

Dans une statue, si vous faites tourner la tête du côté que l'épaule baisse, elle aura l'air triste et abattu et n'aura guère de grâce.

Dans l'Église des Invalides, on ne voit pas le dôme en entrant. Celle de Versailles, trop haute pour sa largeur. Quand on bâtit, en France, des églises, il faudroit prendre le plan de quelque église de Rome. Saint-Pierre, le plus grand édifice et le plus parfait : deux circonstances rares. A Saint-Paul, à Londres, l'architecte avoit de l'argent à sa disposition; mais les proportions sont tout de travers (dit-on).

Le Palais Farnèse. — Il semble jeté au moule, tant il est uni; c'est un dé.

Comme, à Rome, les principaux du pays ne se marient pas, il s'y est formé des mœurs conséquentes; de façon que les gens mariés ne sont que les dépositaires des maîtresses de ceux qui ont part au gouvernement. Un prélat fait tomber les dots fondées sur une fille qu'on lui promet. Un prélat marie la fille dont il a joui, à son domestique. Dès qu'une fille se marie, on cherche à quel prélat ou quel cardinal elle sera. Il n'y a rien de si commun que des maris qui vendent leur femme pour de l'argent ou de la protection. Les Romains qui sont dans la basse bourgeoisie ne travaillent point, ni ne veulent le faire. Quelquefois un mari jaloux garde et enferme sa femme pendant un an; après quoi, il s'en lasse. Le Magistrat fait faire le plus de mariages qu'il peut dans le peuple. Dès qu'un garçon fréquente une maison, le père et la mère le font prendre, et le Magistrat le fait épouser. Après quoi, il est permis à la femme d'être une bonne c..... C'est différent pour les filles. On dit qu'Ottoboni a de soixante à soixante-dix bâtards.

Les ordres, en Italie, tous plus relâchés, chacun dans leur espèce, qu'en France. Les Chartreux, par exemple, ont un jour de plus de conversation qu'en France, et elle dure plus qu'en France, et depuis le dîner jusques au soir, et mille autres douceurs. Mais, comme ils n'aiment pas à travailler, quoiqu'ils ne passent jamais plus de deux jours de suite dans leur chambre, ils s'ennuyent plus que les François, qui s'y amusent généralement. Il faut plus de relâchement en Italie, parce que l'Italien aime plus ses aises que le François, et est plus mol. De même, l'Allemand est plus dur que le François. Il me semble donc que, plus on approche du nord, plus on est dur aux peines; plus on approche des pays chauds et du midi, plus le corps est mol, et l'esprit, porté au relâchement. Les Italiens encore plus accablés par le chaud que les François. Avec abstinence égale, le jeûne des Italiens est plus aisé à supporter, parce que l'on mange peu dans les pays chauds. Un Chartreux m'a dit, qu'en Italie, la peine de leur jeûne n'étoit rien.

Le palais du prince Justiniani est plein de statues et de tableaux des premiers maîtres. Il y a une galerie toute pleine de statues, surtout la belle statue de Pallas, qu'on croit avoir été à la Minerve, et que l'on tient être sans prix. Il y a beaucoup de tableaux de Caravage et de tous les autres grands maîtres.

Les chevaux de marbre qui sont sur la place de Monte-Cavallo, apportés d'Égypte par Constantin. Les deux jeunes hommes, qui ont plus que leur grandeur naturelle, et qui les tiennent par la bride, valent mieux que les chevaux, qui ont le défaut d'avoir l'encolure trop large.

Dans l'Église de *Santa-Maria-in-Campitelli*, ils ont mis une colonne d'albâtre sur une ouverture, au haut de l'église; ce qui fait paroître la transparence.

Sous Benoît XIII, Rome, aussi triste que sainte.

A Rome, le désagréable, c'est qu'on ne voit que des gens qui ont des prétentions.

Le Capitole, tel qu'il est à présent, a son entrée du côté du nord, au lieu qu'il l'avoit autrefois du côté du midi.

Le Temple de Jupiter est transformé en une église de Cordeliers, qui est l'Église d'*Ara-Cœli*. Il y a deux rangs de très belles colonnes antiques : les unes ont le chapiteau ionique; d'autres, corinthien; les unes ont une base; les autres, pas. On les a fait servir comme on a pu.

Il y a un beau tableau de Raphaël, de la Vierge, petit Jésus et Jean-Baptiste.

En montant au plus haut du couvent des moines, on voit tout Rome bien à son aise. Il y a une espèce de loge au haut, dont un frère me donna la clef, que je pensai emporter dans ma poche en France.

A côté de l'escalier, qui va à *Ara-Cœli*, il y en a un autre, qui mène aux deux Palais des Conservateurs, qui sont à côté de celui du Sénateur du Peuple romain. Au milieu de la place carrée, fermée par un palais, est la statue équestre de Marc-Aurèle, ouvrage admirable. Il y a, au haut de l'escalier, deux statues colossales de Castor et Pollux, qui tiennent leurs chevaux par la main. Les Palais des Conservateurs et l'escalier de l'autre sont de Michel-Ange. On voit, dans ces différents palais, de très belles statues, dont on trouve la description partout.

Épitaphe qui est à *Ara-Cœli* : *Nihil*. A un tombeau vis-à-vis, il y a : *Umbra*.

Il y a dans la même Église d'*Ara-Cœli*, un tombeau dont l'architecture ressemble à celle que l'on peindroit en perspective. A mesure qu'on voit le fond, la ligne devient oblique; de façon que vous croyez voir une peinture et une perspective.

Les plis de Pierre de Cortone sont maniérés, dans la peinture, comme ceux du cavalier Bernin, dans la sculpture. Le Bernin a l'air petit-maître.

Il y a, dans une chapelle de Notre-Dame-du-Peuple, deux statues de Lorenzetto, sur le dessin de Raphaël, qui sont un *Élie* et un *Jonas*. Le *Jonas* a tant de grâce qu'il représente toute la grâce qu'a Raphaël dans la peinture.

Comme les rayons du Soleil tombent toujours à plomb sur la tête et glissent sur les autres parties du corps, la tête et le haut du corps sont les plus éclairés, et le bas des figures sont *(sic)* le moins. Or, comme le ciel est plus foncé et plus bleu en haut, et plus clair en bas, il est arrivé que les peintres se sont servis très avantageusement de cela pour faire saillir leurs figures. Le clair de la figure d'en haut étant relevé par le fond du ciel, qui est derrière, qui est obscur, et l'obscur de la figure en bas étant aussi relevé par le clair du ciel, qui est derrière, en bas.

Comme nous avons dit, les corps qui sont près ont de grands clairs, joints avec de grands obscurs, qui se relèvent, et les couleurs en sont foncées; les corps éloignés n'ont que des couleurs de teintes et paroissent de la couleur de l'air. Il n'y a dans le coloris foible ni grands clairs, ni grands obscurs. Il faut bien faire sentir cette différence entre le coloris qui est dans la figure, en haut ou en bas; sans cela, la confusion se met dans le tableau. En effet, il faut que la peinture trouve l'art de nous montrer dans un tableau les mêmes choses que nous montre la Nature.

Ceci paroît fort bien à la galerie du Palais Farnèse, peinte par les Carrache.

Raphaël tire peu d'avantage des ombres et des clairs-obscurs et fait sortir les figures par les demi-teintes.

Dans le cabinet du Palais Farnèse, où les figures de clair-obscur ont tant de relief, le peintre tire ses jours de bas en haut; mais, dans les figures qui sont dans les tableaux des cadres, il les tire de haut en bas. Or, la main, accoutumée à la manière de disposer les ombres d'une façon, a peine à les disposer d'une autre façon; et l'œil, qui voit que les figures peintes ont la même apparence que dans les occasions où il a vu des bas-reliefs avec des jours de bas en haut, fait (je crois) un jugement naturel.

Dans les salles du Vatican, Jules Romain a travaillé après la mort de Raphaël. Dans une cheminée, aux deux côtés, il a bien mis ce qui y convenoit: d'un côté, Vulcain, qui forge; de l'autre, un enfant qui porte du bois.

Jules Romain n'a pas cette douceur et cette grâce

de son maître; son coloris est bien moins bon et ressemble à de la craye.

A l'Église de la Paix, il y a des peintures de Raphaël admirables. J'y ai été voir le père Ramelli, qui fait des ouvrages de miniature du premier goût. C'est un bon homme.

J'ai été voir aujourd'hui, 1er avril, la Vigne Gualtieri, dans laquelle sont les Thermes de Vespasien et de Tite. *Primo,* on voit les Sept-Salles, qui sont neuf *(sic)* grandes galeries souterraines, où étoient les réservoirs de l'eau. C'est là-dedans qu'on a trouvé *le Laocoon.* Les réservoirs donnoient l'eau aux Bains de Titus, qui sont des ouvrages immenses. Il y a, dans une galerie de ces bains, aussi souterraine, une salle où l'on trouva *la Vénus de Médicis*, et où il y a des peintures anciennes, entre autres des grotesques, que Raphaël vit et fit imiter très bien, dans les salles du Vatican, par Jean da Udine. Il y a aussi des ornements sculptés, qui sont de la première beauté. Il y a apparence que cette salle, avec les peintures, sculptures et *la Vénus*, servoit aux délices de l'Empereur. L'eau de ces bains pouvoit servir pour les naumachies, au Colisée.

On dit que le portique de Saint-Pierre seroit mieux si, au lieu du mur, on s'étoit contenté de mettre des colonnes isolées, comme au Panthéon : l'ouvrage auroit paru plus léger, et il n'y auroit pas eu de ces espèces de lucarnes, qui sont trop chétives.

On peut voir dans les peintures des Loges de Raphaël : la noble simplicité des héros de l'Ancien-Testament (il ne met rien que de simple : aucun ornement affecté, et qui sente nos propres mœurs), et comme quoi Raphaël l'a trouvé *(sic);* la majesté avec laquelle Dieu paroît dans toutes les actions de la création; l'expression dans les figures, telle qu'elle doit être. Quand Loth amène ses deux filles, on voit l'effort qu'elles se font pour ne pas regarder derrière; la femme de Loth pétrifiée au milieu d'une action. Quand Melchisédech offre des présents à Abraham, ce sont peu de choses et en grande quantité, comme chez des peuples simples.

Dans un tableau de Joseph et ses frères, on voit un groupe de sept figures, qui est si bien partagé, que, si on veut, on en fait trois; la distinction se trouve par la situation et la différence des couleurs.

Le Nouveau-Testament fournit moins de variété aux peintres que l'Ancien. Ce sont toujours ou *(sic)* un enfant dans les bras de sa mère et un vieillard, un festin.

Raphaël a fait peu d'honneur à Joseph en le représentant recevant les présents des Mages et y regardant pour voir ce qu'on lui donne.

Les deux fleuves qui sont à la cour du Belvédère, et ne sont point enfermés, ont été copiés pour les Tuileries.

Arc de Constantin. — Son piédestal, de plus du tiers de la colonne, mais ne le paroît pas : car, par la hauteur des bases, le dé n'a pas plus d'une fois et demie sa largeur. Son imposte, comme celle des antiques : si grande saillie qu'elle est une corniche corinthienne avec des modillons. Sa base est attique.

Le Capitole, aujourd'hui l'Église d'*Ara-Cœli*, étoit le Temple de Jupiter Férétrien. De l'autre côté, à droite, où est le Palais Caffarelli, étoit le Temple de Jupiter Olympien. Tout près, la Roche Tarpéïenne. Il seroit trop long de parler de tous les édifices qui étoient sur le Mont-Capitolin. La Place Romaine, aujourd'hui *Campo Vaccino*, étoit à peu près entre le Capitolin, et le Palatin, et la *via Sacra,* et n'arriva jamais au Vélabre, ni à Sainte-Marie-Libératrice, ni à Saint-Laurent-*in-Miranda.* Ceinte de portiques par Tarquin l'Ancien, sa largeur étoit l'espace qui est entre les deux monts. Le nombre de statues y étoit innombrable. Les principaux temples de ce quartier-là, dans les vallées, étoient le Temple de Saturne, où étoit le Trésor public, et le Temple de la Paix, bâti par Vespasien.

On peut conjecturer combien le terrain de la Ville a haussé à Rome, par le Colisée, l'Arc de Sévère, la Prison Tulliane, qui est sous une église, la Colonne Trajane, qu'on voit enfoncée de 20 pieds. Généralement, toutes les villes haussent : on pave les rues sur l'ancien pavé. Ainsi on trouve à Rome, les anciens pavés à 20 pieds, 30 pieds, sous terre.

Voyez la description de la Colonne Trajane, *in Foro Trajano*, et de l'Antonine. Rien de plus beau que le somptueux portique du *Forum Trajanum*, au milieu duquel étoit la Colonne Trajane. Voyez aussi la description de la Colonne Antonine. Depuis que l'on a découvert une autre colonne, qui est encore à terre, et qui est la vraie Antonine, on a vu que celle-ci étoit vraiment pour Marc-Aurèle; apparemment élevée à sa mémoire, par son fils Commode, et que celle qui est à terre étoit pour Antonin-Pie, et élevée par Marc-Aurèle. Vous remarquerez que les bandes et les figures des bas-reliefs des deux colonnes paroissent être de la même hauteur, en haut et en bas; mais elles ne le sont pas. Elles croissent, de façon que, celles d'en bas étant petites, celles d'en haut sont presque grandes comme le naturel.

J'ai été, ce 13 avril 1729, chez le père Vitri, qui m'a montré ses médailles, qui sont communes. J'ai vu les anciens as romains, qui étoient d'abord de 12 onces, et qui, sur la fin de la guerre punique, ne pesèrent plus que 2 onces. « *Ita*, dit Pline, *quinque partes factæ sunt lucri.* » Mais il paroît, et le père Vitri m'a donné une dissertation, que ce ne fut que peu à peu que la diminution fut portée à cet excès-là.

Il dit qu'il y a un Florentin qui moule des médailles si bien, qu'il est difficile de les reconnoître, et nous en avons vu quelques-unes de lui, très bien travaillées. L'art ordinaire, c'est de prendre du sable mouillé, d'y appliquer dessus la médaille, et ensuite d'y jeter le métal fondu. Cela fait des médailles dont la fausseté est aisée à reconnoître : 1° en ce que le moule du sable ne donne pas l'empreinte bien nette et bien tranchée; 2° en ce que le métal fondu de la médaille fausse ne pèse pas tant que le métal forgé et battu de la vraie : ainsi la médaille est trop légère ou trop grosse. Le Florentin fait des moules singuliers; il a un métal qui donne la juste pesanteur; il donne même les fontes antiques aux médailles par des poids. Ce qui le fait un peu reconnoître, ce sont les lettres qu'il ne sait guère faire; elles sont trop maigres, trop rondes et n'ont point l'air antique. Le vert antique dans une médaille la rend plus précieuse. Il y a des médailles retouchées pour faire renaître les effaçures. J'ai eu facilement l'art de les reconnoître.

Le Bernin et Pierre de Cortone ont gâté l'École romaine.

Les Anglois viennent à Rome pour voir l'Église de Saint-Pierre, le Pape et le Prétendant.

Rome nouvelle vend pièce à pièce l'ancienne.

C'est une belle chose que le Capitole! Là loge le Sénateur, et, à chaque côté de son palais, il y a celui des Conservateurs du Peuple. Ces trois palais font une place carrée, où est la belle statue de Marc-Aurèle.

Ce qui fit que Rome se peupla vers le Champ-de-Mars et le Vatican, et non dans le quartier des Monts, où étoit l'ancienne ville, c'est que les Papes, au retour d'Avignon, ayant trouvé leur palais de Latran ruiné, allèrent habiter le Vatican. Ce qu'ils firent d'autant plus volontiers, qu'ils se trouvèrent près du Château Saint-Ange: chose importante dans un temps de trouble. Ainsi la Ville, qui se répara par leur séjour, s'accrut autour d'eux et resta, au loin, comme elle étoit.

Il y a [à] Saint-Jean-en-Jérusalem, dans une chapelle, deux tableaux de Rubens : un *Couronnement d'Épines* et une *Passion*, aussi beaux que j'en aye vu de ma vie, surtout *le Couronnement.*

Je voudrois que le Roi eût une Académie à Venise, comme à Rome, pour envoyer travailler les élèves qui seroient sortis de l'Académie de Rome.

Les deux plus belles statues de Versailles sont *le Milon crotoniate* et *l'Andromède* de M. Puget. — Je crois que la femme est trop petite.

A Rome, de certaines gens tiennent en partie, de la Chambre, les immondices de la Ville. Ils les mettent dans un lieu par lequel l'eau du Tibre passe. Elle laisse les choses de quelque valeur qui peuvent être dans les immondices, comme pièces d'argent, bijoux perdus, pièces antiques, et emporte l'ordure. Il en est comme de l'opération qui se fait dans les mines, pour séparer le métal de la terre.

Pour orner Paris, il faudroit y faire des fontaines,

comme à Rome : une, à la descente du Pont-Neuf, avec une place; une autre, à l'autre bout.

J'appelois Rome un sérail, dont tout le monde avoit la clef.

La guerre de Clément XI n'étoit pas si ridicule qu'on l'a cru : sans la prise de Lille, la France l'auroit secouru. D'abord le Roi demandoit une alliance, et le Pape ne le vouloit pas, disant que, dès que l'Empereur viendroit à résipiscence, il ne lui pourroit plus faire la guerre; et le Roi vouloit une alliance, moyennant quoi il auroit envoyé 12,000 hommes de pied et 3,000 cavaliers démontés : le tout payé par le Pape. Le duc de Toscane avoit dit : « Monsieur, je suis un roseau qui plie où l'on veut. Faites-moi plier. » Le Pape levoit d'ailleurs 25,000 hommes. Il est certain qu'il auroit été très facile de ravoir Naples et Milan.

Il me semble que cette jonction étoit d'une grande conséquence pour la France. Cela jetoit, sur le parti du Roi, l'idée de la défense de l'Église, et, sur celui de l'Empereur et de son frère, l'idée de la persécution, et les décréditoit encore plus chez les Espagnols et autres peuples catholiques. Il falloit se souvenir des Romains, qui, après la bataille de Cannes, envoyèrent conquérir la Sicile.

Le Roi avoit promis au Pape 15,000 armes, en les payant. Lorsqu'il fallut les faire sortir, M. Chamillard dit que le Roi en auroit besoin, et refusa. Le nonce Cusani les eut en donnant 4,000 francs à Mad[e] de

Chamillard. Pour lors le Pape dit : « Je veux l'avertir qu'il est trompé. — Si c'étoit Charles II, d'Espagne, qui fût joué ainsi, dit-il, je le comprendrois. Mais le grand Louis, c'est trop! » Déjà le Nonce les avoit obtenues, que le Roi, qui n'en savoit rien, fit des excuses au nonce Cusani de ce qu'il lui avoit manqué de parole. Le Pape se contenta d'avertir le maréchal de Tessé. Ce fut une des causes, entre un nombre innombrable d'autres, qui perdit Chamillard.

Sur les scrupules de conscience sur une ligue, Polignac, alors auditeur de Rote, dit au Pape et au cardinal Corradini : « Si vous cherchez des raisons dans le droit canon, vous ne les trouverez pas; car vous n'y en trouverez pas même pour la guerre. Mais c'est dans le droit des gens et le droit naturel qu'il le *(sic)* faut chercher. »

« Cet imbécile de Chamillard, dit le maréchal de Tessé, ne m'écrivit-il pas de laisser prendre Toulon, et que le Roi ne seroit pas moins grand seigneur pour cela? »

J'ai été avec M. Bouchardon, sculpteur, à la Ville Borghèse.

Voici quelques remarques.

Généralement, tous les enfants antiques sont mauvais; ils ne les ont pas su faire : ou ils ont trop marqué leurs muscles; ou ils leur ont donné un air trop formé; ou ils n'ont pas bien exécuté les proportions. Le Flamand, le premier, a attrapé les enfants et leur a donné, avec les proportions, quelque chose de moelleux et de pâteux.

Les enfants ont la partie des yeux jusques au bas du visage moins grande, et celle des yeux au haut de la tête plus grande que dans l'âge plus avancé.

Jusques à un an, ou environ, ils ont entre le coude et le pied, une raye qu'ils n'ont pas à trois et quatre ans.

Il ne faut pas que les plis du nombril soient ronds comme un cercle, ou, au moins, doivent-ils être interrompus par quelque autre pli.

Il ne faut pas que les contours soient exactement ronds; cela sent l'apprenti : la chair n'a pas cette rondeur-là; c'est une mixtiligne : quelque chose [de] droit et de rond.

Il faut que le sternum soit au milieu, et que, lorsque la tête tourne, qu'on voye qu'il seroit au milieu. Les clavicules doivent le prendre de chaque côté, et chacune faire comme la figure d'un S, pour aller joindre les épaules. De même, il faut que le corps aille, pour ainsi dire, en serpentant : qu'une hanche, par exemple, qui avance aille à l'autre côté qui entre; lequel répond à l'autre côté qui sort.

Il faut qu'une tête soit ronde et ne soit pas marquée par derrière; tant le tour du front que des cheveux aille en ovale et ne soit point trop aplati; que le contour des joues, d'ailleurs, ne soit point rond exactement : car les têtes ne sont point comme cela; surtout, qu'il paroisse quelque chose qui marque dans quelque endroit de cette partie qui est à peu près entre les joues et les lèvres.

La tête du Bernin, du cardinal Scipion Borghèse,

est admirable. Il a marqué tout cet âpre de la chair du visage d'un homme un peu rude. Ses lèvres paroissent vives : il semble qu'il parle; que sa salive soit entre deux. Les plis de son col sont admirables. Son collet paroît être de linge. Son bonnet, qui entre, fait élever les cheveux. Les oreilles, bien placées et belles.

Il y a aussi *le David* du Bernin, qui a des muscles trop lourds, et comme ceux d'un homme grossier, comme *le petit Faune*, et qui est mal, d'ailleurs : David a la physionomie basse et même mauvaise.

La Daphné du même. Les membres sont trop menus, trop exactement ronds. D'ailleurs, c'est un chef-d'œuvre pour le travail des cheveux et des lauriers.

A l'égard des antiques, il y a : *le Gladiateur*, qui est une des premières statues de Rome; une tête de Jules César, et, auprès, une *Cingara*, qui est admirable; un *Morphée*, qui dort, très bon; une *Vénus*, qui tient une coquille, et qui est assise et appuyée sur sa main; et une grande quantité d'autres statues; un *Centaure*, qui a un enfant derrière lui.

Généralement parlant, les sculptures de pierre si dure ne sont pas de bonne main : un bon ouvrier n'ayant pas voulu mettre tant de temps à cela, ce sont des hommes qui y ont travaillé à la journée.

Dans un groupe, il est bon que cela fasse pour ainsi dire la pyramide, et que cela aille en diminuant par en haut.

Le Bernin, m'a dit M. Adam, est admirable pour la machine; c'est ce qu'on appelle en peinture *ordonnance*. Comme il n'a pas la correction du dessin, et que cette correction n'est pas si nécessaire dans une grande machine que dans une seule statue, on ne voit que ses grandes idées, et son défaut devient petit. Au contraire, l'Algarde et le Flamand sont corrects dans le dessin.

Le grand art du Bernin, c'est de savoir tailler le marbre : il semble qu'il en ait fait ce qu'il a voulu.

Nous avons été voir à Sainte-Bibiane, M. Adam et moi, une statue de la sainte Vierge, où, avec un art admirable, le Bernin a fait paroître et a distingué une étoffe de laine, avec de grands plis, pour le manteau, une espèce de camisole de soye, qui va jusques aux hanches, dessous, et la chemise, encore dessous. Le manteau a de grands plis et paroît de laine. La chemisette a de petits plis, et est lisse, et paroît de soye, aussi bien que la doublure du manteau. La chemise est encore marquée par ses plis, qui ne sont ni si grands que les premiers, ni si petits que les seconds, et, d'ailleurs, étant de linge, elle n'a point de poli.

Il a mis un très grand nombre de plis à toutes ces draperies et n'a pas laissé, par son art, de faire paroître le nu; en sorte qu'avec beaucoup il fait beaucoup, au lieu que le Flamand et l'Algarde, avec peu de plis, font de même paroître le nu. L'art du Bernin vient de sa science à tailler le marbre, qui fait que, malgré la quantité de plis et de matière, il se sauve; d'autant que, le marbre étant transparent, il met des yeux et des trous, qui font un bon effet. Cela fait que ses modèles ne sont point recherchés dans les pays étrangers : car, comme la terre n'est pas transparente comme le marbre, il paroît du noir dans ses trous et ses yeux; ce qui les rend rudes : et la confusion fait que cela sent la petite manière : outre que, n'étant pas corrects, le défaut saute aux yeux. Au lieu que les dessins de l'Algarde sont recherchés. Le Bernin n'est donc bien connu qu'à Rome.

La pierre de Rome, qui a des trous et s' (?) écaille, mauvaise pour la sculpture; au lieu que celle de Paris est très bonne.

Le Flamand n'a point tant de plis que le Bernin; ils sont plus moelleux. J'ai vu à l'Église de Notre-Dame-de-Lorette, à Rome, une statue de Notre Dame qui est un chef-d'œuvre. Deux ou trois plis uniques font paroître le nu; la simplicité de la coiffure de la sainte est admirable.

Les Anciens faisoient plisser les étoffes autour de la chair, afin de bien faire sentir la différence entre les étoffes et la chair. Comme ils mouilloient les linges pour faire paroître mieux le nu, ils ont fait une chose qui n'est point naturelle : car il n'est pas naturel que l'on ait toujours l'étoffe collée sur la chair.

Quand une statue est élevée, et qu'elle est assise,

les jambes et les genoux cacheroient le corps, si on ne le tenoit un peu élevé. Mais des sculpteurs croyent que c'est un défaut de changer les proportions; d'autant que de vrais hommes ainsi placés paroîtroient aussi courts. Ils aiment donc mieux tenir leurs figures assises haut.

C'est un défaut dans un tableau fait pour être élevé de laisser voir tout le plafond : car on ne le verroit pas, si on voyoit une chambre élevée. Les Carrache, dans la Galerie Farnèse, ont placé leurs figures comme si elles étoient de plain-pied, non comme devant être vues de haut.

Il ne faut point que les cheveux soient continuellement annelés comme des *vermicelli*, comme dans quelques bustes d'empereurs; ils doivent être en espèce de houppes, et les flocons ne sont *(sic)* pas tous d'une venue.

Les Papes ont toujours fait de deux choses l'une, en France : autrefois, ils soulevoient les sujets contre le Prince; à présent, ils excitent le Prince contre les sujets.

Le cardinal Corradini n'a jamais d'autres plaintes à faire que de ce qu'on ne met pas assez de gens à la Bastille.

Le feu Roi n'aimoit pas beaucoup les alliances; il aimoit presque autant être tout seul à se démêler contre tous. L'alliance de la Suède, à qui on avoit pris quelques états au delà de la mer, l'avoit obligé de rendre Maestrich. L'espérance d'avoir le duc de Savoye, René *(sic)*, pour lui, lui avoit fait perdre Pignerol et Casal.

Il me semble que, dans sa jeunesse, le feu Roi étoit petit-maître.

La reine d'Espagne d'à présent est un très petit génie. Un prêtre à Parme lui avoit toujours apporté des romans, en cachette, et elle n'avoit jamais lu que cela. Ce prêtre, le seul homme qu'elle vît, avoit fait bien du chemin dans son cœur. Il l'accompagna jusqu'à la frontière d'Italie, avec ordre de revenir. Elle vouloit qu'il suivît. Il n'osa pas. Albéroni dit qu'ils l'auroient fait empoisonner.

De la fontaine d'Égérie, qui est hors des murs de Rome, près Saint-Sébastien, il y avoit 20 milles de forêt, dite *Aricine*, et Égérie étoit une nymphe de cette forêt. La campagne de Rome avoit donc tout une autre face qu'à présent. L'air pouvoit être différent.

Les ouvrages de sculpture étant vus tout autour, doivent plaire dans toutes les vues; sans cela un sculpteur, pour une vue, sacrifieroit toutes les autres. Ainsi ce qui est beau en peinture, où il n'y a qu'une vue, est souvent très laid en sculpture. On conçoit que la lumière tombant sur une partie la fait sortir davantage, et, si elle est déjà un peu matérielle, elle le paroît encore davantage. On conçoit d'ailleurs qu'une partie dans l'ombre peut ne paroître pas si crue qu'elle paroîtroit dans la lumière. Il faut donc faire en sorte qu'un côté ne brille pas aux dépens de l'autre.

Pour une école de sculpture, il faudroit un lieu comme le Panthéon, où l'on mettroit un grand nombre de statues, qui n'auroient besoin que d'un jour, qui est celui d'en haut.

Les Vénitiens défendent tous cordages et toiles des Bolonois, afin d'avoir des ouvriers qui travaillent le chanvre desdits Bolonois, et qu'ils ne vendent que la matière, et non la façon. Or ils *(sic)* voudroient que quelque prince, comme le roi de France, prît de leurs chanvres, afin d'obliger les Vénitiens de prendre de leurs cordages, et non de leurs chanvres. Lorsque le Roi avoit une flotte, il prenoit des chanvres de Bologne; mais les Vénitiens, afin d'avoir la matière, payoient quelque chose plus cher que le Roi.

Mémoire du chanvre de Bologne, donné par le marquis Gaspard Bolognini, demeurant à Rome, le 16 avril 1729.

La première qualité dudit chanvre est celle qu'on recueille aux environs de la Ville, 5 à 6 milles d'Italie éloignés de la Ville, et ledit chanvre coûte un tiers davantage du suivant.

La deuxième vient du Bas-Bolonois, lequel étant tout proche des marais Causé *(sic)* du Rin *(sic)*, ledit chanvre ne trouve pas des eaux assez pures pour conserver la fermeté qu'il reçoit près de la Ville.

Ordinairement, un quintal de chanvre se vend 3 écus romains, qui font 30 jules; et, à présent, on l'auroit à 2 $^1/_2$.

Le quintal de Bologne augmente de 8 pour 100 de celui de Livourne.

Chaque quintal de transport, de Bologne à Livourne, montera à jules 6, payant douanes et toutes choses; mais, pouvant charger dans Ancône ou Sinigaglia, un *petachio* chargé de $\frac{n}{400}$ de chanvre, ledit bâtiment transporté à Marseille ou Toulon, payant transport, assurance et douane, ne reviendra pas à 300 écus.

Le chanvre prêt à filer en câble, de la première qualité, ne diminuera que de 10 pour 100, et celui de la deuxième, de 30 pour 100.

Le câble, bien godronné, de la première qualité sera toujours un tiers de moins que celui qui sera fait de tout autre chanvre, et l'expérience a été faite dans l'Arsenal, et la raison en est parce qu'il est plus fort que tout autre.

Le pays de Bologne produit, toutes les années, 12,000 livres de chanvre, en échange duquel on pourroit prendre des manufactures, des dorures, des draps, et bien d'autres choses de France.

Les républiques d'Italie ne sont que de misérables aristocraties, qui ne subsistent que par la pitié qu'on leur accorde, et où les nobles, sans aucun sentiment de grandeur et de gloire, n'ont d'autre ambition que de maintenir leur oisiveté et leurs prérogatives.

Le démêlé des Bolonois avec les Vénitiens vient de ce qu'ils ne veulent pas souffrir que les Bolonois conduisent le Reno dans le Pô. Les Ferrarois ont, comme les Vénitiens, intérêt de les en empêcher. Les Vénitiens craignent que le fleuve, se jetant dans le Pô, n'entraîne encore plus de sable dans leurs langues; et les Ferrarois, qui ont le sol de leur ville 30 pieds ou environ plus bas que le lit du Pô, craignent tout : car ils ne peuvent pas s'empêcher de périr. Mais les ingénieurs ont dit qu'au contraire, plus le fleuve recevroit d'eau, plus il auroit de rapidité et entraîneroit de sable. Les Vénitiens vouloient faire la guerre du temps du pape Conti, qui avoit dessein de faire exécuter cet ouvrage. Les Bolonois avoient même obtenu un rescrit de l'Empereur, qui déclaroit que, pour raison de ce, il n'y auroit point de guerre en Italie. Ce pape-ci a déclaré à l'ambassadeur de Venise que, de son pontificat, rien ne se feroit; ce qui désespère les Bolonois.

Il y a trois beaux palais : celui du Luxembourg; le Palais Pitti, à Florence; le Palais Farnèse, à Rome; et deux sont inhabités.

Le dôme de Saint-Pierre paroît léger; cependant Saint-Pierre découpé ferait dix à douze églises.

J'ai vu les cérémonies de la Semaine sainte. Ce qui

m'a fait le plus de plaisir, c'est un *Miserere* si singulier qu'il paroît que les voix des châtrés sont des orgues.

Le 18, je partis de Rome pour Naples, dans une chaise, avec deux Allemands : un officier et un consul de Livourne. Nous passâmes par la porte Saint-Jean ou *Cœli-Montana* et entrâmes dans la voye latine. Nous trouvâmes, à gauche, le fameux aqueduc achevé par Claude, qui paroît presque encore entier; mais il y en a un autre, moins élevé, qui conduit les eaux à Rome. Nous laissâmes aussi Frascati à gauche.

Nous nous arrêtâmes une demi-heure à Marino ou *Villa Mariana*, village de 3 à 4,000 âmes, appartenant au Connétable; et, suivant la campagne de Rome, nous allâmes coucher à Velletri, lieu un peu plus considérable que Marino. Les auberges sont détestables. C'étoit une principale ville du pays des Volsques.

De là, nous allâmes coucher à Piperno, laissant à gauche, sur le sommet d'une montagne, la petite ville de Setia. Juvénal parle de ses vins : *Setinum ardebit in auro*. Il y a, auprès, un reste de quelque ouvrage ancien, qui me paroît être un réservoir d'eau. Auprès de cette ville, il y a un petit fleuve appelé *delle Case-Nove*, sur lequel on peut s'embarquer jusqu'à Terracine. On prend à gauche pour aller à Piperno, auprès de l'ancien Pipernum, ville des Volsques.

On ne sauroit croire combien tout ce pays est peu peuplé. On n'y trouve aucune maison, ni de bourgs ou villes, que de très loin en loin. Je trouve la Hongrie un peu plus peuplée.

2 ou 3 milles avant Piperno, il y a quelques oliviers.

Quelques milles avant d'arriver à Terracine, on laisse à droite le Marais Pontin, au travers duquel traverse le chemin *Appius;* mais on ne passe plus par ce marais.

On arrive à Terracine, et on trouve, de temps en temps, l'*Appius*.

Terracine est encore une misérable ville de 2 à 3,000 âmes, désolée aussi bien que les villes papales que nous avons vues. Les habitants sont tous blêmes, et les femmes, vilaines; ce qui vient du mauvais air. J'ai pourtant ouï dire à un habitant qu'on y voyoit des gens de 80 à 90 ans, et qu'on y vieillissoit assez.

Terracine est sur le bord de la mer. Il y avoit là quelques misérables bateaux napolitains : car les sujets du Pape n'ont pas une seule barque à eux. C'est que l'Église, qui a tout, ne se mêle pas d'en avoir. Généralement, toute la côte de la mer Méditerranée qui est au Pape, depuis Civita-Vecchia jusqu'à Terracine, est en mauvais air; ce qui fait en partie que le pays n'est pas peuplé.

NOTES

NOTES

Page 3, ligne 1. — Laxembourg, ou plutôt Laxenburg, que certains éditeurs ou biographes de Montesquieu ont confondu avec Luxembourg, est situé dans la Basse-Autriche (cercle d'Unter-Wienerwald), à une vingtaine de kilomètres au sud de Vienne.

Page 3, ligne 2. — L'empereur qui reçut Montesquieu est Charles VI, frère et successeur de Joseph Ier. Né le 1er octobre 1685, il fut, d'abord, proclamé roi d'Espagne, sous le nom de Charles III, le 12 septembre 1703, à Vienne, par l'empereur Léopold Ier, son père. Mais il ne put détrôner son compétiteur Philippe V, petit-fils de Louis XIV. Il ajouta, cependant, aux états et aux titres de la maison d'Autriche (dont il devint le chef, le 17 avril 1711, par la mort de son frère), plusieurs des dépendances de la monarchie espagnole. En vertu des traités de Radstadt, du 6 mars 1713, et de Londres, du 2 août 1718, il garda les Pays-Bas, le Milanais, les royaumes de Naples et de Sicile, etc. Il mourut le 20 octobre 1740, sans laisser de fils.

Page 3, ligne 3. — L'impératrice dont il est ici question est Élisabeth-Christine de Brunswick-Wolfenbüttel, née le 28 août 1691 et morte le 21 décembre 1750. Elle s'était mariée par procuration, à Vienne, le 23 avril 1708, avec le futur empereur Charles VI, qui s'efforçait alors d'enlever l'Espagne à son compétiteur Philippe V. Élisabeth s'empressa de rejoindre son époux. Celui-ci la laissa en Catalogne, le 27 septembre 1711, à la tête de ses partisans, pendant qu'il revenait en Allemagne, pour recueillir l'héritage de son frère. Montesquieu n'exagère point quand il célèbre les *agréments* de l'Impératrice, qui mérita vraiment le titre de *la plus belle princesse du monde.*

Page 3, ligne 13. — Charles VI, qui ne se consola jamais d'avoir dû renoncer au trône d'Espagne, avait recueilli à la cour de Vienne ceux de ses anciens sujets qui s'étaient compromis en sa faveur. Des plus notables d'entre eux, il avait formé un conseil spécial, chargé d'administrer les états italiens qu'il possédait en vertu des traités de Radstadt et de Londres. L'influence du Conseil espagnol sur les affaires publiques de l'Autriche fut loin d'être toujours heureuse, au jugement des autres serviteurs de Charles VI.

Page 3, lignes 18 à 20. — La simplicité du Château de Laxembourg inspira à Montesquieu une répartie heureuse, dont il a conservé le souvenir dans ses *Pensées* manuscrites.

Au tome II, folio 31, on lit :

« Lorsque je voyageai, j'arrivai à Vienne. Étant à Laxembourg, dans la salle où dînoit l'Empereur, le comte de Kinsky me dit : « Vous, Monsieur, qui venez de France et avez vu Versailles, » vous êtes bien étonné de voir l'Empereur si mal logé. — Mon» sieur, lui dis-je, *je ne suis pas fâché de voir un pays où les » sujets sont mieux logés que le maître.* » Effectivement, les palais de Vienne et de Laxembourg sont vilains, et ceux des principaux seigneurs sont beaux. »

Au tome III, folio 351, on trouve une version plus sommaire du même incident :

« Le comte de Kinsky me dit lorsque j'arrivai à Vienne : « Vous » trouverez le palais de l'Empereur bien vilain. » Je lui répondis : « Monsieur, on aime assez à voir un vilain palais d'un prince » dont les maisons des sujets sont belles. »

Page 4, ligne 1. — Fils du duc Léopold, auquel il succéda le 27 mars 1729, François-Étienne, prince héréditaire de Lorraine, était né le 8 décembre 1708. Après avoir épousé, le 12 février 1736, la fille aînée de Charles VI, sa cousine Marie-Thérèse, il devint grand-duc de Toscane le 9 juillet 1737. Mais il avait dû abandonner auparavant, à la France, ses duchés de Bar et de Lorraine, en exécution du traité de Vienne, du 3 octobre 1735. Quand son beau-père fut décédé, il lui succéda, dans les États héréditaires de la maison d'Autriche, comme corégent de sa femme. Puis, le 13 septembre 1745, il obtint la dignité impériale, qu'il conserva jusqu'à sa mort (8 août 1765) sous le nom de François Ier.

Page 4, ligne 5. — Charles VI avait eu, d'abord, un fils. Mais l'archiduc Léopold, né le 13 avril 1716, mourut le 4 novembre de la même année. Après lui, sa mère n'eut que des filles : Marie-Thérèse, Marie-Anne et Marie-Amélie. C'est, sans doute, quand cette dernière vint au monde, que le prince héréditaire de Lorraine manifesta *une joie secrète*. Marie-Amélie naquit le 5 avril 1724 et mourut le 19 avril 1730.

Page 4, ligne 14. — La maison ou plutôt le palais du prince Eugène subsiste encore dans la *Himmelpfortgasse* de Vienne. C'était l'œuvre des architectes Jean-Lucas Hillebrand et Fischer d'Erlach. Le Ministère des Finances y est installé de nos jours.

Page 4, ligne 15. — Jean-Adam, prince de Lichtenstein, avait consacré, de 1701 à 1712, une partie de sa grande fortune à la construction d'un palais sur la Rossau. C'est là que Montesquieu vit les peintures dont il parle à la page 375 de son *Spicilegium* : « Il y a, dit-il, une grande quantité de Rubens chez la vieille princesse de Lichtenstein, à Vienne..... Il y a aussi quelques tableaux du Titien. »

Page 4, ligne 21. — Montesquieu avait écrit d'abord *la moitié*, au lieu de *120,000*.

Page 4, lignes 25 et 26. — Montesquieu veut sans doute parler du Jardin du Belvédère, où le prince Eugène avait établi sa résidence favorite, au sud-est de Vienne. — Dans son *Spicilegium*, au folio 373 *bis*, Montesquieu dit :

« Afin de tromper la vue et de faire paroître une colonne plus grande qu'elle n'est, on la fait plus petite dans le haut; c'est une tromperie fort ingénieuse. J'ai vu dans le jardin du prince Eugène des colonnes plus larges par le haut; ce qui me paroît sans beauté. »

Page 4, ligne 26. — Le jardin du prince de Schwarzenberg subsiste toujours, à l'ouest du Jardin du Belvédère.

Page 5, ligne 2. — Wilhelmine-Amélie, fille de Jean-Frédéric, duc de Hanovre, et femme de l'empereur Joseph Ier, naquit le 26 avril 1673, se maria le 15 janvier 1699, et mourut le 10 avril 1742.

Page 5, ligne 6. — Toute la fin de l'alinéa, à partir de *Peut-être*, a été ajoutée après coup.

Page 5, ligne 11. — Le manuscrit donne *Dourcleit*, au lieu de *Durchlaucht*.

Page 5, ligne 12. — François-Eugène de Savoie, connu sous le nom de *prince Eugène*, naquit à Paris, le 18 octobre 1663, d'Eugène-Maurice, duc de Savoie-Carignan, et d'Olympe Mancini, nièce du cardinal Mazarin. Rebuté par Louis XIV, il entra, à l'âge de vingt ans, au service de l'empereur Léopold Ier. Nous n'avons point à rappeler le rôle qu'il joua en Autriche, où il remplit, entre autres fonctions, celle de président du Conseil de Guerre, de 1703 jusqu'à sa mort (21 avril 1736).

Dans son traité *De la Considération*, Montesquieu avait inséré un éloge du Prince [1]. Aussi fut-il reçu par lui très gracieusement, lors de son voyage à Vienne. Dans une lettre qu'il écrivait le 4 octobre 1752, à l'abbé de Guasco, notre auteur se plaît

1. *Deux Opuscules de Montesquieu* (Bordeaux, G. Gounouilhou, 1891), page 54.

encore à rappeler qu'Eugène lui avait fait « passer des moments délicieux »[1].

Nous serions disposé à croire que Montesquieu songea quelque temps à lui dédier une de ses œuvres, et que cette œuvre était précisément le traité *De la Considération*.

Si nous supposons qu'il songea à dédier un de ses écrits au prince Eugène, c'est que, dans ses *Pensées* manuscrites (tome III, folio 89), on trouve une soi-disant *Préface* (sans autre désignation) qui nous semble viser le vainqueur de Zentha :

« Dès l'instant que j'eus l'honneur de vous voir pour la première fois, à la cour de Vienne, je sentis cette impression que fait sur les autres un mérite rare; et, quoique vous n'eussiez pas les mêmes raisons, mon bonheur fut tel que je vis qu'à mesure que j'avançois vers vous, vous vouliez bien vous approcher de moi. Et telle fut ma situation que je fus presque obligé par reconnoissance de chérir ce que j'admirois. Voilà ce qui m'a déterminé à vous consacrer ce petit ouvrage : car, si le hasard le fait passer à la postérité, il sera le monument éternel d'une amitié qui me touche plus que la gloire. »

Si maintenant nous croyons que le *petit ouvrage* dont il s'agit dans la *Préface* n'est autre que le traité *De la Considération*, c'est, d'abord, parce que cet écrit rapprocha Montesquieu du prince Eugène. En outre, dans le tome III des *Pensées* (au folio 10, v°), notre auteur, parlant de la même dissertation, raconte qu'elle avait été remaniée par Mad^e de Lambert, et puis, insérée par erreur dans le recueil des œuvres de la marquise. En terminant, il ajoute qu'il se félicite de cette confusion, espérant que son ouvrage serait « le monument éternel d'une amitié qui » le « touche bien plus que ne feroit la gloire ». On reconnaît la phrase finale de la *Préface*. Montesquieu n'aurait-il pas, à l'occasion du même écrit, changé l'adresse d'un hommage qu'il avait d'abord destiné au prince Eugène?

Au folio 351 du tome des *Pensées* manuscrites auquel nous venons de faire deux emprunts, on trouve citée l'opinion suivante du Prince :

« Le prince Eugène me disoit : « Je n'ai jamais écouté ces » faiseurs de projets sur les finances; parce que, que l'on mette » l'impôt sur les souliers ou sur la perruque, cela vient au même. » — Il avoit bien raison : ce sont les perpétuelles réformes qui font que l'on a besoin de réforme. »

1. *Œuvres complètes*, tome VII, page 402.

Page 5, ligne 12. — Ferdinand-Albert de Brunswick-Bevern naquit le 19 mai 1680 et mourut le 3 septembre 1735. Duc de Bevern depuis 1687, il devint duc de Brunswick-Wolfenbüttel après la mort de son beau-père et quelques mois avant la sienne. Cousin de l'impératrice Élisabeth, il servit avec distinction dans les armées de l'Empire. Montesquieu parle encore de lui dans son *Voyage en Allemagne.*

Page 5, ligne 17. — C'est en 1618 que l'empereur Mathias créa le premier prince de Lichtenstein.

Page 5, ligne 18. — C'est en 1670 que l'empereur Léopold Ier créa le premier prince de Schwarzenberg.

Page 5, ligne 19. — Le manuscrit donne *First Gnaden*, au lieu de *Fürstengnaden.*

Page 6, ligne 5. — Le feld-maréchal Guido, comte de Starhemberg, dont il sera plusieurs fois question dans la suite des *Voyages,* naquit le 11 novembre 1657 et mourut le 7 mars 1737. Il s'était distingué par ses talents militaires, surtout en Italie et en Espagne. A la cour de Vienne, on le regardait comme le rival du prince Eugène.

Au folio 499 de son *Spicilegium,* Montesquieu a noté quelques paroles et quelques actes mémorables du feld-maréchal :

« Le général Starhemberg, à qui on parloit de l'équilibre de l'Europe, disoit : « Je ne sais ce que vous voulez dire. C'étoit du » temps de Charles-Quint qu'étoit l'équilibre, lorsque lui, Fran- » çois Ier, Soliman, Élisabeth et Sixte-Quint gouvernoient » l'Europe. A présent, il y a encore un équilibre; mais c'est tout » au contraire. »

» Il dit après la bataille de Parme : « Je ne comprends point » cela dans un pays où il y a partout des rivières, et où tout est » poste. Il n'y avoit qu'à s'arrêter, et on arrêtoit les François. » Vous allez voir que nos Allemands ne feront plus rien de toute » cette guerre. Il faut les ramener le lendemain à la charge. » Mais, si on leur donne le temps de voir qu'ils ont fui, qu'ils » voyent leurs officiers se retirer avec eux, ils perdent courage » et n'en reviennent plus. » Sa prédiction fut vraie : à la bataille de Guastalla, l'infanterie se couchoit.

» Je compare le général Guido à (?) Starhemberg à ces Curius et à ces Cincinnatus! C'est ainsi que je l'ai vu à Vienne. Ses actions les plus belles étoient des actions privées.

» On vint lui dire qu'en coupant les digues du Pô il feroit périr l'armée françoise. « A Dieu ne plaise, dit-il, que pour servir » la folie de nos maîtres, j'aille détruire tout un peuple! »

» Il faisoit un conte d'un paysan matois, qui, voyant le Pô s'enfler, rioit. « De quoi ris-tu? dit Starhemberg. — Je pensois, » lui dit le paysan, que ce seroit une belle chose, si nous voyions » tous les François noyés dans cette rivière, et tous Allemands *(sic)* » en crever à force d'en rire. — Tu as raison, lui dit Starhemberg. » Si vous pouviez vous défaire de nous, vous feriez fort bien : » car nous ne sommes pas trop commodes. »

La bataille de Parme ayant eu lieu le 19 juin, et la prise de Guastalla, le 5 juillet 1734, la note qui précède a dû être rédigée plusieurs années après le retour de Montesquieu en France.

Page 6, lignes 9 à 18. — Les frères Kinsky que Montesquieu connut à Vienne étaient les fils du comte Wenceslas-Norbert-Octavien, né le 1er avril 1642 et mort le 3 janvier 1719. Il avait rempli les fonctions de grand-chancelier de Bohême. Ceux de ses seize enfants dont Montesquieu fait ici une mention spéciale sont Étienne, ambassadeur en France, et Philippe, ambassadeur en Angleterre. Le Président parle aussi des comtes Kinsky, dans la lettre du 4 octobre 1752, où il rappelle ses souvenirs de Vienne. Enfin, dans ses *Notes sur l'Angleterre,* il est également question du comte Philippe [1].

Page 6, ligne 12. — Louis-François-Armand de Vignerod du Plessis, duc de Richelieu, naquit le 13 mars 1696 et mourut le 8 août 1788. On sait qu'il mena une vie d'aventures. Entre autres fonctions, il remplit celles d'ambassadeur de France à Vienne, où il arriva en juillet 1725, et d'où il partit en mai 1728.

Page 6, ligne 15. — Les mots *mais n'a pas pris rang* ont été ajoutés après coup.

Page 6, ligne 17. — Montesquieu avait mis, d'abord, *autant et plus,* au lieu de *autant (l'aîné en a bien plus).*

Page 6, ligne 22. — Le manuscrit donne *Coralto,* au lieu de *Collalto.*

Page 6, ligne 27. — Aloys-Thomas-Raymond, comte de Harrach, né le 7 mars 1669 et mort le 7 novembre 1742, fut vice-roi de Naples de 1728 à 1733. Montesquieu le retrouva en Italie et n'eut qu'à se féliciter de l'accueil qu'il en reçut, ainsi qu'il nous l'apprend dans son *Voyage.*

Page 6, ligne 29. — Montesquieu avait mis, d'abord, *ainsi que le frère,* au lieu de *qui a été ministre à Turin.*

Page 6, ligne 30. — Léopold, comte de Windischgrætz, grand-écuyer héréditaire du duché de Styrie, était né le 17 septembre 1686

1. *Œuvres complètes,* tome VII, pages 185 et 402.

et mourut le 19 décembre 1746. Il remplit d'importantes tonctions diplomatiques. En 1735, il fut nommé ministre de la Conférence.

Page 6, ligne 31. — Ernest-Frédéric, comte de Windischgrætz, né le 20 janvier 1670 et mort le 6 septembre 1727, fut nommé président du Conseil aulique en 1714. C'était le frère aîné, et non le père du comte Léopold. D'un caractère violent, il eut avec le comte de Schœnborn, vice-chancelier de l'Empire, un duel célèbre, dont Montesquieu parle dans le paragraphe suivant. Saint-Simon mentionne le fait dans ses *Mémoires,* à l'année 1717 : « On apprit, dit-il, de Vienne un événement bizarre, etc. »

Page 7, ligne 1. — Le congrès de Cambrai, qui devait se réunir, en vertu du traité de Madrid, du 13 juin 1721, pour régler toutes les difficultés relatives à l'exécution des traités d'Utrecht et de Londres, n'aboutit point. Des causes diverses en retardèrent l'ouverture. Lorsqu'il fut constitué, il n'arriva à faire qu'un règlement sur le cérémonial. Philippe V en rappela ses ambassadeurs, dès que la cour de France lui eût renvoyé sa fille Marie-Anne-Victoire, fiancée de Louis XV. Toutefois, ce n'est qu'en juin 1725 que le congrès finit par se dissoudre.

Page 7, ligne 2. — Le congrès de Soissons, qui devait assurer la paix compromise par les traités conclus à Vienne, en 1725, entre l'Empereur et le roi d'Espagne, s'ouvrit le 14 juin 1728. Il se sépara dès que Charles VI connut le traité de Séville, du 9 novembre 1729. Philippe V avait renoncé à son alliance, pour s'entendre avec la France et l'Angleterre.

Page 7, ligne 6. — L'électeur de Mayence était, de droit, chancelier de l'Empire et se faisait représenter auprès de l'Empereur par un vice-chancelier. Le vice-chancelier qui eut un duel avec le comte de Windischgrætz s'appelait Frédéric-Charles, comte de Schœnborn, coadjuteur de l'évêque de Bamberg, etc. Pendant plus de trente ans, à partir du règne de Joseph Ier, il remplit les fonctions de ministre. Il devint évêque de Bamberg et de Würtzbourg, le 3 août 1729, et mourut le 25 juillet 1746. Dans son *Voyage en Allemagne,* Montesquieu parle de la grande situation qu'il avait dans l'Empire.

Page 7, ligne 7. — Montesquieu donne le prénom d'*Ottocar* au comte de Starhemberg qui sépara Windischgrætz et Schœnborn. Mais le comte de Starhemberg qui était *conseiller de la Conférence* en 1717 s'appelait *Gondacker-Thomas.* Né le 14 décembre 1663 et mort le 8 juillet 1745, il était le demi-frère du feld-maréchal Guido. A partir de 1703, il dirigea les finances de l'Autriche, en qualité de président de la Chambre de la Cour, avec autant de probité que de prudence. L'erreur de Montesquieu s'explique par l'existence d'un Ottocar, comte de Starhemberg, qui vivait à la même époque, mais qui servait dans l'armée.

Page 7, ligne 8. — Philippe-Louis, comte de Zinzendorf ou Sinzendorf, né le 26 décembre 1671 et mort le 8 février 1742, fut ambassadeur de l'Empereur en France, de 1699 à 1701, et, plus tard, chancelier de la Cour sous les règnes de Joseph Ier, de Charles VI, et même de Marie-Thérèse, tant qu'il vécut.

Page 7, ligne 9. — Le manuscrit donne *Vurbrand,* au lieu de *Wurmbrand.* — Jean-Guillaume, comte de Wurmbrand, naquit le 18 février 1670 et mourut le 27 décembre 1750. Il fut nommé vice-président du Conseil aulique en 1722, et président en 1728.

Page 7, ligne 14. — C'est en 1624 que l'empereur Ferdinand II créa le premier prince de Lobkowitz.

Page 7, lignes 15 et 16. — C'est en 1653 que l'empereur Ferdinand III donna aux Zinzendorfs le titre de comtes de l'Empire.

Page 7, ligne 18. — Jean-Ulrick d'Eggenberg, dont la descendance mâle s'éteignit en 1717, dut sa fortune (comme Montesquieu le dit) à l'empereur Ferdinand II, sur l'esprit duquel il exerça une influence dominante.

Page 7, ligne 18. — Ferdinand II, né le 9 juillet 1578, succéda, le 26 août 1619, à son cousin l'empereur Mathias et mourut le 15 février 1637.

Page 7, ligne 27. — Anselme-François, prince de La Tour et Taxis, mourut en 1739. Les seigneurs de La Tour et Taxis, italiens d'origine, organisèrent et administrèrent les postes impériales depuis la fin du xve siècle. Ils jouissaient d'un monopole, plus ou moins étendu selon les temps. Léopold Ier les fit princes de l'Empire en 1686, en récompense de leur fidélité à sa maison. Dans son *Voyage en Allemagne,* Montesquieu donne des renseignements sur les droits et les obligations du prince de La Tour. Il y ajoute que l'affaire des postes des Pays-Bas s'était *accommodée.*

Page 8, ligne 2. — Le prince de Lobkowitz dont Montesquieu parle ici est sans doute Jean-Georges-Chrétien, qui naquit le 10 août 1686 et mourut le 4 octobre 1755, après avoir obtenu le grade de feld-maréchal.

Page 8, ligne 4. — Le manuscrit donne *Parr,* au lieu de *Paar,* nom d'une famille noble de Bohême.

Page 8, ligne 6. — Don Ramon de Vilana Perlas, marquis de Rialp, né en 1663, s'était dévoué à la cause de Charles VI, alors que ce prince combattait en Espagne contre Philippe V. Réfugié en Autriche, il fut nommé membre du Conseil espagnol. Après la mort d'Antoine Folch y Cardona, archevêque de Valence, il devint le chef de ce Conseil.

Page 8, lignes 7 et 8. — Le duc d'Uceda, de la maison d'Acuña y Pacheco, était ambassadeur du roi d'Espagne à Rome, à la mort de Charles II. Il servit, d'abord, la cause de Philippe V, qu'il abandonna lorsque le compétiteur de ce prince devint empereur. Saint-Simon raconte, dans ses *Mémoires*, à l'année 1711, que le duc se retira à Vienne, devint président du Conseil espagnol, et mourut en laissant un fils, qui finit en prison sans qu'on sût comment.

Page 8, ligne 18. — Aux pages 386 à 388 et aux feuilles 430 à 432 de son *Spicilegium*, Montesquieu a noté des renseignements que le comte de Tarouca et son fils lui avaient fournis, tant sur la politique et les finances du Portugal, que sur l'histoire de Charles XII et de Pierre-le-Grand.

N'est-ce point *Tarouca*, et non *Paroca*, qu'il faut lire dans le post-scriptum de la lettre que Montesquieu adressa de Venise, le 18 août 1728, à milord Waldegrave [1]? Il écrivait, en effet, *Taroca*, au lieu de *Tarouca*.

Page 8, ligne 21. — Quand l'archiduc Charles eût été proclamé roi d'Espagne par Léopold Ier, il essaya, mais en vain, de pénétrer en Espagne par le Portugal. Il arriva à Lisbonne le 7 mars 1704. Mais il en repartit, le 17 juillet 1705, pour se rendre en Catalogne.

Page 8, ligne 29. — Le nom de *Bartholoméi* est inscrit au haut de l'unique fragment autographe qui nous soit parvenu du *Voyage en Italie*, et semble indiquer que l'envoyé de Florence à Vienne avait fourni à Montesquieu les renseignements statistiques et économiques notés dans ce fragment.

Page 9, ligne 5. — Le conseiller intime Chrétien de Brandt avait été accrédité à Vienne, en 1724, par Frédéric-Guillaume Ier, roi de Prusse, lorsque les relations de ce prince avec l'empereur Charles VI prirent un caractère plus sympathique.

Page 9, ligne 13. — Les Jagellons, descendants des grands-ducs de Lithuanie, donnèrent des rois à la Pologne de 1386 à 1572.

Page 9, ligne 18. — Joseph-Robert Solar, marquis de Breil, était fils d'Octave-François Solar, comte de Govone, ministre d'État. Après avoir représenté Victor-Amédée II à Vienne, il devint aussi ministre, mais sous le règne de Charles-Emmanuel III,

1. *Œuvres complètes*, tome VII, page 224.

et gouverneur du prince de Savoie, qui succéda à son père le 20 février 1773, sous le nom de Victor-Amédée III. Le marquis de Breil fut promu chevalier de l'Annonciade en 1737 et mourut en 1764. Les lettres de recommandation qu'il donna à Montesquieu furent très utiles au Président pendant ses voyages. Ce dernier parle affectueusement du marquis dans plusieurs passages de sa correspondance [1].

Page 9, ligne 21. — Antoine-Maurice Solar, que Montesquieu nomme ailleurs *le commandeur de Solar,* était né en 1689 et mourut le 2 avril 1762. Il devint, plus tard, ambassadeur de Sardaigne à Vienne et à Paris; et, plus tard encore, ambassadeur de Malte à Rome. Montesquieu a inséré, dans la suite de ses *Voyages,* des renseignements statistiques sur l'Italie qu'il tenait de ce diplomate, avec lequel il resta en correspondance [2].

Dans ses *Pensées* manuscrites (tome II, folio 65), après avoir dit « que rien n'éloigne d'un homme un plus grand nombre de gens que de savoir qu'il est *honnête homme* », il ajoute :

« Je me souviens que le commandeur de Solar vint en France après avoir pris l'investiture, à Vienne, de certains fiefs pour le roi de Sardaigne, son maître, qui se déclaroit dans ce temps-là contre l'Empereur. Comme on regardoit cet homme comme un homme atroce, rusé, fin, fourbe, qui avoit vilainement trompé la cour de Vienne, tout le monde lui fit accueil : on se jetoit à sa tête. Quand on sut qu'il n'étoit qu'un *honnête homme,* qu'il n'avoit fait simplement que suivre ses ordres, vous ne sauriez croire combien on se refroidit. Enfin, il ne fut à la mode que quand on crut qu'il étoit un fripon! »

Page 9, lignes 23 et 24. — On peut rapprocher de ce passage l'observation que Montesquieu fait dans ses *Pensées* manuscrites (tome Ier, page 364) :

« J'ai été très surpris, dans mes voyages, de trouver les Jésuites, qui gouvernoient Venise, et qui sont sans aucun crédit à Vienne. »

Page 9, ligne 24. — Montesquieu avait écrit d'abord *demi,* au lieu de *assez.*

Page 9, ligne 26. — Le comte de Zinzendorf qui avait épousé la fille du chancelier Philippe-Louis s'appelait Wenceslas.

Page 10, ligne 5. — Les observations qui suivent ont été écrites par Montesquieu lui-même sur les deux premières pages d'une feuille double.

1. *Œuvres complètes,* tome VII, pages 224, 258 et 356.
2. *Œuvres complètes,* tome VII, pages 316 et 355.

Page 11, ligne 7. — Montesquieu a écrit lui-même sur une petite feuille volante *L'Affaire du D. D.*

Page 11, ligne 26. — Montesquieu a écrit lui-même son voyage en Styrie sur les dix premières pages d'un cahier de papier formé de quatre feuilles doubles. Il l'avait commencé, d'abord, en ces termes :

« J'arrivai à Vienne de mon voyage d'Hongrie *(sic)*, le 26 de juin 1728, et, le 9 de juillet, nous partîmes; où (?) je suivis milord Walgrave *(sic)* à Gratz, où étoit allé l'Empereur... »

Puis, il avait écrit : *L'Empereur devoit aller voir Trieste; il devoit;* au lieu de *L'Empereur, dans son voyage de Trieste, devoit...*

Page 11, lignes 26 et 27. — Dans ses *Pensées* manuscrites (tome Ier, page 338), Montesquieu a exposé en ces termes les raisons qui lui faisaient désirer de voir la Hongrie :

« Je disois que je voulois voir la Hongrie, parce que tous les états d'Europe avoient été comme est la Hongrie à présent, et que je voulois voir les mœurs de nos pères. »

Malheureusement, il ne reste presque rien des notes que le Président avait recueillies pendant cette partie de son voyage. On en trouvera, néanmoins, quelques-unes, insérées par erreur dans le *Voyage en Italie* ou *en Allemagne*. En outre, il existe, dans les papiers inédits de La Brède, deux *Mémoires* intitulés, l'un : *Description de deux Fontaines d'Hongrie* (sic) *qui convertissent le fer en cuivre;* et l'autre : *Mémoire sur la Machine de Kunigsberg* (sic), *en Hongrie.*

Le premier de ces mémoires se trouve dans une chemise qui porte cette note autographe :

« Étant en Hongrie, en l'année 1728, j'allai voir les mines de Kremnitz, Schemnitz et Neu-Sohl. Ces mines font vivre sept comtés, qui ne sauroient sans cela où vendre leurs denrées. »

Un autre *Mémoire* commence par ces mots :

« Généralement toutes les mines que j'ai vues en Hongrie et en Allemagne sont saines. »

Page 11, ligne 28. — Le manuscrit autographe du *Voyage en Autriche* donne *Walgrave,* et celui du *Voyage en Allemagne* ou *en Hollande. Walgrave, Oualgrave* et *Oualdegrave,* au lieu de *Waldegrave.*

Jacques, comte de Waldegrave, était petit-fils, par sa mère, de Jacques II, roi d'Angleterre, et d'Arabella Churchill; donc, neveu du maréchal de Berwick, que Montesquieu avait connu à Bordeaux, alors que le Maréchal vint commander en Guyenne

(1716). De là, des rapports intimes entre le comte et le Président, et des voyages faits ensemble, de Paris à Vienne d'abord, et puis, de Vienne à Gratz. Montesquieu retrouva aussi le comte à Hanovre, où il fut présenté par lui au roi Georges II. Waldegrave, qui mourut en 1741, fut ambassadeur d'Angleterre tour à tour en France et en Autriche.

Dans ses *Pensées* manuscrites (tome II, folio 204, v°), Montesquieu dit :

« O milord Waldegrave! je vous ai trouvé à Paris, ou ministre d'un grand roi. Vous êtes tellement aimé, que ceux qui ne vous ont pas vu à la Cour comme ministre vous prendroient à la Ville comme un citoyen. »

Page 12, lignes 25 et 26. — Montesquieu avait écrit d'abord *Gratz, comme on va sur,* au lieu de *Gratz, à travers les montagnes, comme sur.*

Page 12, lignes 28 et 29. — La phrase *On a couvert...* a été ajoutée par Montesquieu après coup.

Page 13, ligne 2. — A la suite de l'alinéa qui finit par le mot *sur-le-champ,* Montesquieu avait écrit, d'abord, l'alinéa qu'il a transporté plus bas, et qui commence ainsi : « *L'archiduc de Gratz succéda...* »

Page 13, ligne 5. — Carlstadt ou Karlovec est une ville de la Croatie, située à 50 kilomètres au sud-ouest d'Agram.

Page 13, ligne 5. — Le port que Montesquieu désigne ici sous le nom de *Boucharitz,* et, dans le *Voyage en Italie,* sous celui de *Boucharitte,* doit être *Buccari,* ville de la Croatie, située à 10 kilomètres au sud-est de Fiume, sur un golfe de l'Adriatique.

Page 13, lignes 8 et 9. — Montesquieu avait écrit d'abord *qu'on ne pouvoit pas,* au lieu de *que l'on avoit de la peine à.*

Page 13, ligne 10. — Dans son *Voyage en Allemagne,* Montesquieu parle de l'effet produit sur la situation économique du Tyrol par l'établissement de voies nouvelles en Styrie.

Page 13, ligne 11. — La Morlaquie ou Pays des Morlaques est la partie montagneuse du nord de la Dalmatie.

Page 13, lignes 25 et 26. — Au folio 432 du *Spicilegium,* sous ce titre : *Pierre Ier,* on lit une note qui commence en ces termes :

« L'amiral de l'Empereur Deichmann, Danois, m'a dit qu'étant à Varsovie, voulant entrer à son service, il vit le czar en furie. »

Suivent des détails sur la violence de Pierre Ier.

Page 13, ligne 27. — L'empereur Ferdinand Ier avait partagé les états héréditaires des Habsbourgs entre ses trois fils : l'aîné devint archiduc d'Autriche; le second, de Tyrol; le troisième, de

Styrie. De 1564 à 1619, la ligne autrichienne se transmit, avec l'archiduché dont elle avait pris le nom, la dignité impériale, qui passa de Maximilien II à Rodolphe II ; puis, à Mathias. Mais, à la mort de celui-ci, ce fut la ligne styrienne qui, dans la personne de Ferdinand II, acquit les états de la branche aînée, en même temps que le titre d'Empereur.

Page 13, ligne 28. — Léopold Ier, né le 9 juin 1640, succéda, le 2 avril 1657, à son père l'empereur Ferdinand III et mourut le 5 mai 1705. En 1665, après le décès de Sigismond, dernier archiduc de Tyrol, Léopold réunit de nouveau tous les états héréditaires des Habsbourgs. Il épousa, d'ailleurs, en secondes noces, le 15 octobre 1673, Claude-Félicité, fille de Ferdinand-Charles, ancien archiduc de Tyrol. Cette princesse mourut, au bout de deux ans et demi de mariage, le 8 avril 1676.

Page 13, ligne 30. — A la suite de l'alinéa qui finit par les mots *de son chef,* Montesquieu avait écrit d'abord celui qu'il a transporté plus bas, et qui commence ainsi : « *La Styrie abonde...* »

Page 14, ligne 1. — Le dernier duc (et non archiduc) de Styrie fut Ottocar VIII, qui, margrave à partir de 1164, devint duc en 1180, et même duc héréditaire. A sa mort, en 1192, il ne laissa point d'enfant. En vertu d'un engagement conclu, en 1186, avec Léopold V, duc d'Autriche, de la maison de Babenberg, la Styrie fut annexée à l'Autriche, dont elle suivit désormais le sort.

Page 14, ligne 4. — D'après un renseignement que nous devons à M. l'abbé Ulysse Chevalier (le savant auteur du *Répertoire des Sources historiques du Moyen Age*), l'abbaye de Bénédictins que Montesquieu appelle *Monasterium-ad-Montes* est celle d'Admont. Admont est situé en Styrie, dans le cercle de Bruck. La vieille abbaye subsiste encore, avec une académie théologique et une riche bibliothèque.

Page 14, ligne 23. — L'empereur Frédéric Ier, dit *Barberousse,* né en 1121, fut élu en 1152 et mourut le 10 juin 1190.

Page 14, ligne 26. — Nous avons dit déjà que les margraves de Styrie devinrent ducs en 1180; donc, sous Frédéric Ier. Mais l'origine du duché de Carinthie remonte bien plus haut, à la fin du xe siècle. Quant au duché d'Autriche, il fut, lui aussi, érigé par Frédéric. Ce prince le déclara héréditaire dans un acte du 17 septembre 1156, connu sous le nom de *Privilegium minus.* La défiance que Montesquieu exprime à l'endroit des diplômes dont le comte de Wurmbrand lui parlait est, d'ailleurs, justifiée dans une certaine mesure : car, parmi les titres invoqués par les ducs d'Autriche, il y en avait de faux (le *Privilegium majus,* par exemple), et, quant au *Privilegium minus* lui-même, il n'en subsiste que des copies anciennes.

Page 15, lignes 2 et 3. — Montesquieu avait écrit d'abord *on dira que les titres mêmes sont,* au lieu de *la question est si ces titres mêmes ne sont pas.*

Page 15, ligne 6. — Jacques-Henri, comte de Flemming, dont Montesquieu mentionne et juge ici les ouvrages, naquit le 13 mars 1667. Entré au service des électeurs de Saxe Jean-Georges et Frédéric-Auguste, il fit élire ce dernier roi de Pologne, après la mort de Jean III (Sobieski). Il fut nommé feld-maréchal et premier ministre par son maître, mais devint tellement impopulaire qu'il dut quitter Varsovie et se retirer à Vienne, où il mourut le 30 avril 1728.

Page 15, ligne 16. — L'impératrice Claude dont il est ici question est sans doute la seconde femme de Léopold Ier.

Page 15, ligne 17. — Montesquieu avait écrit d'abord *qu'elle y avoit été,* au lieu de *que cette impératrice y avoit été.*

Page 19, ligne 4. — A la page 389 du *Spicilegium,* on lit une note autographe de Montesquieu sur le chevalier Jacob, qui fit avec lui le voyage de Gratz à Venise.

« J'ai été voir bien des tableaux à Vienne avec M. Jacob; c'est à lui que je dois une idée de l'art de la peinture. »

Suit une longue série d'observations sur la peinture, l'architecture et la sculpture, à laquelle Montesquieu renvoie dans ses *Pensées* manuscrites (tome Ier, page 366), comme les ayant « tirées de certaines conversations avec M. Jacob ».

Dans une lettre que le Président écrivit de Venise le 18 août 1728, il parle également du chevalier Jacob[1], mais non plus comme d'un professeur d'esthétique.

Page 19, ligne 9. — Deux de L'Isle, Claude, né le 5 novembre 1644 et mort le 2 mai 1720, et son fils Guillaume, né le 28 février 1675 et mort le 25 janvier 1726, furent, l'un et l'autre, géographes du roi de France. C'est d'une des cartes de Guillaume que Montesquieu parle sans doute ici, ainsi qu'au commencement du *Voyage en Allemagne.* Il est sûr, du moins, que la carte d'Europe publiée par ce savant, en 1700, réduit la distance de Gratz à Venise à 60 lieues environ. Mais il est à noter que Guillaume de L'Isle rectifia lui-même cette erreur dans une autre carte d'Europe, qu'il fit paraître en 1724. C'est, en se servant, le premier dans les temps modernes, de données astro-

1. *Œuvres complètes,* tome VII, page 224.

nomiques qu'il opéra cette correction et beaucoup d'autres semblables.

Page 19, ligne 22. — Au lieu du nom de *Laibach* ou *Laybach*, le manuscrit donne, ici et plus loin, celui de *Laubach* à la capitale de la Carniole.

Page 20, ligne 4. — Au lieu de *Cilli*, le manuscrit donne *Ceilla*, pour la ville, et *Ceilley*, pour le comté. Il est vrai que le nom slovène est *Celje*.

Page 20, ligne 11. — Le manuscrit donne *Iber-Laubach*, au lieu de *Ober-Laibach*.

Page 20, ligne 23. — Le manuscrit donne *Zernicz*, au lieu de *Zirknitz*.

Page 21, lignes 3 et 4. — Les noms des villes que Montesquieu traversa en allant de Palma à Venise sont orthographiés de la manière suivante dans le manuscrit : *La Tirane, Codropia, Port-de-None, Cœcilia, Conigliano, Trévise, Maestre*.

Page 21, lignes 17 et 18. — Montesquieu, ici et plus loin, rapproche ce qu'il voit en Italie de ce qu'il a cent fois vu en Guyenne, tout comme Montaigne, dans ses *Voyages*, compare le *Monte-Testaccio* de Rome avec la mote de Gurson, et la plaine de Blaignac à Castillon avec la vallée du Métaure[1].

Page 21, ligne 24. — Le domaine de *Terre-Ferme* de Venise comprenait onze provinces : le Dogado, le Frioul, la Marche trévisane, le Vicentin, le Padouan, le Polésin de Rovigo, le Véronais, le Bressan, le Bergamasque, le Crémasque et l'Istrie vénitienne. La République était, en outre, souveraine de la Dalmatie, de villes du Levant et de quelques îles. Nous ne parlons pas des possessions qu'elle avait perdues avant 1728.

Page 22, ligne 4. — Par le traité de Passarowitz, qui fut conclu le 21 juillet 1718, la république de Venise avait dû renoncer à la Morée et à plusieurs des îles qu'elle avait conquises sur les Turcs à la fin du XVIIe siècle, et qu'elle possédait depuis, en vertu du traité de Carlowitz (26 janvier 1699).

Page 22, lignes 5 et 6. — Au lieu de *Napoli-de-Malvasia*, le manuscrit donne *Napoli-de-Mavoglia*, et *Napoli-de-Romanie*, au lieu de *Napoli-de-Romagna*.

Page 22, ligne 16. — En 1728, la Lorraine n'était pas encore incorporée à la France, comme elle le fut depuis, en vertu des traités de Vienne, de 1735 et 1736.

1. *Journal du Voyage de Michel de Montaigne...*, édité par le professeur Alexandre d'Ancona (Città-di-Castello, S. Lapi, 1889), pages 243 et 368.

Page 22, ligne 21. — Les Uscoques étaient une population de pirates, principalement établis sur le golfe de Quarnero, formé par l'Adriatique entre l'Istrie, la Croatie et la Dalmatie.

Page 23, ligne 18. — Le Conseil des Dix, qui, par ses origines, remonte jusqu'au XIIIe siècle, était un tribunal politique, dont l'organisation et les attributions furent arrêtées définitivement de 1310 à 1355. Ses membres étaient élus chaque année par le Grand-Conseil; mais ils délibéraient, en principe, avec le Doge et avec ses six conseillers. La juridiction qu'ils exerçaient mystérieusement s'étendait à tout ce qui touchait la sûreté de l'État, la protection des citoyens, les mœurs et les coutumes de la République.

Page 23, lignes 19 à 22. — Montesquieu fait ici allusion à un fait sur lequel il revient dans la suite de son *Voyage*. En 1715, Frédéric Badoër, commandant de Napoli-de-Malvasia, promit aux Turcs, qui vinrent l'assiéger, de se rendre à eux, dans un délai de vingt jours, s'il n'était pas secouru auparavant. Il tint parole; mais, arrêté par ordre du Sénat, il fut transféré à Venise et condamné à une prison perpétuelle.

Page 23, ligne 21. — On votait à Venise au moyen de *ballottes*, grosses « comme des boutons de chemisette [1] »; d'où l'expression de *ballotter*. Ces ballottes étaient déposées dans une boîte à deux compartiments, l'un blanc et l'autre vert, avec une ouverture commune en forme d'entonnoir. Selon que l'on votait pour ou contre quelqu'un ou quelque chose, on déposait sa ballotte dans le compartiment blanc ou dans l'autre.

Page 24, ligne 22. — Dans ses *Pensées* manuscrites (tome III, folio 351, v°), Montesquieu s'exprime en ces termes, sur le caractère des Vénitiens :

« Les Vénitiens sont insociables. Quand vous allez les voir, vous ne savez si vous entrez par la porte ou par la fenêtre, si vous y faites du plaisir ou de la peine. Là, la débauche s'appelle *liberté*. »

Voyez aussi, sur le même sujet, les *Notes sur l'Angleterre* [2].

Page 26, ligne 5. — Le Sénat de Venise se composait, au XVIIIe siècle, de 60 membres (avec autant d'adjoints et autant d'auditeurs), sans parler des dignitaires qui en faisaient partie de droit. Il délibérait sur toutes les affaires politiques et administratives, et il était renouvelé tous les ans par le Grand-Conseil. A

1. *Lettres familières écrites d'Italie*... par Charles de Brosses (Paris, Em. Perrin, 1869), tome Ier, page 170.
2. *Œuvres complètes*, tome VII, page 185.

l'origine, ses membres n'étaient pas déterminés. On convoquait, pour chaque séance, les nobles dont on désirait prendre les conseils. De là le nom de *priés* ou *pregadi,* qui, d'abord synonyme de *sénateurs,* le devint de *Sénat.*

Page 27, ligne 2. — Le Grand-Conseil était, à Venise, le dépositaire de la souveraineté. Composé de patriciens, il se recrutait lui-même parmi les nobles âgés de vingt-cinq ans, au moins. C'est lui qui votait les lois fondamentales et nommait les principaux magistrats.

Page 28, lignes 20 et 21. — François-Louis Pesmes de Saint-Saphorin, Suisse du canton de Berne, qui entra successivement au service de l'Autriche et de l'Angleterre, naquit en 1668 et mourut en 1737. L'empereur Joseph Ier lui conféra le grade de général-major. Le roi Georges Ier l'envoya à Vienne, où il demeura, chargé des affaires de la Grande-Bretagne, pendant dix ans, c'est-à-dire jusqu'en 1727.

Page 28, lignes 22 à 24. — Quelles sont les fautes du duc de Richelieu auquel Montesquieu fait allusion : ses intrigues amoureuses, qui lui aliénèrent de grands personnages ; ou cette affaire de magie où il fut compromis (dit-on) avec le fils du chancelier de Zinzendorf ?

Page 28, ligne 24. — Claude-Alexandre, comte de Bonneval, né d'une noble et vieille famille du Limousin, fut un des aventuriers de son temps les mieux doués quant à l'intelligence et au courage, sinon quant au caractère. Né le 14 juillet 1675, il servit d'abord sa patrie sur mer et sur terre. Mais, pendant la guerre de la succession d'Espagne, en 1706, il passa dans les rangs de l'armée impériale, avec le grade de général-major. Longtemps, il jouit à Vienne d'un grand crédit, que son esprit d'indiscipline et d'intrigue lui fit perdre en 1724. Disgracié, et même emprisonné pendant un an, il se retira à Venise. C'est là qu'il rencontra Montesquieu, avec lequel il vécut intimement pendant quelques semaines. Peu après, Bonneval entra au service du Sultan, abjura le Christianisme, et prit le nom et le titre d'Achmet-Pacha. Il mourut à Constantinople, le 23 mars 1747, sans avoir pu réformer les armées ottomanes, et au moment où il méditait (dit-on) une conversion nouvelle.

Page 29, ligne 2. — Le manuscrit donne *Benterieder,* au lieu de *Penterriedter.* — Jean-Christophe Penterriedter, baron d'Adelshausen, remplit des fonctions diplomatiques au service des empereurs d'Allemagne. Saint-Simon donne sur lui des détails très singuliers dans ses *Mémoires,* à l'année 1716. Il fut chargé de missions importantes, notamment en France, et mourut le 20 juillet 1728, pendant le congrès de Soissons, où il avait accompagné le comte de Zinzendorf.

Page 29, ligne 2. — Le baron Marc Fonséca représenta l'empereur Charles VI, au congrès de Soissons, après la mort de Penterriedter.

Page 29, ligne 7. — Guillaume de Nassau, prince d'Orange, né le 14 novembre 1650, fut nommé stathouder de Zélande et de Hollande en juillet 1672. Devenu gendre de Jacques II, roi d'Angleterre, le 15 novembre 1677, il lui succéda, le 13 février 1689, avec sa femme Marie. Quand celle-ci fut décédée, le 28 décembre 1694, il continua à régner seul, jusqu'à sa mort (8 mars 1702).

Page 29, ligne 8. — Joseph Ier, né le 26 juillet 1678, succéda, le 5 mai 1705, à son père Léopold Ier et mourut le 17 avril 1711.

Page 29, ligne 8. — Anne, fille de Jacques II, roi d'Angleterre, née le 6 février 1665, succéda à son beau-frère Guillaume III, le 8 mars 1702, et mourut le 1er août 1714.

Page 29, lignes 17 et 18. — Investi par les Français, Turin se défendit du 13 mai au 7 septembre 1706, jour où le duc de Savoie et le prince Eugène obligèrent les assiégeants à une retraite désastreuse.

Page 29, lignes 21 et 22. — Le royaume de Naples fut conquis, sans effort, par le comte Wirick de Daun, à la tête des troupes de l'empereur Joseph Ier, du commencement de juillet à la fin de septembre 1707.

Page 29, ligne 24. — L'île de *Fer*, la plus occidentale des Canaries, est située à 27° 45′ de latitude nord. Donc la neige ne doit point y couvrir longtemps la terre. C'est de l'archipel danois des *Féroé*, où l'on élève de nombreux troupeaux, que l'amiral Deichmann a sans doute parlé à Montesquieu.

Page 30, lignes 1 et 2. — W. Coxe, dans son *History of the House of Austria* (Londres, G. Bell et fils, 1889), tome III, page 112, n'évalue les revenus de Charles VI qu'à 30 millions de florins.

Page 30, ligne 6. — Cosme III de Médicis, né le 14 août 1642, devint grand-duc de Toscane le 23 mai 1670, à la mort de son père Ferdinand II, et mourut lui-même le 31 octobre 1723. Montesquieu en parle, à plusieurs reprises, dans la suite de son *Voyage*. Au tome Ier, page 361, de ses *Pensées* manuscrites, il raconte le trait suivant :

« Magliabecchi ne vouloit pas aller voir le feu Grand-Duc, quand il le faisoit appeler. Il le trouvoit trop *(sic)* mauvaise compagnie. Quand les étrangers disoient du bien de lui au Grand-Duc, il disoit : « *È vero. Ma non lo posso praticare.* »

Page 30, lignes 9 et 10. — Saint François de Lasso y Xavier, dit *l'Apôtre des Indes*, naquit le 7 avril 1506(?) et mourut le 2 décembre 1552, dans une île de la Chine, d'où ses restes furent transportés à la cathédrale de Goa.

Page 30, ligne 14. — Le manuscrit donne *Mastéi*, au lieu de *Masséi*. — Barthélemy Masséi, nonce en France de 1720 à 1730, fut promu cardinal le 2 octobre 1730 et mourut en 1745.

Page 30, ligne 16. — Jean-Gaston de Médicis, né le 24 mai 1671, devint grand-duc de Toscane le 31 octobre 1723, à la mort de son père Cosme III, et mourut lui-même, sans enfant, le 9 juillet 1737. Montesquieu en parle à plusieurs reprises dans la suite de son *Voyage*.

Page 31, ligne 3. — Ange-Marie Quirini, né en 1680 et mort le 6 janvier 1759, fut nommé successivement archevêque de Corfou et de Brescia. Il fut promu cardinal le 9 décembre 1726. Plus tard, il devint aussi bibliothécaire du Vatican.

Page 31, ligne 6. — Alvise Pisani fut ambassadeur de Venise en France, du 11 mai 1699 au 18 mai 1703.

Page 31, ligne 12. — Le manuscrit donne *diu*, au lieu de *di un*.

Page 31, lignes 13 et 14. — Le manuscrit donne deux fois *phantosme*, au lieu de *fantasma*.

Page 34, ligne 7. — Bien entendu, *J'y ai vu* signifie *J'ai vu à Venise*.

Page 35, ligne 29. — Cadaujac est une commune du département de la Gironde (arrondissement de Bordeaux, canton de La Brède).

Page 36, ligne 3. — Ce fut en 1517 que Sélim Ier, sultan ottoman, conquit l'Égypte, que des sultans mamelouks gouvernaient depuis le XIIIe siècle.

Page 37, lignes 3 et 4. — Il s'agit sans doute du siège que les comtes d'Auersberg et de Batthyani firent de Bihatch, en Croatie, et de l'expédition que le prince Eugène entreprit en Bosnie, vers la fin de 1697. — Le manuscrit donne *Bihatz*.

Page 37, ligne 10. — Le Kahlenberg est une montagne de 483 mètres de hauteur, située au nord-ouest et dans la banlieue de Vienne.

Page 37, ligne 25. — Par *ils*, Montesquieu désigne ici les Vénitiens en général.

Page 38, ligne 9. — Par *ils*, Montesquieu désigne ici les Vénitiens collectivement, la République.

Page 39, lignes 1 et 2. — Montesquieu fait allusion à un événement qui se passa le 15 septembre 1723, à Madrid, dans le jardin d'Oñato, appartenant à François-Marie Pic, duc de La Mirandole. Né en 1691, il s'était retiré en Espagne, après avoir été dépouillé de ses états, en 1708, par l'empereur Joseph Ier. C'est là qu'il mourut sans laisser d'enfant.

Page 39, ligne 2. — Jacques-François de Fitz-James, fils du maréchal de Berwick, né le 19 octobre 1696, devint duc de Liria et de Xérica, et grand d'Espagne, en 1716. Il remplit des fonctions militaires et diplomatiques au service de Philippe V, et mourut à Naples, le 2 juin 1738.

Page 41, ligne 6. — Il s'agit sans doute du Belge Jean-Baptiste Van Helmont, né en 1577 et mort en 1644. Ce fut un illustre médecin, chimiste et même alchimiste. Dans ses *Pensées* manuscrites (tome Ier, page 524), Montesquieu commence une dissertation sur l'action des eaux de pluie, par ces mots :

« L'expérience de Van Helmont est que, lorsque l'on fait reposer de l'eau de pluie, on trouve au fond du vase une espèce de sédiment. »

Page 41, lignes 6 à 11. — Louis XIV avait bien offert la remise de Fribourg-en-Brisgau, dans le manifeste, du 24 septembre 1688, qu'il lança au début de la guerre de la Ligue d'Augsbourg. Mais la place ne fut restituée à l'Empire qu'en vertu d'un article du traité de Ryswick, en 1697. Elle fut reprise par les Français, dans la nuit du 14 au 15 octobre 1713.

Page 41, ligne 10. — Le traité de Radstadt fut signé par le prince Eugène et par le maréchal de Villars, le 6 mars 1714.

Page 41, ligne 28. — André Palladio, architecte, naquit en 1518 et mourut le 19 août 1580, à Vicence.

Page 41, lignes 28 et 29. — Jacob Tassi, dit *le Sansovino*, sculpteur et architecte, naquit à Florence, en 1479, et mourut à Venise, le 27 novembre 1570.

Page 42, ligne 6. — Est-ce de Dominique *Giorgi*, né en 1690 et mort en 1747, que Montesquieu parle ici sous le nom de *Gorgi?* Entre autres ouvrages, ce savant antiquaire publia un livre intitulé : *De antiquis Italiæ Metropolibus* (Rome, 1722, in-4°).

Page 42, ligne 18. — Ignace de Loyola, né en 1491 et mort le 31 juillet 1556, fondateur de l'ordre des Jésuites, séjourna, en effet, à Venise. Il y arriva vers la fin de 1535 et y reçut les ordres sacrés, du 10 au 24 juin 1537. Dans la 347e maxime de son *Liber Sententiarum,* il recommande à ses adeptes de prendre le costume du pays où ils se trouveraient.

Page 42, ligne 25. — La congrégation des Barnabites fut fondée à Milan, en 1530, et approuvée par Clément VII, en 1533, et par Paul III, en 1535.

Page 43, ligne 4. — Jean-Mathias, comte de Schulembourg, né en 1661, servit tour à tour dans les armées du Danemark, de la Pologne et de la Hollande. Quand les Vénitiens furent attaqués par les Turcs, ils lui confièrent le commandement de leurs forces de terre, sur le conseil du prince Eugène. C'est alors que le comte soutint à Corfou un siège plus sérieux que Montesquieu ne semble le croire. Il durait depuis quarante-deux jours, lorsque les Turcs se retirèrent le 19 août 1716. Schulembourg mourut en 1747, à Vérone.

Page 43, ligne 6. — Victor-Amédée II, né le 14 mai 1666, devint duc de Savoie, le 12 juin 1675, après la mort de son père Charles-Emmanuel II, et puis roi de Sicile, en vertu du traité d'Utrecht. Mais, en 1718, il dut accepter la couronne de Sardaigne en échange de celle de Sicile, que le traité de Londres attribua à l'Empereur. Il abdiqua le 3 septembre 1730, tenta vainement peu après de ressaisir le pouvoir, et mourut le 31 octobre 1732.

Page 43, lignes 11 à 19. — A la page 1 d'une dissertation spéciale et inédite, Montesquieu explique ce qu'il entend par *gothique :*

« La manière gothique n'est la manière d'aucun peuple particulier; c'est la manière de la naissance ou de la fin de l'art, et nous voyons, dans les monuments qui nous restent, que le goût gothique régnoit dans l'Empire romain bien longtemps avant les inondations des Goths. »

Plus loin, à la page 21 de la même dissertation, l'auteur ajoute :

« Et il ne faut pas accuser de ce changement les inondations des Barbares, ni mettre le goût gothique sur le compte des Goths : ces peuples ne menèrent point d'ouvriers avec eux. Ils n'en avoient pas même chez eux. »

Quant à la distinction que l'auteur fait entre le gothique *léger* et l'autre, elle semble répondre à celle de l'architecture ogivale et de l'architecture romane; du moins, en tant qu'il s'agit de monuments du moyen âge.

Page 43, ligne 21. — L'archevêque de Venise avait les titres de patriarche, de primat de Dalmatie et de métropolitain de Candie et de Corfou. Il était nommé par le Sénat de la République.

Page 44, ligne 3. — Le *vieux doge imbécile* dont Montesquieu parle ici n'est autre que François Foscari, élu en 1423 et déposé le 23 octobre 1457, victime de la jalousie qu'il inspirait à l'aristocratie vénitienne.

Page 44, ligne 8. — Aussitôt que l'Empereur eut reconnu la neutralité de l'Italie, par le traité de Vigevano, du 7 octobre 1696, le prince Eugène ramena son armée dans les États autrichiens.

Page 44, ligne 9. — Pendant la guerre de la Ligue d'Augsbourg, Victor-Amédée II s'allia, d'abord, aux ennemis de la France et les abandonna ensuite, lorsqu'il eut conclu avec Louis XIV le traité de Turin, du 29 août 1696.

Page 44, ligne 9. — Fille aînée de Victor-Amédée II, Marie-Adélaïde de Savoie épousa, le 17 décembre 1697, Louis, duc de Bourgogne. Elle était née le 6 décembre 1695 et mourut le 12 février 1712. Son mariage avait été stipulé dans un des articles du traité de Turin, du 29 août 1696.

Page 44, ligne 10. — Frédéric-Auguste Ier, électeur de Saxe, né le 12 mai 1670 et mort le 1er février 1733, commandait les troupes de l'Empereur contre les Turcs, depuis 1695, quand il fut élu roi de Pologne, le 27 juin 1697.

Page 44, ligne 12. — Hermann-Othon, comte de Styrum, devait son grade de feld-maréchal à ses relations de famille. Général médiocre et malheureux, quoique très brave, il fut battu par le maréchal de Villars, à Hochstædt, le 20 septembre 1703. Il mourut le 2 juillet 1704, au combat de Schellenberg.

Page 44, ligne 17. — Le manuscrit donne *Haramberg*, au lieu de *Starhemberg*. — Le feld-maréchal Henri-Ernest-Rudiger, comte de Starhemberg, qui fut nommé président du Conseil de Guerre le 2 octobre 1691, était oncle de Guido. Il naquit le 12 janvier 1638 et mourut le 4 juin 1701. Ses successeurs dans la présidence du Conseil furent, d'abord, le feld-maréchal Henri-François, comte de Mansfeld, et le prince Eugène, en 1703.

Page 44, ligne 20. — Il s'agit ici de la bataille de Zentha, livrée par le prince Eugène, le 11 septembre 1697, aux Turcs commandés par le sultan Mustapha II.

Page 44, ligne 21. — Les Kinsky dont il est ici question sont : d'abord, le comte Norbert, que nous avons mentionné dans une note précédente ; puis, le comte François-Ulrick. Né en 1634 et mort le 27 février 1699, ce dernier fut ministre de la Conférence. Il remplit même les fonctions de premier ministre et dirigea les affaires étrangères de l'Empire pendant les dernières années de sa vie.

Page 44, ligne 27. — Charles de Lorraine, né le 3 avril 1643 et mort le 18 avril 1690, succéda, le 17 septembre 1675, à Charles III (ou IV), duc de Lorraine, son oncle. Après avoir pris part à plusieurs campagnes contre les Turcs, il commanda, de 1683 à 1687, les armées impériales qui remportèrent de brillants succès sur les troupes de Mahomet IV. Il avait épousé l'archiduchesse Éléonore, sœur de Léopold Ier.

Page 45, lignes 11 et 12. — Le prince Eugène battit le grand-visir Ali, le 5 août 1716, sous les murs de Peterwardein.

Page 45, ligne 12. — Temeswar capitula le 13 octobre 1716, après un siège de sept semaines.

Page 45, ligne 26. — Charles-Théodore-Othon, prince de Salm-Kyrbourg, fut gouverneur de l'archiduc Joseph, fils de Léopold Ier, et lui fit épouser sa nièce Amélie de Hanovre. Quand Joseph Ier monta sur le trône, le prince de Salm devint son premier ministre. Mais il se retira des affaires en 1709 et mourut le 10 novembre de l'année suivante.

Page 46, ligne 22. — Le manuscrit donne ici et plus loin *Sinigallia,* ailleurs *Senigallia,* au lieu de *Sinigaglia.*

Page 47, ligne 24. — La Chambre de commerce de Marseille avait été établie le 5 août 1599 et fut supprimée par la loi des 27 septembre-16 octobre 1791.

Page 48, ligne 1. — Il s'agit ici de la perte de l'Italie en 1706, après la défaite que le prince Eugène infligea au duc d'Orléans, sous les murs de Turin.

Page 48, ligne 5. — Louis-Joseph, duc de Vendôme, né le 1er juillet 1654 et mort le 15 juin 1712, commanda les armées françaises en Italie, de février 1702 jusqu'en juillet 1706, époque à laquelle il dut aller prendre le commandement des armées de Flandres.

Page 48, lignes 15 et 16. — Louis, duc de Bourgogne, petit-fils de Louis XIV, né le 6 août 1682 et mort le 18 février 1712, fit en Flandres, avec le duc de Vendôme, la malheureuse campagne de 1708, dont la défaite d'Oudenarde et la perte de Lille furent les événements principaux.

Page 48, ligne 18. — Louis, dit *Monseigneur* ou *le Grand Dauphin,* fils de Louis XIV et père du duc de Bourgogne, naquit le 1er novembre 1661 et mourut le 14 avril 1711.

Page 48, ligne 23. — Montesquieu revient plusieurs fois, dans la suite de son *Voyage,* sur l'intempérie, qui semble avoir excité sa curiosité, aussi bien que les autres maladies épidémiques ou contagieuses, dont il traite dans bien des pages de ses *Pensées* manuscrites.

Page 48, ligne 27. — Nous intercalons ici une ligne de points, parce qu'il manque évidemment quelque chose dans le manuscrit.

Page 49, ligne 4. — Jean-Wenceslas, comte de Gallas, naquit le 23 mai 1669. Il remplit surtout des fonctions diplomatiques, notamment en Angleterre. Nommé vice-roi de Naples, en remplacement du comte de Daun, il mourut, à peine arrivé à son poste, le 25 juillet 1719.

Page 49, lignes 10 et 11. — Melchior de Polignac, né le 11 octobre 1661 et mort le 20 novembre 1741, fut promu cardinal le 18 mai 1712 et nommé archevêque d'Auch le 19 mars 1726. Diplomate et poète latin, il était doué de qualités brillantes, qui séduisirent Montesquieu pendant son séjour à Rome, où le Cardinal remplissait, en 1728 et 1729, les fonctions d'ambassadeur de France. Dans ses *Voyages* et dans ses recueils de *Pensées* et de notes manuscrites, le Président cite bon nombre d'opinions émises et de faits narrés par Polignac.

Page 49, ligne 21. — C'est au printemps de 1708 que se passèrent les événements dont le récit va suivre.

Page 49, ligne 25. — Antoine Arnauld, dit *le Grand Arnauld*, le célèbre théologien janséniste, naquit le 6 février 1612 et mourut le 6 août 1694.

Page 49, ligne 26. — La dispersion des religieuses de Port-Royal-des-Champs eut lieu le 29 octobre 1709. Il n'est donc pas possible qu'elle ait déterminé le prince de Salm à s'emparer de Comacchio. Les troupes impériales occupèrent, en effet, cette ville un an et demi auparavant.

Page 50, ligne 5. — Renaud d'Este, né le 25 avril 1655, était cardinal, depuis le 2 septembre 1686, lorsqu'il succéda, le 6 septembre 1694, à son neveu François II, duc de Modène, décédé sans enfant. Il remit alors son chapeau et se maria. Lorsqu'il mourut, le 26 octobre 1737, il eut pour héritier son fils François-Marie, dont Montesquieu parle plus loin.

Page 50, ligne 8. — Le feld-maréchal Lothaire-Joseph-Dominique, comte de Königsegg, né le 17 mai 1673, remplit avec distinction des fonctions militaires et diplomatiques. Il devint président du Conseil de Guerre après la mort du prince Eugène et fut aussi ministre de la Conférence. Il mourut le 8 décembre 1751.

Page 50, ligne 13. — Philippe-Joseph-Louis-Bonaventure de Zinzendorf, évêque de Javarin-Raab, fut promu cardinal le 26 novembre 1727. C'était le fils du chancelier Philippe-Louis, comte de Zinzendorf. Il naquit à Paris, le 14 juillet 1699, et mourut le 28 septembre 1747.

Page 50, ligne 12. — Comacchio fut rendu au pape Benoît XIII, le 20 février 1725, en vertu d'un traité du 25 novembre 1724.

Page 50, lignes 15 à 17. — Le manuscrit donne *Riswizt*, au lieu de *Ryswick*. — Les conférences qui aboutirent au traité de Ryswick commencèrent le 9 mai 1697. Quant au traité lui-même, il fut signé le 20 septembre suivant par les représentants de la France et des autres puissances, sauf par ceux de l'Empire, qui n'y accédèrent que le 30 octobre. Les ambassadeurs de l'Espagne étaient François-Bernard de Quiros et Louis-Alexandre de Scockart, comte de Tirimond.

Page 50, lignes 26 à 28. — Entre autres empereurs qui épousèrent des princesses espagnoles, on peut citer Ferdinand III, qui prit pour femme, le 20 février 1631, Marie-Anne, fille de Philippe III, et Léopold Ier, qui se maria, en première noce, le 12 décembre 1666, avec Marie-Thérèse, fille de Philippe IV.

Page 53, ligne 24. — Thérèse-Charlotte-Casimire, dite *Cunégonde*, fille de Jean III (Sobieski), roi de Pologne, naquit le 3 mars 1676, devint la seconde femme de Maximilien-Emmanuel, électeur de Bavière, le 15 août 1694, et mourut à Venise, le 11 mars 1730.

Page 54, ligne 10. — Vincent Scamozzi, architecte, naquit à Vicence, en 1552, et mourut à Venise, en 1616.

Page 54, ligne 14. — Il y a, dans le manuscrit, une série de points, à la fin du paragraphe, pour indiquer que la phrase est inachevée.

Page 54, lignes 18 à 21. — Le manuscrit donne *Mauricinus*, au lieu de *Maurocenus*, et *futuro*, au lieu de *futura*. — Nous corrigeons le texte de l'inscription d'après l'ouvrage d'Antoine Arrighi : *De Vita et Rebus gestis Francisci Mauroceni, Peloponnesiaci,... Libri IV* (Padoue, 1749), page 347. — Le surnom de *Péloponésiaque* fut donné à François Morosini quand il eut conquis la Morée, de 1684 à 1687. Il fut élu doge l'année suivante ; mais il ne jouit pas longtemps de cette haute dignité : car il mourut dès le 6 janvier 1694.

Page 55, ligne 16. — Les *Exercices* de saint Ignace de Loyola, ou *Ejercicios espirituales*, furent rédigés par lui en espagnol, à Manrèse, en 1523, et publiés à Rome, en 1548, dans la traduction latine d'André Frusius.

Page 55, ligne 19. — Le manuscrit donne *Mirroües*, au lieu de *Mir-Oweïs*. — Mir-Oweïs, dit aussi *Mir-Mahmoud* ou *Mahmoud-Schah*, était un chef afghan, qui détrôna, en 1722, le sophi Hussein et soumit toute la Perse. Il fut mis à mort, en 1727, sur l'ordre de son cousin et compétiteur Mir-Abdallah. Montesquieu est revenu à plusieurs reprises sur la folie de ce prince, notamment dans l'*Essai sur les Causes qui peuvent affecter les Esprits*[1].

Page 56, ligne 24. — Paul Caliari, dit *Paul Véronèse*, un des maîtres de l'école vénitienne, naquit à Vérone, en 1530, et mourut à Venise, en 1588. Celui de ses tableaux dont Montesquieu parle ici est venu en France, à la suite des guerres de la Révolution, avec tant d'autres chefs-d'œuvre. Lorsque ces derniers furent rapportés en Italie, *les Noces de Cana* restèrent au Musée du Louvre, grâce à un heureux échange.

Page 57, ligne 27. — Du paragraphe qui commence ici, on peut rapprocher avec intérêt ce que Montesquieu a dit plus haut (page 45) des *Colonels françois*, et le passage suivant de ses *Pensées* manuscrites (tome Ier, page 535) :

« Les Allemands ont cela de bon : ils savent se rallier; mais ils ne peuvent faire si bien tout seuls que joints avec une nation qui ait plus de pointe, comme les Anglois ou même les Espagnols; ils n'ont pas cette pointe et cette force d'attaque des autres nations.

» Le grand nombre de nos officiers contribue à nous donner cette pointe : tout notre premier rang est officiers *(sic)*. »

Page 58, ligne 30. — Henri de La Tour-d'Auvergne, vicomte de Turenne, né le 11 septembre 1611 et mort le 27 juillet 1675, fut le plus grand tacticien du XVIIe siècle.

Page 59, ligne 6. — Le manuscrit donne ici *Law*, et, plus loin, *Las;* mais le *w* de *Law* a été ajouté après coup. — Jean Law, né à Édimbourg, en avril 1671, et mort à Venise, le 21 mars 1729, s'établit en France au commencement de la Régence. Il y créa une banque générale et des compagnies commerciales et financières, dont les vicissitudes bouleversèrent la fortune publique. Nommé contrôleur général le 5 janvier 1720, il ne put conjurer les désastres qu'il avait provoqués, et il dut quitter le royaume, le 21 décembre suivant, pour échapper à l'exécration universelle.

Dans le tome II (folio 38, v°) de ses *Pensées* manuscrites, Montesquieu cite un mot de Law :

« Le vieux Lasse *(sic)*, parlant de tant de génies beaux qui sont perdus dans le nombre innombrable des hommes, disoit, comme des marchands : « Ils sont morts sans déplier. »

Page 59, ligne 9. — Adrien-Maurice, duc de Noailles, né le 29 septembre 1678 et mort le 24 juin 1766, remplit de hautes

1. *Mélanges inédits de Montesquieu* (Bordeaux, G. Gounouilhou, 1892), page 127.

fonctions militaires et politiques. De septembre 1715 à janvier 1718, il présida le Conseil des Finances, dont il fut exclu par le Régent à cause de son opposition aux projets de Law. Plus tard, il fut nommé maréchal de France et exerça encore une grande influence sur les affaires publiques.

Page 59, ligne 10. — Toute la région riveraine du Mississipi formait, depuis la fin du XVIIe siècle, une colonie française, qui avait reçu le nom de *Louisiane*.

Page 59, ligne 11. — Le manuscrit donne *Croizat*, au lieu de *Crozat*. — Antoine Crozat, né en 1655 et mort le 7 juin 1738, fut un des grands financiers de son temps et devint marquis du Châtel. Il avait obtenu, le 14 septembre 1712, le privilège pour le commerce de la Louisiane. Mais il y renonça en 1717, lorsqu'on songea à créer la Compagnie d'Occident.

Page 59, lignes 16 et 17. — Ce furent des lettres patentes d'août 1717 qui autorisèrent la création de la Compagnie d'Occident.

Page 59, ligne 19. — Philippe d'Orléans, né le 2 août 1674 et mort le 2 décembre 1723, fut régent pendant la minorité de Louis XV, et, ensuite, premier ministre.

Page 60, ligne 3. — Louis-Henri de Condé, duc de Bourbon, né le 18 août 1692 et mort le 27 janvier 1740, fut chef du Conseil de Régence, du 2 septembre 1715 au 16 février 1723, et, plus tard, premier ministre, du 2 décembre 1723 au 11 juin 1726.

Page 60, ligne 3. — Henri-Jacques-Nompar de Caumont, duc de La Force, né le 5 mars 1675 et mort le 20 juillet 1726, fut nommé vice-président du Conseil des Finances, en 1716, et membre du Conseil de Régence, en 1718; mais, en 1721, il fut l'objet de poursuites déshonorantes devant le Parlement de Paris.

Page 60, ligne 4. — Victor-Marie, duc d'Estrées, né le 30 novembre 1660 et mort le 27 décembre 1737, fut nommé vice-amiral et maréchal de France, sous Louis XIV, et président du Conseil de Marine, sous la Régence.

Page 60, ligne 4. — Louis-Armand de Brichanteau, marquis de Nangis, né le 27 septembre 1682 et mort le 8 octobre 1742, finit maréchal de France, bien que « sans considération », si l'on en croit Saint-Simon, dans ses *Mémoires*, à l'année 1719.

Page 60, ligne 4. — Armand de Madaillan de Lesparre, marquis de Lassay, né le 28 mai 1652 et mort le 20 février 1738, se distingua aux armées et imprima, vers 1730, un *Recueil de différentes Choses*, dont il était l'auteur.

Page 60, lignes 5 à 8. — Ce fut un édit de mai 1719 qui réunit les Compagnies des Indes orientales et de la Chine à la Compagnie d'Occident.

Page 60, lignes 9 à 11. — Ce fut pour *neuf*, et non pour *douze* ans, que le privilège de la fabrication des monnaies fut accordé, le 20 juillet 1719, à la Compagnie des Indes.

Page 60, ligne 23. — On appelait *indult*, en Espagne, un droit perçu sur les marchandises qui venaient des Indes occidentales.

Page 61, ligne 7. — Les *cinq grosses fermes* dont Law parlait à Montesquieu sont sans doute les fermes des domaines, de la gabelle, du tabac, des aides et des traites, et non pas uniquement les droits d'importation et d'exportation qu'on désignait plus spécialement sous le même nom à l'époque.

Page 61, ligne 12. — Ce fut le 29 mai 1720 que le Régent donna une garde à Law.

Page 61, lignes 12 et 13. — Le 27 mai 1720, un arrêt du Conseil en révoqua un autre du 21 mai, réduisant la valeur des actions de la Compagnie des Indes à la moitié de leur valeur nominale.

Page 61, ligne 17. — On appela *le Système* l'ensemble des opérations financières de Law.

Page 62, ligne 5. — Michel-Robert Le Peletier des Forts, comte de Saint-Fargeau, né en 1675 et mort le 11 juillet 1740, remplit de hautes fonctions financières et politiques et fut même contrôleur général du 14 juin 1726 au 19 mars 1730.

Page 62, ligne 5. — M. de Landivisiau était maître des requêtes et ancien membre des Conseils de la Régence.

Page 62, lignes 8 et 9. — Ce fut le 1er ou 2 juin 1730 que le Régent retira la garde qu'il avait donnée à Law.

Page 62, lignes 12 et 13. — Louis-Antoine de Montespan, duc d'Antin, né en 1665 et mort le 2 novembre 1736, fut nommé président du Conseil du Dedans du Royaume, au commencement de la Régence, et ministre d'État en 1733.

Page 63, ligne 7. — Un arrêt du Conseil, du 11 mars 1720, diminua le prix des espèces et prétendit supprimer la monnaie d'or.

Page 63, ligne 16. — Philippe de Vendôme, né le 23 août 1655, fut reçu chevalier de Malte dans son enfance, devint grand-prieur de France en 1693, et mourut le 24 janvier 1727.

Page 63, ligne 26. — Le *Chavigni* dont Montesquieu parle en cet endroit n'est autre, sans doute, que le *M. de Chavigni* qu'il cite, dans le *Voyage en Allemagne*, parmi les personnes qu'il vit à Hanovre. Il s'agit probablement de cet aventurier auquel Saint-Simon a consacré plusieurs pages de ses *Memoires*. Bien qu'il s'appelât réellement *Chavignard*, il s'introduisit à la cour de

Louis XIV, avec son frère, comme descendant des *Chavigni-le-Roi*. La fraude fut découverte. Mais Chavignard n'en fut pas moins employé plus tard à l'étranger, tant à Londres, à Hanovre et à Madrid, qu'à Gênes.

Page 63, lignes 28 et 29. — Un arrêt du Conseil, du 24 mars 1720, avait réduit l'intérêt de l'argent à 2 pour 100.

Page 64, ligne 5. — L'abbé Antoine-Schinella Conti, né le 22 janvier 1677, à Padoue, s'établit à Venise en 1699. Plus tard, il voyagea en France et en Angleterre; mais il revint à Venise, en 1726, et y mourut le 6 avril 1749. Savant, philosophe et poète, il s'occupa particulièrement d'esthétique. Dans le *Spicilegium*, à la page 387 *ter*, Montesquieu cite et commente un passage de la préface que Conti avait mise en tête de sa tragédie de *La Mort de César*. Puis il ajoute :

« Voici comme l'abbé Conti m'a expliqué la raison des cinq actes des pièces dramatiques. Toute pièce doit avoir un commencement, un milieu, une fin. Comme rien dans la nature ne doit se faire par sauts, il faut quelque chose qui joigne le commencement au milieu et le milieu à la fin : ce qui fait nécessairement cinq actes et quatre intermèdes. Il faut un premier acte, pour exposer le sujet; un second acte, qui vous conduise au point le plus élevé de l'action, et qui laisse le spectateur dans la situation la plus incertaine, qui est le troisième acte; un quatrième acte, qui prépare un dénouement; et un cinquième, qui dénoue. »

Dans ses *Pensées* manuscrites (tome Ier, folio 445), Montesquieu dit encore :

« On a fait pour Conti ces deux vers; je les applique à Montaigne :

> « *His fancy and his judgment such :*
> » *Each to the other seems to much.* »

Page 64, ligne 7. — En 1728, le doge de Venise était Louis Mocénigo III, dit *Sébastien*, qui fut élu le 28 août 1722 et mourut le 21 mai 1732.

Page 64, ligne 10. — Les procurateurs de Saint-Marc administraient les revenus de l'église de ce nom. Ils tenaient le premier rang, après le Doge, dans la hiérarchie politique de Venise. Mais ils ne pouvaient plus aspirer qu'à la dignité ducale, et ne prenaient pas une part active aux délibérations des conseils publics.

Page 64, lignes 25 et 26. — Il s'agit ici, sans doute, de Ferdinand-Charles de Gonzague, duc de Mantoue et de Montferrat, né le 31 août 1652 et mort le 5 juillet 1708, à Padoue. Il avait succédé à son père Charles III, en 1665. Dépouillé de ses états, en 1707, par l'Empereur Joseph Ier, il s'était retiré à Venise, en emportant avec lui ce qu'il avait de plus précieux.

Page 65, ligne 5. — Antoine Corradino ou Corradini, sculpteur, né à Este et mort en 1752, travailla non seulement à Venise, mais encore à Vienne, à Dresde et à Naples. C'est dans cette ville que se trouvent les plus connues de ses œuvres. Il y a fait preuve de plus d'habileté que de goût.

Page 65, lignes 9 et 10. — Montesquieu connut sans doute l'existence de *la Science nouvelle* par l'abbé Conti, grand admirateur de Vico. Le titre qu'il donne de cet ouvrage célèbre est, d'ailleurs, inexact. En tête de la première édition, on lit : *Cinque Libri de' Principj d'una Scienza nuova d'intorno alla comune Natura delle Nazioni, di Giambattista Vico, Napoletano* (Naples, Mosca, 1725). — Jean-Baptiste Vico, jurisconsulte et philosophe, naquit en 1668 et mourut en 1744. Il publia en 1731, et republia en 1744, une édition corrigée de *la Science nouvelle*.

Page 66, ligne 24. — Titien Vecellio, dit *le Titien*, un des maîtres de l'école vénitienne, naquit en 1477 à Pieve-di-Cadore, et mourut à Venise, en 1576.

Page 67, ligne 6. — Joachim, dit *le Prophète*, né en 1130 et mort en 1202, fut, d'abord, abbé de Sambuccino, et fonda ensuite à Flore un monastère soumis à des statuts particuliers et très rigides.

Page 67, lignes 20 et 21. — François-Henri de Montmorenci, duc et maréchal de Luxembourg, né le 8 janvier 1628 et mort le 4 janvier 1695, vainquit Guillaume d'Orange, roi d'Angleterre et stathouder de Hollande, le 29 juillet 1693, à Nerwinde; mais il perdit, dans cette bataille, autant de monde que son adversaire.

Page 67, ligne 21. — François de Neufville, duc et maréchal de Villeroi, né le 7 avril 1644 et mort le 18 juillet 1730, se fit battre à Chiari, par le prince Eugène, le 1er septembre 1701.

Page 67, ligne 22. — Jean Churchill, duc de Marlborough, né le 24 mai (?) 1650 et mort le 16 juin 1722, battit et fit prisonnier Camille d'Hostun, comte et maréchal de Tallard, le 13 août 1704, à la bataille de Hochstædt ou de Blindheim.

Page 68, ligne 21. — Ce fut à l'occasion de Marie-Gilonne Gilier de Clérembault, duchesse de Luxembourg, qu'eut lieu, en 1700, le *fameux duel* de Louis-Joseph, comte d'Albert, avec le comte de Rantzau, Danois. Né le 1er avril 1672, le comte d'Albert s'était distingué, d'abord, à l'armée. Mais, à la suite de son duel, il fut emprisonné et dépouillé de son grade de lieutenant-colonel de dragons. Il se retira alors en Bavière, auprès du futur empereur Charles VII. Comblé par ce prince d'honneurs et de dignités, il mourut le 2 novembre 1758.

Page 68, ligne 22. — François de Crussol, comte d'Uzès, mourut le 2 avril 1736, à Landrecies, dont il était gouverneur.

Page 68, ligne 23. — C'est, sans doute, Adam-François-Charles, prince de Schwarzenberg et duc de Krumau, mort en 1732, que Montesquieu vit à Vienne.

Page 69, ligne 2. — Dans les *Lettres* du président de Brosses, on trouve des détails curieux sur l'antagonisme d'Emo et de Tiepolo[1]. Quelques années auparavant, en 1736, M. de Froullay, ambassadeur de France à Venise, écrivait : qu'Almorò-César Tiepolo, provéditeur à Zante, était un « homme de grand esprit, fort éloquent, politique et fort doux » ; et que le procurateur Jean Emo, « homme fort estimé au Sénat », avait été ambassadeur à Constantinople et, de plus, envoyé (en 1711) à Paris, à l'occasion de la prise de vaisseaux vénitiens qui transportaient du blé à Barcelone, assiégé par les Français[2].

Page 69, ligne 4. — Nicolas, maréchal de Catinat, naquit le 1er septembre 1637 et mourut le 22 février 1712. Il commanda les armées françaises en Italie de 1690 à 1696, et plus tard, en 1701. Le 4 octobre 1693, il remporta en Piémont la victoire de Marsaille, où le duc de Vendôme se couvrit de gloire.

Page 69, ligne 5. — Montesquieu ne commet-il pas une confusion lorsqu'il parle ici et plus loin d'un *Châteauneuf* qui aurait manifesté peu de sympathie pour le duc de Savoie Victor-Amédée II ? A l'époque où le duc de Vendôme commandait les armées françaises en Italie, Louis XIV avait pour ambassadeur à Turin Raymond-Balthazar Phélypeaux du Verger, qui fut nommé lieutenant-général en 1702, conseiller d'État en 1704, gouverneur général des îles d'Amérique en 1709, et qui mourut le 21 octobre 1713. Ce qui expliquerait l'erreur de Montesquieu c'est qu'il y avait, vers la même époque, un autre Balthazar Phélypeaux, qui avait, entre autres titres, celui de marquis de Châteauneuf. Mais ce dernier remplissait les fonctions de secrétaire d'État et mourut le 27 avril 1700. Ajoutons qu'il y avait aussi, à la fin du XVIIe siècle et au commencement du XVIIIe,

1. *Lettres familières*, tome Ier, page 166.

2. *Les Archives de Venise, Histoire de la Chancellerie secrète*, par M. Armand Baschet (Paris, H. Plon, 1870), pages 456 et 457.

un autre marquis de Châteauneuf, originaire de la Savoie, qui fut chargé par Louis XIV de missions diplomatiques à Constantinople, à Lisbonne et ailleurs, mais pas à Turin.

Page 69, ligne 16. — Jean-Claros-Alphonse Perez de Guzman, duc de Medina-Sidonia, etc., fut grand-écuyer de Philippe V, remplit des fonctions politiques importantes, et mourut le 17 décembre 1713, à l'âge de 71 ans.

Page 69, lignes 16 à 18. — L'avanie dont parle Montesquieu n'est pas la seule qu'eut à subir le duc de Savoie, lors de son entrevue avec son gendre Philippe V, en juillet 1702.

Page 69, ligne 19. — Le manuscrit porte *Nausole,* au lieu de *Neu-Sohl,* ville du comitat de Sohl ou Zolyom, en Hongrie. Dans son mémoire sur *Deux Fontaines d'Hongrie* (sic), *qui convertissent le fer en cuivre,* Montesquieu raconte qu'il visita, en 1728, les fontaines de la mine de cuivre située près de Neu-Sohl. Puis, il ajoute : « J'apportai à Venise une bouteille d'eau de ces fontaines. J'en fis faire l'analyse au feu de sable. Sur 5 onces d'eau, il se trouva demi-once 3 carats de vitriol en cristaux ; ce qui est plus d'un dixième. » Ces chiffres ne concordent pas absolument avec ceux du *Voyage en Italie.* Mais ce qu'il importe de relever, c'est le passage suivant de la *Description* des *deux Fontaines :* « Pour peu qu'on ait de principes de physique, on voit qu'il ne se fait point de véritable transmutation des parties du fer en parties de cuivre, mais que des parties de cuivre prennent la place de celles du fer qu'elles ont chassées. »

Page 70, ligne 26. — L'ambassadeur ordinaire de Venise à Constantinople recevait le titre de *bailo.* Il était nommé par le Grand-Conseil et parmi les patriciens. Généralement, il restait en charge de deux à trois ans, temps qui lui suffisait pour refaire, au besoin, sa fortune, grâce aux droits qu'il percevait.

Page 71, lignes 9 et 10. — François-Marie de Médicis était protecteur de la couronne de France à Rome, quand il remit son chapeau de cardinal, en 1709. Louis XIV choisit pour lui succéder Pierre Ottoboni. Mais celui-ci était Vénitien, et le gouvernement de Venise lui défendit d'accepter la nomination du Roi. Ce fut l'origine d'une rupture entre la République et la France. L'ambassadeur Alvise Mocenigo dut quitter Paris, le 2 mars 1710, sans avoir pris congé du souverain auprès duquel il était accrédité. Les relations diplomatiques ne furent rétablies qu'à la fin de l'année 1720, malgré quelques tentatives bien antérieures. A l'occasion de l'affaire Ottoboni, Saint-Simon explique dans ses *Mémoires,* à l'année 1710, que le protecteur d'une nation était

« le cardinal qui est payé pour prendre soin de tout ce qui se passe en Consistoire » pour cette nation.

Page 71, ligne 11. — Neveu du pape Alexandre VIII, Pierre Ottoboni, né le 7 juillet 1667, fut promu cardinal le 7 novembre 1689. Il mourut le 28 février 1740. Montesquieu parle encore de lui dans la suite de son *Voyage*.

Page 72, ligne 1. — William Temple, né en 1628, remplit des fonctions diplomatiques importantes. Il mourut le 5 février 1699. Outre ses *Mémoires,* il a laissé une correspondance et des ouvrages politiques.

Page 72, ligne 4. — Le personnage que Montesquieu désigne sous le nom de *comte de Monteléon* doit être Isidore Cazado de Azevedo de Rosales, *marquis* et non *comte de Monteléon,* etc. C'est lui qui signa, le 13 juillet 1713, les traités d'Utrecht, au nom de l'Espagne, et qui fut ensuite ambassadeur de Philippe V à Londres.

Page 73, lignes 4 à 11. — L'alinéa qui commence par les mots *Monteléon dit* est obscur à partir de la troisième ligne. C'est Monteléon, et non Albéroni, qui est désigné par l'*il* des passages : *qu'il écrivit...*, et *il disoit cette extravagance...* La flotte anglaise n'était composée, en effet, que de 20 vaisseaux, tandis que l'espagnole en comptait 20 et quelques.

Page 73, ligne 4. — Jules Albéroni, né à Firenzuola, dans le Parmesan, le 31 mai 1664, et mort le 16 juin 1752, devint ministre du roi d'Espagne en 1714 et cardinal le 12 juillet 1717. Chassé par Philippe V, le 5 décembre 1719, il revint en Italie, où il n'exerça plus que des fonctions secondaires dans les États du Pape. Montesquieu, qui le vit à Rome, en parle dans la suite de ses *Voyages,* et rappelle, dans ses *Pensées* manuscrites (tome Ier, folio 453), un compliment qu'il lui avait adressé :

« Je dis à Rome à Mgr le cardinal Albéroni qu'il avoit rétabli l'Espagne avec ces deux mots : *oui* et *non*. Quand il avoit dit une de ces paroles, et il les disoit d'abord, elles étoient irrévocables. Il n'y eut plus de lenteur. »

Page 73, lignes 5 et 6. — Il s'agit de la flotte de l'amiral Byng, qui détruisit, le 11 août 1718, près du cap Passaro, la flotte espagnole qui venait d'accompagner en Sicile les troupes chargées de reconquérir cette île pour le compte de Philippe V.

Page 74, ligne 4. — Il s'agit du *Visa,* ou mieux de la vérification de la dette publique ordonnée par l'arrêt du Conseil du 26 janvier 1721, en exécution duquel Paris-Duverney procéda à une liquidation qui ne fut terminée que le 8 juillet 1722.

Page 74, ligne 13. — Armand-Jean du Plessis, cardinal-duc de Richelieu, né le 5 septembre 1585 et mort le 4 décembre 1642, fut premier ministre de Louis XIII pendant dix-huit ans.

Page 74, ligne 13. — François-Michel Le Tellier, marquis de Louvois, né le 18 janvier 1641 et mort le 16 juillet 1691, fut ministre de Louis XIV pendant vingt-neuf ans.

Page 74, ligne 14. — Jean-Baptiste Colbert, né le 29 août 1619 et mort le 6 septembre 1683, fut ministre de Louis XIV pendant vingt-deux ans.

Page 75, lignes 4 et 5. — Dans ses *Pensées* manuscrites (tome III, folio 350), Montesquieu confirme le bien qu'il dit ici des ministres autrichiens.

« Je trouvois à Vienne les ministres très affables. Je leur disois : « Vous êtes des ministres le matin et des hommes le soir. »

Ailleurs (au folio 349, v°), il leur adresse cependant un reproche :

« La dignité d'Empereur tourne toujours la tête au Conseil de Vienne. »

Page 75, ligne 28. — Toulon fut assiégé sans succès, du 26 juillet au 22 août 1707, par les armées combinées du prince Eugène et du duc de Savoie.

Page 76, ligne 7. — C'est à Napoli-de-Romagna, en 1714, que le provéditeur général Bono fut décapité dans les circonstances que Montesquieu rappelle.

Page 76, ligne 18. — La place Saint-Marc servait de lieu de réunions quotidiennes aux patriciens. C'est là que les candidats aux fonctions publiques briguaient les suffrages. Leurs intrigues s'appelaient le *broglio*, nom qu'on donnait aussi à l'endroit où ils se livraient à leur manège.

Page 76, ligne 21. — Il s'agit ici du feld-maréchal Guido, comte de Starhemberg, auquel nous avons déjà consacré une note.

Page 76, ligne 29. — Claude-Florimond, comte de Mercy de Billets, né en 1666, se distingua comme général et administrateur au service de l'Autriche. Il mourut à la bataille de Parme, le 19 juin 1734. C'est lui qui fut chargé, en 1719, de chasser les Espagnols de la Sicile, qu'ils avaient enlevée au roi Victor-Amédée II.

Page 79, ligne 4. — Le manuscrit donne *Valinieri,* au lieu de *Vallisnieri.* — Antoine Vallisnieri, né le 3 mai 1661 et mort le 18 janvier 1730, fut professeur de médecine à l'Université de Padoue et s'illustra par ses découvertes en histoire naturelle.

Page 79, ligne 23. — L'Église *del Santo* est l'Église de saint Antoine de Padoue, le saint par excellence de la ville où il mourut en 1231.

Page 79, ligne 25. — Le manuscrit donne *Groto*, au lieu de *Giotto*. — Angiolotto ou (par abréviation) Giotto de Bondone, qui fut un des premiers maîtres de l'école florentine, et qui se distingua comme peintre, sculpteur et architecte, naquit à Vespignano, en 1276, et mourut en 1336.

Page 79, ligne 25. — Jean-Gaultier Cimabué, qui est regardé comme le fondateur de l'école de peinture de Florence, naquit à Florence, vers 1240, et mourut vers 1302.

Page 80, lignes 1 et 2. — André Mantegna, le plus illustre peintre de l'école padouane, naquit en 1431 et mourut le 13 septembre 1506.

Page 80, ligne 4. — Guido Reni, dit *le Guide*, un des maîtres de l'école bolonaise, naquit à Bologne, en 1575, et mourut à Rome, en 1642.

Page 80, lignes 25 et 26. — Jacques-Philippe Parodi, sculpteur génois, fut le chef d'une famille d'artistes et mourut en 1702, âgé de 72 ans.

Page 81, ligne 9. — C'est de Jacques Palma, dit *le Jeune* (et non de son oncle, dit *le Vieux*), que Montesquieu parle ici. L'un et l'autre appartenaient à l'école vénitienne. Palma le Jeune naquit en 1544 et mourut en 1628, à Venise.

Page 81, ligne 9. — Jacques Robusti, dit *le Tintoret*, un des maîtres de l'école vénitienne, naquit en 1512 et mourut en 1594, à Venise.

Page 82, lignes 20 à 22. — Le père François-Jacques-Hyacinthe Serry, né à Toulon, en 1659, et mort à Padoue, le 12 mars 1738, est l'auteur d'une *Historia Congregationum de Auxiliis divinæ Gratiæ* (Louvain, 1700, in-folio), qu'il publia sous le pseudonyme d'Auguste Blanc. Ce livre traite des disputes solennelles qui eurent lieu à Rome, entre les Dominicains et les Jésuites, du 2 janvier 1598 au 28 août 1607. Il s'agissait d'examiner l'orthodoxie de soixante et une propositions tirées d'un ouvrage du Jésuite Molina sur l'accord de la grâce et du libre arbitre.

Page 83, ligne 14. — Le manuscrit donne *San-Joanni-di-Verdara*, au lieu de *San-Giovanni-di-Verdara*.

Page 83, lignes 15 à 17. — Alexandre Varotari, dit *le Padouan* ou *Padouanin*, peintre de l'école vénitienne, naquit en 1590 et mourut en 1650. Charles Blanc, dans son *Histoire des Peintres*, raconte ce qu'est devenu le tableau dont parle Montesquieu. Lors de la suppression du monastère de *San-Giovani-di-Verdara*, *les Noces de Cana* furent transportées à Venise et placées successivement dans le Chapitre *della Carita* et au Musée de l'Académie[1].

1. *Histoire des Peintres*, par Charles Blanc (Paris, librairie Renouard, 1863-1884), *École vénitienne*, *Alessandro Varotari*, page 4.

Page 84, ligne 5. — Raphaël Sanzio, dont Montesquieu ne se lassa point d'admirer les œuvres à Rome, fut non seulement e peintre par excellence, mais de plus un grand architecte. Né à Urbin, le 28 mars 1483, il fut l'élève du Pérugin. Lorsqu'il mourut, le 6 avril 1520, il n'avait que 37 ans.

Page 84, lignes 8 à 25. — L'anecdote que Montesquieu rappelle, en intervertissant les rôles des deux grands peintres grecs du IVe siècle avant Jésus-Christ, est empruntée à l'*Histoire naturelle* de Pline (livre XXXV, chapitre XXXVI, sections 19 et 20). Toutefois notre auteur semble s'être souvenu surtout de la version que R. de Piles donne de l'anecdote dans l'*Abrégé de la Vie des Peintres* (aux pages 116 et suivantes de l'édition de 1715). Dans une note sur le passage de Pline, l'abbé Brotier prétend que c'est Michel-Ange qui expliqua par *contour* le mot *linea,* en faisant avec son pinceau une démonstration merveilleuse de son interprétation.

Page 84, note 1. — Roger de Piles, né en 1635 et mort en 1709, fut peintre et écrivain à la fois, et publia, entre autres livres, l'*Abrégé de la Vie des Peintres* (Paris, 1699, in-12), auquel Montesquieu fait ici un emprunt.

Page 86, ligne 25. — Le manuscrit donne *Mont-de-Pitié,* au lieu de *Mont-de-Piété.*

Page 87, ligne 6. — On appelle *milloque,* dans le sud-ouest de la France, une espèce de sorgho qui sert à faire des balais.

Page 87, ligne 15. — D'après certains archéologues l'Arc de Gallien ou *Porta dei Borsari* aurait été construit au IIe siècle de notre ère, et simplement restauré sous l'empereur Gallien.

Page 87, ligne 16. — Vitruve ou Marcus Vitruvius Pollio, architecte et ingénieur du siècle d'Auguste, a écrit un ouvrage qui nous est parvenu, et qui a pour titre : *De Architectura Libri X.*

Page 88, ligne 7. — François-Scipion, marquis de Maffèi, né le 1er juin 1675 et mort le 11 février 1755, fut poète, littérateur et archéologue. Sa tragédie de *Mérope* fut imitée par Voltaire. Il publia, en 1728, le livre dont parle Montesquieu : *Degli Anfiteatri e singolarmente del Veronese Libri due* (Vérone, 1728, in-12). Montesquieu parle encore de lui dans la suite de son *Voyage.* Au folio 450 du *Spicilegium,* on trouve aussi la note suivante :

« J'ai ouï dire à Scipion Maffèi que la Lombardie avoit reçu un grand préjudice de ce qu'on y a semé trop de blé de Turquie ou d'Espagne ; que cela est une mauvaise nourriture ; que les habitants du pays sont devenus plus foibles, leur visage plombé, le corps malsain; que, quand on est obligé de faire travailler les hommes à un travail pénible, comme à des fossés, on est obligé de leur donner du pain de froment. »

Page 89, lignes 3 et 4. — Par *là,* il faut entendre *à Vérone.* Les tombeaux des *Scaliger* se trouvent dans le cimetière de *Santa-Maria-Antica,* où reposent maintenant les membres de cette famille *della Scala,* qui donna des podestats à Vérone pendant 120 ans et plus, à partir de 1259, et dont le nom latinisé a été rendu célèbre par les deux grands érudits du XVIe siècle. Quant à l'arc dit *de Gallien,* il est situé au milieu de la grande rue du Corso.

Page 89, ligne 5. — Antoine Balestra, né en 1666 et mort le 21 août 1740, était un peintre de talent, dont les œuvres se distinguaient par la grâce, et qui joua le rôle de chef d'école à Vérone.

Page 90, lignes 18 et 19. — La Canonica, que l'abbé Richard appelle *La Colonica* dans le texte de sa *Description..... de l'Italie*[1], est marquée sur la carte du même ouvrage, au sud du confluent de l'Adda et du Brembo, sous le nom de *Canonica,* sans article.

Page 90, ligne 22. — Montesquieu a inséré, dans la suite de son *Voyage,* d'autres notes sur Vérone, où il revint le 29 juillet 1729.

Page 90, ligne 26. — Le manuscrit donne *Palazuolo,* au lieu de *Palazzolo.*

Page 91, ligne 7. — François Trevisani, qui fut, d'abord, évêque de Ceneda, fut nommé évêque de Vérone le 23 juillet 1725 et mourut le 13 décembre 1732.

Page 91, ligne 13. — Les noms d'*Antiochus* et de *Séleucus* furent portés par la plupart des rois qui régnèrent en Syrie, depuis l'an 311 jusqu'en l'an 62 avant Jésus-Christ.

Page 92, lignes 4 et 5. — Clélie Grillo, de Gênes, qui appartenait à la famille des ducs de Mondragon, avait épousé, en 1707, le comte Jean-Benoît Borromée. Elle avait institué chez elle l'*Accademia Clelia de' Vigilanti,* dont le symbole était un grillon, et la devise : *Noctuque dieque.* Le président de Brosses, dans une de ses lettres, parle également des connaissances et de l'hospitalité de l'aimable comtesse[2].

Au folio 392, v°, de son *Spicilegium,* Montesquieu a écrit sur elle la note suivante :

« Mad^e^ la comtesse de Borromée a trouvé le moyen de faire

1. *Description historique et critique de l'Italie,* par M. l'abbé Richard (Paris, Delalain, 1770), tome Ier, page 307.

2. *Lettres familières,* tome Ier, page 93.

des dentelles avec un métier, comme on fait des étoffes de soye : en prenant plusieurs mailles à la fois; comme on les prend dans les étoffes à fleurs, en passant la trème. Le mal est qu'il est difficile d'avoir des peignes où le fil ne se rompe point. »

Page 92, lignes 12 et 13. — Frédéric Borromée, né en 1564 et mort en 1631, fut promu cardinal en décembre 1587 et nommé archevêque de Milan le 24 avril 1595. C'est lui qui fonda la bibliothèque ambroisine ou ambrosienne. Il était *cousin*, et non pas *neveu* de saint Charles Borromée.

Page 92, ligne 13. — Charles Borromée, né le 2 octobre 1538 et mort le 3 novembre 1584, fut promu cardinal en février 1560, par le pape Pie IV, son oncle. Il devint aussi archevêque de Milan et grand-pénitencier. En 1610, il fut canonisé par le pape Paul V.

Page 92, ligne 23. — Le premier bibliothécaire de la Bibliothèque ambroisienne fut Antoine Olgiati, né vers 1570. En 1607, il fut chargé par le cardinal Frédéric Borromée d'aller en Allemagne, dans les Pays-Bas et en France, pour en rapporter des livres et des manuscrits précieux. De retour en Italie, il consacra presque toute son existence à faire l'inventaire des richesses littéraires qu'il avait recueillies. Ce n'est qu'en 1647 qu'il transmit ses fonctions à François-Bernardin Ferrario. Retiré à Lugano, sa ville natale, il y mourut dans un âge très avancé.

Page 93, ligne 8. — Bernard Guidonis, né en 1260 et mort en 1331, fut dominicain, inquisiteur de la foi en Languedoc et évêque de Lodève. Il écrivit beaucoup. Parmi ses ouvrages, nous citerons le *Chronicon Comitum Tholosanorum* et les *Flores Chronicorum, sive Annales Pontificum*, œuvres auxquelles Montesquieu fait allusion dans ce paragraphe.

Page 93, ligne 9. — Jacques d'Euse ou Duese, né à Cahors, devint successivement évêque de Fréjus et archevêque d'Avignon. Promu cardinal en 1312, il fut élu pape en 1314, à la mort de Clément V, et prit le nom de Jean XXII. Il mourut en 1334.

Page 93, ligne 17. — Montesquieu parle du grand recueil dont Muratori commença la publication, en 1723, à Milan, qui ne comprend pas moins de 25 volumes in-folio, et qui a pour titre *Rerum Italicarum Scriptores, ab anno æræ Christianæ quingentesimo ad millesimum quingentesimum*.

Page 93, lignes 23 et 24. — Il ne faut pas confondre le *De Rebus gestis Francisci Sfortiæ Libri XXXI*, œuvre de Jean Simonetta, avec le poème de François Philelphe : *Sphorciadarum Versu heroico Libri IX*, auquel Montesquieu semble faire ici allusion. — Jean Simonetta, après avoir vécu à la cour de Jean-Galéas, duc de Milan, tomba en disgrâce et mourut vers 1491.

Page 94, ligne 3. — Le manuscrit donne *Breugle*, au lieu de *Breughel*. — C'est de Jean Breughel, dit *de Velours*, que Montesquieu parle ici. Plusieurs des meilleurs tableaux de ce maître sont encore à Milan. Né à Bruxelles, en 1575, et mort en 1642, il appartenait à l'école flamande.

Page 94, ligne 8. — C'est *Lucas de Leyde*, sans doute, que Montesquieu appelle *Lucas de Hollande*. Né en 1494 et mort en 1537, cet artiste fut surtout un maitre graveur. Cependant il peignait aussi. Charles Blanc a cité plusieurs des œuvres qu'on lui attribuait, mais qui paraissent être perdues. Parmi elles, « un vitrail, où Lucas... avait peint les filles de Jérusalem, qui viennent, en dansant, au-devant du jeune David, vainqueur de Goliath; ce vitrail était en la possession du fameux peintre Goltzius »[1]. Serait-ce le tableau dont parle Montesquieu?

Page 94, lignes 12 à 18. — Dans les *Éléments de Paléographie*, par Natalis de Wailly, on trouve des détails sur les discussions qui se sont élevées entre les savants relativement à l'emploi de l'écorce pour la confection des manuscrits : les uns qualifiant de feuilles d'écorce ce que d'autres qualifiaient de feuille de papyrus[2].

Page 94, ligne 15. — Barthélemy Germon, Jésuite, né le 17 juin 1663 et mort le 2 octobre 1712, écrivit des traités polémiques contre Mabillon et d'autres Bénédictins.

Page 94, ligne 16. — Jean Mabillon, né le 23 novembre 1632 et mort le 27 décembre 1707, entra, en 1654, dans l'ordre des Bénédictins. Parmi ses publications, il suffit de citer l'ouvrage qui a pour titre : *De Re diplomatica Libri VI* (Paris, 1681, in-folio). Il eut à soutenir des polémiques assez vives avec des adversaires tels que l'abbé de Rancé et le père Germon.

Page 95, ligne 9. — Les Anglais obligèrent Port-Mahon, capitale de l'île de Minorque, à se rendre le 29 septembre 1708; mais les Français leur enlevèrent leur conquête près d'un demi-siècle après, le 28 juin 1756.

Page 95, lignes 17 et 18. — Par le traité de Turin, du 25 octobre 1703, l'empereur Léopold Ier avait cédé au duc de Savoie les provinces d'Alexandrie et de Valence, la Lomelline, la vallée

1. *Histoire des Peintres, École hollandaise*, tome Ier, *Lucas de Leyde*, page 3.

2. *Éléments de Paléographie*, par Natalis de Wailly (Paris, Imprimerie nationale, 1838), tome Ier, page 369.

de Sesia, etc., et cette cession avait été confirmée par le traité d'Utrecht, du 11 avril 1713.

Page 96, ligne 10. — Les Trivulce que Montesquieu vit à Milan ne descendaient point des anciens Trivulce, au moins en ligne masculine. Le dernier représentant mâle et direct de la famille fut Antoine-Théodore, mort le 26 juillet 1678. Mais alors Antoine-Gaétan Gallio, second fils de Tolomeo, duc d'Alvito, et d'Octavie Trivulce, adopta le nom de famille de sa mère.

Page 96, ligne 11. — *Le premier Trivulce* était en 1728 Antoine-Tolomeo, qui mourut en 1767.

Page 96, ligne 19. — Gilbert Borromée, évêque de Novare, fut promu cardinal le 15 mai 1717 et mourut en 1740.

Page 96, lignes 19 et 20. — Charles Borromée, né le 28 avril 1657 et mort le 3 juillet 1734, remplit des fonctions militaires et diplomatiques. Il fut vice-roi de Naples du 15 octobre 1710 au 21 mai 1713. C'était le beau-père de la comtesse Clélie, à laquelle nous avons déjà consacré une note.

Page 96, ligne 22. — A la page 390 *bis* du *Spicilegium*, on trouve une série de notes sur l'art de fortifier les places, notes qui témoignent à la fois de la curiosité universelle de Montesquieu et de ses rapports avec le prince Trivulce. Elles sont, en effet, précédées du titre suivant :

« *Extrait d'un petit traité, par demandes et par réponses, sur les fortifications, qui m'a été prêté, à Milan, par le prince Trivulce.* »

Dans les *Pensées* manuscrites (tome II, folio 5), on trouve encore un autre renseignement analogue :

« Étant à Milan, à dîner chez M. le prince Trivulce, un Italien dit qu'il n'avait aucune estime pour l'architecture française. M. le comte d'Archinto me dit : « Monsieur, vous ne dites » rien sur ce que Monsieur vient d'avancer? » Je lui répondis : « Monsieur, c'est qu'il est impossible de répondre à une propo» sition pareille... »

Suit une dissertation où Montesquieu cherche à démontrer qu'il n'y a qu'une architecture comme il n'y a qu'une géométrie.

Page 97, ligne 8. — L'Église *delle Grazie* est l'Église de *Santa-Maria-delle-Grazie.*

Page 97, ligne 10. — Léonard de Vinci, un des grands maîtres de l'école florentine, naquit près de Florence, en 1452, fut peintre, sculpteur, architecte, ingénieur, physicien, musicien, écrivain, etc., et mourut près d'Amboise, le 2 mai 1519.

Page 97, ligne 26. — Gaudence Ferrari, peintre de l'école

milanaise, sculpteur et architecte, naquit à Valdugia, en 1484, et mourut à Milan, en 1549.

Page 97, ligne 29. — Le manuscrit donne *Archento,* au lieu de *Archinto.*

Page 98, ligne 1. — Joseph Archinto, né le 16 avril 1651, fut successivement nonce à Florence, à Venise et à Madrid. Nommé archevêque de Milan le 18 mai et promu cardinal le 14 novembre 1699, il mourut le 9 avril 1712.

Page 99, lignes 3 et 4. — Le manuscrit donne *Couan,* au lieu de *Louan* ou *Loano.* — Jean-André IV, comte de Loano, avait épousé, en 1726, Thérèse, fille de Jean-André, duc de Tursis; mais, en 1741, son mariage fut annulé par le pape Benoît XIV. Les Loanos et les Tursis appartenaient à deux branches de la famille Doria.

Page 99, ligne 12. — Le château de Milan fut défendu par le prince de Vaudemont et par une garnison franco-espagnole, contre les troupes du prince Eugène, du 26 septembre 1706 au 13 mars 1707.

Page 99, ligne 13. — François de Colmenero, général d'artillerie, qui s'était prononcé d'abord pour Philippe V, passa au service de l'archiduc Charles en 1707 et fut nommé gouverneur du château de Milan.

Page 100, lignes 4 et 5. — Le manuscrit donne *Lichteinsthein,* au lieu de *Lœwenstein.* — Maximilien-Charles, comte de Lœwenstein-Wertheim, créé prince en 1711, succéda au prince Eugène, en 1715, comme gouverneur de Milan, où il mourut en 1718.

Page 100, ligne 10. — Pellegrino Pellegrini, dit *Tibaldi,* peintre de l'école bolonaise et architecte, naquit à Bologne, vers 1527, et mourut vers 1595.

Page 100, ligne 24. — Le manuscrit donne *Taon,* au lieu de *Daun.* — Le feld-maréchal Wirick-Philippe-Laurent, comte de Daun ou Dhaun, naquit le 19 octobre 1669 et mourut le 30 juillet 1741. C'est lui qui, en 1707, envahit le royaume de Naples à la tête des troupes impériales. Deux fois, il fut chargé de gouverner sa conquête. Quand Montesquieu le vit à Milan, il venait d'arriver en Lombardie. Mais il ne sut pas s'y maintenir lorsque l'armée franco-sarde y pénétra en 1733.

Page 100, ligne 26. — Wirick, comte de Daun, avait épousé Marie, comtesse d'Herbertstein.

Page 101, ligne 1. — Le fils du comte de Daun dont Montesquieu parle ici n'est pas celui qui s'illustra pendant la guerre de Sept Ans. Celui-ci s'appelait Léopold-Joseph-Marie. Né le

24 septembre 1705, il devint feld-maréchal en 1754 et mourut le 5 février 1766.

Page 101, lignes 4 et 5. — Le manuscrit donne *Vindisgrats-Barisoni*, au lieu de *Windischgrætz-Barisoni*.

Page 101, ligne 5. — Mad^e de Colloredo était la femme de Joseph-François-Jérôme, comte de Colloredo, né en 1674 et mort le 2 février 1726, qui succéda au prince de Lœwenstein dans le gouvernement de Milan et eut le comte de Daun pour successeur.

Page 101, ligne 6. — Le manuscrit donne *fraisles*, au lieu de *frœulein*.

Page 102, ligne 5. — Le manuscrit donne *Cerio*, au lieu de *Corio*. — Bernardin Corio, né en 1459 et mort vers 1519, écrivit, en italien, une histoire de Milan, par ordre de Ludovic le More, et la fit imprimer en 1503.

Page 102, ligne 7. — Le manuscrit donne *Brugle*, au lieu de *Breughel*.

Page 102, lignes 24 et 25. — D'après la généalogie des Dorias, que M. Stokvis a publiée dans son *Manuel d'Histoire*, le titre de prince de Melfi aurait appartenu, en 1728, à Jean-André Doria-Landi, qui reçut, en 1706, l'investiture de Torriglia et de Borgo-San-Stefano, et qui mourut en 1737. Il n'eût donc été *abbé* que depuis peu de temps lorsque Montesquieu le rencontra. Sa femme, Anna de' Pamfili, mourut, en effet, justement en 1728[1].

Page 103, ligne 5. — L'empereur Charles VI vendit le marquisat de Finale à la République de Gênes, par un contrat en date du 20 août 1713.

Au folio 473, v°, de son *Spicilegium*, Montesquieu a écrit la note suivante :

« Horrible faute du roi Victor, de n'avoir pas pris le marquisat de Finale, que l'Empereur lui offroit pour ses prétentions sur le Vigevano. Il n'eut ni le Vigevano, ni le marquisat de Finale. Par là, il auroit eu une communication du Piémont à la mer, qu'il n'a pas. Oneille n'est rien et est détaché du Piémont. Nice est de l'autre côté des Alpes. Ce prince, dans la guerre passée, perdit cinq places, qu'on lui démolit : Nice, Montmélian, Verceil, Ivrée et Verrue. Tous les ducs de Savoye y avoient travaillé. Mais il a été bien dédommagé. »

Page 103, ligne 30. — Antoine Farnèse naquit le 29 novem-

1. *Manuel d'Histoire, de Généalogie et de Chronologie...*, par A.-M.-H.-J. Stokvis (Leide, E.-J. Brill, 1890-1893), tome III, page 916.

bre 1674, succéda, le 26 février 1727, à son frère François, duc de Parme et de Plaisance, et mourut le 20 janvier 1731.

Page 104, lignes 8 et 9. — Renaud d'Este, duc de Modène, fut investi du duché de La Mirandole le 12 mars 1711, au prix de 175,000 pistoles.

Page 107, ligne 9. — René-Antoine Ferchault de Réaumur, né le 28 février 1683 et mort le 17 octobre 1757, se rendit célèbre comme naturaliste et comme physicien. En 1722, il publia un traité sur *L'Art de convertir le fer forgé en acier et l'Art d'adoucir le fer fondu*. Par cet ouvrage, il contribua beaucoup aux progrès de la métallurgie en France.

Page 107, lignes 11 à 30. — Victor-Amédée II obtint du Saint-Siège deux brefs, l'un, du 24 mai 1727, et, l'autre, du 21 février 1728, qui assurèrent de grands privilèges ecclésiastiques aux rois de Sardaigne. Ces privilèges furent confirmés et même étendus, le 5 janvier 1742, par le pape Benoît XIV. Montesquieu en parle de nouveau dans la suite de son *Voyage*.

Page 107, ligne 12. — *Le pape Benoît* dont il est ici question, et dont il est souvent parlé dans la suite du *Voyage en Italie*, est Benoît XIII, et non Benoît XIV, qui, d'après certains éditeurs de Montesquieu, lui aurait donné audience à Rome. — Pierre-François Orsini, né à Rome, le 2 février 1649, fut nommé successivement évêque de Siponte, puis de Césène; enfin, archevêque de Bénévent le 18 janvier 1686. Promu cardinal le 1er mars 1672, il devint pape le 29 mai 1724 et prit le nom de *Benoît XIII*. Il mourut le 21 février 1730.

Page 107, ligne 26. — Il s'agit ici du Concordat conclu, le 18 août 1516, entre le pape Léon X et François Ier, roi de France.

Page 107, lignes 26 et 27. — Les bénéfices vacants *in Curia* étaient ceux dont le Saint-Siège disposait ou prétendait disposer à raison d'une circonstance accidentelle, telle que le décès du titulaire pendant un séjour à Rome.

Page 107, ligne 29. — Charles-François-Vincent Ferrero, marquis d'Orméa et de Palazzo, qui négocia les concordats de 1727 et de 1742, était né en 1680. En 1717, il entra dans l'administration des finances, dont il devint bientôt général. Plus tard, il fut nommé successivement ministre de l'intérieur (1730) et ministre des affaires étrangères (1732); enfin, grand chancelier de robe et d'épée (1742). En 1737, il avait été promu chevalier de l'Annonciade. Mais il mourut discrédité en 1745. — Dans les lettres que Montesquieu écrivit à l'abbé et au comte de Guasco, il est question du marquis d'Orméa en termes peu sympathiques [1].

Page 108, lignes 1 à 6. — Les rois de Sicile avaient obtenu de grands privilèges du Saint-Siège, notamment en 1098, sous le pontificat d'Urbain II. Ils jouissaient d'un droit de légation héréditaire et d'une juridiction exceptionnelle en matière ecclésiastique, juridiction qu'ils avaient déléguée à leur Tribunal de la Monarchie. Par un acte du 19 février 1715, Clément XI essaya de leur enlever tous ces droits. Mais Benoît XIII rétablit à peu près l'ancien état de choses par une bulle du 30 août 1728. C'est à cet acte que Montesquieu fait ici allusion.

Page 108, ligne 7. — L'abbé Del Maro, qui appartenait à une branche de la famille des Doria (celle des marquis Del Maro), fut chargé de remplir successivement des missions diplomatiques à Rome et à Madrid. Albéroni, qui redoutait la perspicacité de l'abbé, le décria auprès de Victor-Amédée II; si bien que celui-ci ne se fia plus à son ministre et le fit espionner par Corderi, secrétaire de l'ambassade. Montesquieu revient sur l'affaire dans la suite de son *Voyage*.

Page 108, ligne 8. — Montesquieu parle ici de la flotte qui arriva le 1er juillet 1718 en Sicile, avec une armée destinée à conquérir l'île sur le duc de Savoie et pour le roi d'Espagne.

Page 108, lignes 12 et 13. — La Congrégation des Évêques était un conseil formé de cardinaux, siégeant à Rome, et jugeant les différends qui s'élevaient entre les évêques et leurs diocésains ou entre les moines et les religieux.

Page 108, ligne 25. — Philippe-Guillaume Pallavicini, baron de Saint-Remy, lieutenant-général d'infanterie, fut le premier vice-roi que Victor-Amédée II envoya en Sardaigne, en 1720. Il y revint même plus tard, avec le même titre. Dans la suite, il fut nommé gouverneur de la citadelle de Turin et grand-chambellan de Savoie; puis, chevalier de l'Annonciade en 1729. — Montesquieu le qualifie tantôt de *marquis* et tantôt de *baron;* mais ce dernier titre est celui qui lui appartenait véritablement.

Page 109, ligne 1. — Le personnage dont Montesquieu parle ici doit être le fils d'Hercule-Joseph-Louis Turinetti, marquis de Prié et de Pancallier, qui passa, en 1706, du service du duc de Savoie à celui de l'empereur Joseph Ier, et qui mourut le 13 janvier 1726, après avoir administré les Pays-Bas, pendant une dizaine d'années, en tant que lieutenant du prince Eugène, gouverneur en titre de ces provinces.

1. *Œuvres complètes*, tome VII, pages 257 et 262.

Page 109, lignes 9 et 10. — Marie-Jeanne-Baptiste, fille de Charles-Amédée, duc de Nemours, et veuve de Charles-Emmanuel II, duc de Savoie, fit reconstruire en 1718, par l'architecte don Philippe Juvara, la façade du palais qu'elle habitait, et dont Montesquieu parle ici et plus loin. Elle portait le titre de *Madame Royale* depuis la mort de son mari, en qualité de duchesse-mère. C'est elle qui gouverna pendant toute la jeunesse de Victor-Amédée II, c'est-à-dire de 1675 à 1684. Elle était née le 11 avril 1644, se maria le 11 mai 1665, et mourut le 15 mars 1724. Son palais, qui a changé plusieurs fois de destination, sert aujourd'hui de lieu de réunion à des sociétés savantes.

Page 109, ligne 13. — Victor-Amédée II perdit sa première femme, Anne-Marie, fille de Philippe, duc d'Orléans, et nièce de Louis XIV, le 28 août 1728. Née le 17 août 1669, elle se maria le 10 avril 1684. Des nombreux enfants qu'elle eut, un seul survécut à ses parents.

Page 109, ligne 16. — Jean-Gaspard-Ferdinand, comte et maréchal de Marsin ou Marchin, né en février 1656, fut tué à la bataille de Turin, le 7 septembre 1706.

Page 109, lignes 17 à 20. — Dans son histoire de Victor-Amédée II, D. Carutti donne tout le texte de l'épitaphe [1], et ce texte ne s'accorde pas absolument avec ce qu'en cite Montesquieu :

« *D. O. M. — D. Ferdinando de Marsin, comiti, Franciæ marescallo, supremi Galliæ ordinis equiti torquato, Valentinarum gubernatori, quo in loco, die* VII *septembris MDCCVI, inter suorum cladem et fugam, exercitum et vitam amisit, æternum in hoc templo monumentum.* »

Page 109, igne 21. — D. Carutti dit que, jusqu'en 1728, on appliqua en Piémont « le règlement vénitien, qui interdisait de visiter les ambassadeurs étrangers »; mais que « le Roi permit à la noblesse, quand le jeune duc de Richelieu passa à Turin, comme ambassadeur de Louis XV à Vienne, d'aller chez le comte de Blondel, chargé d'affaires français », et que « depuis on n'observa plus strictement l'étiquette vénitienne » [2].

Page 109, ligne 22. — Quand Montesquieu arriva à la cour de Victor-Amédée II, M. de Cambis, ambassadeur de France à Turin, avait été désigné, depuis quelques mois, pour remplacer

1. *Storia del Regno di Vittorio-Amedeo II* (Firenze, Le Monnier, 1863), page 299, en note.
2. *Storia ... di Vittorio-Amedeo II*, page 486.

le duc de Richelieu à Vienne, en qualité de ministre plénipotentiaire; mais son départ de France fut ajourné indéfiniment.

Page 110, ligne 1. — Joseph de Secondat, oncle paternel de Montesquieu, né à Bordeaux, le 9 septembre 1646, fut nommé abbé de Faize (diocèse de Bordeaux) en 1662, prit possession de son bénéfice le 31 décembre 1666, et le résigna, en 1724, au profit de son neveu Joseph, frère du Président.

Page 110, ligne 2. — Jean-François d'Estrades, dit *l'abbé d'Estrades,* abbé de Moissac et de Saint-Melaine, fut ambassadeur de France à Venise, de 1676 à 1678, et à Turin, de 1679 à 1685. Il mourut en 1715.

Page 110, ligne 6. — Né le 27 avril 1701, le prince de Piémont qui reçut Montesquieu succéda à son père, Victor-Amédée II, le 3 septembre 1730, régna sous le nom de Charles-Emmanuel III, et mourut le 20 février 1773.

Page 110, ligne 10. — En 1728, le prince de Piémont, qui devait se marier trois fois, en était à sa seconde femme, Polyxène-Christine de Hesse-Rheinfels, qu'il avait épousée le 19 août 1724, et qui mourut le 13 juin 1735.

Page 110, lignes 13 et 14. — Charles-Emmanuel II, né le 20 juin 1634 et mort le 12 juin 1675, succéda à son frère François-Hyacinthe, duc de Savoie, le 4 octobre 1638. On dit qu'il dépensa 2 millions de livres à La Vènerie. Il avait la passion de la chasse et des bâtiments.

Page 110, ligne 18. — André Lenôtre, le célèbre dessinateur des jardins de Louis XIV, naquit en 1613 et mourut le 15 septembre 1700, à Paris.

Page 110, ligne 22. — Par *M. le Duc,* Montesquieu désigne le duc de Bourbon, auquel nous avons déjà consacré une note.

Page 110, lignes 28 et 29. — Victor-Amédée II ne s'allia, en effet, ni avec l'Angleterre et la France, signataires principaux du traité de Hanovre, du 3 septembre 1725, ni avec l'Autriche et l'Espagne, qui avaient conclu, dès le 30 avril précédent, un traité à Vienne. Mais sa neutralité ne fut pas absolument volontaire. Il avait fait offrir, par le marquis de Breil, son concours armé à Charles VI, moyennant la cession d'une partie du Milanais et quelques autres avantages que l'Empereur lui refusa.

Page 111, ligne 9. — Joseph-Gaétan Carron, marquis de Saint-Thomas, fut nommé premier secrétaire d'État à la place de son père Charles-Joseph-Victor Carron, quand celui-ci mourut le 26 décembre 1696. Promu chevalier de l'Annonciade en 1713, il donna officiellement sa démission de ministre en 1717. Mais il n'en resta pas moins le conseiller influent de Victor-Amédée II, et, plus tard, de son fils Charles-Emmanuel III. Il mourut le 1er mars 1748. On compte six générations, au moins, de ministres, dans la famille des Saint-Thomas : trois avant et deux après Joseph-Gaétan.

Page 111, ligne 13. — Le marquis de Saint-Thomas avait épousé Victoire de Saluces de Valgrana.

Page 111, ligne 18. — Bernard-Othon, baron de Rehbinder, Livonien, entra, en 1707, au service de Victor-Amédée II. Ce prince le nomma chevalier de l'Annonciade en 1713 et maréchal de Savoie en 1717. Il jouit de peu de faveur sous le règne de Charles-Emmanuel III, alors qu'il était, d'ailleurs, octogénaire et malade.

Page 111, ligne 19. — Le manuscrit donne ici et plus bas *Del Bourgo*, au lieu de *Del Borgo*. — Ignace Solar de Moretta, marquis Del Borgo, fut un des représentants du duc de Savoie au congrès d'Utrecht. Il devint ministre des affaires étrangères en 1717 et le resta jusqu'en 1732. Charles-Emmanuel III le nomma alors grand-chambellan de Savoie, après l'avoir fait chevalier de l'Annonciade dès 1729.

Page 111, ligne 23. — L'ordre de l'Annonciade fut une transformation de l'ordre du Collier ou des Lacs d'Amour, institué, en 1355, par Amédée VI, comte de Savoie. Ce fut le premier duc de Savoie, Amédée VIII, qui présida à ce changement, en 1424. Les insignes de l'Ordre étaient une médaille émaillée, représentant le mystère de l'Annonciation, suspendue à un cordon bleu, avec une plaque brodée sur le côté gauche de l'habit.

Page 111, ligne 25. — Dans les archives du Château de La Brède, on conserve une lettre de *Charles Solar de Dogliani*, datée du 14 novembre 1728, et écrite en réponse aux remerciements que Montesquieu lui avait adressés pour son bon accueil.

Page 111, ligne 26. — Guy-Balthasar Pobel, marquis de La Pierre et comte de Saint-Alban, fut lieutenant général d'infanterie et gouverneur d'Asti. Il avait été promu chevalier de l'Annonciade en 1696.

Page 112, ligne 3. — Le comte de Provana, qui avait été déjà envoyé à Paris par le duc de Savoie, en 1690, pour remplacer le marquis de Dogliani, revint en France, à titre d'ambassadeur du roi de Sicile, et y resta de 1717 à 1718.

Page 113, ligne 5. — Montesquieu s'est demandé, dans ses *Pensées* manuscrites (tome Ier, page 345), ce que valait, pour les ducs de Savoie, la possession de la Sardaigne, et en dit :

« La vraie puissance d'un prince ne consiste que dans la difficulté qu'il y a à l'attaquer. Ainsi il s'en faut bien qu'un duc de Savoye soit aussi puissant avec la Sardaigne que sans la Sardaigne; parce qu'on peut, d'abord, le prendre par ce côté foible, et que, s'il le fortifie, ou pendant la paix, ou pendant la guerre, il affoiblit ses états. »

Page 114, ligne 19. — Charles-Amé-Baptiste de Saint-Martin d'Aglié, marquis de Rivarol, lieutenant-général de cavalerie, que Montesquieu juge si durement, se distingua comme vice-roi de la Sardaigne, où il rétablit, en 1736, la sécurité publique. Il devint plus tard gouverneur de Nice, de Crémone, de Novare, etc. En 1737, il fut promu chevalier de l'Annonciade.

Page 114, lignes 19 et 20. — Le père du marquis de Rivarol, étant colonel du régiment Royal-Piémontais, au service de la France, fut, en 1689, l'occasion de négociations pénibles entre Louis XIV et Victor-Amédée II.

Page 115, lignes 8 et suivantes. — Louvois fut surintendant des postes en même temps que secrétaire d'État de la guerre. Il est curieux de comparer le récit que Montesquieu fait de l'affaire du *chariot franc*, à celui qu'on trouve dans l'*Histoire de Louvois*, par C. Rousset, aux pages 263 et suivantes du tome IV de la 3e édition (Paris, Didier et Ce, 1865).

Page 115, ligne 16. — François de Pas-Feuquière, comte de Rébenac, qui remplit des fonctions diplomatiques, notamment en Espagne et en Italie, fut ambassadeur de France à Turin, pendant huit à neuf mois, en 1690. Mais, à la fin de son séjour, il fut retenu comme otage, puis échangé, le 29 septembre, contre le marquis de Dogliani et le comte de Provana, que le duc de Savoie avait envoyés à Louis XIV. Il mourut le 22 juin 1694.

Page 115, ligne 19. — Malgré le traité de Cherasco, du 6 avril 1631, Louis XIII conserva Pignerol, que Victor-Amédée Ier lui abandonna ensuite, par le traité de Millefleurs, du 5 juillet 1632. Mais Victor-Amédée II, par le traité de Turin, du 29 août 1696, obtint de Louis XIV que le château et les forts de Pignerol lui fussent restitués après démantèlement.

Page 115, ligne 27. — Les ducs de Savoie possédaient une partie du Montferrat en vertu du traité de Ratisbonne, du 3 octobre 1630. Le surplus fut promis à Victor-Amédée II par le traité de Turin, qu'il conclut avec l'empereur Léopold Ier, le 8 novembre 1703. Le traité d'Utrecht incorpora définitivement au Piémont les anciennes possessions des ducs de Montferrat, dont le dernier, Ferdinand-Charles de Gonzague, duc de Mantoue, était mort en 1708.

Page 116, lignes 4 et 5. — Le traité d'Utrecht avait été conclu par le ministère tory dont Robert Harley, comte d'Oxford, et Henri Saint-John, lord de Bolingbroke, étaient les chefs. Au contraire, le traité de Londres fut l'œuvre du ministère whig que dirigeait Jacques, comte de Stanhope.

Page 116, ligne 6. — Jacques-Édouard Stuart, fils de Jacques II, roi d'Angleterre, était né à Londres, le 10 juin 1688, et mourut à Rome, le 2 janvier 1766. A deux reprises, en 1708 et 1716, il entreprit de remonter sur le trône de ses aïeux. De là, le nom de *Prétendant* qu'on lui donnait. Lui-même s'intitulait *Jacques III, roi d'Angleterre*. Il était parent des ducs de Savoie par suite du mariage de Victor-Amédée II avec Anne-Marie d'Orléans, fille d'Henriette d'Angleterre et petite-fille de Charles Ier.

Page 117, ligne 9. — Le manuscrit donne ici et plus loin *Simpelen* ou *Simplen*, au lieu de *Simplon*.

Page 117, ligne 25. — Annibal, comte de Mafféi, fut un des représentants du duc de Savoie au congrès d'Utrecht, et fut, ensuite, appelé aux fonctions de vice-roi de Sicile, fonctions qu'il exerça de 1714 à 1718. En 1728, il fut promu chevalier de l'Annonciade.

Page 117, lignes 26 et 27. — En 1713, les fonctions de général des finances étaient remplies par Jean-Baptiste Gropello, comte de Borgone, auteur de règlements administratifs fort remarqués à l'époque.

Page 117, ligne 28. — Victor-Amédée II partit de ses anciens états, en octobre 1713, pour se faire couronner roi de Sicile, à Palerme, et ne revint en Piémont qu'en septembre 1714.

Page 118, ligne 20. — Le *Stanhope* dont Montesquieu parle ici est sans doute le colonel William Stanhope, qui fut envoyé comme ambassadeur du roi d'Angleterre en Espagne, une première fois en 1717, et une dernière en 1729. C'est lui qui fit signer le traité de Séville par Philippe V. Mais il était également auprès de ce prince pendant que Ripperda négociait à Vienne, en 1725, une série de traités mystérieux, dont l'histoire exacte n'a guère été connue que de nos jours [1]. C'est peut-être à l'occasion de ces traités-là que Philippe V lui fit la réponse que Montesquieu rapporte. W. Stanhope fut nommé plus tard comte d'Harrington et remplit successivement les fonctions de ministre et de vice-roi d'Irlande.

1. Voyez la *Revue historique*, tome LIV (Paris, F. Alcan, 1894), page 77.

Notons, toutefois, que son cousin Jacques, premier comte de Stanhope, étant ministre de Georges Ier, fit aussi un voyage diplomatique à Madrid. Il essaya, en 1718, de faire accéder Philippe V à la Quadruple-Alliance. Serait-ce alors que le roi d'Espagne aurait tenu le propos que nous commentons?

Page 119, ligne 3. — D. Carutti[1] attribue la disgrâce de Graneri à ce que le Sénat de Turin, dont il était président, avait acquitté un prévenu contrairement au désir de Victor-Amédée II. Sur quoi, ce prince ordonna au marquis de se rendre dans une de ses propriétés, sans même lui permettre d'assister aux derniers moments de sa femme. Le marquis Thomas Graneri, comte de Masenasque, avait rempli de hautes fonctions administratives et diplomatiques, notamment à Rome, d'où il fut rappelé en 1701.

Page 119, lignes 16 à 28. — C'est en 1720 que Victor-Amédée II publia l'édit qui obligea tous les possesseurs de fiefs, de taxes ou de péages ayant appartenu au Domaine, de les restituer, à moins que ces biens n'eussent été aliénés par le Domaine à titre onéreux. La mesure était strictement légale. Mais elle frappait huit cents possesseurs, dont beaucoup l'étaient de bonne foi, et depuis de longues années. Il s'ensuivit nombre de procès. Le pis fut que le Roi chargea un tribunal spécial de juger les affaires de cet ordre.

Page 119, lignes 22 et 23. — Philippe de Savoie, comte de Piémont, ayant épousé, en 1301, Isabelle de Villehardouin, princesse d'Achaïe, conserva le titre de *prince d'Achaïe,* même après avoir cédé tous ses droits sur la principauté. Ses descendants l'imitèrent. Celui dont parle Montesquieu s'appelait *Philippe;* il se révolta contre son père Jacques de Savoie, fut arrêté en vertu d'un acte du 28 septembre 1368, et mourut en prison au mois d'octobre suivant.

Page 120, ligne 8. — Au folio 405 de son *Spicilegium,* Montesquieu a écrit la note suivante :

« M. le duc d'Orléans laissa bâtir La Brunette malgré le traité d'Utrecht, qui défend de bâtir des fortifications dans les Alpes, ai-je ouï dire au cardinal de Polignac. Si les Italiens avoient eu du sens, ils auroient encore plus crié que les François. L'Empereur s'est opposé aux fortifications d'Alexandrie. »

Situées au confluent de la Doire et de la Sénisella, les fortifications de La Brunette ont été démolies, il y a près d'un siècle, en exécution de l'article 15 du traité de Paris du 15 mai 1796.

1. *Storia ... di Vittorio-Amedeo II,* page 427.

Page 120, ligne 20. — Le manuscrit donne *Rivoles,* au lieu de *Rivoli.*

Page 120, ligne 23. — De quel *compliment* Montesquieu parle-t-il ici ? Il semble faire allusion à un propos qu'il a cité (page 115), mais qui fut tenu par *M. de Rébenac,* et non par *M. de Châteauneuf.* Toutefois, il se peut qu'il confonde ici, comme à la page 69, *Châteauneuf* et *Phélypeaux,* et qu'il parle des explications que l'ambassadeur de Louis XIV dut fournir, en 1703, à Victor-Amédée II, après le désarmement de ses troupes.

Page 121, ligne 16. — Le cardinal dont le roi de Sardaigne parlait en ces termes doit être André-Hercule de Fleury. Né le 22 juin 1653, il devint évêque de Fréjus en 1698 et le resta jusqu'en 1715. Il fut alors nommé précepteur de Louis XV, qui le fit plus tard son premier ministre, en juin 1726. Promu cardinal le 11 septembre de la même année, il mourut le 29 janvier 1743. Montesquieu revient souvent sur lui dans ses *Voyages.*

Page 121, ligne 18. — Le palais du prince de Carignan fut construit en 1680, par le père Guarini, pour un petit-fils du duc de Savoie Charles-Emmanuel Ier, Emmanuel-Philibert-Amédée de Savoie, prince de Carignan, né en 1656 et mort en 1709.

Page 122, lignes 10 et 11. — Les enfants du prince de Piémont que vit Montesquieu étaient le futur roi Victor-Amédée III, né le 26 juin 1726 et mort le 16 octobre 1796, et sa première sœur, Marie-Thérèse, née le 28 février 1728.

Page 123, ligne 13. — Le marquis de Carail dont il est ici question n'est pas, sans doute, Ange-Charles-Maurice Isnardi di Castello, qui se distingua, en 1706, au siège de Turin. Celui-ci était chevalier de l'Annonciade depuis 1713 et figurerait dans la liste des membres de l'ordre que Montesquieu donne un peu plus loin. Peut être s'agit-il de Jean-Baptiste Isnardi, qui fut promu chevalier de l'Annonciade en 1737, et qui devint successivement gouverneur du Montferrat, de Novare et d'Alexandrie.

Page 124, lignes 2 et 3. — Le manuscrit donne *Coudraye,* au lieu de *Coudrée.* — Joseph-Marie d'Alinges, marquis de Coudrée, fut général de cavalerie et des dragons et remplit des fonctions politiques, notamment comme membre des trois conseils provisoires, que Victor-Amédée II institua en 1713, lorsqu'il alla prendre possession du royaume de Sicile. Le marquis fut promu chevalier de l'Annonciade la même année.

Page 124, ligne 7. — Jean-Michel Piossasque, comte de Non, fut lieutenant-maréchal et membre du Conseil de guerre provisoire que Victor-Amédée II institua en partant pour la Sicile.

Page 124, ligne 10. — Octave-François Solar, comte de Govone, remplit des fonctions diplomatiques en France et en Suisse, avant d'être ministre d'état. Il fut promu chevalier de l'Annonciade en 1729. C'était le père du marquis de Breil et du commandeur de Solar, les deux amis de Montesquieu. Il fut aussi le maître de Jean-Jacques Rousseau. C'est lui dont l'auteur des *Confessions* dit, au livre III de la première partie de son œuvre, que le comte de La Roque le conduisit « chez le comte de Gouvon, premier écuyer de la Reine, et chef de l'illustre maison de Solar ». Pour son malheur, Rousseau ne sut pas rester dans cette famille, dont les membres lui témoignèrent une bienveillance exceptionnelle. Il y entra en 1728 et s'y trouvait peut-être déjà au moment où Montesquieu séjournait à Turin.

Page 124, lignes 11 et 12. — Le manuscrit donne *Meillarede*, au lieu de *Mélarède* ou *Mellarede*. — Pierre Mellarede, comte de Bétonet, remplit, d'abord, des fonctions diplomatiques, notamment au congrès d'Utrecht. En 1713, il fut nommé premier président de la Chambre des Comptes de Turin, et en 1717, ministre de l'intérieur. Il mourut le 19 mars 1730.

Page 124, ligne 28. — Le *marquis de Tanes* dont parle Montesquieu serait-il Philippe Tana, marquis d'Entragues, général d'artillerie, ancien gouverneur de Messine, plus tard gouverneur de Turin, promu, en 1729, chevalier de l'Annonciade?

Page 124, ligne 31. — L'ordre de Saint-Maurice et de Saint-Lazare, dont les chevaliers de l'Annonciade étaient grands-croix, fut institué en 1434, par Amédée VIII, duc de Savoie, et avait pour insigne une croix d'or, émaillée de blanc, suspendue à un cordon vert.

Page 125, lignes 8 et 10. — Le manuscrit donne *Morous*, au lieu de *Morozzo*.

Page 125, lignes 14 et suivantes. — Costa de Beauregard, dans ses *Mémoires historiques sur la Maison royale de Savoie*, dit qu'on attribue l'acquisition de la table d'Isis au duc Charles-Emmanuel Ier (mort le 26 juillet 1630), mais qu'il est à croire que ce monument ne fut transporté à Turin que sous le règne de son fils Victor-Amédée Ier [1]. Cela est, en effet, bien plus probable, étant donnée la date du sac de Mantoue. La table d'Isis, qui fut égarée, puis retrouvée à Turin, plus tard transportée en

1. *Mémoires historiques sur la Maison royale de Savoie*..., par M. le marquis Costa de Beauregard (Turin, P.-J. Pic, 1816), tome II, page 163, en note.

France, etc., a perdu le prestige qu'elle avait jadis aux yeux des archéologues, et ne passe, de nos jours, que pour un monument pseudo-égyptien, du IIe siècle après Jésus-Christ.

Page 125, lignes 14 et 15. — Le sac de Mantoue eut lieu le 18 juillet 1630, après la prise de cette ville par les troupes de l'empereur Ferdinand II.

Page 125, ligne 19. — Il semble y avoir, dans cette ligne, une double confusion : l'une, entre Ligorius et Pignorius; et l'autre, entre Mabillon et Montfaucon.

Pour la première, il ressort d'un passage qu'on trouvera plus loin, que Montesquieu parle ici d'un savant qui a composé un ouvrage imprimé sur la table d'Isis. Or, Ligorius n'en a pas fait de semblable. Au contraire, Laurent Pignoria, chanoine de Trévise, né le 12 octobre 1571 et mort en 1631, à Padoue, a rédigé un livre qui a paru sous le titre de *Mensa Isiaca*..., et dont la 3e édition (Amsterdam, 1669-1670, in-4°) renferme une gravure d'Énée Vico, représentant la table.

Quant à la confusion entre Mabillon et Montfaucon, on devine que l'auteur du traité *De Re diplomatica* n'a pas eu à s'occuper spécialement de la table d'Isis. Il en est autrement du Bénédictin qui publia *L'Antiquité expliquée et représentée en figures*, en 15 volumes in-folio (Paris, 1719-1724). Montfaucon parle, en effet, de la table aux pages 331 et suivantes du tome II, et même il en donne un dessin à la page 340. C'est donc lui que Montesquieu devait sûrement avoir en vue, lorsqu'il écrivit ce paragraphe de son *Voyage*. Il a écrit *Mabillon* par distraction pure.

Page 126, ligne 3. — Joseph-François Lafitau, né en 1670 et mort en 1740, à Bordeaux, fut jésuite et missionnaire. Il écrivit divers ouvrages, dont un sur les *Mœurs des Sauvages amériquains, comparées aux Mœurs des premiers Temps*. Dans ce livre, qui parut en 1723 et 1724, à Paris, chez Saugrain aîné (en 2 volumes in-4° et en 4 volumes in-12), tout un chapitre est consacré au *Culte de la Croix en Amérique*. L'auteur voit d'ailleurs ce culte partout, même chez les Chinois et les Égyptiens. C'est à cette manie que Montesquieu fait allusion dans son *Voyage*.

Page 126, ligne 8. — C'est bien de Ligorius qu'il s'agit ici. — Pyrrhus Ligorio, né à Naples et mort en 1583, fut peintre, architecte et antiquaire. Il succéda à Michel-Ange comme directeur des travaux du Vatican. Les inscriptions qu'il a falsifiées ou fabriquées de toutes pièces ont longtemps jeté sur les études épigraphiques un discrédit regrettable. Quant à ses manuscrits, il s'en trouve non seulement à Turin et à Rome, mais aussi à Naples. Il n'en a été d'ailleurs imprimé que fort peu. Le plus connu de ses ouvrages est celui qui a pour titre : *Delle Antichità di Roma, nel quale si tratta de' Circhi, Teatri e Anfiteatri, con le paradosse* (Venise, 1553, in-18).

Page 126, ligne 9. — De quel Charles-Emmanuel Montesquieu parle-t-il ici? Le premier et le second favorisèrent, l'un et l'autre, la culture des sciences et des lettres. Notons, cependant, que Charles-Emmanuel Ier, qui succéda à son père le 30 août 1580, est connu pour avoir orné son palais de Turin d'une bibliothèque précieuse.

Page 126, ligne 19. — Par *le Moréri*, Montesquieu entend le *Grand Dictionnaire historique* dont l'abbé Louis Moréri, né le 25 mars 1643 et mort le 10 juillet 1680, publia, en 1673, la première édition en 1 volume in-folio. Cet ouvrage fut ensuite revu et augmenté, tant par Moréri lui-même que par d'autres, sans, d'ailleurs, changer de nom. L'édition de 1759, qui est la dernière, n'a pas moins de 10 volumes; mais, dans les éditions dont Montesquieu a pu se servir, on trouve également des articles sur Pignorius et sur Ligorius.

Page 126, ligne 20. — Bernard de Montfaucon, né le 13 janvier 1655 et mort le 21 décembre 1741, suivit, d'abord, la carrière militaire, mais entra, à l'âge de vingt ans, dans l'ordre des Bénédictins. Pendant un demi-siècle il multiplia les publications érudites qui ont fait sa gloire. Dans son *Diarium Italicum* (Paris, 1702, in-4°), au chapitre XX, il parle de Pyrrhus Ligorio, en regrettant qu'il n'ait pas eu une culture littéraire égale à son zèle et à son activité.

Page 127, ligne 9. — Le manuscrit donne *Tiers*, au lieu de *Chieri*.

Page 128, ligne 8. — Le manuscrit donne, ici et ailleurs, *Mekelbourg*, au lieu de *Mecklembourg*.

Page 129, lignes 22 et 25. — Le manuscrit donne *Bormia*, au lieu de *Bormida*.

Page 131, ligne 9. — Le manuscrit donne *Lémo*, au lieu de *Lemno*.

Page 131, lignes 13 et 17. — Le manuscrit donne *Auttagio*, au lieu de *Voltaggio*.

Page 132, lignes 8 à 10. — A trois reprises, Gênes fut sous la protection ou sous la suzeraineté des rois de France. La troisième fois, elle se révolta contre Louis XII, qui la réduisit par la force et y entra en vainqueur, le 29 avril 1507. Ce fut alors que l'on construisit le Fort de la Lanterne.

Page 133, ligne 22. — Le manuscrit donne *Altena* ou *Alteria*, au lieu d'*Altona*.

Page 134, ligne 9. — Le Sénat ou Grand-Conseil de Gênes se composait de la Seigneurie (comprenant le Doge et douze sénateurs élus pour deux ans) et de quatre cents autres nobles élus pour un an. Les membres de la Seigneurie étaient choisis par le Sénat. Les simples sénateurs étaient désignés par le corps des nobles.

Page 134, ligne 18. — La Banque de Saint-Georges ou *Casa di San-Giorgio*, fondée en 1407, était à la fois une banque et une compagnie de commerce investie de privilèges et d'attributions d'ordre financier, administratif et même politique. A deux reprises, elle fut pillée par des troupes étrangères, mais n'en subsista pas moins jusqu'en 1850, époque à laquelle elle fut réunie à la Banque de Turin, sous le nom de *Banque nationale* des États sardes. L'édifice où elle était installée autrefois est occupé de nos jours par la Douane.

Page 134, ligne 24. — Le manuscrit donne *succe*, au lieu de *suc?*, que nous n'admettons pas sans hésitation.

Page 135, lignes 1 et 2. — Charlotte-Aglaé, fille du Régent Philippe d'Orléans, dite *Mad*[le] *de Valois*, était née le 22 octobre 1700. Elle se maria par procuration, le 12 février 1720, avec François-Marie d'Este, et mourut le 16 janvier 1761.

Page 135, ligne 2. — M. de Campredon, qui avait fourni le renseignement que Montesquieu note ici, était ministre de France à Gênes. Le Président en parle encore dans la suite du *Voyage* et le juge sévèrement. M. de Campredon est le premier agent diplomatique que la France ait entretenu en permanence à la cour de Russie, où il fut envoyé en 1717.

Page 135, ligne 11. — Le Doge de Gênes, à la différence de celui de Venise, n'était pas nommé à vie, mais seulement pour deux ans, depuis que l'amiral André Doria avait affranchi la République de la domination française, en 1528. C'est le Sénat ou Grand-Conseil, composé de quatre cents nobles, qui élisait le Doge. Quand Montesquieu vint à Gênes, Luc Grimaldi était le chef de la République depuis le 22 janvier 1728, et devait le rester jusqu'au 25 janvier 1730.

Page 136, ligne 3. — C'est Jules-César Procaccini, peintre de l'école bolonaise, né vers 1560 et mort en 1626, dont le chef-d'œuvre, une *Cène*, décore l'Église de l'Annonciade.

Page 136, lignes 5 et 13. — Dans ces deux lignes, le manuscrit donne *Cortone;* mais il faut lire *Carlone.* — Jean-Baptiste Carlone, peintre de l'école génoise, mort en 1680, est l'auteur du *saint Pierre d'Alcantara* qui décore l'Église de l'Annonciade [1].

Page 136, ligne 15. — C'est Dominique Piola, peintre de l'école génoise, né en 1628 et mort en 1703, dont les œuvres décorent l'Église de l'Annonciade.

Page 136, ligne 15. — Le manuscrit donne *Raggio*. Peut-être Montesquieu parle-t-il du peintre Pierre-Paul *Raggi*, de Gênes, né vers 1646 et mort en 1724.

Page 136, ligne 25. — Jules Pippi, dit *le Romain*, élève de Raphaël, naquit à Rome, en 1492, et mourut à Mantoue, le 1er novembre 1546.

Page 137, ligne 2. — François Solimena ou Solimène, peintre de l'école napolitaine, naquit à Nocera-de-Pagani, le 4 octobre 1657, et mourut à Naples, le 5 avril 1747.

Page 137, ligne 3. — Le manuscrit donne *Franciscain, de Boulogne*, au lieu de *Franceschini, de Bologne*. — Marc-Antoine Franceschini, peintre de l'école bolonaise, naquit en 1648 et mourut en 1729, à Bologne.

Page 137, ligne 5. — On désignait, à Gênes, sous le nom de *la Seigneurie*, le Gouvernement, composé du Doge et de douze sénateurs élus par le Sénat.

Page 137, lignes 13 et 14. — François-Marie d'Este, fils aîné de Renaud, duc de Modène, naquit le 2 juillet 1696, se maria, le 12 février 1720, avec Charlotte-Aglaé d'Orléans, et succéda à son père le 26 octobre 1737. Il mourut le 23 février 1780. Montesquieu en parle à plusieurs reprises dans la suite du *Voyage*.

Page 138, ligne 22. — Le prince de Portugal que Montesquieu rencontra à Gênes n'était autre que le futur roi Joseph, fils de Jean V. Né le 6 juin 1714, il se maria le 19 janvier 1729 avec Marie-Anne-Victoire, fille de Philippe V, roi d'Espagne, succéda à son père le 31 juillet 1750, et mourut le 24 février 1777.

Page 138, ligne 28. — D'après une indication du manuscrit, nous insérons en cet endroit le paragraphe qui commence par les mots *Le 13*, bien que ce paragraphe soit, dans l'original, à la suite de l'alinéa qui commence par les mots *Savone avoit autrefois*, et que nous avons imprimé à la page 139.

Page 139, lignes 7 à 9. — Les Génois, à peine affranchis de la domination française, s'emparèrent de Savone le 21 octobre 1528. Ils en comblèrent le port aussitôt après. Mais, s'ils le firent, c'est

1. *Histoire des Peintres*, par Charles Blanc, *École génoise, Appendice*, page 30.

que François Ier s'était proposé de transporter à Savone le commerce de Gênes.

Page 140, ligne 29. — François Pidou de Saint-Olon, né le 18 avril 1641 et mort le 27 septembre 1720, remplit, entre autres fonctions diplomatiques, celles d'envoyé de France à Gênes, de 1682 à 1684.

Page 141, lignes 6 et 7. — Dans un article de la *Revue historique* (tome XXXV, pages 59 et suivantes) intitulé : *Christophe Colomb et Savone,* M. Henry Harrisse a démontré que Christophe Colomb a séjourné dans sa jeunesse à Savone, mais qu'il n'y est certainement pas né.

Page 141, ligne 27. — Le manuscrit donne *Ligourne,* au lieu de *Livourne,* qu'on trouve toujours dans le reste du *Voyage.*

Page 142, lignes 9 et 10. — Philippe V hérita de Finale en même temps que des autres états de Charles II, roi d'Espagne, et garda cette ville jusqu'à l'évacuation de l'Italie par les troupes franco-espagnoles en 1706 et 1707.

Page 144, ligne 28. — Oneille ou Oneglia appartenait aux ducs de Savoie depuis la cession qui en avait été faite, en 1576, à Emmanuel-Philibert, par Jean-Jérôme Doria.

Page 146, ligne 25. — Au folio 351 du tome III des *Pensées* manuscrites, Montesquieu revient en ces termes sur la situation des agents diplomatiques de la France :

« Les ambassadeurs de France sont très mal payés : le Roi est un géant qui se fait représenter par un nain. »

Page 147, ligne 1. — Montesquieu semble faire ici allusion aux règlements dont il a parlé plus haut (page 47), et qui interdisaient aux Italiens l'usage du pavillon français.

Page 147, ligne 7. — A la suite du paragraphe qui finit par les mots *à Porto-Venere,* se trouve, dans le manuscrit, une carte du golfe de La Spezia. Nous la reproduisons, avec la légende dont Montesquieu l'a accompagnée, tout en nous permettant de rectifier quelque peu le dessin des côtes. Dans ce travail, nous avons été aidé par MM. Gustave Labat et Alfred Lapierre, nos collègues de la Société des Bibliophiles de Guyenne. — La légende de la carte, et, plus loin, le texte du manuscrit, donnent *Pascigalia,* au lieu de *Panigaglia.*

Page 148, lignes 18 et 19. — Le renvoi *Voyez page 413* se rapportait sans doute au manuscrit original : car la page 413 de la copie qui nous est parvenue ne nous apprend rien sur le golfe de la Spezia et sur les ports qui s'y trouvent.

Page 148, ligne 26. — En 1728, Alderamo de Cybo-Malaspina était duc de Massa et prince de Carrare depuis 1715 et devait régner jusqu'en 1731.

Page 151, lignes 19 et 20. — Benoît XIII érigea Lucques en archevêché sans suffragants, le 11 septembre 1726, au profit de Bernard Guinigi. Ce prélat avait été nommé, d'abord, évêque de Rieti; puis, évêque de Lucques, le 29 décembre 1723. Il mourut en 1730.

Page 152, ligne 15. — Annibal Carraci ou Carrache, un des maîtres de l'école bolonaise, naquit à Bologne, en 1560, et mourut à Rome, en 1609.

Page 152, ligne 16. — Frédéric Barocci, dit *le Barroche*, peintre de l'école romaine, naquit en 1528 et mourut le 30 décembre 1612, à Urbin.

Page 152, lignes 17 et 18. — Jean-François Barbieri, dit *le Guerchin*, peintre de l'école bolonaise, naquit à Cento, le 2 février 1590, et mourut à Bologne, le 22 décembre 1666.

Page 152, lignes 21 et 22. — Jean de Bologne, ou mieux Jean Bologne, qui fut élève de Jacques Dubroucq, à Anvers, et peut-être de Michel-Ange, à Rome, naquit à Douai, en 1524, et mourut à Florence, le 14 août 1608.

Page 152, lignes 25 et 26. — Pietro Paolini, qui imita dans ses tableaux les peintres de l'école vénitienne, naquit au commencement du XVIIe siècle et mourut en 1682, à Lucques.

Page 152, ligne 27. — Sébastien de Luciano, dit *fra Sébastien del Piombo*, peintre de l'école vénitienne, naquit à Venise, en 1485, et mourut à Rome, en juin 1547.

Page 153, ligne 4. — Le manuscrit donne *Santa-Maria-da (?)-Conte-Horlandini*, au lieu de *Santa-Maria-in-Corte-Orlandini*.

Page 153, lignes 4 et 5. — D'après l'*Itinéraire ... de l'Italie*, par M. A.-J. Du Pays [1], il n'y aurait plus dans l'Église *Santa-Maria* que des copies des deux tableaux du Guide. Les originaux auraient été vendus en 1840. Ils représentaient un Christ en croix, avec saint Jules et sainte Catherine, et une Madone *della Neve*.

Page 153, ligne 5. — Luc Giordano, peintre de l'école napolitaine, naquit à Naples, en 1632, et mourut à Rome, le 12 janvier 1705.

Page 153, ligne 6. — François Vanni, peintre de l'école florentine, naquit en 1563 et mourut le 25 octobre 1609, à Sienne.

1. *Itinéraire... de l'Italie....., Italie du Centre*, par M. A.-J. Du Pays (Paris, Hachette et Cie, 1877), page 301.

Page 153, ligne 6. — Le manuscrit donne *Paulini,* au lieu de *Paolini.*

Page 153, ligne 7. — Pierre Scorzini, né à Lucques, étudia la peinture à Bologne et se distingua surtout comme décorateur de théâtres au XVIIIe siècle.

Page 153, lignes 11 et 12. — Quel est le peintre que Montesquieu ou son copiste désigne sous le nom de *l'Ispagnoletto, di Bologna?* Joseph Ribéra, dit *l'Espagnolet,* naquit à Xativa, dans le royaume de Valence, le 12 janvier 1588, et mourut à Naples (?), en 1656.

Page 157, ligne 18. — A la suite du mot *balustrade* se trouve, dans le manuscrit, un renvoi biffé, analogue à celui de la page 148; il est ainsi conçu : *Voyez page 414.*

Page 157, lignes 26 et suivantes. — Ce que Montesquieu raconte des portes du Dôme de Pise est assez étrange. Les trois portes de la façade ayant été détruites par un incendie, en 1596, Jean Bologne en fit de nouvelles qui furent mises en place l'an 1603. Une seule des portes antérieures fut conservée au transept du sud. Elle remonte (dit-on) à la fin du XIIe siècle et aurait pour auteur Bonanno, de Pise. « Ouvrage d'une barbarie rare », au jugement de M. Eugène Müntz[1], cette porte répondrait à ce que Montesquieu dit des portes du Dôme en général.

Page 158, ligne 5. — Le manuscrit donne *André del Sartre,* au lieu d'*André del Sarto.* — André del Sarto, un des maîtres de l'école florentine, naquit en 1488 et mourut en 1530, à Florence.

Page 158, ligne 6. — Benoît Luti, peintre de l'école florentine, naquit en 1666 et mourut à Rome, en 1724.

Page 158, lignes 19 et 20. — On attribuait autrefois à André Orcagna, né vers 1308 et mort en 1368, les fresques qui représentent *le Triomphe de la Mort* et *le Jugement dernier,* tandis que son frère Bernard aurait été l'auteur de *l'Enfer;* mais les critiques modernes mettent plutôt ces peintures au compte d'autres artistes du XIVe siècle : Ambroise et Pierre Lorenzetti, de Sienne.

Page 158, ligne 27. — Les critiques modernes refusent d'attribuer à Giotto les fresques qui passaient pour être de lui, et qui, d'après eux, auraient été exécutées, vers 1370, par François de Volterra.

Page 158, ligne 30. — Le peintre que Montesquieu désigne comme ayant décoré tout un côté du *Campo-Santo* est Benozzo

1. *Le Tour du Monde* (Paris, librairie Hachette et Cie, 1886), tome LI, *A travers la Toscane,* page 312.

Gozzoli, né vers 1424, qui, de 1469 à 1485, se consacra à ce travail, et qui mourut à Pise, en 1498.

Page 159, ligne 16. — C'est le 25 novembre que tombe la fête de sainte Catherine.

Page 162, ligne 3. — Le manuscrit donne *Edil. Joann. Marian.* — L'inscription a été renouvelée en 1695. Le texte complet en a été publié par M. Alexandre d'Ancona, à la page 481 (en note) de l'édition qu'il a donnée du *Journal du Voyage* de Montaigne.

Page 162, lignes 5 et 6. — M. d'Ancona donne *idus novemb.*, au lieu de *idibus novembris.*

Page 162, ligne 11. — Louis Cardi, dit *Civoli* ou *Cigoli*, peintre de l'école florentine, naquit en 1559, au château de Cigoli, en Toscane, et mourut à Rome, en 1613.

Page 162, ligne 12. — L'ordre des chevaliers de Saint-Étienne (pape et martyr) fut créé par Cosme Ier, en 1561, pour défendre les côtes de la Toscane contre les corsaires. On y admettait non seulement des nobles, mais aussi des roturiers, comme Montesquieu l'expose dans la suite de son *Voyage*. Tous les trois ans, l'ordre tenait un chapitre général, où il nommait ses dignitaires : grand-connétable, grand-prieur, grand-chancelier, etc. Lorsque les chevaliers de Saint-Étienne furent supprimés une première fois, en 1809, ils possédaient un patrimoine de 4,007,784 écus. Rétabli en 1817, l'ordre a cessé d'exister en 1859.

Page 162, lignes 23 et 24. — La statue qui se trouve sur la place *de' Cavalieri*, devant l'Église de Saint-Étienne, représente le grand-duc Cosme Ier et a été exécutée par Pierre de Francheville, dont Montesquieu parle plus loin.

Page 162, ligne 25. — Des deux frères Melani, de Pise : l'un, Joseph, se distingua comme peintre de figures, devint chevalier de l'Éperon d'or, et mourut en 1747; l'autre, François, excella dans les perspectives et mourut en 1742.

Page 163, lignes 24 et 25. — Nous ponctuons la phrase qui commence par les mots *La nation*, d'après le sens qu'elle nous paraît avoir; mais, dans le manuscrit, il n'y a que des virgules avant, au milieu et après : « ... *le gouvernement, la nation angloise y fait le principal commerce, après la françoise la hollandoise, ce qu'il y a c'est...* »

Page 164, lignes 18 et 19. — Dans ses *Pensées* manuscrites (tome Ier, page 35), Montesquieu a inséré la note suivante :

« J'ai vu les galères de Livourne et de Venise; je n'y ai pas vu un seul homme triste. Cherchez à présent à vous mettre en écharpe un morceau de ruban bleu, pour être heureux. »

Page 164, ligne 23. — Le manuscrit donne *libeti*, au lieu de *libecci*.

Page 165, ligne 7. — Le manuscrit donne *lebete*, au lieu de *libeccio*.

Page 166, lignes 22 à 27. — Livourne doit, en effet, son importance à la série des grands-ducs de Toscane : Cosme Ier, Ferdinand Ier, Cosme II, etc. Sa nouvelle forteresse fut commencée le 10 janvier 1590, c'est-à-dire sous le règne de Ferdinand Ier. Les successeurs de ce prince n'exécutèrent pas intégralement les projets qu'il avait conçus.

Page 167, ligne 22. — Le onzième cahier du manuscrit, cahier qui commence par les mots *établis, et il a fait*, est recouvert en partie par une feuille double sur laquelle une main italienne a écrit la note suivante :

« LOI DE VENISE. — *Articolo che si trova in una parte ò sia decreto antico di Venetia*, anno 1380 :

« *Proibimo a i capi dal mare di poter condur sopra le navi* » *cani e tutta sorte di bestie che fanno strepito.*

» *In oltre, proibimo di poter condurre donne da partito, per* » *evitare tutti gl' impegni e scandoli che potessero arrivare nell'* » *armata. Vi concediamo però a ciascheduno capo da mar due* » *giovanni di bello aspetto.* »

Page 169, lignes 3 et 4. — Montesquieu accepte ici, sur la renaissance de la sculpture et de la peinture, la tradition que Vasari a mise en cours au bénéfice de Florence, mais au détriment de Pise, et même de Bologne et de Sienne.

Page 169, ligne 14. — Michel-Ange Buonarotti, le maître sculpteur, peintre et architecte, naquit à Caprese, le 6 mars 1474, et mourut à Rome, le 18 février 1564.

Page 169, lignes 28 et 29. — La belle-sœur de Jean-Gaston était Violante-Béatrix, fille de Ferdinand-Marie, électeur de Bavière. Née le 23 janvier 1673, elle se maria, le 21 novembre 1688, avec Ferdinand de Médicis, fils aîné de Cosme III. Elle mourut le 30 mai 1731.

Page 169, ligne 29. — La sœur de Jean-Gaston s'appelait Marie-Anne-Louise de Médicis. Née en 1667, elle avait épousé, le 26 avril 1691, Jean-Guillaume, électeur palatin; mais elle perdit son mari le 8 juin 1716. Elle mourut, elle-même, le 18 février 1743.

Page 170, ligne 17. — C'est après la mort de *Charles Ier*, et non de *Charles II*, que le Parlement d'Angleterre fit vendre *les meubles des maisons royales*. Les acheteurs furent, entre autres, le cardinal Mazarin, Philippe IV d'Espagne et Christine de Suède. Parmi les *meubles* vendus, on cite le beau portrait de Charles Ier par Antoine Van Dyck que l'on admire aujourd'hui au Musée du Louvre.

Page 171, ligne 12. — *La reine* que Made Olivieri accompagna est sans doute Marie-Anne-Josèphe-Antoinette, archiduchesse d'Autriche, fille de l'empereur Léopold Ier. Née le 7 novembre 1683, elle épousa Jean V, roi de Portugal, le 28 octobre 1708. Elle mourut le 14 août 1754.

Page 172, ligne 24. — A la suite des mots *pour cela,* il y a, dans le manuscrit, une phrase ainsi conçue, mais biffée : *« Il n'est pas sévère, et les prisons sont pleines de criminels. »*

Page 172, lignes 24 et 25. — Jean-Gaston avait un valet, Julien Dami, qui abusait de l'influence qu'il exerçait sur son maître pour vendre emplois et faveurs.

Page 172, lignes 26 et suivantes. — Ce fut le 12 août 1530 que Charles-Quint, d'accord avec le pape Clément VII, s'empara de Florence, en vue de rendre aux Médicis le pouvoir dont ils avaient été dépouillés le 16 mai 1527. Alexandre, qui fut proclamé chef héréditaire de la République, le 6 juillet 1531, n'était, du reste, qu'un descendant illégitime des anciens seigneurs de la Ville. Il périt le 6 janvier 1537, assassiné par Lorenzino, un de ses cousins. Mais ce fut un autre de ses parents, Cosme Ier, qui lui succéda, qui réprima, en 1538, la tentative de Philippe Strozzi, et qui, en 1569, obtint du pape Pie V le titre de grand-duc. Quant à Lorenzino, après avoir tué Alexandre, il se retira à Venise, où il fut assassiné à son tour, le 26 février 1548. Montesquieu n'avait pas tort de n'accepter qu'avec réserve les renseignements historiques qu'on lui donnait à Florence.

Page 173, lignes 18 à 21. — Les fondateurs de commanderies de l'ordre des chevaliers de Saint-Étienne pouvaient transmettre leurs fondations à leurs descendants en ligne directe seulement. Encore les fils des fondateurs devaient-ils faire preuve de deux quartiers de noblesse du côté maternel, ou bien augmenter le fonds de la commanderie de 1,000 écus. Sinon la commanderie *retournait à l'ordre.*

Page 174, ligne 19. — Le nom de *Père de la Patrie* fut donné à Cosme de Médicis, dit *le Vieux,* pour avoir nourri le peuple de Florence pendant une famine. Il naquit en 1389 et mourut le 1er août 1464. En 1433, il fut mis en accusation et exilé par l'influence des Albizzi. Son gardien ne le fit donc pas évader; mais il le protégea contre les violences de ses adversaires.

Cosme revint, d'ailleurs, en Toscane dès 1434. Depuis son retour, il ne cessa pas de diriger les affaires de la République tant qu'il vécut.

Page 175, ligne 5. — Le manuscrit donne ici et plus loin *Renucini*, au lieu de *Rinuccini*.

Page 175, lignes 20 à 22. — Jean-Gaston de Médicis, qui s'était marié en Allemagne, le 2 juillet 1697, avec Anne-Marie de Saxe-Lauenbourg, veuve d'un prince de Neubourg, ne ramena point sa femme avec lui lorsqu'il revint à Florence, en 1705. Deux ans après, il retourna auprès d'elle; mais, en 1708, il reprit, seul encore, le chemin de la Toscane. Est-ce à un troisième voyage que Montesquieu fait ici allusion?

Page 175, ligne 26. — En disant *manche*, Montesquieu francise le mot *mancia*, qui signifie, en italien, *étrenne* ou *pourboire*.

Page 176, ligne 9. — Montesquieu mentionne la marquise Féroni dans une lettre qu'il écrivit, le 6 mars 1740, à l'abbé Niccolini [1].

Page 176, ligne 10. — Antoine, marquis de Niccolini, naquit à Florence, le 19 février 1701. Il étudia les lettres, la philosophie et la jurisprudence, et entra dans les ordres. Sous le pontificat de son parent Clément XII, il vécut à Rome. Ensuite, il revint à Florence et voyagea en Allemagne, en Hollande et en Angleterre. Quand la dynastie des ducs de Lorraine eut remplacé celle des Médicis, il lui fut interdit de rentrer en Toscane. Il mourut, à Rome, le 4 octobre 1769. Montesquieu resta toujours en relations avec lui, témoin la lettre qu'il lui adressa le 1er décembre 1754, pour lui recommander La Condamine [2]. Lorsqu'il apprit que son ami était exilé de la Toscane, il s'écria, d'après l'abbé de Guasco [3] : « Oh! il faut que mon ami Niccolini ait dit quelque grande vérité. »

Page 176, ligne 12. — Charles Rinuccini, né le 28 mars 1679 et mort le 28 janvier 1748, remplit sous Cosme III des fonctions diplomatiques à Rome, Londres, Paris, Madrid, La Haye, Francfort, etc. Il représenta la Toscane au congrès d'Utrecht. En 1715, il fut nommé secrétaire d'État de la guerre par le Grand-Duc et conserva la confiance de ses successeurs : Jean-Gaston de Médicis et François Ier de Lorraine.

1. *Œuvres complètes*, tome VII, page 249.
2. *Œuvres complètes*, tome VII, page 438.
3. *Lettres de Monsieur de Montesquieu à divers Amis*... (Leide, P.-H. Jacqueau, 1767), page 26, note 1.

Page 176, ligne 20. — Marc-Antoine Raimondi, orfèvre et graveur, naquit en 1488 et mourut en 1546, à Bologne.

Page 176, ligne 21. — Gérard Audran, le plus illustre des graveurs de sa famille, naquit à Lyon, le 2 août 1640, et mourut à Paris, le 8 février 1691.

Page 176, ligne 21. — Il y a, au moins, six à sept Audran qui ont exercé la profession de graveur, sans parler de ceux qui ont été peintres. Après Gérard, le plus illustre est son oncle Charles. Ce dernier naquit à Paris, en 1594, et mourut en 1674.

Page 176, lignes 22 et 23. — Énée Vico, graveur, naquit à Parme, vers 1520, et mourut à Ferrare (?), vers 1570.

Page 176, ligne 23. — Pierre-Santi Bartoli, peintre et graveur, naquit à Bartola ou à Pérouse, en 1635, et mourut à Rome, en 1700.

Page 176, lignes 24 et 25. — Charles-Quint, après la capitulation de Florence, du 12 août 1530, et par le décret d'Augsbourg, du 2 octobre suivant, avait entendu rétablir en Toscane l'état de choses ancien, sauf à rendre héréditaire en droit l'autorité des Médicis qui ne l'était qu'en fait autrefois. Mais un changement de régime fut introduit, par fraude et violence, dès qu'Alexandre fut reconnu chef de la République. Une constitution nouvelle lui conféra, le 4 avril 1532, le titre de duc, avec un pouvoir absolu que ne tempérait nullement l'existence d'un Sénat et d'un Conseil des Deux Cents, instruments dociles des volontés du Prince.

Page 177, ligne 5. — Quand Charles-Quint abdiqua, ses états d'Italie passèrent à Philippe II, roi d'Espagne, tandis que la dignité impériale fut dévolue à Ferdinand Ier, roi de Bohême et de Hongrie, et, plus tard, à ses descendants. Par suite, les Empereurs n'eurent plus à gouverner les états de la Péninsule qui avaient été soumis au petit-fils de Maximilien Ier. C'est ce que Montesquieu exprime en disant qu'ils *se retirèrent d'Italie.*

Page 177, ligne 9. — Pierre de Francheville ou de Franqueville, dit *Francavilla,* élève de Jean Bologne, naquit à Cambrai, vers 1553, et mourut à Paris, le 25 août 1615.

Page 177, ligne 12. — Jean-Baptiste Foggini, architecte et sculpteur, naquit à Florence, en 1652 (?), fut élève d'Hercule Ferrata, à Rome, et mourut en 1737 (?). Il était connu en France, au XVIIIe siècle, sous le nom de *Fog,* pour ses reproductions de statues antiques. Montesquieu donne des renseignements sur cet artiste dans ses *Pensées* manuscrites (tome Ier, page 370) :

« Foggini étoit boiteux et contrefait; ce qui fait que ses ouvrages n'ont pas toute la perfection qu'on pourroit désirer : car, quand on fait une statue, il ne faut pas être toujours assis en un lieu... »

On trouve aussi des détails sur les travaux du même sculpteur dans les notes autographes de Montesquieu sur les objets d'art de Florence.

Page 177, ligne 15. — Dans ses notes sur les objets d'art de Florence, Montesquieu dit, à la page 66 :

« J'ai été, ce 19 décembre 1728, avec M. Piémontino *(sic)* le fils, sculpteur de Florence, voir plusieurs ouvrages de sculpture. »

Page 177, ligne 16. — Ferdinand de Médicis, fils aîné de Cosme III, grand-duc de Toscane, naquit le 9 août 1663 et mourut, avant son père, le 30 octobre 1713.

Page 179, ligne 21. — Le total de l'addition est faux; il est clair qu'il y a eu des erreurs dans la transcription des chiffres particuliers. Les États du Pape ne figurent ici que pour 80,000 âmes, tandis qu'il leur en est attribué près de 900,000 à la page qui précède. On remarque aussi que la population du Modénois est évaluée, d'un côté, à 100,000, et, de l'autre, à 120,000 habitants.

Page 179, ligne 22. — Dans le onzième cahier du manuscrit se trouve une feuille de papier sur un côté de laquelle Montesquieu avait écrit de sa main la série des notes qui commencent par les mots *État de Florence,* et finissent par ceux-ci : *à l'Empereur de l'avoir signée.* Cette feuille est la seule qui subsiste de la minute originale du *Voyage en Italie.* Elle a été, sans doute, conservée parce que le copiste s'est aperçu qu'il avait omis de transcrire d'autres notes, que Montesquieu avait consignées au verso de la même feuille, qui commencent par le mot *Manufactures,* et qui finissent en ces termes : *400,000 âmes en Sardaigne.* Nous avons intercalé ces derniers renseignements à leur place. Le copiste a également omis, dans la transcription du recto, le nom de *Bartholoméi,* qui se lit au-dessus des notes statistiques sur Florence, et qui nous apprend de qui Montesquieu tenait les renseignements qui suivent.

Page 180, lignes 11 et 12. — On appelait à cette époque *Quadruple-Alliance,* l'alliance conclue entre la France, l'Angleterre et l'Autriche, le 2 août 1718, depuis que les Provinces-Unies y avaient accédé.

Page 182, ligne 4. — Saint André Corsini, né le 30 novembre 1302 et mort le 6 janvier 1373, fut évêque de Fiésole. Il fut canonisé en 1629 par le pape Urbain VIII. Sa fête se célèbre le 4 février.

Page 182, ligne 20. — Le manuscrit donne *Beuseval,* au lieu de *Bezenval,* nom d'une famille noble de Soleure. — Le canton de Soleure avait pour chefs deux avoyers nommés à vie, mais n'exerçant leurs fonctions qu'alternativement. De 1688 à 1713, un de ces deux magistrats fut Jean-Victor Bezenval. Mais, en 1728, les deux avoyers s'appelaient Jérôme et Jean-Joseph Sury. Montesquieu a donc eu raison d'écrire que M. de Bezenval *se disait* chef de la république de Soleure, et non qu'il *l'était.* Ajoutons que plusieurs des membres de la famille des Bezenvals servirent autrefois la France avec distinction.

Page 182, ligne 27. — Parmi les treize cantons qui constituaient la Confédération suisse au XVIIIe siècle, il y en avait neuf dont les rivalités provoquaient d'incessants conflits : d'une part, les deux cantons protestants de Berne et de Zurich; et, de l'autre, les sept cantons catholiques de Schwytz, Uri, Unterwalden, Lucerne, Zug, Fribourg et Soleure. Les événements auxquels Montesquieu fait particulièrement allusion sont ceux qui se produisirent en *1712,* et non en *1722.* A l'occasion des démêlés de l'abbé de Saint-Gall avec les habitants de Toggenbourg, on vit éclater la guerre civile. Les cantons catholiques ayant eu le dessous, ils furent obligés de renoncer, en faveur de Berne et de Zurich, à certains droits qu'ils exerçaient en commun sur le comté de Bade et sur quelques autres districts. C'est le traité d'Aarau, des 9 et 11 août 1712, qui mit fin à cette déplorable querelle.

Page 183, ligne 2. — Dominique Passionéi, né le 2 décembre 1682 et mort le 5 juillet 1761, représenta le Saint-Siège dans les congrès qui suivirent la guerre de la Succession d'Espagne. Il fut ensuite nonce en Suisse (1721), et plus tard à Vienne (1730). Promu cardinal le 23 juin 1738, il devint secrétaire des brefs et bibliothécaire du Vatican. C'était un des plus savants hommes de son siècle. Quand *l'Esprit des Lois* fut déféré à la Congrégation de l'Index, Passionéi intervint et essaya de prévenir la condamnation de l'œuvre de Montesquieu.

Page 184, ligne 3. — M. de Bezenval faisait sans doute allusion à l'affaire de Vilmergen, où les Bernois emportèrent un succès décisif. Cette bataille eut lieu en *1712,* c'est-à-dire à la date que Montesquieu donne ici. Il est donc probable que, si le copiste a mis *1722* plus haut, c'est par suite d'une erreur qui lui est imputable.

Page 184, lignes 8 et 9. — Le manuscrit donne *ensuite,* au lieu de *en Suisse.*

Page 184, lignes 10 à 12. — D'après les renseignements que

donne M. Arm. Baschet, à la page 495 de son livre sur *Les Archives de Venise,* le prince héréditaire de Modène aurait séjourné dans cette ville en février 1719.

Page 185, ligne 5. — L'abbé Jean-Baptiste Dubos, né en 1670 et mort le 23 mars 1742, fut un érudit et un publiciste distingué, si bien qu'il devint secrétaire perpétuel de l'Académie française. L'ouvrage dont il est ici question, et qui parut, en 1703, à Amsterdam, en un volume in-12, a exactement pour titre : *Les Intérêts de l'Angleterre mal entendus dans la Guerre présente.* On sait que Montesquieu critiqua vivement, dans *l'Esprit des Lois,* certaines théories de Dubos sur les origines de la monarchie française.

Page 186, ligne 8. — Le manuscrit donne *Salvati;* mais il faut lire sans doute *Salviati,* nom ou plutôt surnom de deux peintres connus : François de' Rossi, peintre de l'école florentine, né à Florence, en 1510, et mort à Rome, le 11 novembre 1563; et Joseph Porta, peintre de l'école vénitienne, né à Castelnuovo-della-Garfagnana, vers 1520, et mort à Venise, en 1572.

Page 186, lignes 16 et 17. — Dans ses *Pensées* manuscrites (tome Ier, page 335), Montesquieu parle ainsi de la musique italienne :

« Dans mon séjour en Italie, je me suis extrêmement converti sur la musique italienne. Il me semble que, dans la musique françoise, les instruments accompagnent la voix, et que, dans l'italienne, ils la prennent et l'enlèvent. La musique italienne se plie mieux que la françoise, qui semble roide. C'est comme un lutteur plus agile. L'une entre dans l'oreille; l'autre la meut. »

Page 188, lignes 7 et 8. — Par *on a érigé un nouveau mont,* il faut entendre *on a émis de nouveaux titres de rente.*

Page 188, ligne 24. — Pierre Berrettini, dit *Pierre de Cortone,* peintre de l'école romaine et architecte, naquit à Cortone, le 1er novembre 1596, et mourut à Rome, le 16 mai 1669.

Au folio 427, v°, de son *Spicilegium,* Montesquieu parle encore de cet artiste :

« Cortone, dans un traité de perspective, a donné quelques réflexions sur l'architecture. Il dit qu'il ne voudroit pas qu'on mît des piédestaux dans les ordres supérieurs, parce qu'ils portent à faux. D'autant que la saillie de la base des colonnes supérieures porte déjà à faux sur le nu des colonnes inférieures. Cela est assez bien dit. Mais voilà tout ce qu'il y a de bon, et c'est bien peu.

» Ce Cortone, qui a fait les hôtels de Narmoutier *(sic)* et de Matignon, avoit imaginé une pyramide pour le feu Roi, qui me paroît ridicule. Elle avoit huit faces par en bas, dont quatre principales répondoient aux quatre côtés de la pyramide. Les angles coupés faisoient les quatre autres. Chaque face avoit une niche, où étoit un groupe ou une statue par le bas : première folie contre la solidité et la simplicité d'un ouvrage colossal. Les pans coupés avoient deux retours à chaque angle, formés par les pilastres : seconde sottise de faire ce colifichet à un ouvrage colossal. Il avoit mis tout autour des pilastres d'ordre dorique ; ce qui ne se doit jamais mettre à une pyramide. Car quelles colonnes ou pilastres peuvent la porter? On dira qu'elles ne portent que l'entablement. Mais l'entablement supporte la pyramide. »

Page 188, lignes 28 et 29. — Montesquieu fait ici allusion à *la Vierge à la Chaise,* ainsi que cela ressort d'un passage de ses notes sur les objets d'art de Florence. Parlant du Palais Pitti, qu'il visita le 28 décembre 1728, il exprime en ces termes son admiration pour le chef-d'œuvre de Raphaël (page 65) : « Il y a un très grand nombre de tableaux, tous exquis, et, entre autres, il y a la fameuse *Vierge assise* de Raphaël, qui est autant au-dessus des ouvrages ordinaires de Raphaël que Raphaël est au-dessus des peintres ordinaires. »

Page 189, ligne 1. — Antoine Allegri, dit *le Corrège,* un des maîtres de l'école lombarde, naquit vers 1494 et mourut le 3 mars 1534, à Correggio.

Page 189, ligne 1. — Montesquieu fait ici allusion à des tableaux d'Annibal Carrache, auquel nous avons déjà consacré une note.

Page 189, lignes 1 et 2. — François Mazzuoli ou Mazzola, dit *le Parmesan,* peintre de l'école lombarde, naquit à Parme, le 11 janvier 1504, et mourut à Casal-Maggiore, le 24 août 1540.

Page 189, ligne 2. — Pierre-Paul Rubens, un des maîtres de l'école flamande, naquit à Cologne, le 29 juin 1577, et mourut à Anvers, le 30 mai 1640.

Page 189, ligne 6. — La chapelle dont Montesquieu parle ici est plus connue sous le nom de *Chapelle des Princes*. Cosme II la consacra à la sépulture des princes de sa famille. La construction en avait été commencée en 1604, sous le règne de Ferdinand Ier, qui la destinait à recevoir le saint Sépulcre, comme Montesquieu le dit plus loin.

Page 189, ligne 10. — Ferdinand Ier, fils de Cosme Ier, s'était engagé, d'abord, dans les ordres et fut promu cardinal en janvier 1563. Mais, à la mort de son frère François Ier, il devint grand-duc de Toscane, le 19 octobre 1587, se démit ensuite de la pourpre, et se maria avec Catherine de Lorraine. Il mourut le 7 février 1609.

Page 189, lignes 10 et 11. — Ferdinand II, fils de Cosme II, naquit le 14 juillet 1610, succéda à son père le 28 février 1621, et mourut le 23 mai 1670.

Page 191, lignes 12 et 13. — Dominique Beccafumi, peintre de l'école florentine, naquit près de Sienne, en 1486, et mourut à Sienne, en mai 1551.

Page 191, ligne 20. — Jean-Laurent Bernini, dit *le cavalier Bernin*, sculpteur, architecte et peintre, naquit à Naples, en 1589, et mourut à Rome, le 28 novembre 1680.

Page 194, ligne 19. — *Les Délices de l'Italie* étaient une sorte d'itinéraire illustré, qui fut réimprimé plusieurs fois, au XVIIIe siècle, et même traduit en allemand. Dans le privilège de l'édition, en 4 volumes in-12, qui parut à Paris en 1707, il est dit que le libraire P. Ribou est autorisé à faire paraître « *Les Délices de l'Italie ou Description exacte de ce Pays, de ses principales Villes et de toutes les Raretez qu'il contient*, enrichie de figures en taille-douce, par le sieur de Rogissart et H*** », lisez *Havard*. Lorsque Montesquieu qualifie l'ouvrage de *mauvais*, il a tellement raison que l'éditeur qui republia *Les Délices*, en 1743, à Amsterdam, chez P. Morlier, avoua que M. de Rogissart s'était « tellement oublié qu'il » donnait « César pour Annibal, les Parthes pour les Daces,... des toises pour des coudées[1]. »

Page 194, lignes 29 et 30. — L'inscription dont Montesquieu va citer un fragment est reproduite en entier dans *Les Délices de l'Italie*. Au tome Ier, page 328, de l'édition de 1743, on en trouve, en effet, le texte conçu en ces termes : « *Desiderius, ultimus Insubrium rex, Longulam, Vetuloniam atque Volturnam mœnibus cinxit, et, Etruriæ priore nomine inducto, Viterbium, mulcta capitis indicta, appellari jubet, salutis anno DCC LXXIII.* »

Page 194, ligne 30. — Didier ou Désidérius, duc de Toscane, succéda en 756 à Astolfe, roi des Lombards, et fut détrôné en 774 par Charlemagne. Ce dernier ajouta, d'ailleurs, à ses titres celui de *roi des Lombards*. Quant à Didier, il mourut dans le monastère de Corbie.

Page 195, ligne 5. — C'est par erreur que Montesquieu dit que, de Viterbe à Rome, *on trouve des endroits de la voye « Appia »*. La voie Appienne était au sud de Rome. En venant du nord, on rencontre surtout les restes de la *via Cassia*. Le Président

1. Tome Ier, *Préface*.

n'aurait-il pas confondu ici la *via Appia,* œuvre d'Appius Claudius, avec la *via Claudia?* Celle-ci s'embranchait, en effet, sur la *via Cassia,* près des ruines de Véies.

Page 197, ligne 1. — La Congrégation de l'Immunité était un conseil formé de quelques cardinaux, d'un clerc de chambre, d'un auditeur de Rote et d'un référendaire, conseil qui statuait, à Rome, sur le cas des criminels que les autorités publiques demandaient à arrêter dans les églises où ils s'étaient réfugiés.

Page 197, ligne 17. — Louis-Dominique Bourguignon, dit *Cartouche,* né en 1693, fut exécuté le 28 novembre 1721, en place de Grève, après avoir exploité la Normandie, d'abord, et Paris, ensuite, à la tête d'une bande de voleurs.

Page 197, lignes 19 à 21. — Louis-Antoine de Noailles, né le 27 mai 1651 et mort le 3 mai 1729, fut nommé successivement aux évêchés de Cahors et de Châlons-sur-Marne; puis, à l'archevêché de Paris, le 19 août 1695. Il fut promu cardinal en novembre 1699. Longtemps il s'opposa à la bulle *Unigenitus.* Il finit cependant par écrire au pape Benoît XIII, le 19 juillet 1728, une lettre de soumission, après laquelle il publia, le 11 octobre suivant, un mandement conforme. Montesquieu revient un peu plus loin sur cette affaire.

Page 197, ligne 26. — Le nom de *Molinistes* était donné aux partisans des doctrines professées par le Jésuite Louis Molina, dont nous avons dit un mot à l'occasion du père Serry.

Page 198, ligne 2. — Il s'agit ici de la Congrégation du Saint-Office ou de l'Inquisition, instituée par Paul III, en 1542, et confirmée par Sixte-Quint, en 1588. Son attribution essentielle était de veiller à la pureté de la foi. Elle était composée de douze cardinaux, présidée par le grand-pénitencier et assistée d'un cardinal secrétaire; mais cette congrégation comprenait, en outre, des prélats, un commissaire, des théologiens consulteurs, etc., n'ayant pas voix délibérative.

Page 198, lignes 3 et 4. — On appelait *Bénéventins,* à Rome, les favoris du pape Benoît XIII, qui n'oublia jamais qu'il avait été archevêque de Bénévent.

Page 198, ligne 13. — Au XVIIIe siècle, les Jésuites dirigeaient le Collège Romain, qui leur a été enlevé en 1870, et qui a reçu le nom de *Liceo Ennio-Quirino Visconti.* — Montesquieu revient plus loin sur ce collège.

Page 198, ligne 25. — Dominique Zampieri, dit *le Dominiquin,* peintre de l'école bolonaise, et, de plus, architecte et sculpteur, naquit à Bologne, en 1581, et mourut à Naples, en 1641.

Page 199, ligne 6. — L'église que Montesquieu appelle les *Grands-Jésuites* est celle qui est connue sous le nom d'*il Gesù :* elle fut commencée par Vignole, en 1568, et terminée, en 1575, par Jacques della Porta.

Page 199, ligne 13. — Le manuscrit donne *Lamanato,* au lieu de *Ammanati.* — Barthélemy Ammanati, architecte et sculpteur, qui eut pour maîtres Baccio Bandinelli et le Sansovino, naquit en 1510 et mourut en 1592, à Florence. Mais ce n'est pas lui qui dessina le plan de l'Église du Collège des Jésuites ou de Saint-Ignace-de-Loyola. Commencée en 1626 et terminée en 1675, cette église fut bâtie sur le plan du père Grassi, sauf la façade qui est l'œuvre de l'Algarde. L'erreur de Montesquieu s'explique. C'est Ammanati qui construisit le Collège Romain proprement dit, sous les pontificats de Grégoire XIII et de Sixte-Quint.

Page 199, ligne 17. — Athanase Kircher, né le 2 mai 1602, à Geisa, en Saxe, et mort le 28 novembre 1680, à Rome, étudia les mathématiques, la physique, l'histoire naturelle, la médecine, la philologie, etc. Il entra en 1618 dans la Société de Jésus. Les collections qu'il a laissées valent mieux que ses écrits, où il fait preuve d'une science plus variée que solide.

Page 199, lignes 19 et 20. — On appelait, au XVIIIe siècle, *bouteilles d'Allemagne* ce que nous désignons aujourd'hui sous le nom de *larmes de verre* ou de *larmes bataviques,* sortes de cristallisations qui se forment par le brusque refroidissement d'une masse de verre en fusion tombant dans l'eau froide.

Page 200, lignes 1 et 2. — La Chambre apostolique était le conseil des finances qui dirigeait la perception et l'emploi des revenus du Saint-Siège, dont il administrait les domaines.

Page 200, ligne 12. — On sait qu'on désignait sous le nom de *la Constitution* la bulle *Unigenitus,* par laquelle le pape Clément XI condamna, le 8 septembre 1713, cent et une propositions que le père Quesnel avait avancées dans ses *Réflexions morales sur le Nouveau-Testament, les Actes et les Épîtres des Apôtres,* ouvrage publié pour la première fois en 1671.

Page 200, ligne 29. — Antoine-Joseph-Amable Feydeau, né en 1658 et mort le 3 décembre 1741, était général des Carmes quand il fut nommé, le 1er novembre 1728, évêque de Digne.

Page 201, lignes 24 et 25. — Alexandre Albani, né à Rome, le 19 octobre 1692 et mort le 11 décembre 1779, était neveu du pape Clément XI. Il fut promu cardinal le 20 juillet 1721 et devint protecteur du royaume de Sardaigne, d'abord, et de l'Empire, ensuite. C'était un amateur passionné et très compétent des beaux-arts. Il fit de Winckelmann son bibliothécaire. Nous aurons à reparler de ses collections, auxquelles il consacra le meilleur de ses revenus, au point d'éprouver parfois les plus grands embarras pécuniaires.

Page 202, lignes 3 à 6. — Horace Albani, frère de Clément XI, et Bernardine Ondedéi, sa femme, eurent trois fils : Annibal, qui devint cardinal, et dont il sera question dans la suite du *Voyage;* Charles (1687-1724), qui épousa une Borromée et devint duc et plus tard prince de Soriano; et Alexandre, dont nous venons de parler dans la note précédente. Quand Montesquieu arriva à Rome, Charles était mort.

Page 203, ligne 5. — Le paragraphe commençait par les mots, maintenant biffés, *La fureur du Pape,* au lieu de *Le Pape.*

Page 203, ligne 14. — Jean-François Albani, né à Pesaro, le 21 juillet 1649 et mort le 19 mars 1721, fut promu cardinal le 13 février 1690. Le 23 novembre 1700, il fut élu pape et prit le nom de *Clément XI.* Dans ses *Pensées* manuscrites (tome II, folio 216), Montesquieu dit :

« Les princes sont toujours en prison. Clément XI disoit : « Quand j'étois homme privé, je connaissois tout le monde à » Rome, et le mérite de chacun. A présent que je suis pape, je ne » connois plus personne. »

Page 203, lignes 14 à 16. — Par une bulle en date du 7 novembre 1716, Clément XI avait érigé en église métropolitaine et patriarcale la chapelle du roi de Portugal. Il récompensait ainsi Jean V des secours que ce prince lui avait envoyés, pour le protéger contre les Turcs. Le premier patriarche du nouveau siège fut Thomas d'Almeida, évêque de Porto, qui, nommé le 7 décembre 1716, mourut le 27 février 1754.

Page 203, ligne 21. — Le manuscrit donne *embasciata,* qui n'est pas italien. Il faut lire sans doute *imbasciata* ou *ambasciata.* Désignait-on par ce mot les démarches indiscrètes que les domestiques faisaient à Rome auprès des personnes qui étaient reçues par leurs maîtres?

Page 204, ligne 2. — Le mot *livres* a été substitué, dans le manuscrit, à celui d'*écus.*

Page 204, ligne 13. — Alvar de Cienfuegos, né en 1657, dans les Asturies, enseigna, d'abord, la philosophie à Saint-Jacques-de-Compostelle, et, puis, la théologie à Salamanque. Nommé successivement évêque de Catane et archevêque de Montréal, il fut promu cardinal le 30 septembre 1720 et devint protecteur de l'Empire en 1722. Il mourut en 1739.

Page 204, ligne 14. — Jean-Thomas Enriquez de Cabrera, duc de Medina-del-Rioseco et comte de Melgar, *amirante* héréditaire de Castille, fut gouverneur de Milan et conseiller d'État, sous le règne de Charles II. Envoyé à Paris, en 1702, comme ambassadeur de Philippe V, il trahit ce prince et passa en Portugal avec Cienfuegos, son confesseur. Il y mourut, déconsidéré, le 29 juin 1705.

Page 204, ligne 15. — Le mot *Il* se rapporte, bien entendu, à *Amirante.*

Page 204, lignes 19 à 21. — Montesquieu fait ici allusion à deux ouvrages de Cienfuegos : l'un, sur l'Eucharistie, en un volume in-folio, fut édité à Rome, en 1728, chez Antoine de Rossi *(Vita abscondita seu Speciebus eucharisticis velata...)*; l'autre, sur la Trinité, en deux volumes, également in-folio, fut imprimé à Vienne (Autriche), en 1717, chez J. Van Ghelen (*Ænigma theologicum, seu potius Ænigmatum... Compendium...; qua ... oritur clarissima ... Explicatio ... Trinitatis et Libertatis divinæ...*). Ce dernier ouvrage, dont le titre complet prendrait vingt-cinq à trente lignes, contient des propositions qui faillirent empêcher la promotion de Cienfuegos au cardinalat.

Au folio 402, v°, de son *Spicilegium,* Montesquieu a, d'ailleurs, écrit la note suivante :

« Le cardinal de Cienfuegos a fait un très beau livre, in-folio, sur les Mystères. Il croit que, si Dieu vouloit s'incarner de nouveau, il ne s'incarnerait que dans la maison d'Autriche; que, par l'eucharistie, l'âme de Jésus-Christ est attachée à l'âme du communiant, jusques à ce que le péché la décolle. »

Page 205, lignes 1 et 2. — Le cardinal Alexandre Albani vendit, en 1728, à Auguste II, électeur de Saxe et roi de Pologne, trente-deux statues. On cite, parmi elles, *la Vénus de Dresde,* un *Fils de Niobé,* et trois *Lions* égyptiens. Ch. Justi, dans son livre sur *Winckelmann* [1], dit que ces statues ne furent payées que 20,000 écus. Le Cardinal était alors dans une détresse qui l'obligeait à se défaire de sa collection. Il en fit d'ailleurs une seconde aussitôt qu'il eut à peu près rétabli ses finances.

Page 205, ligne 7. — On appelait, en Italie, *monti* les banques ou caisses publiques, et *luogi de' monti* les titres de rente perpétuelle, dont Montesquieu parle à la page 215, ligne 22.

1. *Winckelmann, sein Leben, seine Werke und seine Zeitgenossen,* par Ch. Justi (Leipzig, F.-C.-W. Vogel, 1866-1872), tome II, 1re partie, page 303.

Page 205, ligne 27. — Le président de Brosses cite, parmi les pierres gravées qu'il vit dans le Palais Strozzi, « deux admirables camées de Livie et de *Septime Sévère* [1] », mais non pas d'*Auguste*.

Page 206, ligne 10. — Pierre Guérin de Tencin, né le 22 août 1680 et mort le 8 mars 1758, fut nommé, d'abord, archevêque d'Embrun, le 6 mai 1724; puis, de Lyon, le 24 septembre 1740. Entre ces deux dates, il avait été promu cardinal, le 23 février 1739. A deux reprises, il remplit à Rome des missions diplomatiques et fut même nommé ministre d'État le 30 août 1742.

Page 206, ligne 10. — Jean-Joseph Languet de Gergy, né le 25 août 1677 et mort le 11 mai 1753, fut nommé évêque de Soissons le 5 janvier 1715 et archevêque de Sens le 25 décembre 1730.

Page 206, lignes 18 à 21. — Le cardinal de Tencin avait tort de se méfier de la nomination du Prétendant. Dans une de ses *Lettres*, le président de Brosses rapporte, en effet, qu'on lui avait dit à Rome : « Sans le roi d'Angleterre, il n'y a pas d'apparence que le concile d'Embrun eût servi de beaucoup » au cardinal « qui vient d'être nommé [2]. » Ce cardinal n'était autre que Tencin.

Page 206, ligne 28. — Pierre Vannucci, dit *le Pérugin*, le maître de Raphaël, naquit à Castello-della-Pieve, en 1446, et mourut au château de Fontignago, en 1524.

Page 207, ligne 2. — Daniel Ricciarelli, dit *Daniel de Volterra*, peintre de l'école florentine et sculpteur, naquit à Volterra, vers 1509, et mourut à Rome, le 4 avril 1566.

Page 207, lignes 16 et 17. — Les auditeurs de Rote sont les membres d'une juridiction qui statue en appel, à Rome, sur les affaires ecclésiastiques de la plupart des états catholiques. Elle se compose de douze juges. Le roi de France avait le droit d'en nommer un, qu'on désignait sous le titre d'*auditeur de Rote français*.

Page 207, ligne 21. — En 1803, l'Académie de France, où les grands prix de l'École des Beaux-Arts de Paris vont compléter leurs études, a été installée dans la Villa Médicis. L'Académie occupait auparavant le Palais Mancini. C'est Louis XIV qui fonda, en 1666, cette École de Rome, dont Montesquieu désirait qu'on envoyât les élèves se perfectionner encore à Venise.

Page 207, ligne 28. — Néron, né à Antium, le 15 décembre 37, succéda à l'empereur Claude Ier, le 13 octobre 54, et mourut

1. *Lettres familières*, tome II, page 110.
2. *Lettres familières*, tome II, page 134.

près de Rome, le 9 juin 68. Il fit bâtir des thermes à l'imitation d'Agrippa. Mais il prodigua surtout les trésors de l'Empire pour construire cet immense palais dont Montesquieu va parler plus loin.

Page 208, ligne 12. — Domitien, né à Rome, le 23 octobre 51, succéda à l'empereur Titus, le 13 septembre 81, et mourut le 18 septembre 96. Le palais auquel on donne son nom avait été commencé par Vespasien, son père, et continué par Titus, son frère. Il n'occupait qu'une partie de l'emplacement de la célèbre Maison Dorée de Néron.

Page 208, lignes 19 et 20. — Depuis le 22 février 1530, jour où la couronne de fer fut mise, à Bologne, sur la tête de Charles-Quint, par le pape Clément VII, les Espagnols furent les maîtres incontestés de l'Italie, jusqu'aux premières années du XVIIIe siècle. Pendant cent soixante-dix ans et plus, ils possédèrent le royaume des Deux-Siciles et le duché de Milan, qu'administraient les vice-rois qu'ils y envoyaient. Quant au reste de la Péninsule, il subissait leur prépondérance.

Page 208, lignes 23 et 24. — Adrien, né à Rome, le 24 janvier 76, succéda, le 11 août 117, à l'empereur Trajan, son oncle, et mourut à Baïes, le 10 juillet 138. Il fit construire, pour les empereurs de sa famille, un mausolée, qui ne fut achevé qu'au commencement du règne de son successeur Antonin. Au moyen âge, le *Moles Hadriani* fut transformé en une forteresse, qui prit le nom de Château-Saint-Ange, parce que (dit-on) saint Grégoire-le-Grand aurait aperçu au haut de l'édifice, en 593, l'archange saint Michel lui annonçant la fin d'une épidémie.

Page 209, ligne 13. — On sait que *S. P. Q. R.* est l'abréviation de *Senatus Populusque Romanus.*

Page 209, ligne 22. — Annibal Albani, qu'il ne faut pas confondre avec son frère Alexandre, naquit le 15 août 1682 et mourut le 21 septembre 1751. Promu cardinal en 1711, il fut nommé camerlingue de la Sainte-Église en 1719, sous le pontificat de son oncle Clément XI. Le président de Brosses dit, dans ses *Lettres,* à propos du conclave de 1740, que le Cardinal gouvernait « tout... par la supériorité de son génie, l'autorité de sa charge et ses manières impérieuses et terribles »; ajoutant encore : « Il est ennemi des François [1].»

Page 209, ligne 28. — Le cardinal camerlingue, premier officier de la cour de Rome, était le président ordinaire de la Chambre

1. *Lettres familières,* tome II, page 350.

apostolique et régissait les États de l'Église pendant les vacances du Saint-Siège.

Page 210, lignes 3 et 4. — Le cardinal Albani faisait sans doute allusion aux difficultés qui s'élevèrent entre le pape Clément XI et l'empereur Joseph Ier, et qui aboutirent à la rupture de 1708.

Page 211, ligne 19. — Vespasien, né près de Reate, le 17 novembre 9, fut proclamé empereur, à Alexandrie, le 1er juillet 69, et mourut, le 23 juin 79, aussi près de Reate.

Page 211, lignes 22 à 25. — *Martial* n'est pas l'auteur du distique qui suit. Si Montesquieu a fait cette attribution inexacte, c'est en se souvenant peut-être d'un vers bien connu du poète (*De Spectaculis*, II, 4) :

Unaque jam tota stabat in Urbe domus.

Quant au distique, le Président l'a sans doute cité de mémoire : car le texte qu'il donne n'est pas exact. Voici celui qu'on trouve dans Suétone (*Néron*, XXXIX) :

Roma domus fiet. Veios migrate, Quirites,
Si non et Veios occupat ista domus.

Ces vers sont insérés dans toutes les anthologies latines, et, par exemple, dans celle de Burmann, livre II, épigramme 81.

Page 211, ligne 29. — Le manuscrit donne *Franchini;* mais nous croyons qu'il faudrait *Bianchini*, nom du célèbre astronome et archéologue dont Montesquieu mentionne plus loin la mort et les travaux.

Page 212, ligne 27. — Le manuscrit donne ici et plus loin *Ptoloméi;* mais, en 1724, il n'y avait pas de cardinal s'appelant ainsi. Il y en avait bien un du nom de *Toloméi*, qui était Jésuite. Montesquieu aurait-il écrit *P. Toloméi*, pour *père Toloméi*, et son copiste en aurait-il fait *Ptoloméi*, en un mot? — Jean-Baptiste Toloméi, né à Florence, le 3 décembre 1653, fut promu cardinal le 30 janvier 1713 et mourut le 18 janvier 1726. — Notons que le président de Brosses attribue au cardinal Olivieri le rôle que Montesquieu prête ici à Ptoloméi [1].

Page 212, ligne 28. — Nicolas Coscia, né près de Bénévent, le 25 janvier 1682, sut capter la faveur de Pierre-François Orsini, quand ce dernier n'était pas encore pape. Après l'exaltation de Benoît XIII, il gouverna sous son nom, le remplaça comme ar-

1. *Lettres familières*, tome II, page 142.

chevêque de Bénévent, et fut même promu cardinal le 11 juin 1725. Mais Clément XII lui fit rendre compte de ses actes. Emprisonné, il dut résigner son archevêché et payer d'énormes amendes. Gracié par Benoît XIV, il se retira à Naples, où il mourut en 1755.

Page 213, ligne 2. — Jules Piazza, de Forli, fut nonce à Vienne, avant d'être promu cardinal le 18 mai 1712. Il devint ensuite légat de Ferrare et évêque de Faënza. En 1726, il mourut.

Page 213, ligne 15. — Fabrice Paolucci, de Forli, fut nonce en Pologne et évêque de Ferrare avant d'être promu cardinal, en 1697. Il devint ensuite grand-pénitencier et évêque d'Albano. Quand il mourut, en juin 1726, il était doyen du Sacré-Collège.

Page 213, lignes 24 à 26. — Benoît XIII convoqua à Rome, le 24 décembre 1724, un concile qui s'ouvrit le 15 avril 1725. Il y vint 115 évêques et abbés soumis immédiatement à l'Église de Rome. On y régla, en particulier et très minutieusement, ce qui regardait l'instruction religieuse.

Page 213, ligne 28. — Par *ses rats,* il faut entendre *ses caprices* ou *ses fantaisies :* car, au XVIIIe siècle, on employait couramment le mot de *rats* dans ce sens.

Page 214, lignes 15 et 16. — La prophétie de Montesquieu s'accomplit dans une certaine mesure à la mort de Benoît XIII. Son successeur Clément XII, après avoir essayé vainement de s'entendre avec le roi de Sardaigne au sujet des concordats de 1727 et 1728, déclara ces actes nuls et non avenus le 6 août 1731. L'affaire ne s'arrangea que sous le pontificat de Benoît XIV, ainsi que nous avons eu déjà l'occasion de le dire.

Page 214, ligne 21. — Les *Congrégations* sont des commissions ou conseils institués à la cour de Rome pour étudier ou expédier certaines catégories d'affaires, ecclésiastiques ou administratives. Elles furent réorganisées sous le règne de Sixte-Quint, au moyen de suppressions et de créations nouvelles. Quelques-unes ne comprennent essentiellement que des cardinaux; mais d'autres comptent, en outre, dans leur sein, des prélats, des théologiens, etc.

Page 214, lignes 24 et 25. — Antoine Pignatelli, né à Naples, le 15 mars 1615, fut nommé successivement évêque de Lecce et de Faënza; puis, archevêque de Naples. Promu cardinal en 1681, il devint pape le 12 juillet 1691 et prit le nom d'*Innocent XII.* Il mourut le 27 septembre 1700.

Page 214, ligne 27. — Urbain Sacchetti, Florentin, auditeur général de la Chambre apostolique, fut promu cardinal en 1681 et mourut en 1705.

Page 214, ligne 30. — Maffeo Barberini, Florentin, promu cardinal en septembre 1605 (ou 1606), fut élu pape le 6 août 1623 et prit le nom d'*Urbain VIII*. Il mourut le 29 juillet 1644.

Page 215, ligne 15. — L'*Il* d'*Il croit* désigne sans doute le marquis Sacchetti.

Page 216, ligne 4. — Dans les *Voyages* de Montaigne (publiés après la mort de Montesquieu), on trouve l'expression du même sentiment :

« Je disois des commodités de Rome, entr'autres, que c'est la plus commune ville du monde, et où l'étrangeté et différance de nation se considère le moins : car, de sa nature, c'est une ville rappiécée d'étrangiers; chacun y est comme chez soi[1]. »

Page 216, ligne 24. — François-Antoine Fini, né dans le royaume de Naples, fut évêque d'Avellino avant d'être promu cardinal le 9 décembre 1726. Il mourut en 1743.

Page 216, ligne 28. — Jacques Stanhope, dont nous avons déjà dit un mot, naquit à Paris, en 1673, et mourut à Londres, le 5 février 1721. Il suivit, d'abord, la carrière des armes, et, devenu général, remplit des fonctions, militaires et diplomatiques à la fois, pendant la guerre de la Succession d'Espagne. Vers le mois d'octobre 1708, il entra en pourparlers, indirects et très suspects, avec Philippe, duc d'Orléans, commandant des troupes françaises. Les Anglais prétendent que les premières ouvertures ne vinrent pas de lui ; mais ils avouent qu'il fit espérer au prince la création, à son profit, d'un état indépendant en Navarre et en Languedoc[2]. Pendant cette même guerre, le général Stanhope fut fait prisonnier à Brihuega, le 9 décembre 1710. Après l'avènement de Georges Ier, il devint ministre et un des chefs du parti whig. Le roi le créa successivement vicomte, puis comte de Stanhope, vicomte d'Evaston et lord Mahon.

Page 217, lignes 1 à 3. — Au folio 394, v°, de son *Spicilegium*, Montesquieu parle encore de l'affaire du duc d'Orléans :

« J'ai ouï parler du complot que le duc d'Orléans fit en Espagne avec Stanhope. Ils étoient fous tous deux. Stanhope devoit faire déclarer l'armée angloise et supposer des ordres de la Reine, pendant que M. d'Orléans s'appuieroit des ordres de France. »

Page 217, ligne 4. — Guillaume Dubois, né le 6 septembre 1656 et mort le 10 août 1723, fut précepteur de Philippe d'Orléans.

1. *Journal du Voyage*, page 318.

2. *The Reing of Queen Anne*, par le comte Stanhope (lord Mahon) (Leipzig, B. Tauchnitz, 1870), tome II, page 88.

Lorsque celui-ci devint régent, Dubois fut nommé, d'abord, conseiller d'État en 1715; puis, ministre des affaires étrangères le 24 septembre 1718. Quand il mourut, il était premier ministre depuis le 22 août 1723. De plus, il avait été nommé archevêque de Cambrai le 29 juin 1720 et promu cardinal le 20 juillet 1721. — Le rôle que le cardinal de Polignac attribue à Dubois ne paraît point avoir été joué par lui[1].

Page 217, ligne 6. — Anne-Marie de La Trémouille naquit vers 1642 et mourut le 5 décembre 1722. Veuve d'Adrien-Blaise de Talleyrand, prince de Chalais, dont elle fut la femme de 1659 à 1670, elle se remaria, en mars 1675, avec Flavio Orsini, duc de Bracciano et de Santo-Gemini. Elle exerça, pendant treize ans, une influence dominante à la cour d'Espagne, où elle remplit les fonctions de *camerera mayor* tant que dura le mariage de Philippe V avec sa première femme. Mais, à peine la seconde, Élisabeth Farnèse, fut-elle arrivée dans le royaume, qu'elle renvoya la duchesse, le 23 décembre 1714. Mad^e^ des Ursins se retira alors en Italie, où elle finit sa vie à Rome.

Page 217, lignes 5 et 6. — Il s'agit sans doute ici de l'emprisonnement de Deslandes de Regnault et de Flotte, deux hommes du duc d'Orléans, successivement arrêtés, vers le mois de juin 1709, par ordre de Philippe V.

Page 217, lignes 7 et 8. — Louis-François de La Cerda Aragon, duc de Médina-Celi, remplit, entre autres fonctions, celles d'ambassadeur à Rome, de vice-roi de Naples, de président du Conseil des Indes, mais devint suspect à Philippe V, fut arrêté en avril 1710, et mourut à Pampelune, le 26 janvier 1711.

Page 217, ligne 9. — Philippe, duc d'Anjou, petit-fils de Louis XIV, né le 19 décembre 1683 et mort le 9 juillet 1746, fut appelé au trône d'Epagne, en vertu du testament du roi Charles II, qui mourut le 1er novembre 1700. On sait de quelle guerre son avènement fut la cause. Le 10 janvier 1724, il abdiqua au profit de son fils Louis; mais, le 6 septembre suivant, à la mort de ce dernier, il reprit la couronne.

Page 218, ligne 17. — Gaspard Cerati naquit à Parme, en 1690. Il entra dans la Congrégation de l'Oratoire et vécut à Rome, où il fréquenta le cardinal de Polignac. C'est chez ce dernier qu'il connut Montesquieu et noua avec lui des relations que la mort

1. Voyez dans la *Revue historique* (tome XLIII, pages 1 et 241), les articles de M. Alf. Baudrillard sur *Les Intrigues du Duc d'Orléans en Espagne*.

seule devait rompre. Jean-Gaston, grand-duc de Toscane, le nomma prélat de l'ordre de Saint-Étienne et provéditeur de l'Université de Pise. Plus tard, le père Cerati entreprit un voyage en France, d'où il passa en Angleterre et en Allemagne. Il mourut à Florence, le 19 juin 1769.

Page 218, lignes 25 et suivantes. — Les observations de Montesquieu sur les environs de Rome peuvent être rapprochées de celles que Montaigne inséra dans ses *Voyages:* « Les avenues de Rome, quasi partout, se voient pour la plupart incultes et stériles, soit par le défaut du terroir, ou, ce que je treuve plus vraisemblable, que cete ville n'a guiere de maneuvres et homes qui vivent du travail de leurs meins. En chemin, je trouvai, quand j'y vins, plusieurs troupes d'hommes de villages, qui venoint, des Grisons et de la Savoie, gaigner quelque chose en la saison du labourage des vignes et de leurs jardins; et me dirent que, tous les ans, c'étoit leur rante [1]. »

Page 220, ligne 8. — Jean-Baptiste Lulli, violoniste et compositeur, naquit à Florence en 1633, et mourut à Paris, le 22 mars 1687.

Page 220, ligne 20. — Horace, *Épîtres*, I, x, v. 24.

Page 221, ligne 8. — François Bernardi, dit *Senesino*, naquit à Sienne, vers 1680, et chanta à Dresde, Londres, Florence, etc., jusqu'en 1739, au moins.

Page 221, ligne 9. — Charles Scalzi, chanteur, naquit à Voghera, dans le Milanais, brilla principalement vers 1725, et finit par se retirer à Gênes, dans la Congrégation de l'Oratoire.

Page 221, lignes 18 à 21. — Ving-cinq ans après, l'abbé Richard faisait les mêmes observations que Montesquieu sur la danse des Italiens et les notait dans sa *Description... de l'Italie...* (tome V, page 180, de l'édition de 1770).

Page 222, ligne 2. — Félix Perretti, né le 13 décembre 1521, devint général de l'ordre de saint François et puis évêque de Sainte-Agathe et de Fermo. Promu cardinal en mai 1570, il fut élu pape le 24 avril 1585 et prit le nom de *Sixte-Quint*. Il mourut le 27 août 1590.

Page 222, ligne 4. — Depuis Sixte-Quint, le titre de « prince du *Soglio* » (ou « du Trône ») appartenait aux neveux du pape régnant, et, en outre, aux Colonnas et aux Orsinis, parce que ces princes assistaient le Pape, lorsque celui-ci paraissait publiquement, sur son trône.

1. *Journal du Voyage*, page 284.

Page 222, ligne 12. — Antoine Houdar de La Motte, né le 17 janvier 1672 et mort le 26 décembre 1731, écrivit des pièces lyriques, des comédies et des tragédies. Son *Romulus* fut représenté, pour la première fois, à Paris, le 8 janvier 1722. La Motte est surtout connu pour la part qu'il prit à la querelle des Anciens et des Modernes, contre les Anciens.

Page 222, ligne 13. — Le Collège Clémentin, où l'on élevait en partie la jeune noblesse de Rome, était dirigé par la Congrégation des Somasques, fondée, en 1531, par le Vénitien Jérôme Émiliani. Dans ses *Pensées* manuscrites (tome III, folio 352, v°), Montesquieu parle aussi d'une représentation à laquelle il assista au Collège Clémentin; mais, cette fois, il ne nomme point la pièce qu'il vit jouer :

« Nous entendîmes au Collège Clémentin, à Rome, une tragédie détestable, sans aucun mélange de mauvais ni de médiocre. Il n'en faut pas davantage pour perdre le goût des enfants. »

Page 222, ligne 20. — Le manuscrit donne *Stoch,* au lieu de *Stosch.* — Le baron Philippe de Stosch, né à Custrin, dans le Brandebourg, en 1691, et mort à Florence, le 6 novembre 1757, vécut, de 1720 à 1731, à Rome. Il y avait la mission de surveiller le Prétendant dans l'intérêt du roi de la Grande-Bretagne. Mais ses connaissances en art et en archéologie lui avaient fait une situation tout exceptionnelle dans la société romaine.

Page 222, ligne 21. — Georges II, roi d'Angleterre et électeur de Hanovre, naquit le 30 octobre 1683, succéda à son père Georges Ier, le 11 juin 1727, et mourut le 25 octobre 1760.

Page 224, ligne 18. — La constitution d'Innocent XII, dont Montesquieu parle ici, est datée du 23 octobre 1692 et se trouve à la page 277 du tome IX du *Bullarium Romanum* (Rome, Jér. Mainardi, 1734).

Page 224, lignes 28 et 29. — L'observation finale de ce paragraphe doit avoir été ajoutée après coup au manuscrit du *Voyage en Italie.* Elle semble renvoyer, en effet, aux réflexions que Montesquieu a insérées dans le chapitre XIX du livre V de *l'Esprit des Lois,* sur la vénalité des charges. Rien d'analogue ne se trouve dans les *Lettres Persanes,* ni même dans les *Considérations sur... la Grandeur des Romains.*

Page 225, lignes 1 à 16. — Montesquieu fait sans doute allusion à des faits qui ont dû se produire alors que Jean III, roi de Pologne, passait l'hiver de 1674 à 1675, en Podolie, où il s'était établi à Bratzlaw, dans des cantonnements affreux.

Page 225, lignes 17 et suivantes. — Il est curieux de rapprocher ce paragraphe du *Voyage en Italie* des réflexions, toutes contraires, qu'on lit sur les élections, dans le chapitre II du livre II de *l'Esprit des Lois :* « Le Peuple est admirable pour choisir... »

Page 225, lignes 20 à 23. — Voyez ce que Montesquieu dit sur Terentius Varron dans le chapitre IV des *Considérations sur... la Grandeur des Romains.*

Page 226, ligne 1. — La Galerie Farnèse dépend du Palais Farnèse, où sont, de nos jours, installées l'Ambassade de France près le roi d'Italie et l'École archéologique de France à Rome.

Page 226, lignes 4 et 5. — Montesquieu parle *des Carrache,* au pluriel, parce qu'Annibal Carrache, qui fut chargé du travail, se fit aider par son frère Augustin, né à Bologne, en 1558, et mort en 1601.

Page 226, ligne 7. — François Albani, dit *l'Albane,* peintre de l'école bolonaise, naquit à Bologne, en 1578, et mourut en 1660.

Page 226, lignes 28 et 29. — Montesquieu revient sur la question des pêches hollandaises, dans ses *Pensées* manuscrites (tome Ier, page 342) :

« C'est un terrible article contre l'Italie et l'Espagne que celui des pêches hollandoises, françoises, angloises. Ces nations seroient intéressées à changer leur manière d'abstinence. »

Page 227, ligne 8. — Dans le manuscrit, le mot *elle* a été substitué au mot *qui.*

Page 227, ligne 13. — Dans le manuscrit, le mot *singulier* est biffé à la suite des mots *le talent.*

Page 230, ligne 24. — Le manuscrit donne ici et ailleurs *Marat,* au lieu de *Maratta.* — Charles Maratta ou Maratti, peintre de l'école romaine, naquit à Camerano, le 13 mai 1625, et mourut à Rome, le 15 décembre 1713.

Page 234, ligne 12. — Lucius Cornelius Sylla, né en 136 et mort en 78 avant Jésus-Christ, exerça pendant quelque temps, à Rome, une dictature sanglante, mais abdiqua deux ans avant sa mort ; ce qui a fourni à Montesquieu le sujet du *Dialogue de Sylla et d'Eucrate,* imprimé pour la première fois dans le *Mercure de France* de février 1745.

Page 234, ligne 16. — Camille Rusconi, Milanais, fut élève d'Hercule Ferrata et dut mourir en *novembre ou décembre « 1728 »* (et non *1729*), puisque Montesquieu connut sa mort à Rome, qu'il quitta définitivement en juillet 1729.

Page 234, ligne 20. — Pierre Le Gros, sculpteur, élève de Pierre Le Gros, son père, et de Lepautre, naquit à Paris, en 1656, et mourut à Rome, le 3 mai 1719.

Page 234, ligne 24. — François Borromini, architecte, naquit à Bissone, en 1599, et mourut à Rome, en 1667.

Page 235, ligne 29. — La phrase qui suit les mots *surtout celui-ci* a été légèrement biffée après coup et marquée en marge d'une croix. — Disons que le père Cloche s'était exprimé si librement sur Benoît XIII, avant l'exaltation de ce pape. Le président de Brosses, rapporte, en effet, le propos qu'on lui prêtait en ces termes : « *Il cardinale Orsini è come il corno da caccia, duro, torto et vuoto* [1]. »

Page 236, lignes 20 et 21. — Montesquieu ne reproduit pas exactement le texte de Florus, qui est ainsi conçu (livre Ier, chapitre XI) : « *Tibur, nunc suburbanum, et* æstivæ Præneste *deliciæ*... nuncupatis in Capitolio votis petebantur. »

Page 236, lignes 25 à 29. — En 1729, Rome n'était plus la ville dont Montaigne disait dans ses *Voyages* : « Les églises sont à Rome moins belles qu'en la pluspart des bones villes d'Italie, et, en général, en Italie et en Allemaigne, encore communéemant moins belles qu'en France [2]. »

Page 237, lignes 2 et 3. — Dioclétien, né en 245, à Doclea, en Dalmatie, succéda à l'empereur Numérien, le 17 septembre 284, abdiqua le 1er mai 305, et mourut à Salone, en 313. Les thermes qui portent son nom furent commencés par lui et par Maximien Hercule, son collègue. Mais ils ne furent achevés et inaugurés que par ses successeurs, Constance-Chlore et Galère.

Page 237, ligne 21. — Laurent Corsini, né le 7 avril 1652 et mort le 6 février 1740, fut promu cardinal le 17 mai 1706. Après la mort de Benoît XIII, il fut élu pape le 12 juillet 1730 et prit le nom de *Clément XII*. Montesquieu parle encore de lui, dans la suite de son *Voyage*; mais il ne prévit point son exaltation.

Page 237, ligne 26. — Par *les ducs*, il faut entendre les ducs de Ferrare, dont le dernier, Alphonse II d'Este, mourut en 1597 et ne laissa pas d'héritier légitime, ce dont le pape Clément VIII s'autorisa pour s'emparer de son duché.

Page 238, lignes 28 à 29. — Jacques Barozzio, dit *Vignole*, architecte et peintre, naquit à Vignola, en 1507, et mourut à Rome, en 1573.

Page 239, ligne 11. — Don Philippe Juvara naquit à Messine, en 1685, et mourut à Madrid, en 1735. Victor-Amédée II, lors de son voyage en Sicile, le ramena en Piémont et lui donna

1. *Lettres familières*, tome II, page 140.
2. *Journal du Voyage*, page 278.

l'abbaye de Selve. Juvara était, en effet, architecte et ecclésiastique à la fois. — Quatremère de Quincy l'appelle *Ivara*, dans le tome II de son *Histoire... des plus célèbres Architectes*[1].

Page 240, ligne 24. — Paul Bril, peintre de l'école flamande, naquit à Anvers, en 1556, et mourut à Rome, en 1626.

Page 241, ligne 16. — Jean-Baptiste Cibo, né à Gênes, fut d'abord évêque de Molfetta. Promu cardinal en 1473, il fut élu pape le 29 août 1484 et prit le nom d'*Innocent VIII*. Il mourut le 25 juillet 1492.

Page 241, ligne 17. — Le manuscrit donne *Lucide Robbia*, au lieu de *Luca della Robbia*. — Lucas di Simone di Marco della Robbia, sculpteur, dont les terres cuites émaillées ont surtout popularisé le nom, naquit à Florence, vers 1400, et mourut en 1482.

Page 241, ligne 18. — Ce n'est pas dans le *Voyage en Italie*, mais dans ses notes sur les objets d'art de Florence (page 56), que Montesquieu parle de l'invention des terres cuites émaillées.

Page 241, ligne 27. — En italien, on appelle *fontanella*, *fontanella della gola* ou *del collo*, le creux de la gorge.

Page 242, ligne 12. — Charles XII, roi de Suède, naquit le 27 juin 1682, succéda à son père Charles XI le 15 avril 1697, et fut tué au siège de Frederikshald, le 30 novembre 1718.

Page 242, lignes 13 à 17. — Ici, comme à la page 73, Montesquieu emploie le pronom *il* pour désigner tantôt Albéroni et tantôt une autre personne : car, à partir de la proposition qui commence par les mots *qu'il changea ensuite*, *il* désigne Charles XII, roi de Suède.

Page 242, ligne 15. — Le manuscrit donne *Frederichal*, au lieu de *Frederikshald*.

Page 243, lignes 4 et 5. — Le manuscrit donne *Petersborough*, au lieu de *Peterborough*. — Charles Mordaunt, comte de Peterborough, né en 1658 et mort en 1735, commanda les troupes anglaises en Espagne, pendant les campagnes de 1705 et de 1706. Rappelé en 1707, il ne reçut plus que des missions diplomatiques. Ce fut peut-être même de son chef qu'il travailla, en 1719, à la chute d'Albéroni, en irritant le duc de Parme contre le Cardinal.

Page 243, ligne 7. — François Farnèse naquit le 19 mai 1678, succéda, le 8 décembre 1694, à son père Ranuce II, duc de Parme et de Plaisance, et mourut le 26 février 1727.

1. *Histoire de la Vie et des Ouvrages des plus célèbres Architectes...*, par M. Quatremère de Quincy (Paris, Adr. Le Clère et Cie, 1830), tome II, pages 273 et suivantes.

Page 243, ligne 19. — Georges-Louis, fils d'Ernest-Auguste, duc de Brunswick-Lunebourg, premier électeur de Hanovre et arrière-petit-fils (par sa mère) de Jacques Ier, roi d'Angleterre, naquit le 28 mai 1660. Il succéda à son père le 28 janvier 1698. A la mort de la reine Anne (1er août 1714), il fut appelé au trône de la Grande-Bretagne et régna, sous le nom de *Georges Ier*, jusqu'à sa mort (11 juin 1727).

Page 243, ligne 20. — Le manuscrit donne *Fourbin*, au lieu de *Forbin*. — Claude, chevalier de Forbin, né le 6 août 1656 et mort le 4 mars 1733, servit dans les armées françaises de terre et de mer. Pendant la guerre de la Succession d'Espagne, ses exploits lui valurent le grade de chef d'escadre. Mais l'insuccès de l'expédition qu'il avait été chargé de conduire, en 1708, et qui avait pour objet de transporter le prétendant Jacques III sur les côtes de l'Écosse, le fit mal recevoir à la cour de France; si bien qu'il quitta le service.

Page 243, ligne 31. — Guillaume Daubenton, né à Auxerre, le 21 octobre 1648 et mort le 7 août 1723, à Madrid, entra dans la Société de Jésus, en 1665, et fut confesseur de Philippe V, roi d'Espagne, de 1700 à 1705 et de 1716 à 1723.

Page 244, ligne 1. — C'est, bien entendu, *Philippe V*, roi d'Espagne, que Montesquieu désigne ici sous le nom de *Philippe* tout court.

Page 244, ligne 7. — Le Consistoire est une assemblée solennelle des cardinaux sous la présidence du Pape.

Page 244, ligne 20. — Corneille Bentivoglio, de Ferrare, suivit, d'abord, la carrière des armes. Entré dans les ordres, il fut bientôt envoyé comme nonce en France. Promu cardinal le 19 novembre 1719, il mourut en 1732.

Page 244, ligne 22. — Le mot *robba* ou plutôt *roba* est pris ici dans le sens de *marchandise*.

Page 244, ligne 26. — Est-ce du cardinal de Polignac que Montesquieu parle ici?

Page 245, ligne 1. — Le manuscrit donne tantôt *Coradini* et tantôt *Coralini*, au lieu de *Corradini*. — Pierre-Marcelin Corradini, de Sezza, fut promu cardinal le 30 janvier 1713 et, plus tard, nommé évêque de Tusculum. Il mourut en 1743.

Page 245, ligne 14. — Vincent-François Desmarets fut évêque de Saint-Malo du 17 septembre 1702 au 27 septembre 1739.

Page 245, ligne 15. — Henri, comte de Thiard de Bissy, né au château de Pierre, le 25 mai 1657, fut nommé successivement évêque de Toul et de Meaux. Il fut promu cardinal le 29 mai

1715. Le 26 juillet 1737, il mourut à l'abbaye de Saint-Germain-des-Prés, dont il était abbé.

Page 246, ligne 7. — Peut-être faut-il lire *sa Tentation*, plutôt que *la Tentation*.

Page 246, ligne 20. — François Bianchini, né le 13 décembre 1662 et mort le 2 mars 1729, se distingua par ses travaux astronomiques et archéologiques. Nous ne citerons, parmi ses ouvrages, que le suivant, qui fut publié, après sa mort, par son neveu Joseph Bianchini : *Del Palazzo de' Cesari, opera postuma* (Vérone, 1738, grand in-folio).

Page 246, ligne 25. — Jean-Antoine Davia, Bolonais, après avoir été nonce à Vienne, fut nommé évêque de Rimini. Promu cardinal le 18 mai 1712, il devint légat d'Urbin et de la Romagne. Il mourut en 1740.

Page 248, ligne 4. — Camille Borghèse, né à Rome, fut promu cardinal en juin 1596. Élu pape le 16 mai 1605, il prit le nom de *Paul V*. Il mourut le 28 janvier 1621. La fontaine qu'il fit construire, en 1612, se trouve au haut du Janicule. Elle porte son nom : *Fontana Paolina*.

Page 248, ligne 5. — Jean Fontana, qui dessina *la Fontana Paolina*, était frère de Dominique, le plus illustre des architectes de son nom, et oncle de César. Il naquit à Mili, près de Côme, en 1540, et mourut en 1614.

Page 248, ligne 5. — Charles Maderno, neveu et élève de Dominique Fontana, naquit à Bissonna, en 1556, et mourut en 1629.

Page 248, ligne 11. — Jean V, fils de Pierre II, roi de Portugal, né le 22 octobre 1689 et mort le 31 juillet 1750, succéda à son père, le 9 décembre 1706. Lors du traité d'Utrecht il obtint de l'Espagne et de la France des conditions très avantageuses. Louis XIV, en particulier, lui fit abandon des droits qu'il pouvait avoir dans la région du fleuve des Amazones.

Page 248, lignes 18 et 19. — André Sacchi, peintre de l'école romaine, naquit à Rome (ou à Nettuno), en 1600, et mourut à Rome en 1662.

Page 250, ligne 7. — On raconte que saint Jean Népomucène, né, vers 1339, à Nepomuk, en Bohême, aurait été aumônier de Jeanne, épouse de l'empereur Wenceslas, et aurait été noyé dans la Moldau, en 1383, sur l'ordre de ce prince.

Page 250, ligne 17. — C'est Jacques-Édouard Stuart que Montesquieu appelle ici *le chevalier de Saint-Georges*, bien qu'il le désigne plus généralement sous le nom du *Prétendant*

Page 250, lignes 19 et 20. — Jacques-Édouard Stuart avait épousé, le 28 mai 1719, Marie-Clémentine Sobieska, fille de Jacques-Louis-Henri Sobieski et petite-fille de Jean III, roi de Pologne. Cette princesse était née le 18 juillet 1702 et mourut le 18 janvier 1735. Elle se sépara de son mari au bout de peu d'années.

Page 250, ligne 21. — Jacques Murray, fils de David, vicomte de Stormont, fut nommé, par Jacques III, gouverneur du prince Charles-Édouard et comte de Dumbar. Le président de Brosses, parlant des seigneurs restés attachés au Prétendant, dit : « Le plus distingué de ceux-ci est milord Dumbar, Écossois, homme d'esprit et fort estimé, auquel il a confié l'éducation de ses enfants, quoiqu'il fasse profession de la religion anglicane; ce qui peut être un trait de politique[1]. » — Montesquieu parle encore de lord Dumbar dans la suite du *Voyage en Italie*.

Page 250, ligne 21. — Le manuscrit donne ici *Hest* et plus loin *Hes*, au lieu de *Hay*. — Il y avait, en effet, à la cour du Prétendant, une Mad^{e} Hay, née Marjory Stormont et femme du colonel Jean Hay. On disait même que la Prétendante se montrait jalouse d'elle. Son nom revient plus loin.

Page 250, ligne 22. — L'ordre d'Écosse est l'ordre du Chardon, réorganisé par Jacques II, en 1687. L'étoile qui lui servait d'insigne était suspendue à un ruban bleu. Quant à la devise, elle devait paraître cruellement ironique à la cour du Prétendant : « *Nemo me impune lacessit!* »

Page 251, lignes 1 et 2. — Bologne, qui s'était donnée plusieurs fois aux Papes, sauf à se révolter ensuite, fut annexée définitivement aux États du Saint-Siège sous le pontificat de Jules II, par la capitulation du 10 juin 1512. Au commencement du XVIIIe siècle, elle jouissait encore d'une foule de privilèges, qui lui avaient été reconnus par Nicolas V et ses successeurs. On disait : *Bologna senza fisco e senza citadella*. Comme un état souverain, la Ville entretenait à Rome un ambassadeur, sans parler de l'auditeur de Rote qu'elle avait le droit de nommer. Seulement son représentant était désigné sous le sobriquet d'« *ambasciatore delle Mortadelle* » (ou « des Saucisses »), à raison du rôle important que la charcuterie (disait-on) jouait dans les négociations diplomatiques dont il était chargé.

Page 251, lignes 6 et 7. — Il s'agit du Reno, ainsi que Montesquieu nous l'apprend un peu plus loin.

1. *Lettres familières*, tome II, page 84.

Page 254, ligne 13. — La collection d'œuvres d'art qui se trouvait autrefois dans le Palais Giustiniani a été dispersée.

Page 254, ligne 16. — *La Minerve Giustiniani* ou *Minerve Medica* a été trouvée sur l'emplacement du prétendu temple de la *Minerva Medica* et se voit aujourd'hui dans le Musée du Vatican.

Page 254, ligne 18. — Quel est *le Caravage* dont Montesquieu parle? Polydore Caldara, né à Caravaggio, dans le Milanais, vers 1495, et mort à Messine, en 1543; ou bien Michel-Ange Amerighi, également né à Caravaggio, mais en 1569, et mort sur le chemin de Porto-Ercole, en 1609?

Page 254, ligne 21. — Constantin Ier, né en 273 (?), succéda à Constance-Chlore, son père, le 25 juillet 306, fut seul empereur à partir du 23 septembre 323, et mourut à Nicomédie, le 22 mai 337.

Page 255, lignes 20 à 22. — Au XVIIIe siècle, *le Sénateur du Peuple romain* était le chef de l'administration municipale de Rome. Ce devait être un étranger qui remplissait cette fonction. Il rendait la justice avec des assesseurs, dont les trois premiers, appelés *Conservateurs*, étaient nommés par le Pape, parmi les gentilshommes de la Ville.

Page 255, ligne 23. — Marc-Aurèle, né à Rome, le 26 avril 121, succéda à l'empereur Antonin, en mars 161, et mourut à Vienne (Autriche), le 17 mars 180.

Page 255, lignes 26 et 27. — Michel-Ange ne fit que commencer la construction des Palais des Conservateurs, dont le plan primitif fut modifié en cours d'exécution.

Page 256, ligne 12. — Martin di Lodovico Campanajo, dit *Lorenzetto*, sculpteur et architecte florentin, naquit en 1494 et mourut en 1541.

Page 258, lignes 9 et 10. — Le manuscrit donne : *On voit les 7 sales* (sic) *qui sont 9 grandes galeries.* Le nom de *Sette Sale* a été donné, en effet, à un réservoir dépendant des Thermes de Titus. Mais ce nom proviendrait (à ce que l'on croit) de celui de *Septi Solum* qu'on donnait au quartier dans les temps anciens.

Page 258, lignes 11 et 12. — Le groupe du *Laocoon* fut trouvé, sous le pontificat de Jules II, dans la Vigne de Frédis, entre les *Sette Sale* et l'Église de Sainte-Marie-Majeure.

Page 258, ligne 18. — Jean da Udine ou d'Udine, peintre de l'école romaine, naquit à Udine, le 27 octobre 1487, et mourut à Rome, en 1564.

Page 260, ligne 15. — Tarquin l'Ancien, étranger d'origine, vint s'établir à Rome, succéda au roi Ancus Martius, en 616 avant Jésus-Christ, et régna jusqu'en 578, d'après la tradition.

Page 260, ligne 22. — L'Arc de Sévère fut construit, en 202, à l'honneur de Septime Sevère, qui, né à Leptis, le 11 avril 146, fut proclamé empereur en avril 193, à la place de Didius Julianus, et mourut à York, le 4 février 211.

Page 260, ligne 23. — La Prison Tulliane doit son nom à Servius Tullius (qui fut roi de Rome de 578 à 534 avant Jésus-Christ), parce que (dit-on) ce prince l'aurait fait creuser dans le tuf du Mont-Capitolin.

Page 260, lignes 23 et 24. — La Colonne Trajane fut élevée en l'an 112, par ordre du Sénat et du Peuple romain, en l'honneur de Trajan, qui, né à Italica, le 18 septembre 52, devint collègue de l'empereur Nerva, le 27 octobre 97, régna seul à partir du 28 janvier 98, et mourut à Sélinonte, le 11 août 117.

Page 260, ligne 29. — La colonne faussement appelée *Antonine*, fut élevée en l'honneur de Marc-Aurèle, vainqueur des Marcomans, et non de son prédécesseur Antonin-le-Pieux, qui, né à Lanuvium le 19 septembre 86, succéda à l'empereur Adrien, le 10 juillet 138, et mourut en mars 161. Marc-Aurèle s'appelait *Antoninus*, comme son prédécesseur; ce qui explique la confusion dans l'attribution des colonnes.

Page 261, lignes 7 et 8. — Commode, né le 31 août 161, succéda à l'empereur Marc-Aurèle, son père, le 17 mars 180, et mourut à Rome, le 31 décembre 192.

Page 261, ligne 15. — Dans une lettre qu'il a écrite à l'abbé de Guasco, le 9 avril 1754, Montesquieu dit du père Vitri : « Le seul Jésuite que je voyois [à Rome] étoit le père Vitri, qui venoit souvent dîner chez le cardinal de Polignac; c'etoit un homme fort important, qui faisoit des médailles antiques et des articles de foi [1]. » Dans une des notes qu'il a mises à cette lettre, l'abbé de Guasco nous apprend, en effet, que le père Vitri fut mêlé activement aux affaires de la Constitution et brocantait des médailles.

Page 261, lignes 19 et 20. — Pline, *Histoire naturelle*, XXXIII, XIII, 3.

Page 261, ligne 23. — M. Émile Lalanne, un des numismates les plus distingués de Bordeaux, a bien voulu nous fournir les renseignements suivants sur le *Florentin* dont Montesquieu parle ici. Il s'agit sans doute de Michel Dervieu, qui, au commencement du XVIIIe siècle, se livrait à la contrefaçon des médailles antiques, et surtout des médaillons de bronze. Ce faux-monnayeur est mentionné à la page 15 et dans la note 22 du traité de Guillaume

1. *Œuvres complètes*, tome VII, page 429.

Beauvais sur la *Manière de discerner les Médailles antiques*... (Dresde, frères Walther, 1794).

Page 263, ligne 1. — Le pape Grégoire XI, venu d'Avignon à Rome, fit son entrée solennelle dans cette ville le 17 janvier 1377. Mais, quand il mourut, le 27 mars 1378, le grand Schisme éclata. Ce schisme ne prit fin que lorsque l'anti-pape Félix V eut abdiqué au profit du pape Nicolas V, le 9 avril 1449.

Page 263, ligne 16. — Le manuscrit donne *Pujet*, au lieu de *Puget*. — Pierre Puget, le plus grand sculpteur français, et, en outre, architecte et peintre, naquit en 1622 et mourut le 2 décembre 1694, à Marseille.

Page 264, ligne 5. — En 1708, Joseph Ier, à la suite des difficultés politiques et ecclésiastiques qui s'étaient élevées entre lui et le Pape, fit occuper militairement les États du Saint-Siège. Clément XI essaya de lui résister en employant les armes spirituelles et temporelles. Mais il fut contraint, le 15 janvier 1709, d'accepter les conditions que lui signifia le marquis de Prié, plénipotentiaire de l'Empereur.

Page 264, ligne 6. — Défendue par le maréchal de Boufflers, Lille fut investie, le 12 août 1708, par l'armée du prince Eugène; la ville capitula le 23 octobre, et la citadelle, le 8 décembre suivant.

Page 264, lignes 24 et 25. — Après la bataille de Cannes, qui eut lieu l'an 216 avant Jésus-Christ, les Romains furent obligés, par la défection de Syracuse, d'envoyer, en 214, M. Claudius Marcellus assiéger cette ville, dont la prise, en 212, fut suivie, en 210, de la réduction de la Sicile tout entière.

Page 264, ligne 27. — Michel Chamillard, né le 16 janvier 1652 et mort le 14 avril 1721, fut nommé contrôleur général le 5 septembre 1699, ministre d'État en 1700, et secrétaire d'État de la guerre le 8 janvier 1701. Il devint aussi marquis de Cani et seigneur de Courcelle. Mais il dut renoncer au contrôle général le 14 février 1708 et au secrétariat de la guerre le 9 juin 1709.

Page 264, ligne 29. — Augustin Cusani, Milanais, fut nommé, d'abord, nonce en France; puis, évêque de Pavie. Promu cardinal le 18 mai 1712, il devint légat de Bologne. Il mourut en 1730.

Page 264, ligne 29, et page 265, ligne 1. — Michel Chamillard avait épousé, le 28 novembre 1680, Élisabeth-Thérèse Le Rebours, qui mourut le 26 juillet 1731.

Page 265, ligne 2. — Charles II, né le 6 novembre 1661 et mort le 1er novembre 1700, succéda, le 17 novembre 1665, à son père Philippe IV, roi d'Espagne.

Page 265, lignes 7 et 8. — René de Froulay, comte et maréchal de Tessé, né vers 1650 et mort le 30 mai 1725, remplit de hautes fonctions militaires et diplomatiques; entre autres, celles de plénipotentiaire du roi de France à Rome, en 1708.

Page 265, ligne 21. — Edme Bouchardon, sculpteur, naquit à Chaumont, le 29 mai 1698. D'abord élève de Guillaume Coustou, il alla à Rome en 1722, y resta jusqu'en 1732, et devint membre de l'Académie de Saint-Luc. Il mourut à Paris, le 27 juillet 1762.

Page 266, ligne 30. — Scipion Caffarelli-Borghèse, Romain, neveu du pape Paul V, fut promu cardinal en juillet 1605, devint ensuite archevêque de Bologne et évêque de la Sabine, et mourut en 1633.

Page 268, ligne 1. — Lambert-Sigisbert Adam, sculpteur, naquit à Nancy, le 10 février 1700. De 1723 à 1733, il séjourna à Rome, où il devint membre de l'Académie de Saint-Luc. Il mourut à Paris, le 13 mai 1759.

Page 268, ligne 7. — Alexandre Algardi, dit *l'Algarde*, sculpteur et architecte, naquit à Bologne, en 1593, et mourut en 1654.

Page 268, ligne 7. — François Duquesnoy, dit *le Flamand*, naquit à Bruxelles, en 1594, et mourut à Livourne, en 1646.

Page 270, lignes 27 et 28. — En 1675 et 1676, les Danois avaient fait sur les Suédois des conquêtes dont ils conservèrent une partie jusqu'au traité de paix de Lund, du 26 septembre 1679.

Page 271, ligne 1. — Par le traité qu'il conclut à Nimègue avec les Provinces-Unies, le 11 août 1678, Louis XIV leur abandonna Maestrich, dont il s'était emparé le 29 juin 1673, à condition que les États-Généraux s'engageassent à ne plus soutenir les ennemis de la Suède.

Page 271, ligne 2. — Le manuscrit donne *René;* mais il faut évidemment *Victor-Amédée II*. — Il s'agit ici d'événements de 1695 et de 1696. Le sol de Casal et le sol de Pignerol (après le démantèlement de ces deux places) furent rendus, l'un, au duc de Mantoue, et l'autre, au duc de Savoie. De ces deux abandons, le premier avait été stipulé dans une capitulation du 11 juillet 1695, et le second, dans le traité de Turin, du 29 août 1696.

Page 271, ligne 6. — Élisabeth Farnèse, nièce de François et d'Antoine Farnèse, qui furent, l'un après l'autre, ducs de Parme et de Plaisance, naquit le 25 octobre 1692, épousa (par procuration) Philippe V, roi d'Espagne, le 15 août 1714, et mourut le 11 juillet 1766.

Page 272, ligne 15. — Sous le règne de Louis XIV, la marine française avait été comme abandonnée depuis le ministère de

Jérôme Phélypeaux, comte de Pontchartrain (1699-1715), et surtout depuis la bataille de Velez-Malaga, perdue le 24 août 1704. On ne s'occupa guère de réparer le mal qu'au commencement du règne de Louis XV. A l'époque où Montesquieu voyageait en Italie, on ne consacrait pas même 2 millions et 1/2 de livres, chaque année, aux approvisionnements de la marine, ainsi qu'aux constructions, au radoub et à l'armement des vaisseaux.

Page 272, ligne 19. — Nous imprimons le *Mémoire du chanvre...* à la suite du paragraphe où il est question, pour la première fois, du chanvre de Bologne. Dans le manuscrit, il est intercalé un peu plus loin. Il a été copié, en effet, hors texte, sur le recto d'une feuille de papier, dont le verso est resté en blanc, et qui est retenu, par un onglet et par une épingle, à la suite de la 2e page du vingt-deuxième cahier du manuscrit, au milieu d'un paragraphe sur Terracine.

Page 272, ligne 27. — Dans le manuscrit, cette ligne est écrite ainsi, lettre pour lettre : *tout proche des marets Causé du Rin ledit*. La majuscule de *Causé* est douteuse. Cela voudrait-il dire : *tout proche des marais causés par le Rin*, c'est-à-dire *par le Reno?*

Page 273, ligne 4. — Le *jule* ou *paule* valait 10 sous 8 deniers de la monnaie de France.

Page 274, ligne 15. — Le pape Conti n'est autre qu'Innocent XIII, dont il a déjà été question.

Page 275, lignes 21 et 22. — Le manuscrit donne *ardebat*, au lieu de *ardebit*, qui est la vraie leçon : Juvénal, *Satire X*, v. 27.

Page 276, ligne 6. — La voie Appienne, commencée en l'an 312 avant Jésus-Christ, par le censeur Appius Claudius, partait de la Porte-Capène, à Rome, et se dirigeait sur Capoue, d'où on la prolongea plus tard jusqu'à Brindes ; si bien qu'elle finit par avoir une longueur totale de 380 milles ou 565 kilomètres.

TABLE DES MATIÈRES

ACHEVÉ D'IMPRIMER

PAR

G. GOUNOUILHOU, A BORDEAUX

LE XV OCTOBRE M.DCCC.XCIV.

www.ingramcontent.com/pod-product-compliance
Lightning Source LLC
Chambersburg PA
CBHW051834230426
43671CB00008B/951